꾹 르르 cook!!

초등 한국사
레시피 2

꽉~ㄹㄹ cook!!

초등 한국사 레시피 2

신봉석 지음
김차명 · 남궁주혜 삽화

테크빌교육

우리는 무엇 때문에 역사를 공부하는 것일까요?

역사란 무엇일까요?

누군가 이런 질문으로 제 개인적인 생각을 묻는다면 저는 다음과 같이 답할 것입니다.

역사는 '기억의 공유'라고…….

그렇습니다. 역사는 기억을 공유하기 위한 학문입니다. 역사는 다른 지역에 살고 있는 사람들의 생각을 연결시켜 주기도 하고, 하는 일과 생각이 다른 이들을 이어 주기도 합니다. 또는 동시대를 살아가는 각기 다른 세대의 사람들, 더 나아가 과거와 현재의 사람들을 마주 보게 해 주기도 하니까요. 그렇게 공유된 기억은 사람들의 공공선 실천의 원동력이 되기도 합니다.

그렇다면 우리 아이들이 역사와 처음 마주하게 되는 초등학교 교실에서의 역사 수업은 어떤 방향을 지향해야 할까요? '우리'라는 공동체 내에서 '합의된 기억'을 공유하기 위해 최소한의 지식과 교양을 쌓는 과정이 필요합니다. 하지만 교과서의 내용에 밑줄 긋고, 개념어에 네모 상자를 그리며, 화려한 학습지의 빈칸을 채우는 방식으로는 뭔가 부족합니다. 물론 그런 방식이 틀렸다는 것은 아닙니다. 하지만 그런 수업은 대다수 어른들의 역사 학습에 대한 경험을 현재 아이들에게 재현하는 것일 뿐입니다.

얼마 전 성인들을 대상으로 평생교육을 진행한 적이 있습니다. 첫 시간에 '학창

시절 역사는 어떤 과목이었습니까?'라는 물음을 던졌습니다. 대부분의 수강생들이 학창 시절 역사는 암기 과목 그 이상도 이하도 아니었다고 응답하였습니다.

하지만 저의 초등학교 6학년 역사 수업에 대한 기억은 다릅니다. 담임 선생님께서는 교과서를 펴라는 말씀을 거의 하지 않으셨습니다. 우리는 선생님 책상 주변에 책걸상을 놓고 옹기종기 앉아 재미있는 옛날이야기를 들었을 뿐입니다. 저는 선생님과 역사를 나누는 시간이 마냥 즐거웠고, 다음 이야기가 너무나도 궁금하여 매 시간 가슴이 두근두근했습니다. 동네 목욕탕에서 담임 선생님을 만났을 때도 다음 이야기를 여쭤 보고 싶을 지경이었으니까요.

요즘에는 이를 스토리텔링, 내러티브식 수업이라고 합니다. 최근 10년 동안 역사와 관련 있는 좋은 책들이 엄청나게 쏟아져 나왔습니다. 스토리텔링 자료가 넘쳐납니다. 물론 그 많은 책을 교사가 읽고, 사회과 교육과정과 관련 있는 이야기를 선별하여 수업 시간에 아이들에게 선물하면 참 좋겠지요.

하지만!

현실은 그렇게 녹록지 않습니다. 유관 기관의 통계 자료를 보면 교사들의 업무가 줄었다고 하지만 교사들이 체감하는 것은 그들이 제시하는 데이터와는 다릅니다. 몸은 하나인데 수업 외에도 교사가 할 일은 무궁무진합니다.

그래서 제가 공부하며 알게 된 내용들을 정리해 보았습니다. 사회 교과서에서 다루고 있는 내용을 중심으로, 역대 교과서에서 선별한 사진들을 중심으로, 각각의 문장 및 자료에 얽힌 이야기들을 정리해 보았습니다. 이는 선생님들께서 여러 참고 서적을 뒤져 가며 스토리텔링 자료를 만들고, 그 조각들을 기승전결이 있는 하나의 이야기로 엮는 데 드는 시간을 단축시키기 위해서입니다. 하지만 이 책에 소개한 모든 내용을 아이들에게 전달해야 한다는 부담은 지니지 않았으면 합니다. 교육과정 내의 키워드들과 관련된 이야깃거리들을 '최대한' 한 곳에 모은 자료이기 때문에 단위 수업 시간에 모든 이야기를 전달할 수는 없습니다.

이 책에 실린 이야기 가운데 아이들과 공유하고 싶은 '기억'들을 골라 선생님만의 스토리 라인을 만드세요! 교사 커뮤니티 '쌤동네'에서 열정의 봉선생이 운영하고 있는 사신(史神) 프로젝트 채널에 방문하여, 셰프의 냉장고 속 링크된 프레지 자료를 참고해도 좋습니다. 수많은 키워드, 영상들을 살펴보고 선생님의 수업 방식에 맞게 플레이팅하세요! 완벽한 자료는 아니지만 수업을 다자인하는 데 도움을 드리기 위해, 제가 수업 시간에 사용한 모든 차시의 자료를 보완하여 공개하였습니다.

선생님만의 스토리 라인을 만들 때에는 어떤 점을 지향해야 할까요? 아이들이 역사에 '흥미'를 느껴 재미있게 수업에 참여할 수 있도록 도와줘야 하지 않을까요? 가끔은 이야기 속에서 '감동'을 느낄 수 있는 수업을 디자인하는 것은 어떨까요? 프레지 자료는 바로 그런 점들을 고민하여 제작한 수업 자료입니다. 이 책과 함께 프레지 자료를 활용한다면 선생님의 역사 수업은 더욱 맛있어질 것입니다.

이제, 단순한 사실 전달과 암기가 아닌, 풍요롭고 맛있는 역사 수업을 지향하는 선생님들께 묻습니다. 앞으로의 역사 수업은 어떤 모습이어야 할까요? 기본적인 역사적 사실을 아는 것도 중요하지만 때로는 역사적 상상력이나 비판 능력 같은 역사적 사고 능력을 기르기도 하고, 때로는 교과서를 만든 국가 기관의 입

장 외의 다양한 시각으로 역사를 바라볼 수 있는 관점을 열어 주는 것도 필요합니다. 또 가끔은 역사 속 인물의 입장으로 감정이입도 하여 보고, 배운 것을 생활 속에서 적용도 해 보는 다양한 활동 또한 필요할 것입니다. 그래서 각 단원 말미에 역사를 소재로 학생들과 진행한 활동 50가지를 '특제 비법 소스'라는 주제로 담아 보았습니다. 다양한 활동으로 선생님의 역사 수업이 풍요로워지고 아이들의 역사 공부가 즐거워지기를 바랍니다.

초등 교사 커뮤니티 '인디스쿨'에 자료를 제작해 올리고, '사신 프로젝트 두드림' 블로그를 운영하는 과정에서 많은 선생님들께서 이 내용들을 책으로 엮어서 냈으면 좋겠다는 요청이 들어와 출판에 도전하게 됐습니다. 출판 사정이 만만치 않은 요즘, 아이들에게 역사를 말랑말랑하게 선물할 수 있는 『초등 한국사 레시피』 출판을 흔쾌히 허락해 주신 즐거운학교 관계자 분들, 제목 이미지 제작에 도움을 준 지인 황승하, 신윤희, 신진희 님, 교정을 도와준 양누리 선생님, 응원해 준 많은 제자들에게 감사한 마음을 전하고 싶습니다.

끝으로 건강한 몸을 주지 못해 부모로서 항상 미안하지만 그럼에도 씩씩하게 버텨 주고 있어 항상 고마운 마음뿐인 사랑하는 딸 가람, 제가 꿈꿀 수 있게 해 주고 저의 꿈을 응원하며 그 꿈을 이룰 수 있게 뒤에서 지원을 아끼지 않는 사랑하는 아내 지숙, 그리고 저를 낳아 주시고 길러 주신 부모님께 고맙다는 말을 전합니다.

2019년 2월
신봉석

From the Chef … 4

 조선 사회의 새로운 움직임

근대 국가 수립을 위한 노력과 민족 운동

대한민국의 발전과 오늘의 우리

네 번째
食史

조선 사회의 새로운 움직임

　네 번째 코스 요리는 '조선 사회의 새로운 움직임'입니다. 이번 식사는 총 5개의 메뉴로 구성되어 있고, 그 내용은 다음과 같습니다.

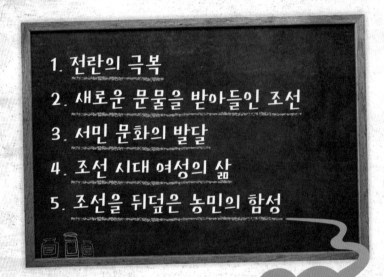

1. 전란의 극복
2. 새로운 문물을 받아들인 조선
3. 서민 문화의 발달
4. 조선 시대 여성의 삶
5. 조선을 뒤덮은 농민의 함성

> 초등 사회과에서는 단원을 구성하는 하위 요소들을 '중단원' 또는 '소단원'이라고 하지 않고 '주제'라고 표현합니다.

경기도에서
처음
대동법
시행

CE 1608년 ─────── CE 1636년 ─────── CE 1696년 ─────── CE 1776년

병자호란　　　　　　안용복 활동　　　　　　규장각 설치

조선 후기에는 경제·사회·문화 면에서 변화의 움직임이 도드라지기 때문에 조선 전기와 동일하게 근세라고 말하기는 어렵습니다. 그렇다고 해서 근대 사회를 이루었다고 보기에는 부족함이 보입니다. 경제 면에서는 자본주의의 싹이 트기 시작했고, 경제활동 모습이 바뀌니 신분제가 요동치고 새로운 문화 양상을 보이기 시작합니다. 하지만 정치적으로는 퇴보하여 민주주의의 싹은 보이지 않습니다. 근대라고 하기엔 2% 부족한 것이죠. 그래서 생긴 용어가 '근대 사회의 태동기'라는 표현입니다. 이 단원에서는 조선이 임진왜란의 피해를 어떻게 극복하는지, 그로 인해 조선 사람들의 생활 모습이 어떻게 달라지는지 살펴봅니다. 또 조선 후기 여성의 삶을 조선 전기와 비교해 보기도 하고, 조선의 백성들이 부조리한 체제에 어떻게 저항하는지 공부하는 것으로 네 번째 食史를 마치게 됩니다.

셰프의 냉장고에 가지런히 정리된 식재료들을 살펴보고 싶다면 스마트폰으로 QR 코드를 인식해 쌤동네 링크를 클릭해 보세요! 셰프가 수업 시간에 사용하기 위해 제작한 프레지 자료를 살펴볼 수 있습니다. 프레지 애플리케이션을 설치하고 보는 것을 추천합니다.

CE 1796년	CE 1811년	CE 1860년	CE 1862년
수원 화성 완공	홍경래의 난	동학 창시	임술농민봉기

Table 01

전란의 극복,
광해는 과연 폭군이었을까?

오늘의 식단 한눈에 보기

- 광해군의 전후 복구 사업
- 백성들의 노력과 경제의 변화

재료 준비	장 보기
• 상평통보 모조품 실물	• 11번가
• 대동법 관련 영상	• 영화 〈광해, 왕이 된 남자〉
• 공납 관련 영상	• 〈역사저널 그날〉(KBS)
• 김육 관련 영상	• 〈역사저널 그날〉(KBS)
• 통신사 관련 영상	• 〈역사채널e〉(EBS)

언제 '군'을 쓰는 걸까요? 🔍

임진왜란 시기 조선의 군주는 누구였나요? 네, 선조입니다. 그럼 선조 다음 군주는 누구일까요? 바로 광해군입니다! 그런데 임금의 묘호에 왜 '군'이라는 글자가 붙었을까요? 보통 '조'나 '종'을 붙이는데 말이죠. 왕이 되었으나 훗날 반정에 의해 쫓겨난 경우 왕이 되기 전 왕자였을 때의 이름을 사용하여 '군'이 붙습니다.

그럼 광해군도 조선 전기 연산군과 같이 폭군이었을까요? 물론 당시 사대부들의 관점에서는 폭군이라는 명분으로 권좌에서 물러나게 만들었을 것입니다. '빛나는 바다'라는 이름을 지닌 광해, 지금의 관점에서 광해군이 폭군이었는지 판단해 봄과 동시에, 임진왜란 후 황폐해진 조선을 다시 일으키는 전후 복구 사업에 대해 살펴보겠습니다. 더불어 조선 후기 백성들의 자발적 노력에 의한 경제 구조의 변화를 중심으로 이야기를 풀어 나갈까 합니다.

여러분이 조선의 왕이라면 어떤 일을 먼저 했을까요? 🔍

전란이 끝난 후 조선의 백성들은 어떤 모습으로 살아가고 있었을까요? 많은 사람들이 죽거나 다쳤고, 국가의 여러 시설이 파괴되었습니다. 그러니 일본에 대한 적대감도 어마어마했을 것입니다. 이런 상황에서 여러분이 한 나라의 왕이라면 어떤 일을 먼저 했을까요?

전쟁으로 인한 부상과 전염병 🔍

광해군 시기는 전쟁이 끝난 지 얼마 안 되었을 때니 그로 인한 부상과 전염병이 만연했을 때였습니다. 다친 사람이나 아픈 사람, 전염병에 시달리고 있는 백성을 돌보는 것이 무엇보다도 우선 아닐까요? 이때 우리에게 잘 알려진 사람이 등장합니

Cooking Tip
전란의 극복 과정을 지도할 때 토지 조사와 인구 조사를 먼저 제시하는 경우가 있습니다. 솔직히 현대사회를 살아가는 아이들의 의식 흐름과는 맞지 않는 서술입니다. 국가 입장에서는 그게 가장 중요하겠지만 아이들의 눈높이와 의식의 흐름에 맞게 내용을 제시하는 것이 좋습니다.

다. 그에 대한 드라마가 최고 시청률 63.5%에 달하기도 했죠. 바로『동의보감』의 저자인 허준입니다. 그런데 그에 대한 역사적 기록은 많이 남아 있지 않습니다.

동의보감 🔍 '동녘 동(東)', '의술 의(醫)', '보배 보(寶)', '거울 감(鑑)' 자를 써서 '동쪽에 있는 나라, 즉 조선 의술의 거울이 되는 보물'이라는 의미의『동의보감』은 사실 임진왜란이 발발하고 몇 해 후 선조 때 저술 명령이 떨어졌습니다. 하지만 정유재란의 발발로 제때 완성되지 못하고 광해군 때에 이르러서야 빛을 발하게 됩니다. 총 25권의 책으로 이루어져 있고, 비싼 중국 약초보다는 우리 주변에서 쉽게 구할 수 있는 약초로 질병을 치료할 수 있는 방법을 적어 두었습니다. 보통 어의와 같은 왕의 주치의는 모시던 왕이 승하하면 책임을 지고 물러나야 했습니다.

Cooking Tip
물론 처음부터 끝까지 혼자 힘으로 책을 만든 것은 아닙니다. 하지만 정유재란 이후부터 완성까지는 거의 혼자 작업했다고 전해집니다.

하지만 허준은 그런 상황에 처하지 않았습니다. 바로 광해군 덕분입니다. 광해군이 아직 세자 책봉을 받지 못했을 시기 두창이라는 병으로 죽을 뻔한 적이 있었습니다. 그때 이를 고쳐 준 것에 대한 보답 아니었을까요? 허준, 그가 유네스코 세계기록유산에 등재될『동의보감』을 완성합니다!

동의보감

창덕궁 🔍 자, 다친 사람을 치료하는 일 다음에는 무엇을 해야 할까요? 불에 탄 궁궐을 재건해야겠죠! 경복궁, 창덕궁 모두 임진왜란 때 불에 탄 것으로 알려져 있습니다. 백성을 버려 민심을 잃은 조정에 대한 반감이었을까요? 이설도 있지만, 경복궁은 관노비들이 태워 버린 것으로 전해집니다. 조선 전기 정궁이자 법궁이었던 경복궁은 폐허인 채로 두고 창덕궁을 먼저 재건합니다. 실제로 창덕궁은 아름다운 후원이 있어 조선의 왕들로부터 사랑받던 궁궐로 알려져 있습니다. 조선 후기의 건축 양식을 들여다볼 수 있다고 하여 유네스코 세계유산에도 등재되어 있습니다.

사고의 정비 🔍 다음으로는 사고의 정비입니다. 사고는 '역사 사(史)', '창고 고(庫)' 자를 사용해 실록과 같은 역사 기록물이나 중요한 책을 보관하던 창고를 말합니다. 임진왜란으로 모든 사고와 그 안에 있던 기록물들이 소실되고 전주 사고만 살아남았습니다. 전주는 조선 왕조의 본관이죠. 몇몇 사람들의 공으로 전주 사고에 보관되어 있던 기록물들이 정읍 내장산으로 옮겨 갈 수 있었고, 이 기록들을 바탕으로 다시 실록을 정비하여 5곳의 사고를 만들어 옮깁니다. 춘추관을 빼고 나머지 4곳은 모두 산에 세워졌다는 공통점이 있습니다.

걷히지 않는 세금 🔍 이러한 일들을 하루 빨리 진행하려고 하는데 사실은 진행이 잘 안 됩니다. 전쟁이 끝난 후 또 하나의 문제! 세금입니다. 국가에서는 나라 재건을 위해 여러 가지 일을 해야 하는데 예산이 부족했습니다. 그래서 전쟁 때문에 오랫동안 버려진 땅을 다시 관리하고 황무지 개간을 장려했습니다. 백성이 못 살면 수취에 문제가 생기고 나라를 운영할 비용을 마련할 수 없기 때문입니다.

Cooking Tip
독립운동기의 토지 조사 사업과 구분하기 위해 '양전'이라는 단어를 사용했습니다.

토지 조사와 인구 조사 🔍 또 양전을 하여 토지 소유를 분명히 하는 양안을 작성했습니다. '밭 전(田)', '헤아릴 량(量)', 즉 토지를 측량하여 토지대장(양안)을 만드는 것이 양전입니다. 양안은 '서류 안(案)' 자를 씁니다. 그리고 역에 징발할 가구당 인구를 조사했습니다. '집 호(戶)', '입 구(口)' 자를 써서 집에 딸린 입, 즉 사람 수를 의미하는 것을 호구 조사라고 합니다. 그렇게 하여 전쟁으로 엉망이 된 조세(토지에 부과하는 세

Cooking Tip
아이들과 수업을 진행할 땐 수취 구조에 대한 이야기는 빼고 바로 토지 조사와 인구 조사 이야기로 들어간 다음 "토지 조사와 인구 조사는 왜 나라의 살림살이를 늘리는 데 도움이 됐을까?"라고 질문하고 스스로 생각할 수 있게 하였습니다.

금)와 역(사람에게 부과하는 요역과 군역)을 부과하는 기준을 새로 짜고 나라 살림살이를 원상 복구하는 데 노력합니다.

백성들의 피나는 노력 🔍 지금까지 국가 정책 위주의 전후 복구 사업에 중심을 두어 살펴보았다면, 이번에는 백성들의 자발적인 노력에 의한 결과물을 살펴보겠습니다.

4월~9월, 10월~5월 🔍 4월에서 9월은 벼농사를 짓는 기간입니다. 10월에서 5월은 무엇을 하는 기간일까요? 바로 보리농사를 짓는 기간입니다. 저 기간만을 놓고 본다면 같은 토지에서 벼와 보리를 한꺼번에 농사짓는 것은 불가능합니다. 보리의 생육 기간과 벼의 생육 기간이 겹치기 때문이죠. 하지만 이를 해결하기 위해 농민들은 새로운 농사법을 적극적으로 받아들입니다.

그 새로운 농법이 바로 모내기법입니다. 물론 중국 강남(양쯔강 이남) 지방은 이것보다 수백 년 빨랐습니다. 남부 지방 일부에서는 조선 전기에도 모내기법을 사용한 곳들이 있습니다. 하지만 전국적으로 확산된 것은 조선 후기입니다. 모내기법은 모판에 씨를 뿌려 싹이 잘 자란 모를 골라 논에 옮겨 심는 방식을 말합니다. 즉 모판에서 기르는 기간 동안 보리가 완성될 시간을 벌어 주는 것이지요. '옮길 이(移)', '모 앙(秧)' 자를 사용해 '이앙법'이라고도 합니다.

보리의 장점 🔍 한 땅에서 벼와 보리를 함께 재배하면 식량이 늘어난다는 것 이외에 장점이 하나 더 있습니다. 어지간하면 보리 수확물은 세금으로 내지 않습니다. 보리는 온전히 농사지은 사람의 몫이 되기 때문에 농민들은 힘들더라도 보리농사까지 함께 하는 이모작을 선호했던 것으로 보입니다.

Cooking Tip
동일한 작물을 같은 땅에서 일 년에 2회 수확하는 것은 '이기작'이라고 합니다. 이모작과는 차이가 있습니다.

16

또 모내기법은 적은 노동력으로 넓은 땅을 경작할 수 있게 하여 부유한 농민이 나타나는 계기를 만들어 주기도 했습니다. 한 번에 땅에 심지 않고 모판에 기르던 것을 다시 옮겨 심어야 하는데 왜 노동력이 적게 들까요? 직파(볍씨를 바로 논에 뿌리는 것)로 농사지을 때 벼농사에서 정말 고된 일은 김매기(잡초를 제거하는 것) 작업이라고 합니다. 벼와 피를 구분하기 힘들기 때문이죠. 하지만 모내기법의 경우에는 미리 어느 정도 자란 모를 텅 빈 논에 줄을 맞춰 심었기 때문에 잡초가 자라는 것이 잘 구분됩니다. 그래서 김매기에 필요한 노동력이 많이 줄어들어 1인당 농사지을 수 있는 면적이 넓어지게 되는데, 이를 '넓을 광(廣)', '지을 작(作)' 자를 써서 '광작'이라고 합니다. 모내기법은 수확량의 증대와 필요한 일손은 줄여 주는 기술이었던 것이지요.

하지만 모내기법이 전국적으로 확산되는 데 장애물은 바로 국가였습니다. 이렇게 유용한 모내기법을 왜 국가에서는 금지했을까요? 조선 조정은 봄 가뭄이 심한 조선의 기후에 비추어 보았을 때 정말 위험한 농사법이라고 생각했습니다. 모내기를 하려면 물이 많이 필요합니다. 습하지 않은 맨땅에는 모가 박히지 않습니다. 그런데 조선 초기에는 현재처럼 저수지나 보가 촘촘하게 만들어져 있지 못했고, 그런 상태에서 모내기법을 시도하다가 일 년 농사를 통째로 망칠 수 있는 우려가 있었기 때문입니다. 하지만 그러한 국가의 우려를 백성들의 자발적인 노력으로 극복합니다. 이모작이 가능하게 하려고, 모내기법을 실시할 수 있도록 백성들은 자발적으로 피땀 흘려 가며 지역마다 저수지나 보를 만든 것입니다.

다음으로는 밭농사 방법의 개선입니다. 밭에 작물을 심을 때에는 보통 두둑에 많이 심습니다. 물 빠짐이 좋게 하기 위함이지요. 하지만 작물의 특성에 따라서는 차가운 바람을 피하는 것이 더 도움이 되는 작물도 있습니다. 무조건 두둑에만 심는 것이 능사는 아니라는 뜻입니다. 추위를 많이 타는 녀석들은 골이 파여 있는 고랑에 심어 생산량을 늘립니다. 이를 파여 있는 골에 씨를 뿌린다고 하여 '골뿌림법'이라고 합니다.

최고의 상품 작물 🔍

상품 작물이란 장에 내다 파는 작물을 말합니다. 저 같으면 일 년간 보리와 쌀을 재배했다면 보리를 주식으로 하고, 세금을 내고 남은 쌀은 장에 내다 팔았을 것 같습니다. 조선 후기 최고의 상품 작물은 누가 뭐라고 해도 쌀이었거든요. 그 외에도 인삼, 담배, 다양한 채소들을 내다 팔아 이익을 남기는 사람들이 생겨납니다. 담배가 창고에 가득 차 있다고 한들, 고추가 창고에 가득 차 있다고 한들 한 개인이나 가정에서 다 소비할 수는 없으니까요.

새로운 작물이 들어오다! 🔍

돌발 질문입니다! 세종 대왕께서는 빨간 김치를 드셨을까요? 안타깝게도 못 드셨습니다! 빨간 김치란 고춧가루를 이용해 양념을 만들어 버무린 김치인데, 고추는 임진왜란 이후 전래된 외래 작물이기 때문입니다. 담배도 임진왜란 후 전래된 작물입니다. 그 외에도 감자, 고구마, 토마토, 옥수수 등도 외국에서 새로 들어온 작물에 해당합니다. 모두 아메리카 대륙이 원산지인 작물입니다. 이러한 작물들이 조선에 유입되는 것은 유럽의 신대륙 진출의 영향으로 볼 수 있습니다.

Cooking Tip
맡고 있는 아이들과 작년에 함께 감자를 재배해 봐서 이야기가 잘 통했습니다. 학생들은 감자와 고구마를 심어 놓은 후 관리를 잘 안 해 주어도 어지간하면 잘 자란다는 것을 알고 있었습니다. 이처럼 역사를 실과 텃밭 가꾸기와 연계해서 수업을 진행해 보는 것은 어떨까요?

구황작물 🔍

그중에서 감자와 고구마는 흔히 구황작물로 많이 알려져 있습니다. 고구마를 지역이나 연배에 따라 '감저' 또는 '감자'라고 부르기도 합니다. 구황작물은 구할 '구(救)', '가물 황(荒)' 자를 씁니다.

다른 농사를 망쳤을 때를 대비하여 고구마 재배 방법을 기록해 둔 『감저신보』라는 책도 있었습니다.

5일장이 서다 🔍

물건을 내다 파는 거래량이 늘어나자 전국으로 장이 확산됐고, 이를 '장시'라고 합니다. 요즘 전통시장의 기원입니다. 현재 제가 살고 있는 완도에서도 매 5일과 10일에 한 번씩 장이 섭니다. 조선 후기 때 정착된 5일장의 모습이 현대사회를 살고 있는 저에게까지 영향을 끼치는 셈이지요.

5일장에서 물건을 파는 상인분들께 어디서 왔는지 묻곤 하는데, 대부분 다른 지역 분들로 물건을 트럭에 싣고 장이 서는 곳을 찾아다니면서 장사를 한다고 했습니다. 조선 후기에도 마찬가지였습니다. 등짐이나 봇짐을 지고 다니면서 상업 행위를 했습니다. 등짐 장수를 '부상', 봇짐 장수를 '보상', 이를 합성한 단어가 '부보상' 또는 '보부상'입니다. 이런 전국적인 유통망을 바탕으로 조선판 대기업들도 성장합니다. 의주 만상, 개성 송상, 경강 상인, 동래 내상이 그 대표적인 예입니다.

보부상들은 왜 무거운 짐을 지고 이곳저곳을 떠돌면서 장사를 했을까요? 그렇습니다. 당연히 목적은 '돈'입니다. 조선 후기에는 상업의 발달로 화폐 경제가 정착되어 무거운 현물보다는 동전을 많이 사용하였습니다. 대표적인 화폐가 바로 '상평통보'입니다. 이 화폐를 '엽전'이라고도 합니다. 주

┗ 상평통보

Cooking Tip
병풍 형태의 그림책 『장날』을 활용해 당시 장시의 모습을 살펴보는 것을 추천합니다. 한 장의 그림으로 조선 후기 시장의 이미지를 충분히 느낄 수 있습니다.

Cooking Tip
의주 만상은 용만이란 지역에서 대청 무역을 바탕으로 성장하였고, 경강 상인은 한강을 중심으로 정부의 세금을 수송하며 성장했습니다. 동래 내상은 일본과의 무역으로 성장했으며, 송도(개성의 다른 이름) 상인들은 전국에 지점을 두고 인삼을 홍삼으로 가공해 큰 이익을 보기도 합니다. 위치가 중간이다 보니 청과 일본 두 나라 모두를 상대로 할 수 있었습니다.

Cooking Tip
저는 예전에 인터넷을 통해 구입한 상평통보 모조품을 아이들에게 직접 제시하여 만져 보고 살펴볼 수 있게 하였습니다.

조 과정에서 거푸집에 쇳물을 부은 후 거푸집을 제거한 후의 모습이 나무에 달려 있는 나뭇잎과 비슷하다고 하여 '잎 엽(葉)' 자를 사용해 엽전이라고 합니다.

원래는 돈으로 거래하지 않았다고? 🔍 하지만 조선 초기나 중기에는 화폐의 사용이 이처럼 활발하지 못했습니다. 현물을 더 신용하였고 돈은 사람들이 신뢰하지 않았습니다. 자급자족 형태의 경제 구조 때문이라고 합니다. 하지만 화폐가 주된 거래 수단이 되는 과정에 꼭 기억해야 할 것이 있습니다. 조선 중기부터 일반 백성들을 가장 괴롭혔던 세금이 화폐 경제의 발달과 관련이 있습니다.

Cooking Tip
특산품을 바치는 일의 어려움을 알려주기 위해 영화 〈광해, 왕이 된 남자〉를 보여 주었습니다. 영화 〈광해, 왕이 된 남자〉에서 사월이의 아버지는 현지에서 생산되지 않는 물품을 공납으로 부과하는 '불산과세' 때문에 죽임을 당했습니다.

공납 🔍 바로 공납입니다. 공납은 공물을 납부하는 것을 말합니다. 공물은 흔히 그 지역 특산품 정도로 생각하면 됩니다. 하지만 그 특산품을 바치는 것이 쉬운 일이 아니었습니다.

산에 사는 농사꾼에게 바다에서 나는 전복을 세금으로 바치라고 하니 대신 구해 주는 사람(방납인 또는 대납가)에게 구입해 세금을 충당합니다. 하지만 『조선왕조실록』을 살펴보면 그 비용이 원래 가격의 100배에 이르기도 했다고 합니다. 이것이 방납(농민이 그 지방에서 생산되지 않는 물품을 공납해야 할 경우 아전과 상인이 이를 대신 납부해 주기 위한 제도)의 폐단 가운데 하나입니다.

또 다른 경우는 자신이 생산한 특산품인데 그것의 품질이 좋지 않다고 관할 사또나 아전이 세금으로 받지 않으니 그들과 연결되어 있는 방납인에게 가서 비싼 값을 치르고 특산품을 구입해 바치는 것입니다. 그렇게 해서 이득을 얻은 상인은 사또나 아전에게 자신이 얻은 이윤의 일부를 나눠 주는 것이지요. 물론 조선 시대에 지방 관청은 운영비를 자체적으로 조달해야 했기에 그러한 일을 했다고 하지만 정도가 심했습니다.

이런 어려움을 해결하기 위해 특산품(현물) 대신 쌀이나 화폐, 옷감 등으로 납부하게 하는 법인 '대동법(大同法)'을 광해군 때 처음 실시하였습니다. 공물은 땅이 많은 지주나 땅이 없어 남의 땅을 빌려 농사짓는 소작농이나 공평하게(?) 집집마다 같은 양의 세금을 부과하는 방식이었습니다. 예를 들면 엄청난 부잣집도 한 집이기 때문에 전복 100kg, 가난한 소작농에게도 전복 100kg을 세금으로 부과한 것이지요. 대동법은 이런 폐단을 개혁합니다. 당시 부의 상징인 땅을 기준으로 땅을 많이 가진 이에게는 그에 비례하여 많은 세금을 부과하고, 땅을 조금 가진 이에게는 세금을 조금 부과하는 방식을 취한 것입니다.

하지만 대동법은 지주들이나 그간 막대한 이득을 차지하고 있던 기득권층의 반발로 전국으로 확산되는 데 100년이라는 긴 시간이 걸렸습니다. 대동법 확산에 자신의 삶을 걸었던 사람이 있었는데, 그가 바로 김육입니다. 김육 대감이 세상을 떠났을 때 대동법 실시에 대한 감사의 의미로 백성들이 십시일반 부의를 하려고 갔는데 상을 치르는 분들이 결단코 받지 않았다고 합니다. 해서 그 고마움을 표현하기 위해 백성들은 돈을 모아 공덕비를 세웠습니다. 정승 집 개가 죽으면 초상집이 북적여도 정승이 죽으면 초상집을 개 혼자 지킨다는 속담이 있습니다. 권력자가 살아 있을 땐 그에게 아부하기 위해 작은 일이 있어도 두 손 걷어붙이고 도우려고 하나 정작 권력자가 죽음을 맞이하면 사람들이 등을 돌린다는 의미입니다. 하지만 김육은 달랐던 것 같습니다. 세상

대동법 시행 기념비(문화재청)

사람들이 그에 대한 고마움을 만 년 동안 잊지 않겠다는 글귀를 비석에 새겨 놓았으니까요.

Cooking Tip
대동법을 이해하기 위해 〈역사저널 그날〉 57화 '김육, 대동법을 지키다'의 일부를 살펴보았습니다.

김육의 사직서 🔍

김육은 70세의 고령에도 대동법을 관철시키기 위해 정치 생명을 걸고 임금과 협상을 할 정도의 사나이였습니다. 경제 전문가인 자신을 쓰려거든 대동법을 강력하게 추진하고, 그게 아니라면 자신은 관직을 그만두겠다는 사직서를 썼다고 전해집니다. 또 세상을 떠나기 열흘 전에 쓴 유서에서도 곧 실시하기로 한 전라도 지방의 대동법 걱정뿐이었습니다. 임종 전날에도 현직 영의정에게 편지를 써서 자신이 세상에 없어도 대동법 시행의 추진 동력이 되어 줄 것을 간절히 청했다고 합니다. 백성들의 고됨을 누구보다도 잘 알고, 백성들을 위한 애민 정신을 죽는 날까지 실천한 관료였습니다.

일본과의 관계, 이대로 괜찮을까요? 🔍

끝으로 일본과의 관계를 어떻게 회복하였는지 살펴보고 이야기를 마치겠습니다. 광해군 때 전쟁으로 국교를 끊었던 일본에 통신사를 파견하여 조선인 포로를 데려오는 조건으로 다시 국교를 맺었다는 내용입니다. 당시 국교를 요구했던 도쿠가와 이에야스는 임진왜란을 일으킨 도요토미 히데요시와 다름을 강조하며 통신사 파견을 요청했습니다. 실제로 도쿠가와 이에야스는 매우 신

중한 성격으로 조선 침략에 함께하지 않았다고 합니다.

통신사 🔍   한 번 맞이하는 데 막부의 일 년 예산에 이르는 100만 냥 정도를 소비하면서까지 그들이 열렬히 모시고자 했던 통신사 일행! 일본은 조선의 문화에 열광했다고 합니다. 광해군 때부터 순조까지 조선 후기의 통신사는 총 12회 파견되었습니다. 하지만 오해하지 말아야 할 것이 하나 있습니다. 조선 전기에도 통신사는 존재했습니다. 세종 때 파견한 통신사를 최초의 것으로 본다면 조선 전기에 총 8회, 조선 시대 전체로 보면 총 20회 조선은 일본에 통신사를 파견한 것입니다.

Cooking Tip

〈역사채널e〉 '한류, 믿음을 통하다' 편을 시청하여 통신사에 대한 이해를 도왔습니다. 조선 통신사 관련 기록이 최근 유네스코 세계기록유산에 등재되었습니다.

02

병자호란과 효종의 북벌

오늘의 식단
한눈에 보기

- 병자호란
- 북벌 운동

재료 준비	장 보기
• 중립 외교 관련 영상	• 영화 〈광해〉
• 김상헌과 최명길의 썰전 영상	• 영화 〈남한산성〉
• 삼전도의 굴욕 관련 영상	• 드라마 〈궁중잔혹사 – 꽃들의 전쟁〉
• 환향녀 관련 영상	• 〈역사채널e〉(EBS)
• 나선 정벌 관련 영상	• 〈역사저널 그날〉(KBS)

임진왜란으로 가장 이득을 본 나라는? 🔍 동아시아 삼국 대전이
었던 임진왜란에서 가장 이득을 본 나라는 어디일까요? 바로 일본입니
다. 혹자는 임진왜란을 활자 전쟁, 도자기 전쟁으로 부르기도 합니다. 선
진 문화의 상징인 서적과 그것을 정교하게 찍어 낼 수 있는 조선의 활자
제작 기술! 일본은 우리의 수많은 활자공들을 강제로 끌고 갔고, 그들을
일본 정신 문화의 발전을 위해 활용했습니다. 그럼 일본이 조선의 도공
들을 데리고 간 이유는 무엇일까요? 결과적으로 본다면 일본은 조선의
도자기 제작 기술을 훔쳐 눈에 보이는 실리를 챙깁니다.

이전부터 그들은 실리에 밝았습니다. 16세기 이전까지만 해도 그들은
은광석에서 은을 추출해 내는 제련 기술에 대해 잘 알지 못했는데, 16세
기 초(연산군 시기) 조선의 어떤 백성이 은광석에 있는 납이 은보다 녹는
점이 낮다는 것을 발견하고 순수한 은을 뽑아 내는 '연은분리법'을 개발
합니다. 그런데 당시 조선 조정은 연은분리법에 크게 관심이 없었습니
다. 이것이 일본에 전파되어 일본은 비로소 은을 본격적으로 생산해 낼
수 있었습니다. 이후 일본은 유럽에까지 은광산의 왕국으로 알려질 정도
가 됩니다. 그렇게 생산한 은으로 조총과 화약을 사서 조선을 침략한 것
이지요. 그랬던 것처럼 일본은 조선의 도자기를 서양에 판매했고, 급기
야 세계적인 도자기 나라로 부상합니다. 임진왜란을 계기로 일본은 경제
적으로 성장할 수 있었던 것입니다.

도조 이삼평 🔍 끌려갔던(혹은 양반 관료 사회여서 제대로 된 대우를
받지 못해 살기 힘든 나머지 따라갔다고 주장하는 이들도 있다고 한다) 많은 도
공들 가운데 이삼평이라는 사람은 현재까지도 일본 자기의 조상, 도자기

의 신으로 추앙받고 있습니다. 도공 이삼평은 큐슈 근처 사가 현 아리타 지방에서 도맥을 찾아냈고, 그곳에서 조선에서 백자를 만들 때 사용하는 것과 흡사한 고령토를 캐내어 수많은 도자기를 제작했다고 합니다.

명나라는 쪽박 🔍

그럼 임진왜란이 명나라에 끼친 영향은 어떨까요? 명나라는 전쟁으로 국고가 바닥나 재정난에 허덕였고, 훗날 만주족(여진)의 공격으로 나라가 망해 버립니다.

그럼 조선은? 🔍

조선은 다시 일어서기는 했지만 그 과정이 무척 힘들었고, 전쟁 이후 성리학적 명분에 대한 집착이 더 강해졌습니다. 각 지역의 많은 지배층이 도망갔다가 다시 마을로 돌아왔을 때 일반 백성들에게 어떤 태도를 취했을까요? "너희 눈빛이 예사롭지 않은데? 눈 깔아!" 이러면서 성리학적 질서의 절대화에 안달합니다. 이러한 지배층의 태도는 향후 조선이라는 나라의 성장 동력에 큰 장애를 안겨 줍니다.

광해군의 중립 외교 🔍

하지만 광해군의 경우에는 외교적인 측면을 보았을 때 성리학적 명분론에 얽매이지 않아 후대에 와서 좋은 평가를 받습니다. 임진왜란 후 명나라는 여진족이 세운 후금의 공격을 받아 곤경에 처했고, 아직 전쟁의 상흔이 아물지 않은 조선에 파병을 요청했습니다. 광해군은 파병은 하되 만주어를 잘하는 강홍립을 지휘관으로 임명하고 밀지를 전했습니다. '전세를 보아 향배를 정하라.'는 내용으로 성리학적으로 보았을 때 부모의 나라인 명나라이지만, 조선 백성들이 명나라를 위해 싸우다 목숨을 잃는 것이 옳지 않았다고 본 것입니다.

실제로 강홍립은 후금에 의해 수세에 몰리게 되자 그들에게 적대할 의사가 없으나 상황이 어쩔 수 없어 왔음을 보여 주었다고 합니다. 그렇게 해서 광해군 때에는 여진족이 세운 후금과 큰 마찰이 없이 지나갈 수 있

Cooking Tip
영화 〈광해, 왕이 된 남자〉의 일부를 살펴보며 광해군 중립 외교의 의미에 대해 되새겨 보았습니다.

었습니다. 하지만 이는 명나라에 대한 의리를 배반한 것이므로 훗날 광해군이 권좌에서 물러나게 되는 이유 중 하나로 반정 세력에 의해 역사에 기록됩니다.

폐모살제 🔍 당시 성리학의 명분론에 의해 쫓겨난 왕, 광해. 이번에는 광해군의 어두운 모습을 조망해 보겠습니다. 반대파가 그를 쫓아낸 이유는 크게 2가지로 볼 수 있습니다.

먼저 폐모살제(廢母殺弟)입니다. 광해군이 인목대비를 폐하고, 영창대군을 죽인 것을 말합니다. 이는 인조 반정의 명분이 됩니다. 선조는 광해군 세자 책봉 후에 19세의 인목왕후를 왕비로 맞고, 나이 55세에 늦둥이 영창대군을 얻습니다. '대군'은 정식 왕후가 낳은 왕자이고, '군'은 후궁이 낳은 왕자입니다. 성리학적 명분론에 의하면 광해군의 세자 책봉이 먼저 이루어지지 않았다면 광해군은 절대 왕이 될 수 없었을 것입니다. 전쟁이 그에게 기회를 만들어 준 셈이죠.

훗날 선조는 영창대군을 지지하는 세력들의 건의로 세자를 영창대군으로 바꾸려 마음먹었던 것 같으나 그렇게 하지 못하고 세상을 떠납니다. 당시 영창대군은 3세였기에 광해군은 천신만고 끝에 왕이 됩니다. 하지만 왕비의 자식이 아닌 광해군은 영창대군이 무럭무럭 자랄수록 정통성 콤플렉스에 시달리게 되고, 급기야 영창대군을 증살(방에 가두고 계속 불을 때 숨이 막히게 하는 것)시키고, 영창대군의 어머니이자 대비인 인목대비를 쫓아내 서궁(현재 덕수궁)에 유폐합니다. 이 사건으로 광해군은 어머니를 쫓아내고 동생을 죽인 짐승만도 못한 사람이라는 평을 받게 되는 것입니다.

그런 명분으로 반정 세력인 서인과 아버지의 죽음으로 이를 갈고 있던 능양군(정원군의 아들, 정원군은 광해군의 이복 동생이나 역모로 몰려 죽임을 당했다고 전해진다)이 도모하여 광해군을 쫓아내고, 서인 세력은 능양군을 옹립합니다. 그가 바로 인조입니다. 반정 이후 광해군은 유배를 가게 되는데, 유배지에서 여러 사건으로 자신의 아내와 자식을 잃고 쓸쓸한 죽음을 맞이했다고 합니다.

정묘호란 🔍 　인조와 서인 정권은 사대의 명분에 입각하여 뜨는 해인 후금을 멀리하고 지도에서 곧 사라질 명나라를 섬깁니다. 그러자 후금은 조선을 침략합니다. 큰소리만 쳤지 실질적으로는 그들을 막아낼 힘이 없었던 인조와 서인 정권은 한때 우리를 어버이의 나라로 섬겼던 여진족, 후금에게 무릎을 꿇게 되고 그들을 형님으로 모시게 됩니다. 이것이 바로 정묘년에 있었던 오랑캐의 난이라는 의미의 '정묘호란'입니다. 물론 현대적 시각에 봤을 때는 정묘 전쟁이라고 하는 것이 맞다는 의견도 있습니다.

Cooking Tip
영화 〈남한산성〉의 일부를 활용해 주화파와 주전파 양쪽 모두의 이야기를 들어보는 것은 어떨까요?

병자호란 🔍 　하지만 그 후에도 인조과 서인 정권은 태도를 고치지도, 힘을 기르지도 못했습니다. 그리하여 나라 이름을 '청'으로 바꾼 후금이 한 번 더 우리를 공격해 왔고, 이것이 '병자호란'입니다. 더욱 강력해진 청나라 군대에게 제대로 대응도 못한 인조는 남한산성에 들어가서 40여 일을 버팁니다. 사실은 강화도로 가고 싶었지만 청나라 군대가 이미 길목을 잡고 있어서 어쩔 수 없이 남한산성으로 가게 된 것입니다.

Cooking Tip
드라마 〈궁중잔혹사—꽃들의 전쟁〉의 일부를 활용해 인조가 청 황제에게 어떤 방식으로 항복 의식을 거행했는지 살펴보았습니다.

삼전도의 굴욕 🔍 　전쟁에 전혀 대비가 되어 있지 않았기에 남한산성에는 식량과 식수가 모자랐습니다. 게다가 추운 겨울이 계속되니 더이상 버티지 못하고 항복합니다. 그리고 지금의 송파 삼전나루에서 청나라 황제에게 항복 의식을 거행하는데, 이를 역사는 '삼전도의 굴욕'이라고 합니다. 참으로 가슴 아픈 역사의 한 장면입니다. 하지만 이보다 더 가슴 아픈 이야기가 이어질 예정입니다.

병자호란 직후 청나라로 끌려갔다가
고향으로 돌아온 여인들을 '환향녀'라고 했습니다. '돌아올 환(還)', '고을
향(鄕)', '여자 녀(女)' 자를 씁니다. 이국땅에서 씻을 수 없는 아픔을 안고
돌아온 그녀들은 조선에 돌아온 후에도 정조를 잃었다 하여 손가락질을
받았습니다. 임금과 조정이 무능해서 당한 아픔인데도, 자신들의 잘못이
아니라는 말조차 할 수 없었던 그 시대 여성들을 생각하면 마음이 아려
옵니다. 인조가 겪은 치욕도 국가의 위상을 생각한다면 가슴이 찢어지지
만, 과연 그녀들의 아픔에 비할 수 있을까요?

소현세자와 봉림대군 🔍 인조 대신 청나라에 볼모(인질)로 잡혀간
두 왕자가 있었습니다. 바로 소현세자와 봉림대군입니다. 인조가 세상을
떠난 후 다음 왕이 된 사람은 누구일까요? 세자이니 당연히 소현세자가
되었을 것이라고요? 실제로는 그렇지 않았습니다.

당대 최고의 청나라를 보다 🔍 소현세자는 청나라가 드넓은 중국
대륙과 수많은 한족들을 통제할 수 있는 발전된 체제로 국가를 운영하고
새로운 문물을 받아들이는 데 주저 없는 모습을 보고 이를 배워야 한다
고 생각했습니다. 이를 '북학론'이라고 볼 수 있습니다. 북쪽 청나라의 앞
선 기술을 배운다는 의미입니다.

하지만 봉림대군은 달랐습니다. 복수를 우선시하여 '북벌론'을 구상합
니다. 북벌론은 북쪽에 있는 청나라를 정벌한다는 의미입니다. 이들이
돌아왔을 때 인조는 누가 더 마음에 들었을까요?

소현세자의 죽음 🔍 야사(공식 기록 외의 기록)에서는 소현세자와
정담을 나누던 인조가 소현세자가 변했음을 느끼고 옆에 있던 벼루를 집
어던졌다고 하며, 그 후에 거의 회복이 되었을 무렵 어느 날 소현세자는

Cooking Tip

〈역사채널e〉 '고향으로 돌
아온 여인들' 편을 시청하
며 당시 여성들의 아픔을
이해하기 위해 노력하였습
니다.

몸에 있는 온갖 구멍에서 검은 피를 흘리며 죽었다고 전해집니다. 이에 신료들이 사건을 조사해야 한다며 인조에게 청했지만, 인조는 하늘의 뜻이니 이 사건을 더 들추면 역모죄로 다스리겠다고 했습니다. 그리고 소현세자의 자식들을 모두 죽입니다.

효종의 북벌 운동 🔍

그래서 소현세자 대신 봉림대군이 왕위를 계승하게 됩니다. 봉림대군이 바로 효종입니다. 효종은 서인의 영수 송시열과 함께 나라를 다스려 나갑니다. 엄청난 비용을 들여 성벽을 보수하고 군사력을 키웁니다. 병력의 수도 수만 명으로 늘리고, 훈련도 게을리하지 않았습니다. 하지만 효종의 갑작스러운 죽음으로 북벌을 실제로 실천하지는 못합니다.

Cooking Tip
사실 효종의 북벌 파트너가 송시열이라고 하기에는 두 사람이 함께한 시간이 너무 짧아 그렇게 보지 않는 입장도 있습니다.

나선 정벌 🔍

그렇다면 조선의 병사들은 훈련만 죽어라 하고 자신들이 기른 힘을 아무 곳에도 사용해 보지 못했을까요? 사실 우리의 힘을 전혀 시험해 보지 못한 것은 아닙니다. '나선'은 당시에 러시아를 가리키는 말이었습니다. 현재 러시아는 세계 강대국 중 하나이고, 군사력도 무척 강한 나라입니다만, 당시 러시아를 상대로 이뤄진 나선 정벌은 승리의 역사로 기록되어 있습니다. 정벌이라는 단어를 사용하였기 때문에 우리가 승리

Cooking Tip
효종의 북벌 운동은 시험 공부를 몇 달 동안 열심히 했지만 시험장에 들어가지도 못한 것처럼 김이 샙니다. 교과서의 무미건조한 서술대로라면 그렇게밖에 보이지 않습니다. 선생님들께서 무미건조한 서술에 숨결을 불어넣어 주셨으면 좋겠습니다. 저는 어렸을 때 이 부분이 너무 허무하게 느껴졌습니다.

제2차 나선 정벌 전황 보고서 1658년 6월 10일		
	조·청 연합군	러시아
함대	조·청 연합군 총 52척 • 자취선 4척 • 중대형 선박 36척 • 중소형 선박 12척	대형 선박 11척
병력	조선군 260명 포함하여 총 2,500여 명	약 360여 명
결과	조선군 8명 포함하여 총 전사자 120여 명	11척 중 7척 불탐. 러시아 지휘관 스테파노프를 포함 220여 명 전사.

했음을 쉽게 알아챌 수 있을 겁니다.

제시된 표는 제2차 나선 정벌 전황 보고서입니다. 병력도 조선과 청나라가 월등히 많고 함대의 수도 훨씬 많습니다. 결과도 당연하다는 듯이 완승을 거두었습니다. 당시 조선 조총 부대는 260명밖에 되지 않아서 마치 우리가 들러리를 선 것 같은 느낌이지만 실상은 그렇지 않았습니다. 당시 청나라는 머릿수로만 밀어붙이다가 3년간 패전을 거듭한 상황이었습니다. 그러다가 조선 조총 부대가 합류하니 드디어 승리를 거둔 것입니다. 군사 수는 적었지만 제 역할을 톡톡히 한 것이죠.

Cooking Tip
〈역사저널 그날〉의 '무찌르자 오랑캐! 나선 정벌' 영상의 일부를 살펴보았습니다.

청은 왜 계속 깨졌을까요? 🔍

그렇다면 청은 왜 패전을 거듭했을까요? 문제는 사람이었다고 합니다. 사실 조선 조총 부대의 무기보다 러시아의 소총이 훨씬 성능도 좋았다고 합니다. 조선군은 화승총을 사용했고, 러시아군은 수석소총(부싯돌 원리로 점화되는 것)을 사용했는데, 당시 수석소총은 화승총보다 더 발전된 형태의 차세대 무기였다고 합니다. 당연히 사격 속도도 화승총에 비해 2~3배 빨랐고요. 하지만 조선군은 기본 사격 연습이 완벽하게 되어 있음은 물론이고, 흔들리는 배에서도 정밀 사격이 가능하도록 훈련이 잘되어 있었습니다. 실제로 조선군과 청군이 사격 연습을 하는데, 그 결과를 살펴보면 조선군이 상대적으로 얼마나 훈련이 잘되었는지 알 수 있습니다. 약 50m 정도의 거리에 두께 9cm 정도의 나무 표적을 놓고 사격을 하였습니다. 청나라 군사들의 경우 3발 가운데 1발 이상 명중률을 보이는 사람이 100명 가운데 10명 정도였다면, 조선 군사들의 경우에는 100명 가운데 60~70명 정도의 수가 표적을 정확히 맞혔다는 기록이 있습니다.

비주얼로 제압하라! 🔍

그런 이유로 러시아군은 조선 조총 부대를 상당히 두려워했다고 합니다. 당시 러시아 사람들 사이에는 '대두인들이 무섭다.'라는 말이 유행했는데, 대두인은 머리(頭)가 큰(大) 사람이라는 뜻입니다. 실제 조선 사람들이 머리가 컸던 것이 아니고, 당시 병사들이 썼던 전립 때문에 그런 말이 나온 것 같습니다. 전립은 조선 시대 무관이 착용하던 모자인데, 모자의 형태가 위로 둥글어 머리를 보호하는 기능을 했을 것으로 추정됩니다. 러시아군과는 실제로 신장 차가 많이 났던 것으로 보이는데, 큰 키의 러시아 군사들이 대두인들의 합류로 패배한 것이지요.

슬픈 승리 🔍 앞에서 제시한 표에서 전투 결과를 보면 조청 연합군의 피해는 120여 명으로 조선군은 8명밖에 죽지 않았다고 합니다. 하지만 그 8명마저도 굳이 이국땅에서 전사하지 않아도 되는 사람들이었기에 안타깝습니다. 사실 나선 정벌 당시 조선 조총 부대 지휘관 신유에게는 지휘권이 없었다고 합니다. 청나라의 팔기군에 조선군이 합류해 싸운 것이죠. 상황이 그렇다 보니 화공(불을 이용한 공격) 후 접근해 공격하자는 신유의 건의는 먹혀들지 않았고, 막무가내 청나라 지휘관 때문에 안타까운 조선군 희생자가 나왔다고 합니다. 청나라의 지휘관이 러시아군 배에 있는 재물이 욕심나 전술적으로 부적절한 작전을 펼친 것이지요. 설상가상으로 2차 전투의 경우에는 그들의 요구에 의해 우리가 도와주러 가는 입장이었음에도 식량 조달조차 해 주지 않았다고 합니다. 표면적으로 드러나는 것도 이 정도인데 실제로 청나라는 얼마나 횡포를 부렸을까요? 그런 대우를 받아 가면서도 열심히 싸운 우리 조선 군사들에게 박수를 보내고 돌아가신 분들에겐 조의를 표합니다.

나선 정벌은 세계사적으로 청나라와 러시아가 무척 중요한 조약을 맺는 계기가 되었습니다. 바로 네르친스크 조약입니다. 러시아는 영토가 무척 넓은 나라이지만 항상 부동항(얼지 않는 항구)을 얻기 위해서 따뜻한 바다를 향해 진출하려고 했던 나라입니다. 거기다가 흑룡강 유역의 은광과 식량, 모피도 탐이 났습니다. 그들은 충돌할 수밖에 없었습니다. 하지만 나선 정벌 후 네르친스크 조약을 계기로 러시아는 당분간 흑룡강 북쪽에 머물기로 결정하고, 청나라는 엄청나게 긴 국경선을 맞대고 있는 러시아의 남하를 저지하여 흑룡강 남쪽을 고수하게 됩니다.

효종의 승하 🔍 효종은 북벌이 가능하다고 생각했을까요? 물론 하겠다는 의지와 마음은 진심이었겠지만, 장자인 소현세자의 죽음으로 자신이 왕위를 계승하였기 때문에 정통성이 없어서 힘을 갖기 위한 구실이 더 필요한 것은 아니었을까요? 나선 정벌 때문에 잠시 청나라가 약골로 보였을지도 모르겠으나, 당시 청나라의 국제적 위상은 매우 높았습니다. 효종 또한 강건성세(청나라 황제 강희제·옹정제·건륭제 시기의 청나라 최전성기를 의미한다)로 뻗어 가는 청나라의 국력을 모르지 않았을 것입니다. 그의 진심이 무엇이었건 그는 북벌을 기치로 왕권을 강화하고 정통성이 없다는 명분을 누를 수 있었던 것으로 보입니다.

Table 03

이거 실화냐? 이것은 신세계!

오늘의 식단 한눈에 보기

- 서양의 물질 문명
- 서양의 정신 문명
- 홍빡빡 3인방

연행사 🔍 　양난 이후 조선은 조금씩 서양의 새로운 문물에 눈을 뜨게 됩니다. 물론 서양과 직접 활발하게 교류했다고 보기는 어렵고, 중국에 들어와 있는 서양 문물들을 접하게 된 계기로 말입니다. 조선 후기, 조선은 병자호란에서 승리한 청나라의 수도 연경(베이징)에 주기적으로 사신, 즉 연행사를 보냅니다. 연행사란 청나라의 수도 연경할 때 '연(燕)' 자에, '다닐 행(行)', '보낼 사(使)' 자를 사용해, 연경에 다녀오는 사신 정도로 풀이해 볼 수 있습니다. 200여 년 동안 500회 가까이 연행사를 보냅니다. 당시 연경에는 선교를 목적으로 청나라에 들어온 서양인들이 종종 있었는데, 그들은 다양한 신문물을 전해 주었습니다. 연경에 전해진 여러 가지 서양의 신문물에 조선의 연행사들은 관심을 보였고, 연행사는 그것들을 조선에 소개하는 역할을 합니다.

이것은 신세계! 🔍 　이렇게 조선에 들어오게 된 서양의 문물에 대해 살펴보도록 하겠습니다. 새로 전래된 문물은 조선 사람들이 느끼기에 신세계였습니다. 먼저 신상 시계를 살펴보겠습니다.

자격루 🔍 　신상품이 아닌 것 같다고요? 네, 자격루는 세종 대에 만들어진 것입니다. 물을 동력으로 수위가 차면 구슬이 또르르 내려가고, 구슬이 기계 장치를 건드려 시각을 알리기 위해 인형이 북을 치는 자동 시보 장치입니다. 지금으로 따지면 알람시계이죠. 조선은 이미 가지고 있었습니다. 세종 대 자격루를 만들었을 때는 중국의 물시계보다도 더 정교하고 정확하게 시간을 표현했다고 합니다. 물론 당시 서양에는 그런 수준의 물건은 없었습니다. 조선의 과학과 문화는 때 이른 절정을 이루었다고 합니다.

하지만 그 후 수백 년간 조선은 무엇을 했습니까? 통치 체제로 들여온 유학(성리학)이 부국강병이라는 실리적인 측면과 조화를 이루었던 조선 초기와는 다르게, 조선의 성리학은 시간이 흐를수록 지나치게 절대화·교조화되면서 성리학 자체가 목적이 되어 버렸습니다. 과학기술, 군사력 등은 상대적으로 그 수준이 형편없이 곤두박질치기 시작했습니다.

Cooking Tip
자명종 시계와 자격루의 크기를 대조하기 위해 프레지에서 자격루 앞에 서 있는 학생의 손 부분에 자명종 시계 사진을 작게 삽입하였습니다.

자격루보다 훨씬 작다고? 🔍

어느덧 서양은 조선보다 더 나은 문물을 갖게 되었는데, 그 앞도적인 차이를 시계의 크기에서도 찾아볼 수 있게 됩니다.

자명종 🔍

서양에서 들여온 시계입니다. '스스로 자(自)', '울 명(鳴)', '시계 종(鐘)' 자를 사용해 일정 시간이 되면 스스로 종을 울리는 시계라는 의미입니다. 자격루의 실제 크기는 교실 3분의 1 이상의 사이즈였습니다. 하지만 이보다 훨씬 작아 휴대하기 좋고 정확도도 높은 자명종 시계가 들어옵니다. 요즘에는 더 작아졌고, 휴대전화로도 그 기능을 할 수 있지만 당대에는 최고의 발명품이었습니다.

Cooking Tip
천리경을 들고 있는 조선인이 그려진 삽화를 띄워 놓고 아이들에게 갑자기 '아리랑'을 부르게 하였습니다. '십 리도 못가서 발병난다'는 아리랑 가사에서 십 리는 4km로, 성인이 1시간 정도 걸으면 갈 수 있는 거리임을 알려주고, 천 리는 400km, 서울에서 완도까지의 거리라고 알려주었습니다.

천리경 🔍

천리경은 천 리 앞을 내다볼 수 있는 망원경을 의미합니다. 천 리는 400km로 아무리 좋은 망원경이라 한들 그 먼 거리를 볼 수는 없었을 것입니다. 과장이 심하지만 그런 이름이 붙을 정도로 당시에는 볼 수 없는 세계까지 보여 주는 망원경이 천리경이었습니다. 군사용으로 활용한 경우가 많다고 합니다.

불랑기포 🔍

이번에는 화포를 한번 살펴보겠습니다. 사실 병자호란 이전에도 조선은 화포에 관심이 많았습니다. 불랑기포의 도입 노력을 보면 알 수 있습니다. 서양을 상징하는 단어가 독일·프랑스·이탈리아의 원조인 프랑크 왕국의 '프랑크'였는데, 화포 이름은 거기서 유래했습니다. 당시 불랑기포라 불리는 화포들은 포르투갈 기술로 들여온 것입니다.

"마치 천둥이 울려 퍼지는 듯한 소리였다. 불랑기포의 화력은 과연 천하무적이다." 임진왜란 평양성 전투에 대한 서애 류성룡의 기록으로 『징비록』의 일부입니다. '징계할 징(懲)', '대비할 비(毖)', '기록할 록(錄)' 자를 써서, 임진왜란에 대해 반성하고 다시는 그런 일이 반복되지 않도록 대비하기 위한 기록이라고 해석할 수 있습니다. 『징비록』에 당시 명나라 원군이 사용한 불랑기포의 화력을 천하무적이라고 기록하고 있습니다.

이 시기 조선에 들여온 화포는 그것보다 한 차원 발전한 홍이포를 의미합니다. 홍이포는 명나라가 네덜란드로부터 받아들인 화포로 '붉을 홍(紅)', '오랑캐 이(夷)' 자를 사용해 붉은 머리의 오랑캐들이 사용하는 화포라는 의미입니다. 세계사에서 보면 홍이포는 오

홍이포

스만 제국이 유럽에게 무릎을 꿇게 되는 결정적인 역할을 하였으며, 무패를 자랑하는 후금의 누르하치 팔기군을 홍이포를 받아들인 명나라가 박살 내 버리기도 합니다. 파편에 맞았다고 전해지는 후금(훗날 중국 대륙을 제패하는 청나라)의 아버지 누르하치는 이듬해 세상을 떠났지요. 명나라와 붙은 후금은 처음에는 밀리지만, 이후 내분을 이용해 홍이포 제작 기술을 들여와 명나라를 제압합니다. 병자호란 때 우리 성벽을 박살 내 버린 것도 바로 홍이포입니다. 바야흐로 청나라의 전성기였고, 그들이 사용했던 대포가 우리에게도 들여온 것입니다.

Cooking Tip
홍이포 제작과 관련하여
〈역사채널e〉 '최초의 귀화
인 박연'을 시청했습니다.

벨테브레이 🔍 　네덜란드에서 온 귀화인 벨테브레이(조선 이름 박연)는 우리의 군사력 증강에 많은 도움을 준 인물입니다. 조선에 정착해 조선 여자와 결혼도 하고 아이도 낳고 살았죠.

과학 서적 🔍 　과학 서적에는 천체 관측과 관련된 책(시간, 역법 관련) 등이 들어왔다고 합니다. 우리가 생활에서 사용하는 애체(안경) 역시 조선 후기에 들어왔습니다. 안경과 더불어 선글라스도 들어왔습니다. 선글라스를 쓰고 있는 조선 사람의 모습 상상이 되나요?

안경(국립민속박물관)

세계 지도 🔍 　당시 조선에 들어온 선진 문물 중에서 조선 사람들의 의식에 가장 큰 변화를 준 세계 지도 이야기를 해 보겠습니다. 사진은 태종 때 만들었다고 전해지는 '혼일강리역대국도지도'입니다. '혼일(混一)'이란 중국을 중심으로 중국 주변의 오랑캐를 하나로 아우른다는 '혼연일체'라는 뜻이고, '강리(疆理)'란 변두리 지경을 안다(또는 다스린다)는 뜻입니다. '역대(歷代)'는 모든 시대를 의미하며, '국도(國都)'는 나라와 도읍 또는 주요 도시를 의미합니다. 곧 알아야 할 또는 다스려야 할 역대 왕조와 세계의 모습을 담은 지도라는 의미입니다.

혼일강리역대국도지도

　혼일강리역대국도지도는 전

근대 시기 알기 힘들었던 세계인 인도, 유럽, 아프리카(나일 강, 사하라 사막 등 당시 아프리카의 수십 개 지명 표시)까지 당시 유라시아에서 알고 있는 모든 정보가 표현되어 있는 지도입니다. 동시대에 유럽은 바로 아래 있는 아프리카에 대해 이 지도에 표현된 것만큼 알지 못하고 있었다고 합니다. 물론 등장한 이유는 세상의 중심이 중국이라고 인식했다는 것을 보여 주기 위함입니다. 하지만 그 4분의 1 정도 크기로 조선을 묘사했음도 잊지 말아야 합니다. 조선이 중국 다음의 나라라는 자부심도 들어 있는 지도이죠.

하지만 조선 초기에 만들어진 세계 지도보다 더욱 현재의 것과 비슷한 형태의 '곤여만국전도'가 들어옵니다. 곤여만국전도는 이탈리아 출신 예수회 선교사 마테오 리치가 중국에 머물며 제작했다고 하는 세계 지도입니다. 1602년에 만들어졌고, 이듬해 바로 조선에 들어왔으니 새로운 문물에 무척 관심이 많았던 것으로 볼 수 있습니다.

곤여만국전도는 '땅 곤(坤)', '허락할 여(輿)' 자를 사용하여 땅이 허락한 세계 모든 나라를 온전히 수록한 지도라는 의미입니다. 봉선사의 곤여만국전도는 1951년 6·25 전쟁 때 화재로 소실되었다가 최근 복원해서 수년 전에 다시 봉선사의 품으로 돌아갔다고 합니다. 혼일강리역대국도지도를 보여 준 후 곤여만국전도 사진을 보여 주면 후자가 지금 교실에 있는 세계 지도랑 거의 똑같다는 반응이 나옵니다. 아이들 눈에도 그렇게 보일

Cooking Tip
실제 수업 시간에는 곤여만국전도가 중국을 세계의 중심이라고 생각하는 사고방식에서 탈피할 수 있게 된 계기였음을 강조했습니다. 하지만 아이들 사고에 반전을 주기 위해 혼일강리역대국도지도에 대한 정보는 그 후에 〈역사채널e〉 '조선이 그린 세계' 영상으로 제시했습니다.

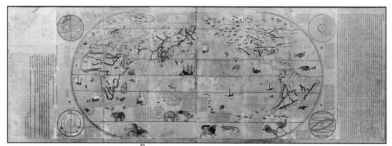

🌿 곤여만국전도(공공누리)

정도로 정교한 지도입니다. 중국과 조선 중심의 세계관에서 벗어나 더 넓은 세계가 있음을 깨닫게 해 주었다는 것이 감상 포인트입니다. 하지만 이 지도 역시 남극 대륙과 오세아니아가 붙어 있는 등 제대로 표현하지 못한 부분도 있습니다. 또 곤여만국전도는 세계 여러 나라에 어떤 민족이 살고 있는지, 산물은 어떤 것들이 나오는지도 정리해 놓은 정보 지도라는 점에서 혼일강리역대국도지도와 차이가 있습니다.

What is 서학? 🔍

다음으로는 조선 후기에 들어온 서양의 정신 문명에 대해 알아보겠습니다. 먼저 '서학'의 의미는 서양의 과학기술과 정신 문명 모두를 포괄하는 서양을 연구하는 학문입니다.

천주실의 🔍

Cooking Tip
예수회란 종교 개혁으로 인한 개신교의 발생으로 해외 천주교 포교 활동을 위해 나선 단체를 말합니다.

이번에도 이탈리아인 예수회 선교사 마테오 리치가 중국어로 쓴 『천주실의』입니다. 여기서 '천주(天主)'는 하늘의 주인인 하느님을 의미하고, '참 실(實)', '토의할 의(義)' 자를 사용해 하느님에 대한 참된 논의라는 의미입니다. 천주교 서적으로 원래 중국에 있던 것을 우리가 번역했을 것입니다. 물론 조선에서는 한글판도 널리 퍼졌습니다. 절두산에 있는 순교 박물관에서 한글판 『천주실의』를 살펴볼 수 있습니다. 절두산의 의미는 조선은 법으로 천주교를 금지하였는데, 천주교 박해로 수많은 천주교 교도들의 머리를 절단한 산이라는 의미입니다. 현재 지명에 당시 역사가 남아 있는 것입니다.

조선은 왜 천주교를 금지했을까요? 🔍

Cooking Tip
조선에 서양인 선교사가 한 명도 없을 때 최초로 천주교 세례를 받은 사람은 이승훈입니다. 최초의 천주교 신부는 김대건입니다. 역사 인물 캐릭터 그림을 활용해 버튼(뱃지)을 만들어 주며 지도했습니다.

천주교는 처음에는 학문으로 연구되다가 점차 신앙으로 발전한 종교입니다. 천주교의 '모든 사람은 신 앞에 평등하다.'는 교리는 유교적 신분 사회 전반을 뒤흔드는 충격적인 내용이었기에 천주교를 믿는 사람들은 탄압을 받았습니다. 지배층 입장에서는 너무 혁신적인 생각이라 바로 수용하기에는 무리가 있었습니다. 세계 어느 나라도 새로운 것에 대한 두려움은 마찬가지였던 것 같습니다. 수십 년 전에 법적으로는 사라졌지만 지금도 생활 속에는 남아 있는 인도의 카스트 제도 등을 보면 법이나 규율을 바꾸는 것보다 사람들의 생각이나 관습을 바꾸는 것이 더 힘들다는 것을 알 수 있습니다.

전동성당(문화재청)

다음은 효(孝) 정신을 무너뜨렸다며 참수형을 당한 윤선도의 자손 윤지충 신주 소각 사건 이야기를 해 볼까 합니다. 조선 사람들은 돌아가신 조상의 혼령이 신주라는 나무 상자에 드나든다고 생각했습니다. 하지만 천주교를 믿었던 윤지충은 그것은 말도 안 된다고 하며 신주를 불태워 버립니다. 조상 숭배 역시 우상 숭배라고 판단했던 것 같습니다. 이에 조선 최초의 천주교 순교자가 됩니다. 현재 전주 전동성당 자리가 윤지충이 세상을 떠난 곳입니다.

하지만 천주교는 이런 탄압과는 관계없이 점차 상민과 부녀자들 사이에 널리 퍼져 나갑니다. 인간 평등사상이 매력적이지 않았을까요? 평생 몸 바쳐 모시는 양반과 내가 평등하다, 성리학적 명분론에서는 항상 차별받는 여성이 남성과 평등하다는 생각은 당시 상당한 반향을 불러왔을 것으로 보입니다.

새로운 문물에 관심이 많았던 3인방 🔍 당시 새로운 문물에 관심이 많았던 3인 3색 인물 3인방을 소개합니다.

홍대용 🔍 홍대용은 과학 교과서에서도 등장하는 인물로 지구자전

Cooking Tip
지금도 우주는 팽창하고 있음을 초신성 폭발로 증명한 과학자들이 최근 노벨상을 은 사례가 있습니다.

설, 무한우주론, 외계생명체론 등을 주장한 바 있습니다.

박지원 🔍　다음으로는 조선 시대 최고의 문장가 연암 박지원입니다. 우리나라 3대 문장가 하면 신라의 최치원, 고려의 이규보, 조선의 박지원을 들 수 있습니다. 박지원의 『열하일기』는 북경(연경)을 거쳐 청나라 건륭제의 생일 잔치가 열린 열하에 다녀오며 쓴 기행문 정도로 보면 됩니다. 열하는 당시 청나라 황제가 별궁을 건설하면서 연경에 버금가는 정치·문화의 중심지가 된 곳이죠. 당시 청나라의 발전된 모습과 문물을 잘 담고 있어 무척 가치가 높은 사료입니다. 박지원은 물레방아 같은 것을 만들어 청나라에서 보고 배운 실용적 문화를 도입하기도 합니다.

박제가 🔍　박지원의 제자 박제가는 『북학의』를 쓴 것으로 유명합니다. 『북학의』에는 북쪽 청나라의 문물을 배워야 한다는 내용이 담겨 있습니다. 그는 적당한 소비가 경제를 활성화시킬 수 있다는 주장을 하기도 합니다.

　방금 언급한 세 인물은 공통점이 하나 있습니다. 모두 청나라에 다녀온 경험이 있는 사신이었다는 점입니다.

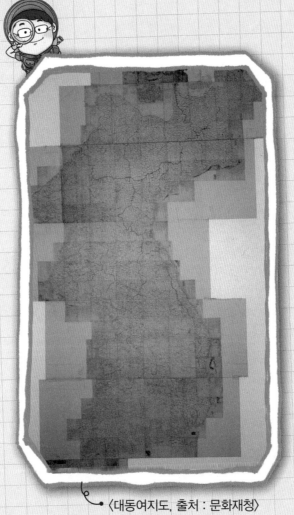

〈대동여지도, 출처 : 문화재청〉

특별한 풍미로
한 시대를 풍미하다

Table 04

조선 후기의 르네상스를 이끌다

오늘의 식단 한눈에 보기

- 사랑꾼 숙종
- 애민 군주 영조
- 조선의 트라우마
- 조선 후기의 르네상스

영조와 정조의 정치를 이해하려면? 🔍

조선 전기에 태종, 세종, 성종이 있었다면, 조선 후기에는 다시 한 번 조선의 중흥을 이끈 영조와 그의 손자 정조가 있었습니다. 이번에는 영조와 정조의 업적에 대해 알아보겠습니다. 하지만 영조와 정조에 대해 이해하려면 숙종 대의 정치 상황을 알아야 할 필요성이 있습니다.

숙종의 사랑 이야기 🔍

숙종은 14세에 왕위에 올랐는데, 그때부터 직접 통치가 가능했을 정도로 무척 똑똑한 사람이었습니다. 나라를 통치한다는 것은 쉽지 않은 일인데 말이죠. 그리고 숙종은 한마디로 사랑꾼이었습니다. 숙종의 정치를 이해하고 싶다면, 먼저 그의 사랑 이야기에 관심을 가져 봅시다!

숙종이 왕위에 올랐을 때는 서인이 예송 논쟁에서 패해 남인이 정권을 잡았습니다. 예송 논쟁이란 적장자가 아니었던 효종의 정통성과 관련된 내용으로, 왕권 중심의 정치를 지향하는 남인과 신권 중심의 정치를 지향하는 서인의 대립으로 이루어진 정치적 논쟁입니다. 흔히 예송 논쟁을 효종이 세상을 떠난 후 인조의 계비인 자의대비가 상복을 1년 입느냐 3년 입느냐로 싸운 정신 나간 논쟁, 효종비 사후 인조의 계비 자의대비가 상복은 9개월 입느냐 1년 입느냐로 싸운 허례허식에 찌든 논쟁으로 생각하기 쉽고, 그렇게 생각해 비판하기도 합니다. '왜 그런 중요하지 않은 것으로 편을 가르고 싸울까?' 이렇게 생각하기 쉽지만, 그 본질은 조선 초부터 논쟁의 대상이었던 '왕권이냐, 신권이냐?'였던 것입니다. 마치 정도전과 이방원이 대립했듯이 말입니다.

정치는 왕을 중심에 두어야 한다고 생각한 남인은 왕과 사대부는 다르

Cooking Tip

배우 유아인 씨가 드라마 〈장옥정, 사랑에 살다〉에서 숙종 역할을 했던 것이 기억나 유아인 씨 사진을 활용해 학생들의 관심을 끌었습니다.

다는 입장이었습니다. 효종이 둘째 아들이었더라도 왕이기 때문에 적장자와 같은 대우를 해 줘야 한다고 생각했죠. 하지만 서인은 입장이 달랐습니다. 정치는 사대부가 이끌어 간다, 왕 또한 사대부이다, 그러므로 사대부 집안의 예법에 따라야 한다는 입장이었죠.

누가 정치의 중심에 서서 나라를 이끌어야 하는지 고민하고 논쟁하는 것은 동서고금을 떠나 아주 자연스러운 현상입니다. 현종이 막 즉위했을 때는 왕권 중심의 정치를 지향하는 남인의 손을 들어 주지 못했습니다. 아직 권력 기반이 공고하지 못해 스스로 아버지 효종의 정통성을 부정하는 격이 되어 버렸습니다. 그것이 바로 1차 예송 논쟁입니다. 하지만 세월이 흘러 현종도 어느 정도 자신의 생각을 표현할 수 있는 기반을 닦았고, 2차 예송 논쟁이 터지자 그때는 남인의 손을 들어 줍니다. 그때부터 남인이 중심에 나서게 된 것이죠.

그 상태에서 현종이 세상을 떠나자 숙종이 왕위를 계승하였습니다. 그래서 숙종 재위 초기에는 남인이 주류였던 것이죠. 하지만 남인이 숙종의 자존심을 건드리는 사건이 하나 발생합니다. 꽤나 유명한 유악 사건인데요, 야사에 따라 간단히 요약하면 다음과 같습니다.

당시 영의정이었던 허적의 집안에 경사스러운 일이 있어 잔치를 열었다고 합니다. 그런데 그날 비가 왔고, 숙종은 이를 걱정하여 허적 대감에게 유악(기름 먹인 장막)을 갖다 주라고 지시합니다. 하지만 알아보니 영의정 허적이 왕의 허락도 구하지 않고, 이미 유악을 가져간 것이었습니다. 이에 분개한 숙종은 유악 사건을 발단으로 남인에 대한 경계심이 생겼고, 이후 남인의 역모 사건을 구실로 환국(경신년)을 단행했습니다. 여기서 환국이란 정지적 국면이 전환되었다 정도로 해석하면 됩니다. 그렇게 하여 인조 반정 이래 50년간 권력을 잡았다가 6년간 권력에서 밀려나 있던 서인이 재기하게 됩니다. 물론 정사를 들여다보면 다소 다르게 해석할 여지도 있습니다.

장희빈 🔍 그렇게 서인이 권력을 잡았지만 그 또한 잠시였습니다. 숙종에게 꽃피는 봄날이 왔습니다. 사랑하는 여자가 생긴 것이죠. 훗날 희빈 장씨로 불리는 장옥정! 숙종은 장옥정과 사랑에 빠졌습니다. 장희빈을 뒷받침해 주던 세력이 바로 남인이었습니다. 숙종이 사랑한 장희빈은 왕비가 되고, 정치 권력도 다시 남인에게 넘어갑니다. 또 한 번의 환국이 단행된 것이죠. 물론 이 또한 숙종이 정치적 계산을 하고 단행한 환국일 수도 있습니다. 하지만 5세 연상의 장희빈 때문에 숙종이 죽고 못살았던 것 또한 사실입니다. 『조선왕조실록』에서 유일하게 여성의 미모에 대해 찬사를 해 놓은 여인은 장희빈뿐이라고 합니다.

Cooking Tip
드라마 〈장옥정, 사랑에 살다〉에서 장희빈 역할을 했던 배우 김태희 씨 사진을 활용해 학생들의 관심을 끌었습니다.

사랑은 움직이는 거야! 🔍 하지만 사랑은 움직이는 거라고 하죠! 숙종은 또 새로운 사랑을 만납니다. 훗날 숙빈 최씨가 숙종의 새로운 사랑이었습니다. 숙빈 최씨는 무수리였다고 전해집니다. 무수리는 원래 몽골어로 '소녀'라는 뜻인데, 고려 시대 원나라 간섭기 때 들어온 말로 보입니다. 원나라 공주가 고려 왕실에 들어오면서부터 궁중에서 청소 일을 맡은 여자 노비를 무수리라고 부르기 시작했고, 이후 조선에 이어져 궁중 용어가 되었습니다. 그렇게 다정했던 숙종과 장희빈의 사이는 벌어지게 되고, 다시 서인이 정권을 잡습니다.

Cooking Tip
숙종의 마음이 달라진 것을 묘사하는 장면은 드라마 〈장옥정, 사랑에 살다〉 영상의 일부를 활용했습니다. 남학생들에게 물었던 적이 있습니다. "너희 같으면 저런 상황에서 장희빈에게 마음이 가겠니, 아니면 숙빈 최씨에게 마음이 가겠니?" 대다수 학생들은 장희빈이 싫어졌을 것 같다고 이야기했지만 몇몇 남학생들은 "그래도 장희빈이 좋죠!"라고 대답했습니다. 나중에 물어 보니 김태희 씨가 예뻐서라고 대답하더군요.

환국 정치 🔍 어찌 되었든 숙종이 정치적 상황을 읽어 내고 자신의 의도대로 환국을 단행해 왕의 권한을 강화하는 데 활용한 것으로 보입니다. 순전히 사랑 때문에 그렇게 행동할 정도로 임금이란 자리는 낭만적인 자리가 아니니까요.

영조의 탕평책 🔍 숙종의 환국 정치를 보며 자랐던 영조와 그 뒤를 이은 정조가 반성적 의미에서 택한 새로운 정치 방식이 '탕평책'입니

Cooking Tip
깊이 들어가면 영조와 정조의 탕평은 다릅니다. 숙종도 탕평이라는 표현을 사용했지만 말뿐인 탕평이었고, 영조는 완론탕평, 정조는 준론탕평으로 구분하지만 아이들과 수업할 때는 특별히 구분하지 않았습니다.

다. 그들의 가장 뛰어난 업적입니다. 탕평책은 '씻어낼 탕(蕩)', '평평할 평(平)' 자를 사용해 붕당 간의 분쟁을 씻어 버리고 능력에 따라 인재를 고르게 등용한다는 의미입니다. 영조 때 탕평책과 관련된 일화가 유명합니다.

어느 날 영조가 탕평책에 관한 회의를 하는 도중 청포묵에 여러 가지 채소를 섞어 무친 음식을 내게 하여 이때부터 묵청포를 '탕평채'라고 부르기 시작했습니다. 방위에 따른 색 좌(동)청룡, 우(서)백호, 전(남)주작, 후(북)현무를 각 붕당에 대입시켜 북쪽은 검정색을 상징하므로 북인을 김가루 고명으로, 동쪽은 푸른색을 의미하여 동인을 푸른색 미나리로, 남쪽은 붉은색을 상징하여 남인을 붉은색 쇠고기로, 서쪽은 흰색을 상징하여 서인은 청포묵에 비유해 버무린 것입니다.

희빈 장씨 ─── 숙종 ─── 숙빈 최씨
경종 　　 영조

숙종과 장희빈 사이의 아들이 경종이며, 숙종과 숙빈 최씨 사이의 아들이 영조입니다. 하지만 경종은 건강이 좋지 않아 왕위에 오른 지 얼마 되지 않아 세상을 떠나고, 배다른 동생 영조가 임금이 됩니다. 일설에 의하면 몸이 좋지 않은 경종에게 왕세제 연잉군(훗날 영조)이 형님이 좋아하는 간장게장을 바쳤고, 게장과 상극으로 치는 생감을 식후에 먹게 하여 죽음에 이르게 하였다는 이야기도 있습니다. 간장게장과 생감은 건강한 사람이 함께 먹어도 탈이 난다고 합니다. 영조는 다방면으로 책을 많이 읽었고 의학 관련 서적도 섭렵했었으며, 자기 건강 관리에도 무척 철저했던 사람이었습니다. 과연 모르고 바친 음식이었을까요?

백성은 하늘이다! 세금을 뜯어고쳐라! 군역은 원래 16세 이상에서 60세까지의 양인 남자에게 부과되는 것이었습니다. 일반 백성들이 군인 역할까지 해야 하는 것이지요. 하지만 평화가 계속되고 바쁜 농사일 때문에 군역을 기피하려는 사람이 늘어 자기 대신 다른 사람을 군대에 보내거나 경제적 지원을 하는 것으로 군역을 대신하는 사람이 많아졌습니다. 이를 막을 수 없게 되자, 군대에 가는 것을 베를 짜서 내는 것으로 대체하게 해 줍니다. 이를 '군포'라고 합니다. 16m 정도가 1필에 해당하는데, 백성들은 그 2배에 해당하는 2필의 군포를 냈다고 합니다. 새벽부터 오후까지 죽어라 농사짓고 밤에는 손발이 부르트게 베를 짜야 했습니다.

Cooking Tip
드라마 〈비밀의 문〉의 일부를 활용해 세금 개혁을 위해 노력하던 영조가 좌절하는 모습을 보여 주었습니다.

백성들의 의견을 듣기 위해 영조는 홍화문 밖으로 나섰고 구름처럼 몰려든 백성들의 하소연으로 군포가 부담스럽고 고통스러움을 알게 되었다고 합니다. 영조는 군포의 폐단을 시정하기 위해 노력하였습니다. 사실 영조도 훗날 흥선대원군처럼 양반들에게도 군포를 내게 하는 호포제를 꿈꾸었

창경궁 홍화문

던 것으로 보지만 양반 사대부들의 반대로 실패합니다. 양반들의 엄청난 반대에 좌절한 영조는 차선책으로 '균역법'을 선택합니다. 양반들에게까지 군포를 걷어 세금을 고르게 부과하는 것에는 실패하였지만, 일반 백성들이 내는 군포를 2필에서 1필로 감면시켜 준 것입니다. '고를 균(均)', '부릴 역(役)' 자를 써서 군역과 관련된 세금을 고르게 해 준 법이라는 뜻입니다.

6만 명의 극빈자들에게 기회를 주다! 🔍

영조가 펼쳤던 또 하나의 애민 정책은 바로 청계천 준설 사업입니다. '깊게 할 준(浚)', '파낼 설(渫)' 자를 사용해 깊게 파낸다는 뜻입니다. 청계천 준설은 홍수가 잦아 어려움을 겪는 백성들을 돕는다는 측면 외에도 또 다른 내막이 있습니다.

당시 준설 현장에 투입된 인원은 20만 명에 이르렀다고 합니다. 한양은 그 시기 상업 경제의 발달로 인구 유입이 늘어 빈민가가 형성되어 있

Cooking Tip
영조는 가혹한 형벌을 폐지하기도 합니다. 압슬형이나 낙형의 폐지가 그 예입니다. 압슬형은 죄인을 움직이지 못하게 한 곳에 묶고 무릎 위에 무거운 돌을 올려놓는 형벌을 말합니다. 그릇 파편을 아래 깔아 놓고 형벌을 가하기도 합니다. 주리를 트는 형벌도 없애고, 불에 달군 쇠붙이로 살갗을 지지는 고문도 없애라고 명합니다. 또 삼심제를 부활시켜 시형수를 처벌하기 전에는 3번 조사하여 억울한 죽음을 막기 위한 노력도 합니다.

어전준천제명첩
(문화재청)

었는데, 20만 명 가운데 약 6만 명이 몹시 가난한 사람들이었다고 합니다. 그 6만 명 정도의 빈민들은 임금을 지급받고 일에 투입됐다고 합니다. 좋게 평가하면 조선판 뉴딜 정책으로 볼 수도 있습니다. 물론 뉴딜 정책은 사회보장 인프라가 갖춰져야 한다는 전제가 필요한 것이니 그것과 완전히 비슷한 수준의 것이라고 평가하기는 어렵습니다만, 영조의 애민 정신을 높이 평가하고자 하는 의미로 사용한 표현입니다.

조선의 감추고 싶은 트라우마 🔍

Cooking Tip
〈역사채널e〉 '사도세자 죽음의 진실' 영상과 영화 〈사도〉의 일부를 활용했습니다.

이번에는 조선 왕실 역사에서 가장 가슴 아픈 이야기를 해 볼까 합니다. 애민 군주 영조에게도 큰 아픔이었을 것이고, 왕위를 계승한 그의 손자 정조에게도 엄청난 트라우마였을 것입니다. 바로 사도세자 사건으로 알려진 '임오화변'입니다. 흔히 임오화변을 붕당 간의 대립에 의해 세자가 정치적 희생양이 된 것으로 설명하곤 합니다. 영조를 왕으로 만들어 준 노론과 그의 아들 이선을 지지하는 소론의 대립으로 읽어 내기도 하고요.

무수리의 아들이란 출신에 대한 콤플렉스 때문에 영조는 자기 관리가 철저했던 왕입니다. 그 기준을 세자에게도 엄격하게 적용시켰다고 합니다. 하지만 세자는 기대대로 커 나가지 않았죠. 자식 농사는 마음대로 되지 않는 법이니까요. 또 세자를 돌봐 주는 사람들을 경종 곁에 있었던 사람들로 포진시켰다고 합니다. 경종을 자신이 죽인 것이 아니라는 것을 보여 주기 위해서였을까요? 정치적 의도가 있었다고는 하지만 세자에게는 좋지 않은 영향을 주었던 듯싶습니다. 너무 엄격한 아버지의 훈육으로 급기야 아버지를 지나치게 두려워하는 아들이 되어 버린 세자는 결국 정신분열 증세를 보이며 경계증, 의대증 등의 병이 생겼고, 주변 사람들을 마

50

구 살육하는 미친 사람이 되어 버렸습니다. 그러다 끝내 해서는 안 될 말을 하게 됩니다. 군왕인 아버지를 죽여 버리겠다는 이야기를 하죠.

뒤주

이 사실이 영조의 귀에 들어가고, 결국 역적죄로 아버지 영조에 의해 뒤주에 갇혀 8일간 아무것도 먹지 못하고 죽음을 맞이합니다. 사도세자, 그 이름은 세자가 죽고 나서 영조가 붙여 준 이름입니다. '생각할 사(思)', '슬퍼할 도(悼)' 자를 써서 슬픔에 잠겨 세자를 생각한다는 뜻입니다.

12세의 어린 나이에 아버지의 죽음을 보며 아무것도 할 수 없었던 세손 이산! 이제 그의 이야기를 시작해 보겠습니다.

정조 대왕 🔍

사실 이산은 왕이 될 수 없었습니다. 역적의 아들이었기 때문이죠. 하지만 영조는 손자가 왕이 될 수 있게 하려고 이미 세상을 떠난 첫째 아들 효장세자 아래로 이산을 입적시킵니다. 법적으로 이산의 아버지는 사도세자가 아닌 큰아버지인 효장세자가 된 것입니다. 조선 전기 세종이 천재였던 것처럼, 정조도 천재라는 평가를 받는 군주입니다. 하지만 정조는 만들어진 천재였습니다. 그는 새벽닭이 울어 날이 새도록 불을 켜 놓고 공부할 수밖에 없었던 사람이었습니다. 노론은 사도세자의 아들인 그가 왕위에 오르면 사도세자의 죽음을 지지하고 묵인했던 자신들에게 화가 마칠 것을 두려워했고, 실제로 왕이 된 후에도 침소에 자객을 보내기까지 했답니다. 이 때문에 정조는 밤새 불을 켜 놓고 공부할 수밖에 없었다고 합니다.

Cooking Tip
영화 〈역린〉의 영상 일부를 활용해 긴장감을 고조시켰습니다.

신궁의 경지에 가까웠던 활 솜씨 🔍

정조는 학식만 뛰어난 것이 아니었습니다. 자신을 지키기 위해 무예를 익힐 수밖에 없었죠. 정조는 활을 무척 잘 쏘았다고 합니다. 정조의 활 솜씨는 이성계 다음가는 신궁이라고 평가될 정도였으니까요. 80m 정도 떨어진 표적을 두고 50회 활시위를 당기면 49발이 명중했다고 합니다. 나머지 1발도 겸손한 모습을 보이기 위해 일부러 다른 곳에 쏘았다고 할 정도이니 실로 대단한 실력입니다. 국궁을 해 본 사람들은 50발을 쏘려면 엄청난 체력이 필요하다고 합니다. 활시위 당기는 일 자체도 무척 힘든 일인데 백퍼센트에 육박하는 명중률이라니! 정조가 자기 단련을 위해, 또 생존을 위해 얼마나 노력했는지 알 수 있는 대목입니다.

"과인은 사도세자의 아들이다."라고 말하며 왕위에 오른 정조! 여러분이 만약 정조였다면 어떻게 정치를 했을지 생각해 볼까요? 그가 조선 후기 최고의 군주로 평가받는 이유는 무엇일까요? 그의 업적을 몇 가지만 살펴보겠습니다.

탕평 정치 🔍   정조는 영조의 탕평책을 계승하였고, 더 발전시켰습니다. 군주 스스로 공부를 엄청나게 많이 하였기 때문에 정치적으로 노회한 대신들이 있음에도 붕당 간의 갈등을 논리적으로 풀어 내고, 어느 당이 잘못되었는지 시시비비를 가릴 수 있었으니까요.

세종이 집현전을 정책 연구 및 자신의 정치를 뒷받침하는 싱크탱크로 만들었듯이 정조도 창덕궁 후원 규장각에 유능한 인재들을 발탁하여 배치하고, 자신의 정책을 뒷받침할 수 있게 연구를 지원하고 토론했다고

규장각

합니다. 규장각은 역대 임금의 문장을 모아 놓는 왕실 도서관 정도로 보면 됩니다.

같은 정책 자문 기구이지만 이곳에는 서얼을 등용시켰다는 것이 다릅니다. 태종 이방원 이후 서얼금고법에 의해 서얼들은 높은 지위에 오르지 못했습니다. 서얼은 서자와 얼자의 합성어로, 서자는 아버지는 양반, 어머니는 상민일 때, 얼

자는 아버지는 양반, 어머니는 천민일 때 부르는 말입니다. 이방원 입장에서는 배다른 동생 방석 때문에 세자에 오르지 못했으니 그런 법을 만든 것 아닐까요? 그렇다면 무척 사심 가득한 법이었던 것 같습니다. 아무튼 규장각에서는 신분 제약에 의해 능력이 있어도 등용되지 못했던 서얼에게도 중책을 맡겼다는 것입니다.

여기서 신분제에 관련된 내용 하나만 더 이야기해 볼까요? 정조는 미국의 링컨보다 60년 정도 이른 시기에 노비제도를 없애고자 노력했던 것으로 보입니다. 상당 부분 준비가 끝났으나 1800년 정조가 승하하면서 유야무야됐으나 정조 사후 이듬해 공노비 해방이 시행되었습니다. 신분제라는 것이 국가 발전에 장애가 됨을 느꼈던 정조는 현실적 한계를 개혁하고자 노력했던 군주였습니다.

장용영 🔍

정조는 왕권 강화를 위해 장용영을 창설했습니다. 처음에는 국왕을 호위하는 8명으로 시작했던 친위 부대였는데, 절정기에는 2만 명에 이를 정도로 강군이 됩니다. '건장할 장(壯)', '용맹스러울 용(勇)', '진영 영(營)' 자를 써서 왕을 지켜 주는 건장하고 용맹스러운 군대라는 의미입니다. 이렇게 막강한 친위 부대를 갖추니 한양의 병권과 상권을 한 손에 쥐고 있던 노론 세력도 정조를 쉽게 볼 수 없었습니다.

금난전권 폐지 🔍

정조는 백성들의 생활 수준을 향상시키기 위해 경제 발전에도 힘썼습니다. 금난전권은 조선 후기 육의전과 시전 상인이 상권을 독점하기 위해 조정과 결탁하여 난전을 금지할 수 있었던 권리였는데 정조는 이를 폐지해 버립니다. 시전 상인의 독점을 인정해 주는 금난전권은 자유로운 상행위를 막고, 사회 발전에 도움이 되지 않는 것이기 때문입니다. 물론 상업 경제가 발달하지 않았던 조선 전기에는 시전 상인들의 물품만으로도 어느 정도 수요를 충당할 수 있었고, 금난전권이

Cooking Tip
금난전권 관련해 『조선왕조실록』의 '골목 상권을 지켜라'를 참고하면 좋습니다.

질이 떨어지는 물건을 판매하지 못하게 하려는 의도에서 나온 것이었지만, 조선 후기에는 상품 경제의 발달로 달라졌습니다. 달라진 세상에 부합해 난전 상인들에게 가해지는 압력과 제약을 없애고(일부 품목 제외), 백성들이 억압받지 않고 자유롭게 장사할 수 있게 해 줍니다.

난전의 허용으로 일반 백성들은 독점으로 물건을 턱없이 비싸게 파는 시전 상인들의 물건 외에도 선택지가 생겼습니다. 또한 자유롭게 장사하게 된 이들이 내는 세금으로 국가 재정에도 도움이 되었을 것입니다. 정조는 노론과 시전 상인들의 결탁을 끊고자 하는 의도도 가지고 있었습니다. 시전 상인들이 상권 독점에 대한 대가로 노론의 정치 자금을 대 주었을 테니까요.

신 도 시 를 세 워 라 🔍

끝으로 수원 화성 이야기를 해 보겠습니다. 정조가 꿈꿔 온 이상이 담긴 새 시대를 담은 신도시! 정조는 조선의 정치·군사·경제의 새로운 중심지를 설계합니다. 그것이 바로 수원 화성입니다. 정조에게는 노론이 모든 기반을 갖고 있는 한양에서 벗어나고 싶다는 생각도 있지 않았을까요?

팔달문
(문화재청)

화성성역의궤

수원 화성은 최근 복원된 성곽입니다. 하지만 조선 후기 성곽의 백미이며, 옛것을 그대로 복원했다고 하여 유네스코 세계문화유산에 등재된 유적이죠. 『화성성역의궤』라는 책에 수원 화성 축성의 모든 것이 세세하게 기록되어 있어, 그 기록에 따라서 6·25 전쟁 때 무너진 수원 화성을 복원할 수 있었고, 복원된 건축물임에도 그 가치를 널리 인정받을 수 있었던 것입니다. 수원 화성에는 정조의 아버지에 대한 효심과 애민 정신이 담겨 있습니다. 정조는 거의 버려져 있다시피한 아버지 사도세자의 무덤을 현재 수원 화성 쪽으로 옮겼습니다. 아버지의 죽음을 슬퍼하고 아버지를 그리워하는 마음이었겠지요.

수원 화성 축성 시에도 백성들의 부담을 줄여 주기 위해 당대 과학기술을 집약시켰습니다. 또 일하는 백성들의 마음을 얻어 10년 공사를 2년 9개월 만에 마칩니다.

Cooking Tip
〈역사채널e〉 '임금의 털모자' 편을 통해 정조가 수원 화성 축성을 위해 일하는 백성들에게 어떤 마음 씀씀이를 보여 주었는지 알 수 있습니다.

화성 능행 = 효도 = 애민 🔍 정조는 소문난 효자였습니다. 사도세자의 무덤에 자주 들렀는데, 이를 '능행'이라고 합니다. 정조의 능행은 70여 회에 이르렀다고 합니다. 수십 회에 이르는 능행은 단지 아버지 사도세자에 대한 효를 실천한다는 의미 외에 또 다른 의미도 지닙니다. 능행 중 상언(글을 쓸 줄 아는 사람들이 왕에게 민원을 넣는 것)과 격쟁(글을 쓸 줄 몰라 꽹과리나 북, 징으로 소리를 내고 구술로 왕에게 민원을 하소연하는 것) 등 4천 건 이상의 민원을 접수 및 해결해 주었고, 그 민원은 보통 3일 이내 처리되었다고 전해집니다. 백성들의 소리를 직접 듣고 해결해 주고자 했던 정조 대왕! 지금 시대에 비춰 보아도 멋지지 않나요?

Cooking Tip
다큐멘터리 〈의궤, 8일간의 축제〉를 강력 추천합니다.

화성능행도

Table 05

실학이 무엇인고?

오늘의 식단 한눈에 보기

- 🍴 실학이란?
- 🍴 오늘의 인물
- 🍴 우리 것에 대한 연구

재료 준비	장 보기
• 거중기, 녹로 관련 영상	• 〈YTN 사이언스〉
• 배다리 설치 관련 영상	• 〈역사채널e〉(EBS)
• 정약용의 저술 활동 관련 영상	• 〈역사채널e〉(EBS)
• 『목민심서』 관련 영상	• 〈지식채널e〉(EBS)
• 『자산어보』 관련 영상	• 〈한국의 유산〉(KBS)
• 대동여지도 제작 관련 영상	• 영화 〈고산자, 대동여지도〉
• 대동여지도 관련 영상	• 〈역사채널e〉(EBS)

실학이란? 🔍　　성리학과 실학은 공자의 말과 행동, 생각을 정리하고 연구한 유학에 뿌리를 두고 있습니다. 성리학과 실학이 유학의 한 갈래라는 것에 놀라는 분들도 있을 겁니다. 성리학과 실학은 분명히 차이가 있으니까요. 고려가 건국 시 불교의 나라를 표방했던 것처럼 조선은 건국할 때부터 유교, 즉 성리학의 나라였습니다.

　유교의 바탕은 부모님께 효도하는 '효(孝)', 임금과 국가를 어버이처럼 섬기고 나라를 위해 헌신하는 '충(忠)', 사람 간의 질서와 예의를 지키는 '예(禮)' 등입니다. 성리학 역시 그 바탕은 같지만 더 철학적으로 들어가서 인(仁), 의(義), 예(禮), 지(智), 신(信), 충(忠), 효(孝) 등의 개념에 우주 만물의 원리까지 더해진 학문입니다. 여기에서 우주 생성의 원리란 과학적으로 관찰하고 연구하는 대상의 우주가 아니고, 사람의 머릿속으로 생각하고 고민해서 만들어 낸 인간 세상 속의 작동 원리를 말합니다. 지나치게 깊게 들어가거나 몰입하면 주객이 전도되는 상황이 됩니다. 국가가 존재하는 목적이 중요한지 성리학이 중요한지, 백성들의 삶이 중요한지 학문 이론이 중요한지 구분되지 않는 상황에 빠지면 그 학문은 다수의 사람들로부터 외면당하게 되고 사회적 기능을 상실하기에 이릅니다.

　조선 후기에는 조선 창업의 기초가 되었던 성리학, 부국강병과 민본의 기치 아래 사회를 주도했던 성리학의 순기능은 사라지고, 실제 백성들의 삶에 도움이 되지 못하고 있었습니다. 국가의 경제 수준이 올라가 백성들이 배불리 먹고 잘사는 나라, 작지만 스스로 지켜 낼 수 있는 힘이 있어 백성들이 외적으로부터 안전하게 보호받는 나라를 만드는 데 성리학이 기여해야 하는데 그렇지 못했다는 것입니다. 이러한 점들을 개선하기 위해 등장한 유학의 한 갈래가 '실학'입니다. 이러한 기치를 들고 등장한

Cooking Tip
　실제 수업은 학생들에게 이런 상황을 설명하고 실학이 어떤 학문일지 자신의 생각을 정리해 보게 하고, 국어사전을 통해 그 의미를 확인해 보았습니다. 그리고 '(실)제 백성들의 삶, 생활에 도움이 되는 (학)문이다.' 정도로 정리해 주었습니다.

실학에는 어떤 것들이 있는지, 실학을 열심히 연구해 집대성한 인물은 누구인지 등에 대해 살펴보겠습니다.

Cooking Tip
실학자는 꼭 남성만 존재했을까요? 그렇지 않습니다. 조선 후기 여성 실학자로서 빙허각 이씨는 생활 경제 백과사전 격인 『규합총서』라는 책을 저술하기도 합니다. 유튜브에서 관련 영상을 검색해 아이들에게 보여주는 것은 어떨까요?

실학의 분류 🔍

실학을 연구한 사람들을 실학자라고 하는데, 학자들마다 우선순위와 생각이 달랐습니다. 어떤 것을 중요하게 생각하느냐에 따라 여러 집단으로 분류할 수 있습니다.

중농학파 🔍

먼저 토지를 누구에게 얼마나 나누어 갖게 하는 것이 합리적인지 고민하고, 새로운 농업기술에 대해 관심을 가져 부유한 나라, 백성들이 먹고살 만한 나라를 만들자는 사람들이 있었습니다. 백성들에게 가장 중요한 것은 바로 땅인데, 당시 상황은 많은 토지가 소수의 사람들에게 집중되어 있고, 대부분의 백성들은 남의 땅을 빌려 농사를 짓는 형편이었기 때문입니다. 그들이 중요하게 여긴 것은 농업기술 및 토지제도 개선을 통한 백성들의 생활 안정이었기 때문에, 그런 실학의 한 갈래를 '중농학파'라고 불렀습니다. 물론 물건을 만드는 공업, 물건을 사고파는 상업에도 관심이 있었지만 무게중심을 농업기술, 토지제도 개혁에 두었다는 뜻입니다.

Cooking Tip
실학의 중상학파와 아이들이 중학교에서 배우는 서양사의 중상주의는 의미가 다소 다릅니다.

중상학파 🔍

중농학파와는 약간 다르게 부유한 국가, 잘사는 백성을 만들기 위해서는 물건을 만드는 공업과 그렇게 만든 물건을 사고파는 상업, 즉 상공업의 발달에 무게중심을 둔 학자들도 있었습니다. 그들을 '중상학파'라고 합니다. 이러한 중상학파에 속하는 학자들을 우리는 이미 다룬 바 있습니다. 지구 자전설을 주장하고, 우주가 무한하다는 것을 주장했던 학자가 누구였지요? 바로 홍대용입니다. 또 조선 후기 최고의 문장가로 꼽히는 사람은 누구였지요? 『열하일기』를 쓴 박지원입니다. 그리고 박지원의 제자로 『북학의』를 쓴 박제가도 중상학파에 속합니다.

국학 🔍
이 외에도 한 갈래가 더 있습니다. 당시 어떤 사람들은 중국의 것이 아닌, 우리의 것을 연구하는 것이 백성들의 삶에 도움이 된다고 생각하여 우리의 언어, 역사, 지리 등을 연구하는 분위기도 생겨났는데, 이를 '나라 국(國)' 자를 써서 '국학'이라고 합니다.

정약용은 7세 때 ( )에 대한 한시를 지었다! 🔍
그럼 먼저 중농학파에 해당하는 인물을 알아보겠습니다. 중농학파는 딱 한 사람만 알면 됩니다. 실학을 집대성했다는 평가를 받는 다산 정약용입니다! 정약용은 토지 소유와 관련하여 '정전론'을 주장했습니다. '우물 정(井)' 자로 땅을 나눈 후 분배하여 경작하고, 가운데 땅은 공동 경작지로 세금을 내는 데 사용하자는 내용입니다.

ㄴ 정약용 트릭 아트

여기서 잠깐 정약용에 얽힌 일화 하나를 소개하고 넘어갈까 합니다. 정약용은 7세 때 이미 오언절구(한자를 5글자, 5글자 2행으로 배치해 운율에 맞게 짓는 것)로 시를 지을 정도로 영특했다고 합니다. 시의 소재는 '원근법'이었습니다. 원근법을 이용한 표현 기법은 조선 전기까지는 아직 들어오지도 않은, 서양에서 들어온 화풍입니다. 조선 화가들이 주로 사용한 부감법(그림의 시점을 높은 곳에서 아래를 내려다보는 것처럼 그리는 방법으로, 새가 높이 날아 아래를 내려다보는 것 같다 하여 '조감법'이라고도 한다)과는 차이가 있습니다. 그럼 정약용이 7세 때 지었다는 시를 한번 볼까요?

'작은 산이 큰 산을 가렸네. 멀고 가까움의 지세가 다른 탓이지.'

7세 때 이미 이와 같은 시를 썼다니 그저 놀랍기만 합니다!

100kg을 6kg처럼! 🔍

어린 시절부터 범상치 않았던 그가 커서는 이런 기계를 만들어 냅니다. 100kg 돌의 무게를 16분의 1 정도로 줄여서 작은 힘으로도 들 수 있게 하는 기계! 수원 화성 축조에 사용되었다고 전해지는 거중기입니다. '들 거(擧)', '무거울 중(重)', '기계 기(機)' 자를 사용하여 무거운 것을 들어 올려 주는 기계 정도로 풀이할 수 있습니다.

거중기

거중기는 채석장에서 무거운 돌을 들어 올릴 때 사용한 기계이고, 들어 올린 돌을 담아 운반하는 데에는 유형거라는 수레를 사용했습니다. '헤엄칠 유(游)', '저울 형(衡)', '수레 거(車)' 자를 사용하여 무거운 물건을 헤엄치듯 옮길 수 있는 저울 모양의 수레 정도로 풀이할 수 있습니다. 기존에 사용하던 수레의 단점을 보완해 만든 것으로 보면 되고, 유형거 외에도 다양한 수레들이 사용되었다고 합니다.

그렇게 해서 성벽을 쌓는 곳까지 옮긴 석재를 녹로를 이용해 높은 곳에 쌓습니다. '도르래 녹(轆)', '도르래 로(轤)' 자를 사용하는데, 도르래의 원리를 이용해 석재를 들어 올려 원하는 위치에 놓는 현재 크레인과 같은 용도로 사용한 기계입니다. 높이는 11m에 이르렀다고 합니다. 수원 화성을 축조할 때 거중기 1대, 녹로 2대, 유형거 11대 등 기타 다양한 도구와 기계들을 활용하였다고 합니다.

녹로

Cooking Tip
〈YTN 사이언스〉 '실학사상이 담긴 발명품 거중기는 어떻게 작동하는 것일까?'라는 영상을 통해 거중기와 녹로의 기능을 살펴보았습니다.

배다리 프로젝트 🔍

앞서 살펴본 정조의 수원 화성 행차 때 정조의 안전을 고려하고 수많은 사람들을 배로 나르는 데 불편함이 있을 것을 예방하기 위해 36대의 배로 배다리를 설치했는데, 그 역시 정약용이 주도했다고 합니다. 이때 정약용의 지위가 높지 않아서였는지 『조선왕조실록』에는 그에 대한 기록이 없고, 정약용이 남긴 기록에 배다리 프로젝트가 남아 있습니다. 유사 이래 배다리를 처음으로 놓은 것이 정약용은 아니지만, 정조 때 최단 시간 동안 효율적으로 놓은 것은 분명한 사실입니다.

Cooking Tip
〈역사채널e〉 '1795년 배다리 프로젝트'라는 영상을 통해 배다리를 어떻게 설치했는지 살펴볼 수 있습니다.

배다리

나는 억울하다! 🔍

그렇게 정조와 찰떡 궁합으로 호흡이 척척 맞았던 조선의 다빈치 정약용은 1800년 정조가 세상을 떠남과 동시에 서학을 믿었다는 죄목으로 유배를 가게 됩니다. 실제로는 정약용의 형이 성물을 옮기다 걸려서 정약용까지 엮어 버린 것인데, 형의 기록을 보면 자기 동생에게 전도를 못한 것이 안타깝다는 기록이 남아 있습니다. 그래서 형은 사형, 동생인 정약용은 유배에 그친 것으로 추정됩니다.

다른 곳을 거치긴 했지만 정약용이 가장 오래 머무렀던 곳은 강진입니다. 강진 다산초당의 '다산(茶山)'은 정약용의 호입니다. 차가 많이 나는 산에 살았고, 차를 마시며 마음을 다스렸다는 의미로 해석해 볼 수 있습니다. '초당'은 초가로 지붕을 엮은 집이라는 뜻입니다. 그런데 실제로 가 보면 초당이 아니라 기와지붕으로 복원해 놓은 점이 아쉬웠습니다.

다산초당

Cooking Tip
〈역사채널e〉 '503번의 승리'라는 영상을 통해 정약용이 정계에서 물러나 어떤 유배 생활을 보냈는지 확인해 보았습니다.

503번의 승리 🔍 다시 정약용의 이야기로 돌아가서, 그는 역경 속에서도 엄청난 저술 활동으로 수많은 저서를 남겼습니다. 우리는 정약용이 유배 생활에서 남긴 503권의 책 가운데 다음의 2가지는 꼭 기억해야 합니다.

경세유표 🔍 먼저 『경세유표』입니다. '다스릴 경(經)', '세상 세(世)', '남길 유(遺)', '나타낼 표(表)' 자를 사용하여, 세상을 다스리는 법을 유언처럼 남긴 정약용의 정책 건의서란 뜻입니다. 당시 조선이라는 국가의 제도를 어떻게 고쳐야 백성들의 삶이 좀 더 살기 좋아지는지 고민해, 조선이 나아가야 할 방향을 제시한 책 정도로 보면 됩니다.

Cooking Tip
〈지식채널e〉 '정약용의 목민심서'라는 영상을 통해 『목민심서』를 조금 더 자세히 살펴보았습니다.

목민심서 🔍 우리가 기억해야 할 또 하나의 책은 『목민심서』입니다. '기를 목(牧)', '백성 민(民)', '마음 심(心)', '책 서(書)' 자를 사용해 백성을 다스리는 수령(사또, 원님, 목민관)이 가져야 할 마음가짐을 여러 가지 상황으로 분류해 쓴 책 정도로 보면 됩니다.

마과회통 🔍 정약용은 그 외에도 『마과회통』을 저술하는 등 다방면으로 저술을 남겼습니다. 『마과회통』은 홍역 치료에 관한 의학 서적입니다. 당시 홍역은 무시무시한 병이었습니다. 정약용의 『마과회통』은 세종의 『향약집성방』과 저술 동기가 비슷합니다. 『마과회통』의 경우에도 홍역(마진)으로 자식을 잃은 아픔을 극복하며 써낸 책이기 때문입니다.

국학 집중 탐구 🔍 백성들의 생활에 실질적인 도움을 주기 위해 뭐든지 중국 중심이었던 사고방식에서 탈피하여 우리 것에 대한 진지한 연구를 다시 시작하는 흐름이 생깁니다. 이를 '국학'이라고 합니다.

뭐? 고조선, 고구려, 발해가 중국 역사라고? 🔍

중국의 막대한 비용 투자로 이루어진 프로젝트가 있습니다. 동북공정 프로젝트인데요, 중국 동북 지역의 역사를 자신들의 역사로 편입시키는 대대적인 역사 왜곡 작업을 말합니다. 중국의 동북 지역이라 함은 고조선, 고구려, 발해가 있었던 자리입니다. 그들은 과거 만리장성 이북은 오랑캐의 땅이라고 인식했고 자신들의 영역이 아니라고 했습니다. 하지만 티벳이 위치한 곳인 서남 지역의 경우, 서남공정 역시 이미 완료된 상태라고 합니다. 우리도 국가적인 대책이 필요한 것은 아닐까요? 그들의 야심을 막는 데 도움이 될 만한 논리로 무장된 책 한 권을 소개하겠습니다.

남북국 시대라고 부르자! 🔍

유득공! 실로 '남북국 시대'라는 용어를 처음으로 쓴 학자라고 합니다. 남국은 삼한일통을 이룬 신라, 북국은 고구려를 계승한 해동성국 발해를 말합니다. 우리가 어렸을 때는 '통일신라 시대'라는 역사 용어가 많이 쓰였지만, 그 용어를 쓰면 의도치 않게 우리 스스로 발해의 역사를 다른 민족의 역사로 생각한다는 의미가 될 수도 있다고 합니다. 그래서인지 요즘 책들을 보면 '통일신라 시대'라는 용어가 많이 줄어들고 있는 분위기입니다. 실은 고려 시대 정도에 발해와 관련된 역사책이 나와 줬어야 했는데, 조선 후기에 가서야 나왔다는 것이 중국에게 틈을 보여 주는 것일 수도 있습니다. 그런 의미에서 유득공이 『발해고』에서 보여 준 역사 인식은 지금의 우리에게 무척 중요한 것입니다.

유희의 언문지 🔍

다음으로는 잘못된 한자음을 바로잡고, 한글의 우수성에 대해 쓰여 있는 『언문지』를 기억해야 합니다. 한글을 옛날에 '언문'이라고 부르기도 했습니다.

Cooking Tip
〈한국의 유산〉 '자산어보' 편 영상을 수업에 활용했습니다.

정약용의 형, 정약전! 🔍

그다음 천주교를 믿었다는 죄목으로 흑산도로 가게 된 정약전이 『자산어보』를 저술합니다. '자산(玆山)'은 흑산도(또는 정약전의 호)를 의미하고, '물고기 어(魚)', '계보 보(譜)' 자를 사용하여 흑산도 근해의 각종 어류와 수중 식물 155종에 대해 설명한 해양 생물 백과사전 정도로 보면 될 것 같습니다.

우리의 국토를 완벽히 지면에 옮기다! 🔍

김정호는 우리 국토를 연구해 '대동여지도'를 완성한 사람입니다. 大東(동방의 큰 나라 조선), 輿地(수레같이 만물을 싣는 땅), 즉 동방의 큰 나라 조선의 땅을 지도로 만들었다고 풀이하면 적절할 것 같습니다.

이전까지 지도란 국가적인 차원에서 만들어지는 경우가 많았습니다. 통치를 편하게 하기 위해서, 또는 정치·군사적 목적에서 만들어지는 경우가 대다수였으니까요. 하지만 김정호는 실용적인 목적으로 만들었다는 점에서 달랐습니다. 10리마다 표시를 해 목적지까지의 거리와 걸리는 시간을 예상할 수 있습니다. 또 가로 3.8m, 세로 6.7m의 지도를 여러 권의 책으로 나누어서 각 권을 접을 수 있게 만들어 휴대의 편의성도 고려했습니다. 그리고 목판으로 제작하여 대량 보급할 것도 염두에 두었고, 요즘 지도에서 학교, 시청, 절 등의 기

Cooking Tip
지도를 인쇄하기 위한 목판 제작 장면을 영화 〈고산자, 대동여지도〉의 일부를 활용해 보여 주었습니다.

⌐ 대동여지도 목판

호를 활용해 범례를 사용하는 것처럼 지도에 22개의 기호를 사용했다는 점도 특징입니다. 그리고 육로나 수로를 구분해서 그렸는데, 육로나 수로의 폭도 선의 굵기로 구분했습니다. 지금으로 따지면 도로가 4차선인지 8차선인지 구분해 지도에 그린 셈입니다.

대동여지도는 김정호가 그 당시 지도들을 면밀히 분석하고 필요에 따

라서는 직접 답사(현지 조사)도 하여 만들어 낸 당대 최고의 조선 전도입니다. 제가 어렸을 때 읽은 위인전에는 당시 최고 권력자이자 임금의 아버지인 흥선대원군이 국방에 위협이 된다고 화를 내며 김정호의 목판을 다 태워 버렸다고 쓰여 있었습니다. 하지만 그건 일본이 우리 역사를 폄하하기 위한 것이었고, 일본이 만든 일제 강점기 때의 교과서 외에 그런 기록이 있는 곳은 전무합니다.

Cooking Tip
대동여지도와 관련된 역사 왜곡 내용을 바로잡기 위해 〈역사채널e〉 '미스터리 유물, K-93' 영상을 활용했습니다.

Table 06

조선 천재 화가들의 그림 읽기

오늘의 식단 한눈에 보기

- 서민 문화의 발달
- 두 천재의 풍속화
- 민들의 소망이 담긴 민화

재료 준비	장 보기
· 김홍도, 신윤복의 풍속화 & 다양한 민화	· 문화재청 누리집

How To Make? 80min

서민 문화의 발달? 🔍

흔히 문화생활을 누린다고 하면 어떤 것들이 떠오르나요? 영화나 연극을 보고, 전시회에 가서 예술 작품을 감상하고, 좋아하는 음악을 듣고, 또 좋아하는 책을 사서 보는 일 등을 떠올립니다. 조선 후기에는 이러한 문화생활을 즐기는 대상이 서민에게까지 확장됩니다. 무엇 때문에 가능했을까요? 바로 돈입니다. 양반이 아닌 일반 백성들도 경제적인 여유가 생겼기 때문이죠(물론 경제적으로 성장하지 못한 백성들도 많았다). 조선 후기 서민들이 즐겼던 문화! 그중 그림에 집중해 볼까 합니다.

풍속화 🔍

풍속화란 어떤 시대에 살았던 사람들의 생활 모습을 엿볼 수 있는 그림입니다. 조선 후기 풍속화의 거장 두 분을 소개하겠습니다. 바로 단원 김홍도와 혜원 신윤복입니다.

Cooking Tip
학생들이 스스로 무엇인가를 알아보는 습관을 들이기 위해 국어사전을 사용해 그 의미를 알아보게 했습니다.

정조가 사랑한 남자, 김홍도 🔍

먼저 김홍도에 대해 알아보겠습니다. 김홍도는 정조 대에 왕성하게 활동했던 도화서의 화원이었습니다. 정조의 어진을 그리기도 했는데, 정조가 그림과 관련된 일은 모두 그에게 맡긴다고 했을 정도로 김홍도를 무척 아꼈다고 합니다. 백문이 불여일견! 그의 작품 세계를 살펴보도록 하겠습니다.

먼저 그의 대표작 〈씨름〉입니다. 옛 그림을 볼 땐 일반적으로 우측 상

씨름
(국립중앙박물관)

단에서부터 좌측 하단으로 시선을 옮겨 가며 감상합니다. 씨름판이 무척이나 흥미진진한 모양입니다. 갓을 벗어 놓고 땅까지 두드리며 관람하고 있는 남자가 눈에 딱 들어옵니다. 쌍둥이처럼 보이는 두 사람이 좌우대칭으로 앉아 경기를 지켜보고 있는 모습도 보이고, 부채로 얼굴을 가리고 숨죽여 보고 있는 사람도 보입니다. 쪼그려 앉아서 보다 보니 다리가 저리는 모양입니다. 한쪽 다리를 쭉 뻗고 있네요?

두 선수 🔍 그리고 씨름판 한가운데 역동적인 모습으로 대결하고 있는 두 사내가 보입니다. 씨름판에서 가장 궁금한 것은 무엇일까요? 바로 승부입니다. 과연 누가 이겼을까요? 물론 정답이 있는 것은 아닙니다. 작품 감상은 지극히 주관적인 것으로 정답은 없다고 생각합니다.

하지만 대개 미술 평론가들은 둘 중에 등을 보이고 있는 사람이 이겼을 것이라고 합니다. 그렇게 볼 수 있는 이유는 들배지기로 들린 사람은 이미 균형이 흐트러졌기 때문입니다. 몸이 떠서는 제아무리 천하장사라도 힘을 못 쓰는 법이니까요. 그리고 등을 보이고 있는 사람의 오른쪽 팔뚝을 보세요. 힘줄이 장난 아니죠? 그에 반해 들린 사람의 오른손은 팔이 쭉 펴져 있어서 힘을 쓰기 어려워하는 것처럼 보입니다.

그럼 들려 있는 사람은 어느 방향으로 넘어갔을까요? 제 생각에는 오른쪽일 것 같습니다. 왼쪽에서 구경하고 있는 사람들은 무척 여유로운

표정인데, 오른쪽에 앉아 있는 두 사람은 입을 쩌억 벌리고 무척 놀란 표정으로 경기를 지켜보고 있으니까요.

다음 선수를 찾아볼까요? 🔍 경
기의 승패를 알았으니 이제 다음 출전
선수를 찾아볼까요? 과연 누가 다음
선수일까요? 갓과 신발을 벗고 대기
하고 있는 저 사람 아닐까요? 상대방
의 기세가 두려운지 몸을 움츠리고 앉
아 있어 벌벌 떨고 있는 것 같은 느낌
을 줍니다.

두 사람의 신분은 같았을까요? 🔍 여기서 그냥 넘어가기 쉬운
질문 하나 더 던져 보겠습니다. 씨름을 하고 있는 두 사람은 과연 같은

신분이었을까요? 옷차림에 주목해 보겠습니
다. 몸이 들린 사람은 무릎 아래 행전을 하
고 있어 뭔가 더 꾸민 듯하고 바지가 더 화
려해 보입니다. 옆에 놓인 가죽신의 주인이
바로 그가 아닐까요? 아래 있는 짚신은 이
경기 승자의 것으로 보입니다.

Cooking Tip
예전에 역사 수업 컨설팅
강의에서 "그림만으로 가죽
신인지 어떻게 아나요? 고
무신일 수도 있잖아요!"라
는 질문을 받은 적이 있습
니다. 그렇게 생각할 수도
있지만 고무신이긴 힘듭니
다. 우리나라 최초의 고무
신은 1920년대에 가서야 등
장하니까요!

경기에 제일 관심 없는 사람은? 🔍 마지막 퀴즈를 내보겠습니다.
이 경기의 승패에 가장 관심이 없어 보이는 사람은 누구일까요? 바로 엿
장수입니다. 먼 산을 바라보고 있는 것 같습니다. 씨름판이 흥미진진해
질수록 사람들은 경기에 몰입하게 되고, 자연히 장사가 잘되지 않으니
그럴 수밖에 없지 않을까요?

김홍도의 〈논갈이〉 🔍 다음 작품으로 넘어가겠습니다. 김홍도의
〈논갈이〉입니다. 우측 상단부터 살펴볼까요? 땅을 파며 고르고 있는데

논갈이
(국립중앙박물관)

사람들 표정이 전혀 힘들어 보이지 않습니다. 더워서 웃통까지 벗고 있는데 웃으며 일을 하고 있습니다. 조금 더 대각선 방향으로 시선을 옮겨가 보겠습니다. 세상에! 소의 입꼬리가 올라가 있습니다. 소도 웃으며 땅을 갈고 있네요!

김홍도의 그림은 ㅁㅅ 보고서로 사용되었다 🔍

이런 그림을 근거로 미술 평론가들은 김홍도의 그림이 민생 보고서로 사용되었다는 이야기도 있습니다. '정조, 당신의 치세는 태평성대이다. 백성을 사랑하는 마음으로 정치를 하니 농사짓는 백성들도 웃고, 소도 웃는다.' 이런 의도 아니었을까요?

김홍도의 〈서당〉 🔍

Cooking Tip
아이들에게 발표시킬 땐 근거만 제대로 들면 어떤 대답이든 허용하였습니다.

김홍도의 마지막 작품 〈서당〉입니다. 훈장님이 뭔가 안쓰러워하는 표정으로 아이를 바라보고 있습니다. 아이는 숙제를 제대로 해 오지 않았는지 눈물을 훔치고 있습니다. 회초리가 놓여 있습니다. 울고 있는 저 아이는 회초리를 맞기 전일까요, 맞은 후일까요? 여러분의 상상에 맡기겠습니다.

서당
(국립중앙박물관)

그림을 유심히 살펴보면 왼쪽에는 상민 학생들이 오른쪽에는 양반 학생들이 앉아 있는 모습을 볼 수 있습니다. 양반 학생들은 옷자락이 무척 길지요. 이미 성인이 되었는지 상투를 틀고 갓을 쓴 학생도 보입니다. 나이에 맞지 않게 성장기를 맞이했는지 콧수염이 나 있는 학생도 있고, 옷의 뒷부분이 터져 있는 것으로 보아 더 어린 학생도 있습니다. 혼나는 아이는 무척 슬퍼하고 있는데 오른쪽 아이들은 표정이 무척 밝아 보입니다. 먼저 과제 검사를 받았는데 이미 통과한 것은 아닐까요? 아니면 준비를 열심히 해 와서 여유가 넘치는 것일 수도 있겠지요. 왼쪽에 앉아 있는 학생들 역시 표정은 밝은데 시선은 책을 향하고 있습니다. '나도 저 꼴 날 수 있겠다. 조금이라도 열심히 봐 두어야지!' 이런 생각을 하고 있을 것 같습니다.

한데 가장 위쪽에 있는 아이의 행동이 유독 눈에 띕니다. 얼굴을 손으로 가리고 있는 듯합니다. 여러분이 저 아이의 입장이라면 어떤 생각을 하고 있을까요? 또는 어떤 말을 하고 있는 것일까요?

김홍도의 작품 🔍 　　김홍도의 작품을 살펴보니 그는 배경 묘사 보다는 인물의 표정을 다채롭게 표현하는 데 중점을 둔 것 같다는 생각이 듭니다. 그리고 화려한 채색을 하기보다는 백성들의 생활 모습을 정감 있게 표현한 것이 특징입니다.

뒤늦게 인정받은 천재, 신윤복 🔍 　　김홍도가 당시 임금인 정조로부터 인정받은 당대 최고의 화가라면 신윤복은 세상 사람들로부터 뒤늦게 인정받은 천재 화가라고 할 수 있습니다. 일제 강점기 일본인들에 의해 또는 1990년대 프랑스 어느 갤러리에서 큐레이터들 사이에서 회자되면서부터 우리나라에서도 좋은 평가를 받기 시작했기 때문이죠.

3시간 30분 🔍 　　수년 전 성북동에 있는 간송미술관에 간 적이 있는데, 무려 3시간 30분을 기다려 신윤복의 작품을 감상한 기억이 있습니다. 미술관 바깥으로 늘어선 줄이 수백 미터는 되었던 듯합니다. 〈천지창조〉를 보기 위해 바티칸 시국 앞에 줄을 설 때도, 베르사유 궁전에 입장할 때도, 〈모나리자〉를 보기 위해 줄을 설 때도 이렇게 긴 시간 서 있었던 적은 없었습니다.

Cooking Tip
간혹 〈미인도〉를 풍속화로 소개하고 있는 책들이 있습니다. 이전 교과서도 그랬습니다. 〈미인도〉를 소장하고 있는 간송미술문화재단에서는 '초상화'로 소개하고 있다는 점 참고해 주세요!

신윤복의 〈단오풍정〉 🔍

신윤복의 수십 점 풍속화 가운데 당시 사람들의 생활 모습을 세밀하게 묘사한 작품 하나를 소개할까 합니다. 제가 3시간 30분을 기다려 본 그 작품입니다. 단오날 풍경을 그린 작품입니다. 요즘에는 정월대보름이나 단오 등의 절기들을 중요하게 여기지

단오풍정(간송미술관)

않지만 옛사람들은 그렇지 않았습니다. 열국 시대 삼한에서는 농경 문화와 관련하여 제천 행사를 일 년에 2번씩 지냈다고 합니다. 5월엔 수릿날, 10월엔 계절제를 지냈다고 하지요. 수릿날은 단오의 기원으로 씨를 뿌린 후 농사가 잘되게 해 달라는 뜻에서, 계절제는 추석의 기원으로 농사가 잘되게 해 주어서 감사하다는 뜻에서 하늘에 제사를 지내고 축제처럼 사람들이 즐겼던 것입니다. 창포물에 머리 감고 그네도 타는 등 여러 풍속이 있었다고 합니다. 그 단오날의 풍경과 정취를 신윤복의 〈단오풍정〉이란 작품에서 살펴볼 수 있습니다.

가장 눈에 띄는 사람은 누구일까요? 🔍

사람의 뇌에 가장 빨리 전달되는 색상을 사용했습니다. 바로 빨간 치마를 입은 여인입니다. 여인의 치마 색상에 빨간색을 넣어 주어 이처럼 보는 이로 하여금 시선을

빼앗아 왔습니다. 수백 년 동안 말이죠. 신윤복은 색을 아름답게 사용하는 것으로 유명합니다. 색채의 마술사라는 별명이 아깝지 않습니다.

그 위에는 또 다른 여인들이 있습니다. 가체를 얹은 여인이 눈에 띕니다. 가체란 부인들이 머리를 꾸미기 위해 자기 머리 외의 다른 머리를 얹었던 것을 말합니다. 조선 후기에는 가체를 길고 무겁게 올리는 것이 유행이었는데, 무거운 경우 7~10kg이나 되었다고 합니다. 한 여인이 머리에 가체를 얹고 시아버지를 기다리고 있다가 시아버지가 들어오시자 살짝 고개를 든다는 것이 무거운 가체 때문에 목뼈가 뒤로 넘어가 버리는 바람에 사망에 이르렀다는 슬픈 이야기도 전해져 옵니다. 이런 이유로 정조 때 조정에서는 가체를 금지하기도 했지만 가체 열기는 식을 줄을 몰랐습니다.

신윤복의 〈주유청강〉 🔍

신윤복은 양반 사회를 비판하고 풍자하는 것에도 거침이 없었습니다. 조선은 성리학적 명분론에 의해 양반과 일반 백성이 다름을 그토록 강조했던 나라이지요. 하지만 〈주유청강〉을 보면 성리학은 완전히 무너진 듯 보입니다.

옷에 하얀 끈을 매고 있는 양반이 아녀자들과 뱃놀이를 나왔습니다. 하얀 끈을 매고 있다는 것은 집안에 돌아가신 분이 있는데 아직 상이 끝나지 않았다는 의미입니다. 상례를 치르는 중에 뱃놀이라뇨! 사대부들이 그렇게 강조하는 예법은 어디로 갔을까요? 이처럼 신윤복은 그림을 통해 양반 사회의 부조리, 허례허식을 풍자하기도 했습니다.

주유청강
(간송미술관)

신윤복의 〈미인도〉 🔍

미인도와 함께

3시간 30분을 기다려서 겨우 들어간 간송미술관에서 신윤복의 많은 작품들을 볼 수 있었지만, 그 가운데 〈미인도〉는 없었습니다. 전시 공간이 부족하여 테마에 따라 일부만 전시했기 때문입니다. 그로부터 몇 년 후 동대문 디자인플라자(DDP)에 신윤복의 〈미인도〉가 전시되고서야 만날 수 있었습니다. 실제로 바로 앞에서 그림을 살펴보면 귀 밑머리 한 올과 트레머리의 결까지 자세히 묘사된 것을 볼 수 있습니다. 그림이 이렇게 세밀하다 보니 신윤복이 여성이 아니냐는 주장도 제기되며 드라마 〈바람의 화원〉이 방송되기도 했죠. 하지만 고령 신씨 족보를 보면 궁궐의 그림 그리는 관청 도화서 화원 신한평의 첫째 아들로 기록되어 있으니, 신윤복 여성설은 작가의 재치 있는 상상력 정도로 봐야 하지 않을까요?

Cooking Tip
간송미술관 홈페이지에 들어가 그림에 신윤복이 쓴 글이 어떤 내용인지 알아보는 활동도 작품 감상에 재미를 더할 수 있습니다.

이 여인의 마음은 어떤 상태일까요? 🔍

〈미인도〉의 여인은 어떤 마음일까요? 사람의 마음은 손에서 드러난다고 합니다. 손에 집중해 보겠습니다. 무엇을 만지고 있나요? 노리개를 옷고름에 달고 있는 것인지 옷고름이 풀려 있는 상태로 노리개를 만지작 하며 고개를 살짝 떨구고 있습니다. 뭔가 수줍어하는 듯한 느낌이 들지 않나요?

다음으로 발끝을 살펴보겠습니다. 저는 이 부분을 보고 가장 설렜는데요, 한쪽 발은 치마 속에 들어가 있고, 다른 한쪽 발은 바깥에 드러나 있습니다. 제가 신윤복이라면 이 여인의 발을 보고, '나를 두고 어딜 가려고 하나?' 하는 불안한 감정이 느껴졌을 것 같습니다.

신윤복의 작품은 과감한 색상을 사용하고 배경 묘사도 중요시한 것이 큰 특징입니다. 인물의 표정을 무표정하게 표현한 것과 양반 사회를 풍자하는 등 사회 비판적인 성격도 지녔다는 점이 김홍도 작품과 큰 차이점입니다. 작품에 여성이 많이 등장한다는 점도 다릅니다. 김홍도의 작품에 등장한 인물이 180여 명 정도인데, 그중 여성이 20명입니다. 신윤복의 작품에 등장한 인물은 160여 명인데, 그중 여성이 70명 정도라고 합니다.

민화를 전문적으로 다루는 민화 박물관도 있습니다. 민화란 사람들이 자신의 꿈과 소망을 담아 가정에 장식용 등으로 활용하기 위해 그린 그림들을 말합니다. 이름이 잘 알려지지 않은 사람들부터 도화서 화원까지 참 다양한 사람들이 그린 것으로 전해집니다. 민화는 남북국 시기 문배 풍습에서 기원한 것으로 알려져 있습니다. 문배 풍습이란 집에 있는 문을 사람이 드나드는 통로로만 본 것이 아니라 좋지 않은 기운도 드나든다고 보고 그림을 통해 좋지 않은 기운의 출입을 막는다는 생각에서 시작됐다고 합니다. 그래서 새해가 되면 세화를 주고받는 풍습도 있었습니다. 세화란 새해가 되었을 때 좋은 의미를 담은 작품을 선물로 주는 것을 말합니다.

작호도
(국립중앙박물관)

사람들에게 가장 사랑받았던 세화를 하나 소개합니다. 까치와 호랑이 그림입니다. 복을 가져다준다는 까치에 나쁜 기운을 쫓아낸다는 호랑이까지 그려져 있으니 세화로 부족함이 없어 보입니다.

문자도는 사람이 지켜야 할 도리를 문자로 표현한 것

문자도

인데 다양한 디자인이 들어가 있습니다. 지금으로 따지면 캘리그라피 정도로 볼 수 있는 것이 바로 문자도입니다.

맨 끝에 있는 '효' 자를 중심으로 살펴보겠습니다. 관련 고사를 하나 소개하겠습니다. 옛 중국에 왕상이라는 효자가 있었습니다. 그에겐 모셔야 할 계모가 있었는데, 건강이 좋지 않은 계모가 한겨울에 잉어를 먹고 싶어 했습니다. 그리하여 왕상은 계모를 위해 한겨울에 강가의 얼음을 녹여 잉어를 잡아 효를 실천했다는 이야기입니다. 이 이야기 때문에 '효' 자에 잉어 한 마리가 그려져 있는 것입니다.

이어서 죽순과 관련된 이야기도 있습니다. 역시 무대는 중국이고, 주인공은 맹종이라는 사람입니다. 맹종 역시 편찮으신 어머니를 위해 죽순을 구하려 했으나 한겨울이라 힘들었습니다. 하지만 죽순을 찾아 헤매는 맹종의 효심에 하늘도 감동하여 눈밭에서 갑자기 죽순이 솟아났고 가까스로 어머니에게 드릴 수 있었다는 이야기입니다. 이 때문에 '효' 자에 죽순도 그려져 있는 것입니다.

백수백복도(문화재청)

다음은 '백수백복도' 또는 '수복문자도'라고 불리는 작품입니다. 백 살까지 100가지 복을 받으며 살고 싶은 바람을 담은 그림입니다. 글자체를 달리하며 '목숨 수(壽)'와 '복 복(福)' 자가 반복되는 형태입니다.

화조도
(국립중앙박물관)

끝으로 화조도입니다. '꽃 화(花)'에 '새 조(鳥)' 자를 사용하는데, 예쁜 꽃 주변에 한 쌍의 새가 그려져 있습니다. 암수 한 쌍의 새는 화목한 부부가 되고 싶은 소망을 의미한다고 합니다.

여담 🔍 2013년, 2016년에 〈단오풍정〉의 상체를 노출시키고 있는 여성의 모습을 보고 킥킥거리며 웃었던 학생 및 전체 학생에게 '미술 작품'으로서 그림을 봐야 함을 지도했던 적이 있습니다. 그때 했던 이야기를 그대로 정리해 보겠습니다.

"여러분! 선생님이 〈단오풍정〉 한 작품을 보기 위해 3시간 30분을 기다렸다고 했죠? 그때 엄마 손을 잡고 온 여러분보다 더 어린 친구들도 있었고, 여러분 또래도 있었고, 중·고등학생도 있었습니다. 그들 중 전시관에서 그 작품을 보고 웃는 사람들은 단 한 명도 없었습니다. 너무 기다렸던 작품이라 숨죽여 보는 듯했습니다. 또 그네 타는 여인 오른쪽 아래에 뭔가를 이고 걸어가는 여인은 옷을 입었음에도 젖가슴이 드러나 있었습니다. 신윤복이라는 화가는 야한 그림을 그리기 위해 없는 사실을 만들어 그린 것일까요? 우리가 서양 여러 나라들의 문물을 받아들이기 위해 문을 열었을 때, 지금으로부터 약 100년 정도 전에 개항의 물결을 타고 외국의 수많은 사진작가들이 우리나라를 방문합니다. 그들이 찍은 사진을 보면 신분이 높은 여인들은 얼굴만 내놓고 거의 모든 부분을 옷으로 가리고 있었고, 신분이 낮은 여성들은 신윤복의 그림과 같이 젖가슴을 실제로 드러내놓고 있었습니다. 고려 시대 기록에서도 이와 유사한 내용을 살펴볼 수 있는데, 남자 종은 창두(머리를 빡빡 밀어서 푸르스름한 머리), 여자 종은 적각(붉은 다리)이라는 별명을 가지고 있었습니다. 적각이란 이름이 붙은 것은 여자 종의 경우 신분이 낮아 짧은 치마를 입고 일을 했는데 당시에는 선크림 같은 것이 없었겠죠? 뙤약볕에서 일을 하다 보니 다리가 붉게 탔고, 그래서 적각이라는 이름이 붙은 것이죠. 즉, 〈단오풍정〉에서 당시 사람들의 실제 생활 모습을 살펴야지 그것을 말초신경을 자극하기 위한 야한 그림으로 치부하는 것은 옳지 않습니다."

Table 07

흙수저들의 반란

오늘의 식단
한눈에 보기

🍴 조선 후기의 베스트셀러

🍴 판소리

🍴 탈놀이

🍴 조선 사람들의 It Item

재료 준비

· 판소리 관련 영상
· 탈놀이 관련 영상

장 보기

· 영화 〈도리화가〉
· 〈국악 한마당〉(KBS)

Why? 🔍 여러분도 여가 시간에는 영화를 자주 보지요? 배우를 직접 만나고 싶은 분들은 연극이나 뮤지컬 등을 즐깁니다. 또 미술관에 가서 예술 작품을 감상하기도 하고, 좋아하는 책을 사서 보기도 합니다. 요즘에는 스마트폰으로도 다양한 문화생활을 누릴 수 있게 되었습니다. 그런데 문화생활을 누리기 위해서는 기본적으로 굶주리지 않을 정도의 경제력, 즉 돈이 있어야 한답니다. 조선 후기의 일부 서민들도 농사기술과 상업의 발달로 어느 정도 경제적인 여유가 생겼고, 서민들은 실질적인 교육을 받을 수 있는 기회도 넓어져 어느 정도 교양도 쌓을 수 있게 됩니다.

앞 시간에 그림에 집중해서 서민들의 문화를 살펴보았다면, 이번에는 그림 외의 것들, 당시 사람들이 많이 읽었던 책과 당시 사람들이 보고 즐겼던 공연에 초점을 맞춰 이야기해 보겠습니다. 더불어 조선 후기 사람들의 It Item, 주목받았던 상품들도 살펴보겠습니다.

한글 소설 🔍 먼저 조선 후기에 서민들이 많이 읽은 책에 대해 살펴보겠습니다. 조선 후기 사람들은 이야기책을 무척 좋아했는데요, 서민들이 읽었던 이야기책은 주로 어떤 글로 쓰여 있었을까요? 어려운 한자로 적혀 있는 책보다는 한글로 쓰여 있는 책을 즐겨 읽었습니다!

한글 소설 하면 저는 초등학교 5학년 때가 생각납니다. 저는 어렸을 때부터 만화책을 무척 좋아했는데, 제가 접하는 만화 대부분이 일본 만화였습니다. 그래서 항상 마음 한편이 불편했습니다,

돌아온 영웅 홍길동 포스터

우리나라는 왜 재미있는 만화나 애니메이션이 나오지 않는 것일까? 그런데! 초등학교 5학년 어느 날 한 포스터를 보았습니다. 가슴이 두근두근하며 설렘이 멈추지 않았고, 결국 부모님을 졸라 상영관을 찾아가 이 애니메이션을 봤던 기억이 납니다. 제가 20여 년 전에 재미있게 봤던 이 홍길동 이야기!

Cooking Tip
광해군 관련 수업을 진행할 때 보여 준 영상인 영화 〈광해, 왕이 된 남자〉에서 배우 류승룡이 했던 역할이 허균임을 이야기해 주니 학생들이 조금 더 친근하게 생각했습니다.

최초의 한글 소설 🔍

원작은 허균이 창작한 한글 소설입니다. 임진왜란을 기점으로 조선을 전기와 후기를 나눈다고 했을 때, 허균은 조선 후기의 작가입니다. 『홍길동전』은 최초의 한글 소설입니다. 보통 제목 끝에 '전(傳)'이라는 글자가 붙으면 대부분 소설책을 의미한다고 기억해 두면 편합니다. 어떤 사람들은『설공찬전』이 최초의 한글 소설이 아니냐는 주장도 있지만, 많은 사람들은『홍길동전』을 최초의 한글 소설로 보고 있습니다. 그 외에도 심청이의 효도 이야기『심청전』, 춘향이와 이몽룡의 사랑 이야기가 담긴『춘향전』등도 사람들이 많이 읽었다고 합니다. 글을 모르는 사람들은 책을 읽어 주는 사람인 '전기수'를 찾아가 이야기로 듣기도 했습니다.

판소리 🔍

여러분 이렇게 재미있는 이야기들이 책으로 돌고 돌다 보면 무엇이 생길까요? 이야기 중에서 인기 있는 작품들은 판소리로도 만들어집니다. 여기서 '판'은 '여러 사람이 모인 장소'를 의미하고, '소리'는 '노래'를 뜻합니다. 쉽게 이야기해 여러 사람이 모인 곳에서 소리꾼이 소리를 하는 행위 정도로 보면 될 것 같습니다. 옆에서 북 장단을 쳐주고 추임새를 넣어 주는 사람도 있는데, '고수'라고 합니다. '북 고(鼓)', '사람 수(手)' 자를 써서 북을 치는 사람이라는 뜻이죠.

어떤 내용으로? 🔍

현재까지 전해지는 판소리의 대부분은 여러

분이 접해 봤음직한 것들입니다. 춘향이의 사랑 이야기를 판소리 형태로 변형시킨 것이 〈춘향가〉, 심청이의 효도 이야기를 판소리로 만든 것은 〈심청가〉, 흥보와 놀보 이야기를 판소리로 만든 것이 〈흥보가〉, 별주부 자라가 용왕님의 병을 낫게 해 주려고 토끼 간을 구하러 가는 이야기는 〈수궁가〉라고 합니다. 끝으로 유비, 관우, 장비, 손권, 조조 등이 나와 이야기가 진행되는 『삼국지』에서 가장 긴장감 넘치는 대목인 적벽대전을 판소리로 엮은 것이 〈적벽가〉입니다. 모두 '노래 가(歌)' 자가 붙었기 때문에 한글 소설 제목과 헷갈리지는 않을 것 같습니다.

적벽대전은 『삼국지』를 읽지 않은 분들의 경우 생소할 수도 있으니 간단히 짚고 넘어가겠습니다. 우리나라 최초의 국가인 고조선을 멸망시킨 국가는 중국의 한나라입니다. 그 한나라가 망할 즈음에 중국 전역에 여러 호걸들이 등장하는데, 그 가운데 조조, 유비, 손권이 새로운 나라 삼국을 세웁니다. 그런데 그 전에 조조가 백만 대군을 이끌고 손권의 강남지방을 쳐들어가는데, 이를 붉은 절벽이 있는 적벽에서 유비와 손권이 제갈량과 주유의 책략에 힘입어 조조의 백만 대군을 막아 냈다는 이야기! 그 이야기를 판소리로 만든 것이 바로 〈적벽가〉입니다.

일정한 대본이 없다?! 🔍

판소리는 일정한 대본이 딱 정해진 것이 아니라 소리꾼이 분위기에 맞게 순간순간 적절히 변형시킬 수 있다는 것이 큰 특징입니다. 이 점이 뮤지컬이나 오페라와는 다른 점이라고 할 수 있습니다.

다른 점 한 가지를 더 이야기한다면 관객이 공연 중에 끼어들 수도 있다는 점입니다. 뮤지컬이나 오페라 등을 관람할 땐 관객석에서 큰소리로 이야기하거나 소리를 질러서는 안 됩니다. 관람 매너를 지키지 않고 공연을 방해한다고 쫓겨날지도 모를 일이지요. 하지만 판소리는 그런 것들이 허용된다는 면에서 참 특이합니다.

 판소리의 구성 요소 4가지
는 교실 태블릿을 이용해
모둠별로 찾게 하였습니다.
아니리의 경우에는 간단하
게 "이때 교실에 있는 ○○
이가 선생님 눈치를 슬~
슬~ 보고 있는디!" 하고 직
접 조금 들려주었습니다.

4가지 구성 요소 🔍

국립국악원 교육 자료에 따르면 판소리의 구성 요소에는 노래하는 부분에 해당하는 '소리', 이야기를 풀어 나가듯 상황 설명을 해 주는 '아니리', 고수나 청중이 흥을 돋우기 위해 하는 '추임새(잘한다, 얼씨구, 슬프다, 절씨구, 좋구나 등)', 소리꾼이 부채를 펴는 등의 행동이나 몸짓인 '발림'이 있습니다.

현재 몇 개의 판소리가 남아 있을까요? 🔍

현재까지 5개의 판소리가 전해집니다. 원래 12마당이었던 것을 어떤 사람이 6마당으로 정리를 했는데, 이게 세월이 흐르다 보니 〈변강쇠가〉는 잊혀지고 나머지 〈춘향가〉, 〈흥보가〉, 〈수궁가〉, 〈심청가〉, 〈적벽가〉만 현재까지 전해지고 있습니다.

그럼 조선 후기 판소리를 정리한 사람은 누구일까요? 그는 바로 신재효입니다. 그는 판소리를 6마당으로 정리하고, 판소리를 하는 창자(唱者)들에게 숙식을 제공하며 판소리를 가르치거나 비속한 표현을 고쳐서 익히게 하는 등의 교육을 했다고 합니다. 비유해 보면 JYP, YG, SM급의 연예인 기획사인 셈이었죠.

Cooking Tip
 영화 〈도리화가〉 예고편을
보여 주며 "진채선은 과연
무대에 설 수 있을까?"라는
질문을 하며 궁금증을 더
했습니다. 영화 〈도리화가〉
에서 진채선이 〈춘향가〉를
부르는 모습이 기억납니다.
이런 장면을 활용하면 판소
리의 구성 요소도 이해하기
쉬울 것 같습니다.

도리화가 🔍

〈도리화가(桃李花歌)〉는 조선 후기에 신재효가 창작한 판소리 단가로, 작품명은 가사 첫머리의 "스물네 번 바람 불어 만화방창 봄이 되니 귀경 가세 귀경 가세 도리화 귀경 가세 도화는 곱게 불고 힘도 휠샤 외얏꽃이"에서 '도리화'를 취해 붙인 것입니다. '도화'는 복숭아 꽃, '리화'는 오얏 꽃을 의미합니다. 고종의 아버지인 흥선대원군이 경복궁을 중건하고서 경복궁 낙성식 연회에 전국의 판소리꾼을 불렀는데, 연회에 참석하기 위해 한양으로 올라가 돌아오지 않는 진채선에 대한 신재효의 애틋한 마음을 담은 단가입니다.

탈놀이 🔍

다음은 탈놀이에 대해 이야기해 보겠습니다. 탈놀이

는 '탈춤'이라고 부르기도 하는데요, 일종
의 가면극으로 탈을 쓰고 춤을 추거나 연기
하는 모습을 보여 주는 공연 예술입니다.

탈놀이
(문화재청)

봉산탈춤 🔍 봉산탈춤은 말 그대로 황해도 해주 봉산 지방에서 탈
을 쓰고 춤을 추며 이야기를 진행하던 것이 지금까지 전해진 것입니다.

송파 산대놀이 🔍 송파 산대놀이는 현재 서울 송파구 쪽에서 있
었던 무대 예술로 '산대'는 산과 같이 큰 무대에서 탈놀이 공연이 이루어
진다는 뜻입니다.

안동 하회 별신굿놀이 🔍 하회는 경상북도 안동에 있는 마을 이름
인데, 강이 마을을 둘러가는 형태라고 해서 '물 하(河)', '돌 회(回)' 자를
써서 마을 이름이 만들어진 것이고, 별신굿은 그 마을에서 신에게 제사를
지내는 특별한 의식을 지낼 때 보여 준 공연이라는 의미입니다.

고성 오광대놀이 🔍 고성 오광대놀이는 고성 지방의 탈놀이로 흔히
광대가 5명이 나와서 하는 공연으로 착각하기 쉬운데, 공연이 1~5부까
지로 구성되어 있어 '오광대'라는 말이 붙은 것입니다.

조선 사람들의 It Item 🔍 조선 사람들이 주목했던 공예품에 대해
살펴보겠습니다. 공예품이란 예술적 솜씨를 발휘해 만든 물건 정도로 풀
이해 주면 될 듯합니다. 조선 사람들은 백자, 청화백자, 옹기, 소반, 경
상, 나전칠기, 떡살, 조각보 등을 아꼈습니다.

청화백자 🔍 먼저 청화백자를 살펴보겠습니다. '푸를 청(靑)', '그

Cooking Tip
저는 개인적으로 고성 오광
대놀이 제3과장 '비비과장'
을 가장 재미있게 보아, 아
이들에게도 그 부분을 찾아
보여 주었습니다. KBS 〈국
악 한마당〉 영상의 일부를
활용했습니다. 특히 양반을
풍자하는 모습이 인상 깊었
고, 학생들이 이를 보고 '풍
자'의 의미를 쉽게 이해했
습니다.

조선 초기에는 고려 시대 유행했던 청자에 백토를 발라, 하얀 분칠을 했다는 의미의 분청사기가 유행했습니다. 고려 후기 몽골의 침략과 고려 말 왜구의 침입으로 안정적이었던 청자 생산에 비상이 걸립니다. 도공들은 기존의 터전을 떠날 수밖에 없었고, 그들의 터전이 바뀌니 자기 생산에서 가장 중요한 흙이 달라지고, 자연스레 청자는 쇠퇴할 수밖에 없었습니다.
이런 상황에서 백자가 유행하게 됩니다. 하지만 분청사기를 단지 청자와 백자 사이의 과도기적인 것으로 평가하기에는 부적절한 것 같습니다. 그 자연스러운 멋에 빠진 이들이 한두 명이 아니니까요. 영국박물관 한국관에 전시되어 있는 분청사기를 바라보고 있는 모습입니다.

림 화(畵)' 자를 사용했는데, 푸른색 안료(색채가 있는 미세 분말)로 그림을 그렸다는 뜻입니다. 어디에다? 하얀색 자기인 백자에 말이죠.

조선 중기 정도까지만 해도 백자에 그림을 그리지 않은 것이 유행이었습니다. 흰색이 선비들의 맑고, 깨끗한 정신과 태도를 상징한다고 생각했거든요! 그래서 아무것도 칠하지 않는 순백자

백자

가 유행했습니다. 그렇다고 조선 전기에 청화백자가 없었던 것은 아닙니다. 아이러니하게 왕실과 같은 최고위층에선 청화백자가 유행하기도 합니다. 당시 수입 안료 코발트는 금값보다 훨씬 비쌌습니다. 조선 후기에 청화백자가 유행했다는 표현은 '민간'에서 그랬다는 의미입니다. 또 안료를 중국을 통해 수입했기 때문에 청화백자의 경

청화백자

우 중국과의 관계가 좋지 않을 땐 쇠퇴하기도 합니다. 청화백자를 대신하여 산화철을 활용해 백자에 그림을 그린 철화백자가 유행하기도 합니다. 하지만 조선 후기에는 유행이 달라집니다. 경제가 발전하면서 자기에 사용할 수 있는 안료가 더 다양해졌기 때문이기도 합니다. 여러분들은 순백자가 마음에 드나요, 푸른색 그림이 있는 청화백자가 마음에 드나요? 청화백자 외에도 사람들이 많이 사용했던 항아리가 있었죠? 숨을 쉬는 항아리인 옹기! 실제로 천 배 정도 확대해서 옹기를 살펴보면 미세한 구멍이 있어 공기가 드나들 수 있어 음식물이 잘 썩지 않고 오래 보관할 수 있다고 합니다.

다음은 경상입니다. 경전할 때 '경(經)', '상상(床)' 자를 써서 유교 경전과 같은 책을 놓고 공부하는 책상 같은 개념입니다.

경상

소반

다음은 소반입니다. '작을 소(小)', '받침 반(盤)' 자를 사용합니다. 음식을 놓고 먹는 작은 상 정도로 생각하면 될 것 같습니다.

이어서 나전칠기를 살펴보겠습니다. 먼저 칠기의 의미를 알아보면, 칠기는 옻나무 표면에 상처를 내면 수액이 나오는데 그것을 나무로 만든 공예품에 칠한 것입니다. 왜 칠했을까요? 물건을 보호하고 오래 사용하기 위함입니다. 물론 멋스러운 부분도 생각했겠지만, 이렇게 옻칠을 해 두면 공기, 산소, 수분과 나무가 직접 만나지 않아 썩거나 뒤틀리는 것을 막을 수 있고, 물건을 오래 쓸 수 있습니다. 그런데 칠기라는 말 앞에 '나전'이라는 단어가 붙어 있습니다. '소라 라(螺)', '나전 세공 전(鈿)' 자를 써서 소라, 조개, 전복 껍데기 같은 것을 박아 조각을 했다는 의미입니다. 나전칠기는 옻칠한 칠기에 소라, 조개, 전복 껍데기 같은 것으로 멋지게 무늬를 만들어 박아 놓은 것을 의미합니다.

나전칠 상자
(국립중앙박물관)

떡살

그리고 우리 조상들은 떡을 쪄서 먹어도 같은 값이면 다홍치마라고 예쁜 무늬를 찍어서 먹으려고 떡살을 사용했습니다.

또 자투리 천을 가지고 멋진 조각보를 만들기도 하였습니다. 조각보는 어디에 사용했을까요? 네, 밥상을 차려놓고 다음에 먹을 사람을 위해 이물질이 들어가지 않게 덮어 놓기도 하고, 벽에 걸어 장식으로 사용하기도 했습니다.

조각보

Table 08

비교 체험 극과 극! 조선 여성의 삶

오늘의 식단 한눈에 보기

- 남녀 차별의 원인, 성리학
- 조선 전기와 후기 비교

재료 준비	장 보기
• 율곡 이이 집안의 분재기 데이터 변환 자료	• 자체 제작
• 윤선거 집안의 분재기 데이터 변환 자료	• 자체 제작

남녀 차별, 언제부터 시작되었을까요? 🔍 현재 우리나라는 양성 평등의 방향으로 가기 위해 무척 노력하고 있습니다. 양성 평등과 관련된 표어, 포스터, 글짓기를 해마다 제출해야 하는 것도 그 노력 중 하나라고 볼 수 있습니다. 그런데 양성 평등이란 말은 왜 나왔을까요? 이런 단어가 나왔다는 것은 이전 사회가, 그리고 현재도 무엇인가 불평등한 부분이 있고, 사람들의 의식 속에 그런 생각들이 자리 잡고 있기 때문에 불합리한 것들을 개선하기 위해 이러한 단어가 등장한 것 아닐까요?

오늘은 가정 내에서 남녀 차별의 시작을 언제부터로 보는 것이 적절한지 살펴보고, 구체적으로 무엇이 어떻게 불평등했는지도 살펴보도록 하겠습니다.

백성을 버렸던 그들이 돌아왔다! 🔍 임진왜란 후 백성을 버리고 제 몸 하나 살자고 도망을 갔던 그들이 돌아왔습니다. 물론 의병 활동을 주도했던 선비들도 있으나 그들은 광해군을 지지했던 북인 세력이었습니다. 지배층인 양반 사대부와 지방 사족들은 백성들이 고난을 겪는데도 대부분 마을을 버리고 도망을 쳤습니다. 그들이 전란이 끝나고 마을로 돌아온 것입니다. 그들이 돌아왔을 때 마을 사람들의 반응은 어땠을까요? 백성들의 눈빛은 무척 차가웠을 것입니다. 왕이 살던 경복궁도 사실 일본군이 불을 지른 것이 아니라는 이야기도 있습니다. 어느 사회든 지도층은 국가가 위기에 처했을 때 국민을 이끌어서 위기에서 벗어나야 하는 것이 그들의 책임이고 책무입니다. 이러한 것들이 지켜지지 않는다면 지도층은 더 이상 존경받을 수 없는 것입니다.

여러분이 만약 당시 마을을 떠
났다 돌아온 양반 사족이라면 돌아와서 어떤 마음이 들었을 것 같습니
까? 어떤 태도로 마을을 지켰던 백성들을 대했을 것 같습니까? 진심 어
린 사죄와 철저한 자기반성이 필요했을 것 같습니다. 그렇게 해도 백성
들의 돌아선 마음을 되돌리기에는 역부족이겠지만요.

하지만 그들은 그런 태도를 보이지 않았습
니다. 그들은 이전과 다름없이 강압적인 태도를 보입니다. 그런데 이렇
게 폭력으로만 그들이 다시 백성들 위에 서는 것이 가능했을까요? 잠시
는 가능하겠지만 오로지 이런 태도만으로는 그 후 수백 년간 자신들의
권력을 유지할 수 없었을 것입니다. 논리적인 무엇인가가 필요합니다.

그들이 조선 초기부터 정착시키기 위
해 부단히 노력했던 성리학적 질서가 필요했습니다. 성리학적 질서가 무
엇일까요? 그 전에 성리학은 무엇일까요? 약간 어려운 내용일 수도 있지
만 꼭 필요한 내용이기에 쉽게 이해할 수 있는 범주 내에서 간단히 도식
적으로 설명하겠습니다.

여러분, 고려 시대에 중국 대륙에는 어떤 나라가 있었나요? 송나라가
있었습니다. 송나라의 도자기 기술에 우리나라 전통 도기 만드는 기술
이 합쳐져 고려청자가 만들어졌다고 이야기했던 것 기억나지요? 그 송
나라를 이야기하는 것입니다. 그리고 여진족이 나라를 세워 정묘호란을
일으켰던 것도 기억나나요? 네, 후금입니다. 여기서 후금이란 옛 금나라
를 계승한다는 뜻입니다. 여진족이 고려 시대 때도 나라를 세워 북송을
멸망시키고 중국 본토를 꿀꺽 집어삼켰던 적이 있습니다. 그때 세운 나
라가 금나라인데, 송나라는 금나라의 전투 능력에 밀려 수도를 빼앗기고
강남 지방으로 밀려나게 됩니다. 그렇게 남쪽으로 송나라가 쫓겨갔다고

하여 그때부터는 '남송'이라는 단어를 사용합니다.

송나라는 공부를 무척 잘하고 돈도 엄청 많고 잘사는데, 싸움은 못 하는 그런 이미지였습니다. 오죽하면 북방 민족인 거란족, 여진족으로부터 '돈으로 평화를 구걸한 나라'라는 별명까지 얻었겠습니까? 어찌 되었든 중국은 당시 그런 상황이었습니다. 하지만 중국은 이러한 현실이 무척 마음에 들지 않고 자존심이 상했습니다. 그래서 나온 학문이 유학의 한 분파, 주희(주자)의 성리학입니다.

"우리의 현실은 금에게 쫓겨 내려온 것이지만 세상은 눈에 보이는 것이 전부가 아니다! 우리는 여진보다 문화적으로 훨씬 뛰어나지 않느냐! 정신적으로도 훨씬 훌륭하다!"

세상은 눈에 보이는 것이 전부가 아니고, 숨겨진 원리 또는 이치가 있는데, 그 숨은 원리 또는 이치를 중요시하는 학문이 남송 시대에 생겨난 성리학입니다. 성리학을 한자 뜻으로 풀어 보면 사물의 본질을 나타내는 '성(性)', 현실과 대비되는 원리와 이치를 나타내는 '리(理)' 자를 사용해 사물의 본질은 '리(理)'로 보는 학문이라는 뜻입니다.

유학의 한 갈래 🔍 유학이라는 것 자체는 공자의 사상과 말씀, 행동으로 시작된 학문입니다. 성리학도 이 유학의 한 갈래, 전에 배웠던 실학도 유학의 한 갈래라는 점 꼭 기억해 두면 좋을 것 같습니다.

중국의 만리장성을 들어 본 적 있지요? 춘추전국 시대의 난세를 통일한 진시황이 만든 것입니다. 진시황은 법가 사상(공이 있는 사람에게는 상을 주고, 죄를 범한 자에게는 반드시 벌을 주는 '신상필벌' 정신을 바탕으로 한 강력한 국가 운영을 중요시했다)에 입각하여 나라를 운영했는데, 공자의 사상이 무척 거슬려 그러한 내용을 기록해 둔 책들을 모두 불질러 버렸다고 합니다. 또 유학을 연구하는 학자 400여 명을 땅에 묻어 버린 것으로 유명하죠. 후대의 유학자들은 그렇게 사라져 버릴 뻔한 유학의 사상을 다시 복원하여 계승합니다. 하지만 후대에 다시 만들어진 책이기 때문에 갖가지 해석과 의견들이 난무했고, 이를 '사서(논어, 맹자, 중용, 대학)'라는 책 중심으로 당시 중국의 상황을 완벽하게 설명할 수 있게 정리한 천재가 바로 주희 선생, 주자입니다. 또 그가 정리하고 집대성한 학문이 바로 성리학입니다.

원리	중국		중화세계	양반	임금	명	남성	첫째 아들
현실	금+기타	여러 나라	이(오랑캐)	백성	신하	조선	여성	그 외 자식

이제 본론으로 들어가겠습니다. 앞서 세상은 숨겨진 원리와 눈에 보이는 현실로 구분할 수 있다고 했었죠? 그들은 숨겨진 원리에 해당되는 나라는 누구라고 생각했을까요? 중국입니다. 그럼 금나라를 비롯한 주변 국가들은? 오랑캐라고 생각했습니다. 그들은 자신들이 세상의 중심이라 생각했고, '중화세계'라고 표현하였습니다. 중국 요리를 다른 말로 중화 요리라고 하는 이유입니다.

그럼 이런 생각을 받아들인 양반 사족들은 조선이라는 나라를 작동시키는 원리가 누구라고 생각했을까요? 조선이라는 나라, 누가 건국한 것입니까? 신진 사대부들이 이성계와 힘을 합쳐 세운 나라입니다. 새 나라를 계획, 건국하고 체제를 정비해 국가를 이끌어 간 문무 양반을 원리(중화할 때 '화')라고 생각했을 것입니다. 양반 입장에서 '이'(여기서는 오랑캐 의미)에 해당되는 것은 자신들을 제외한 모든 백성입니다. 임금과 신하 사이에서는 무엇이 '화'고, 무엇이 '이'에 해당될까요? 임금이 '화', 신하가 '이'에 해당됩니다. 명나라와 조선은? 역시 명나라가 '화', 조선이 '이'로 풀이되겠죠. 하지만 조선은 스스로 중화, 중국 다음의 나라로 생각하여 조선 후기에는 스스로를 '소(작은)중화'라고 생각하는 의식도 팽배합니다. 또 국가에 위기가 왔을 때 주로 어떤 사람들이 전쟁터에 나가 나라를 지키나요? 청동기 시대부터 전투는 주로 남성의 몫이었습니다. 그래서 '화'에 해당되는 것은 남성, '이'에 해당되는 것은 여성으로 해석한 것이죠.

이게 성리학적 관점에서 세상을 바라보는 방법입니다. 이 시각에서 조선을 바라본다면, 성리학이 완전히 생활 속에 정착된다면, 백성을 버리고 도망쳤던 임금과 양반이어도 돌아와 백성들을 다스리고 지배하는 것이 당연한 것이 되고, 어떤 성품을 가졌더라도 남성이 여성의 우위에 서는 것이 당연한 것이 되는 것이죠. 그런 이유로 성리학이 완전히 정착했다고 보는 조선 후기를 본격적으로 남녀 차별이 시작된 시기로 볼 수 있는 것입니다.

가정에서 여성의 지위를 살펴보려면? 🔍

가끔 텔레비전 드라마에서 부모 혹은 할아버지, 할머니가 엄청난 재산을 가진 대기업 회장인 상황이 나옵니다. 그때 그들이 집안에 미치는 영향력은 매우 큽니다. 누구에게 더 많은 재산을 상속할지 결정할 수 있는 사람이니까요. 이처럼 재산의 상속은 가정 내에서 어떤 이의 지위를 살펴보는 데 무척 중요한 기준이 됩니다. 여성과 남성을 차별했는지, 그러지 않았는지는 이렇게 재산 상속의 관점에서 볼 수도 있는 것이지요.

조선 시대 전기에는 가족 내에서 상속이 어떻게 이루어졌는지 당시의 분재기를 살펴보겠습니다.

분재기 🔍

여기서 분재기란 '나눌 분(分)', '재산 재(財)' 자를 사용하여 문자 그대로 재산을 나누면서 작성한 기록이라는 뜻입니다. 그러면 조선 최고의 성리학자로 알려진, 5천 원권 화폐의 주인공 율곡 이이의 분재기를 먼저 살펴보겠습니다.

율곡 이이 집안의 분재기			
만들어진 날 : 1566년(명종 21년)			
Whose?	논	밭	노비
제사에 쓰일 비용	별도로 관리		
첫째 아들	15마지기	1일경	16명
첫째 딸	32복 10마지기	29복	16명
둘째 아들	14복 8마지기	11복 반일경	16명
둘째 딸	14복 8마지기	14복	15명
셋째 아들(이이)	14복 8마지기	19복	15명
넷째 아들	15복 12마지기	14복	15명
서모 권씨	9복 12마지기	6복	3명

위 분재기의 내용은 한자로 되어 있는 것을 한글로 풀어놓은 것입니다. 그래도 당시 사용한 단위가 낯설기 때문에 우리가 잘 아는 제곱미터로 바꾸어 보았습니다.

율곡 이이 집안의 분재기			
만들어진 날 : 1566년(명종 21년)			
Whose?	논	밭	노비
제사에 쓰일 비용	별도로 관리		
첫째 아들	9,900㎡	900㎡	16명
첫째 딸	7,080㎡	435㎡	16명
둘째 아들	5,490㎡	615㎡	16명
둘째 딸	5,490㎡	210㎡	15명
셋째 아들(이이)	5,490㎡	285㎡	15명
넷째 아들	8,145㎡	210㎡	15명
서모 권씨	8,055㎡	90㎡	3명

어떻습니까? 뭔가 뚜렷하진 않지만 값이 각각 다르기 때문에 불공평하다고 생각할 수도 있습니다. 어른이 된 후 형제자매 간의 경제력에 다소 차이가 있을 수 있습니다. 누나가 잘살면 동생에게 재산을 조금 더 주게 할 수도 있고, 동생이 잘사는데 형이 찢어지게 어렵게 살면 형에게 재산이 더 가게 할 수도 있습니다. 그래서 이 정도면 상대적으로 공평하게 돌아갔다는 것을 느낄 수 있습니다. 아직 납득이 가지 않는다면 조선 후기 자료와 비교해 보겠습니다.

조선 후기 대학자 윤증 집안 분재기 🔍 조선 후기 대학자 윤증의 아버지가 바로 윤선거입니다. 윤선거는 자신의 아들 윤증을 친구이자 학문이 뛰어난 송시열에게 보내 공부를 시킵니다. 송시열은 앞서 효종의 북벌 운동을 정치적으로 뒷받침해 준 학자로 소개했었죠. 어느 날 윤선거가 세상을 떠나고, 윤증은 스승에게 자기 아버지를 기리고자 학문이 무척 뛰어났고 훌륭한 사람이었다는 글을 써 주길 요청하는데 이를 송시열이 거부합니다. 그렇게 해서 그 둘은 사이가 갈라지고, 윤증은 스승의 사상이나 이론의 잘못된 점을 지적하며 다른 길을 걷게 됩니다. 그 윤증의 아버지 윤선거가 재산을 상속받을 때의 기록을 보겠습니다.

윤선거 집안의 분재기			
			만들어진 날 : 1652년(효종 3년)
Whose?	논	밭	노비
봉사조	첫째 아들이 관리(첫째 아들만 제사를 지내게 한다는 기록도 있음)		
	전체의 40%	전체의 80%	전체의 26%

기록을 바탕으로 표를 만들어 보았습니다. 성리학적 명분론에 의해 첫째 아들을 가정을 작동시키는 원리로 보고, 나머지 사람들은 눈에 보이는 현상으로 보아 기록에 제시된 외의 재산들은 n분의 1 하겠습니다.

즉 논은 40%를 제외한 60%를 12남매가 나누었고, 밭은 80%를 제외한 20%를 12남매가 나누었으며, 노비 또한 26%를 제외한 74%를 12남매가 나누었습니다. 다음은 그 내용을 표로 옮긴 것입니다. 첫째가 가지는 재산의 비율 외의 내용은 가상으로 만든 것입니다.

Whose?	논	밭	노비
봉사조	첫째 아들이 관리 (첫째 아들만 제사를 지내게 한다는 기록도 있음)		
	전체의 40%	전체의 80%	전체의 26%
12남매 중 첫째 아들	5%	1.6%	6.1%
12남매 중 둘째	5%	1.6%	6.1%
12남매 중 셋째	5%	1.6%	6.1%
12남매 중 넷째	5%	1.6%	6.1%
12남매 중 다섯째	5%	1.6%	6.1%
12남매 중 여섯째	5%	1.6%	6.1%
12남매 중 일곱째	5%	1.6%	6.1%
12남매 중 여덟째	5%	1.6%	6.1%
12남매 중 아홉째	5%	1.6%	6.1%
12남매 중 열째	5%	1.6%	6.1%
12남매 중 열한째	5%	1.6%	6.1%
12남매 중 열두째	5%	1.6%	6.1%

만약 윤선거 집안의 논이 100마지기, 밭이 100일경, 노비가 100명이었다면 실제로 재산은 어느 정도 가지게 될까요? 가상 버전으로 만든 표를 보여 드리겠습니다.

Whose?	논	밭	노비
12남매 중 첫째 아들	제사에 쓰일 재산(봉사조) 포함		
	29,700㎡(9배)	73,800㎡(51배)	32명(5배 이상)
12남매 중 둘째	3,300㎡	1,440㎡	6명
12남매 중 셋째	3,300㎡	1,440㎡	6명
12남매 중 넷째	3,300㎡	1,440㎡	6명
12남매 중 다섯째	3,300㎡	1,440㎡	6명
12남매 중 여섯째	3,300㎡	1,440㎡	6명
12남매 중 일곱째	3,300㎡	1,440㎡	6명
12남매 중 여덟째	3,300㎡	1,440㎡	6명
12남매 중 아홉째	3,300㎡	1,440㎡	6명
12남매 중 열째	3,300㎡	1,440㎡	6명
12남매 중 열한째	3,300㎡	1,440㎡	6명
12남매 중 열두째	3,300㎡	1,440㎡	6명

윤선거 집안의 분재기(가상 버전)

만들어진 날 : 1652년(효종 3년)

이 집안에 만약 논 100마지기, 밭 100일경, 노비가 100명 있었다면?
그리고 제사에 쓰일 재산 외의 것들을 사람 수대로 나눈다면?

Cooking Tip
분재기 관련 파일은 쌤동네
채널에서 다운로드할 수 있
습니다.

자, 제사를 지내는 비용에 해당되는 재산을 누가 관리한다고 쓰여 있
습니까? 첫째 아들입니다. 아울러 첫째 아들 외에는 그 어떤 자식도 제
사를 지내지 말라는 기록도 분재기에 남아 있다고 합니다. 그 외의 재산
을 공평하게 12분의 1로 나누어 보았습니다. 실제 자료가 없어서 제가 임
의로 만든 자료입니다. 아무리 공평하게 나눈다 하더라도 이렇게 되면
첫째 아들은 논은 다른 자식들의 9배, 밭은 다른 자식들의 51배, 노비는
5배를 갖게 되는 것입니다.

조선 전기와 조선 후기를 비교해 볼 때 언제 재산 상속이 차별 없이 이

루어졌나요? 재산 상속 기록을 보았을 때 심하게 차별을 둔 시기는 언제 인가요? 그렇게 한 이유는 누가 제사를 지내야 한다는 생각 때문인가요? 조선 후기의 경우 첫째 아들만 제사를 지내게 하여 상속도 첫째 아들 위주로 이루어졌습니다. 율곡 이이 집안과 윤선거 집안을 비교해 보면 차별이 더 심했던 때는 조선 후기였다는 결론을 내릴 수 있습니다.

또 조선 후기에는 성리학의 정착으로 남녀 유별을 강조했고, 이런 사상은 가옥 구조에도 영향을 미쳤습니다. 사대부 집안에서는 여성이 머무는 안채와 남성이 머무는 사랑채의 구분이 명확해졌습니다. 물론 가난한 농민들의 경우에는 건물을 구분할 경제력이 없었을 수도 있으니 절대적인 개념은 아닙니다.

재산 상속 외의 불공평함 🔍

전근대 사회에서 조선 시대 전체에 걸쳐 여성은 사회 진출을 할 수 없었기 때문에 교육 면에서도 관리가 되기 위한 유학 공부를 하는 대신 기본적인 생활이 유지되는 수준까지의 교육만 받았다고 합니다. 그외 온갖 집안일을 담당하였습니다.

가정 내에서 여성의 지위 역시 조선 전기가 훨씬 높았습니다. 이를 상징적으로 보여 주는 것이 '장가간다'는 말입니다. 지금은 남자가 아내를 맞아들인다는 의미로 쓰입니다만, 조선 전기 때는 결혼하면 장인 어른, 장모님의 집에 남자가 들어가 산다는 의미였습니다. 고려 시대부터 조선 전기까지 결혼 후 모습을 보면 장가간다는 표현이 적절할 것 같습니다. 반대로 여성의 지위가 낮아지면서 조선 후기에는 '시집간다'는 표현이 그 시대를 잘 설명하는 단어가 됩니다. 시집은 여성이 태어나 보살핌을 받은 부모님의 집 친정과 반대말로 시어머니, 시아버지 댁으로 들어가 사는 것을 의미합니다.

조선 전기	조선 후기
• 자녀들이 돌아가며 제사 지냄. • 재산을 비교적 평등하게 나눔. • 혼인하면 남성이 여성의 집에 들어가 삶. 장가는 곧 친정살이.	• 첫째 아들만 제사를 지냄(없으면 양자를 들임). • 재산 상속에 차별(첫째 아들이 대부분 가짐). • 혼인하면 여성이 남성의 집에 들어가 삶. 시집은 곧 시집살이.

사회 활동에 참여하기는 힘듦(이는 조선 전체는 물론이고 고려 시대도 마찬가지임).

보통 조선 후기가 되면 '남편이 죽어도 재혼이 어렵다.'는 이야기를 하는데, 그것은 조선 후기만의 이야기는 아닙니다. 조선 초기 성종 때 이미 재혼을 한 여성의 자식은 관직에 오르지 못하게 하는 법을 만들어 남편이 죽은 여성들이 실질적으로 재혼을 포기하게 만들었다고 합니다. 즉 재혼은 조선 전기부터 힘들었다는 점까지 기억해 주면 좋을 것 같습니다.

Table 09

조선 여성 인물 열전

오늘의 식단 한눈에 보기

- 🍴 사임당 신씨
- 🍴 청나라 황제도 반하다
- 🍴 조선 최초 여성 CEO

재료 준비	장 보기
• 신사임당 관련 영상	• 드라마 〈사임당 빛의 일기〉
• 허난설헌 관련 영상	• 〈재미있는 역사 이야기〉(YTN)
• 소녀시대 '소원을 말해봐' 음원	• 멜론
• 김만덕 관련 영상	• 유튜브

시대의 한계를 넘어선 여성들 🔍

중국 정사의 효시는 한나라 때 사마천의 『사기』라고 합니다. 『사기』는 최초로 기전체 서술 방식을 택했는데, 기전체는 본기, 세가, 열전 등으로 구성하는 방식을 말합니다. 본기는 황제의 연대기를 서술한 부분을 말하고, 세가는 제후국의 역사를, 열전은 본받을 만한 신하나 일반인의 이야기를 담은 것을 가리킵니다. 우리나라 기전체 사서에는 『삼국사기』와 『고려사』 같은 것이 있습니다. 대중들에게 많이 알려진 사서 『조선왕조실록』은 연대 순으로 정리하는 편년체 방식을 택했습니다. 오늘은 기전체에서의 열전처럼 시대의 한계를 뛰어넘은 조선의 여인들을 집중 탐구해 보겠습니다.

5만 원 지폐의 주인공 🔍

우선 우리가 가장 접하기 쉬운 인물부터 이야기를 시작해 보겠습니다. 우리가 만나면 가장 기쁜 인물! 대한민국 국민들은 이분 얼굴 보려고 어제도 오늘도 열심히 일하고 있다고 해도 과언이 아닙니다. 바로 5만 원권 지폐의 주인공, 사임당 신씨(1504~1551)입니다.

사임당 신씨 🔍

조선 전기를 다시 초기와 중기로 나눈다면 중기에 해당하는 16세기 전반을 살았던 여성입니다. 그런데 사임당은 그녀의 본명이 아닌 당호(堂號)입니다. 당호란 그녀가 거처하는 곳을 부르는 명칭입니다. 실제로 사임당의 '당' 자는 '집 당(堂)' 자입니다. 간혹 그녀의 본명을 '신인선'이라고 강의하는 강사도 있는데, 사실 그녀의 실제 이름은 정확하게 알 수 없다고 합니다. 위인으로 존경받는 분이지만 본명조차 알기 힘든 것이 참 안타깝습니다. 그럼 사임당은 무슨 뜻이냐고

Cooking Tip
사임당이 묵매화를 그리는
장면이 극적으로 표현된 드
라마 〈사임당 빛의 일기〉의
일부를 수업 자료로 활용하
였습니다.

요? 유학의 창시자 공자는 중국 역사상 세 번째 왕조인 주나라를 이상
세계로 생각했는데, 주나라 문왕을 길러 낸 어머니 태임을 존경하여 마
음속으로 스승으로 모신다는 의미로 붙인 당호입니다. 그녀는 여류 화
가로서 훌륭한 작품을 많이 남겨 후대에 이르러서도 높은 평가를 받고
있습니다.

초충도 병풍
(문화재청)

5만 원권에는 사임
당의 대표작 〈초충도〉
가 담겨 있습니다. 〈초
충도〉는 8폭 병풍의 작
품들입니다. 그렇다면 〈초충도〉는 무슨 뜻일까요? '풀 초(草)', '벌레 충
(蟲)', '그림 도(圖)' 자를 사용해, 풀과 벌레 그림이라는 의미입니다. 사
임당이 〈초충도〉를 그리고 그림의 채색을 말리고 있는데, 실제 닭이 그
림 있는 곳으로 와서 그림의 벌레를 쪼아 먹으려고 했다는 이야기가 있

가지와 방아깨비
(국립중앙박물관)

수박과 들쥐
(국립중앙박물관)

을 정도로 실감나게 묘사했
습니다. 이야기하고 보니
신라 시대 화가 솔거의 이
야기와 비슷한 일화네요.
첫 번째 작품은 '가지와
방아깨비', 두 번째 작품은
'수박과 들쥐' 그림입니다.

Cooking Tip
〈초충도〉의 꽃과 나비 그림
을 이용해 제작된 드라마
〈사임당 빛의 일기〉 홍보
영상의 일부를 보여 주었습
니다.

저는 개인적으로 사임당의 작품 가운데 '수박과 들쥐' 그림을 선호하고,
특히 그 안에서 살아 움직이는 듯 묘사한
날아오는 나비의 모습을 좋아합니다. 사실
그녀는 〈초충도〉만 잘 그린 것이 아니고 산
수화와 같은 다른 그림들도 잘 그렸다고 전
해집니다. 특히 산수화는 조선 최고의 화가

나비

안견 다음이었다는 당대의 평이 있을 정도였습니다.

그럼 200년 후 숙종이 사임당의 작품을 어떻게 평가했는지 한번 살펴 볼까요? 풀과 벌레를 실제 모습처럼 묘사해서, 그 뛰어난 작품을 모사(복제)하여 왕이 머무는 궁궐에 두기까지 했다는 글입니다. 이 정도면 조선 최고의 여류 화가라고 평가하는 데 부족함이 없겠죠?

풀이며 벌레여 그 모양 너무 닮아
부인이 그려 낸 것 어찌 그리 교묘할고
그 그림 모사하여 대전 안에 병풍쳤네
아깝도다 빠진 한 폭 모사 한 장 더하였네
채색만을 쓴 것이라 한결 더 아름다워
그 무슨 법인가 무골법이 이것이네

사임당의 가정은 무지개 학교? 🔍

사임당은 그림만 잘 그린 것이 아니었습니다. 그녀는 7남매에게 일곱 빛깔 무지개 교육을 했다고 합니다. 부모는 자녀가 좋은 직장을 얻고, 잘살기를 바라는 마음에서 열심히 공부하라고 이야기합니다. 현대사회나 조선 시대나 부모의 마음을 다르지 않았던 듯합니다. 오히려 조선 시대에는 더 심했습니다. 공부는 오직 성리학 공부만을 강조하고, 열심히 공부해서 과거 시험에 붙고 높은 관직을 얻는 것만을 최고의 목표로 여겼습니다. 그런데 사임당은 좀 달랐습니다. 자녀들에게 맞춤형 수준별 공부를 시켰던 것이지요. 음악을 좋아하면 음악을 가르치고, 미술을 잘하면 미술을 가르쳤습니다. 시·서·화와 거문고 연주에 탁월한 재주를 보여 '사절(四絕)'이라고 불린 막내아들 이우와 그림에 재능을 보여 '작은 사임당'이라 불렸던 큰딸 매창을 예로 들 수 있습니다. 뭐니 뭐니 해도 셋째 아들 율곡 이이 이야기를 빼놓을 수 없겠죠?

율곡 이이는 역사상 최초로 구도장원(九度壯元), 즉 아홉 번 일등으로 과거 시험에 합격한 사람입니다. 요즘 말로 전형적인 엄친아죠. 하지만 사임당은 이렇게 공부 잘하는 율곡 이이에게도 군자는 음악도 할 줄 알고 미술도 할 줄 알아야 한다며 음악, 미술을 강조하기도 했습니다. 이쯤 되면 사임당은 조선 시대에 우리가 꿈꾸는 전인교육을 지향했다고 볼 수 있습니다.

하지만 사임당은 40대의 젊은 나이에 세상을 떠났고, 그러면서 남편 이원수에게 아이들 교육 문제도 있고 하니 재혼은 안 했으면 좋겠다는 유언을 남깁니다. 하지만 이원수는 그녀가 세상을 뜬 후 곧장 재혼을 했다고 합니다. 어머니의 죽음으로 큰 충격을 받은 어린 나이의 이이는 산으로 들어가 불교에 빠지는 등 방황을 합니다. 하지만 방황 중에 또 다른 깨달음을 얻었는지 다시 내려와 공부에 정진한 후 과거 시험에서 승승장구하여 성리학자로서 일가를 이룹니다. 병조 판서에 임명된 후에는 외적의 침입을 막기 위해 10년 내에 군사 10만 명을 양성해야 한다는 십만양병설을 주장하고, 또 현물로 납부하는 공납에 대한 문제를 쌀로 내면 해결된다는 수미법 등의 개혁안을 제시하며 정계에서 활약합니다.

이 정도면 자식 농사는 정말 훌륭한 듯싶습니다. 사임당! 그녀는 예술가로서, 또 어머니로서의 삶 둘 다 높이 평가받을 만한 조선 중기 대표 여성 중 한 분으로 생각해도 손색이 없겠습니다.

청나라 황제도 그녀의 시를 읽고 싶어 했다! 🔍 청나라 황제도 그녀의 시에 반했다고 합니다. 두 번째 인물은 누구일까요? 그녀는 바로 허난설헌(1563~1589)입니다.

허난설헌 🔍 사임당이 16세기 전반을 살았다면 허난설헌은 16세기 후반을 살던 여성입니다. 본명은 허초희입니다. 난설헌 역시 그녀

Cooking Tip
『선조수정실록』에 십만양병설 이야기가 실려 있어 이이가 그런 주장을 하지 않았으나 후대에 더해진 이야기라는 의견도 있습니다.

102

의 본명이 아닌 헌호에 해당됩니다. 헌호는 남의 당호에 대한 존칭을 말합니다. 끝 글자가 '집 헌(軒)' 자이고, '난초 난(蘭)', '눈 설(雪)' 자입니다. 눈이 소복하게 쌓인 곳에 난초가 피었다는 뜻입니다. 여기서 눈은 추위, 고난, 어려움을 상징하는 것 같고, 그 속에 힘겹지만 아름답게 핀 난초는 난설헌 본인을 의미하는 것 아닐까요? 그녀의 시는 213편이 남아 있습니다. 실제로는 훨씬 많은 시를 썼지만 아주 조금 남아 있는 것이라고 합니다. 남아 있는 213편을 모아 시집으로 만든 것이 『난설헌집』인데요, 그녀의 시 한 편을 감상해 보겠습니다.

> ## 감우(感遇)
> 하늘거리는 창가의 난초 가지와 잎 그리도 향그럽더니,
> 가을 바람 잎새에 한번 스치고 가자 슬프게도 찬 서리에 다 시들었네.
> 빼어난 그 모습은 이울어져도 맑은 향기만은 끝내 죽지 않아,
> 그 모습 보면서 내 마음이 아파져 눈물이 흘러 옷소매를 적시네.
> 난초 생각하니 내 마음 아파 눈물이 흘러 소매를 적시네.

어떤 느낌이 드나요? 뭔가 우울함이 느껴지지 않나요? 여러분이 그렇게 느낀 것은 그녀의 시에 허난설헌 본인의 인생이 담겨 있기 때문은 아닐까요?

허엽, 허성, 허봉, 허균 🔍 지금부터 허난설헌의 인생에 대해 알아보겠습니다. 아버지 허엽, 첫째 오빠 허성, 둘째 오빠 허봉, 동생이 허균입니다. 허균? 홍길동전? 네, 맞습니다. 광해군 대에 활약했던, 최초의 한글 소설 『홍길동전』의 작가 허균이 허난설헌의 동생입니다.

허난설헌은 평범한 집안 딸처럼 가족들에게 사랑을 받으며 자랐습니다. 8세 때 그녀가 쓴 글을 본 아버지 허엽은 그녀의 재주를 높이 샀고, 둘째 허봉에게 글 쓰는 법에 대해 가르치게 했습니다. 둘째 오빠가 시인

허난설헌의 글 스승인 것이지요. 아버지 허엽은 성리학의 대가 서경덕의 제자로 당시 동인의 영수였습니다. 참고로 첫째 오빠 허성은 후에 임진왜란이 터졌을 때 의병을 모으고 나라를 구하기 위해 노력했던 사람입니다. 막내 허균은 광해군과 국정 운영을 함께했던 사람인데, 무척 개혁적인 인물이었습니다. 『홍길동전』의 마지막 부분에 '율도국'이라는 이상 세계가 등장하는데, 뭔가 조선 사회의 잘못된 점을 뜯어고치고자 하는 마음이 드러난 것이지요. 하지만 훗날 광해군에게 어떤 하소연도 하지 못하고 죽음을 맞이해 인생을 불우하고 의문스럽게 마감하는 인물이기도 합니다. 어찌 됐든 이런 뼈대 있는 집안에서 허난설헌은 글을 배우며 성장해 나갑니다.

불우한 인생 🔍　하지만 그녀의 불행은 결혼과 동시에 시작됩니다. 남편, 시어머니와의 끝없는 마찰, 뱃속 아이의 유산, 아버지와 글 스승인 둘째 오빠의 죽음 등 그녀를 힘들게 하는 사건들이 연달아 터집니다. 남편이 몇몇 친구들과 집을 얻어 과거 공부를 하는 어느 날 한 친구가 난설헌의 남편이 기생집에서 놀고 있다는 말을 퍼뜨렸습니다. 이 말을 들은 여종이 비밀리에 난설헌에게 전했습니다. 이런 상황에서 여러분 같으면 어떻게 행동하겠습니까? 당장 달려가 불같이 화를 내지 않았을까요? 그러나 허난설헌은 다음과 같은 글을 써 주안상을 보내 주었다고 합니다.

　'낭군께선 이렇듯 다른 마음이 없으신데 동접(함께 공부하는 학우)은 어찌된 사람이기에 이간질을 시키시는가?'

　얼마나 쿨한 대처인가요? 이후 남편이 약간 달라진 것일까요? 그녀의 남편은 공부를 열심히 해서 결국 관직에 나아갑니다. 남편을 달라지게 한 구절로 볼 수 있지 않을까요? 하지만 그 뒤에도 남편과는 계속 사이가 좋지 않았고, 시집살이에 시달리다가 허난설헌은 27세의 꽃다운 나이에 세상을 떠납니다.

몽유광상산
푸른 바닷물이 구슬 바다에 넘나들고
파란 난새는 채색 난새와 어울렸구나
부용꽃 스물일곱 송이가 붉게 떨어지니
달빛 서리 위에서 차갑기만 해라.

그리고 마치 자신의 죽음을 미리 안 것마냥 위와 같은 시를 남겼다고 합니다. 부용꽃 스물일곱 송이……. 난설헌이 세상을 떠난 나이를 상징하는 것 같습니다. 허난설헌이 23세 때 쓴 시라고 합니다.

내가 쓴 시를 모두 불태워라 🔍 허난설헌이 세상을 떠나며 남긴 유언은 무엇이었을까요? 그녀가 마지막으로 남긴 말은 충격적이게도 자신이 쓴 시를 모두 태워 버리라는 것이었습니다. 그리고 실제로 그렇게 했다고 합니다. 그녀가 쓴 글이 한 방을 가득 채울 만큼 엄청나게 많았다는데, 모두 태워 버렸다고 합니다.

Cooking Tip
〈재미있는 역사 이야기〉 '천재 시인 허난설헌' 영상을 활용해 허난설헌 이야기를 마무리했습니다.

하지만 동생 허균이 누나의 글이 너무 아깝다고 생각하였는지 나중에 시집가기 전 친정에서 썼던 시들과 누나의 시 가운데 마음에 들어 자기 머릿속에 외워 두었던 작품들을 모아 명나라에서 온 사신 주지번에게 보냅니다. 이것이 『난설헌집』으로 1606년 허난설헌이 별세한 후 18년 뒤에 최초로 중국에서 간행되었습니다. 많은 지식인, 문인들에게 격찬을 받으며 오랫동안 애송되었는데, 훗날 청나라 황제가 그녀의 글을 찾을 정도로 인기가 좋았으며, 그녀의 책을 찍어 내다가 종이 인플레이션이 일어났다고 할 정도로 엄청나게 큰 호응을 받습니다. 일본으로도 건너가 인기를 끌었는데, 1711년에는 일본에서 간행되기도 하였습니다.

너무 다른 삶을 살았던 두 여인 🔍 같은 16세기, 조선 중기를 살

사랑채(왼쪽 건물)와
안채(오른쪽 건물)가
가까운 오죽헌

았다고 하지만 너무 다른 인생을 살았던 사임당과 허난설헌! 허난설헌이 시집을 가지 않았다면 그녀의 인생은 어떻게 달라졌을까요? 사임당의 경우에는 30대 후반까지 친정살이를 하였다고 합니다. 조선 전기 가옥의 모습을 보려면 그녀가 살았던 오죽헌에 가면 됩니다. 사랑채와 안채가 조선 후기처럼 완벽하게 분리되지는 않아 자주 드나들 수 있는 구조를 볼 수 있습니다. 불과 100년도 안 되는 사이에 뭔가 여성의 삶의 모습이 달라지고 있는 조선의 모습을 두 인물을 통해 살펴보았습니다.

조선 최초 여성 CEO 🔍

조선 시대 여성 인물 열전의 마지막 인물은 조선 최초의 여성 CEO 김만덕(1739~1812)입니다! 그녀에 대해 알아보겠습니다.

제주도의 빛 🔍

저는 김만덕을 제주도의 은혜로운 빛이라고 부르고 싶습니다. 김만덕은 영조와 정조 시대, 즉 조선 후기를 살았던 여성으로 제주도에서 유통업을 통해 막대한 부를 형성하고, 전 재산을 기부해 제주민들을 살려 냈던 여성 기업인입니다. 바로 그녀의 인생 속으로 들어가 보겠습니다!

12세 🔍

행복한 유년 시절을 보내던 중 12세 되던 해, 제주도에 큰 흉년이 들고 전염병이 도는 등의 이유로 그녀는 부모를 잃게 됩니다. 물론 남자 형제가 둘 있었지만 친척들은 남자아이 둘만 데려가고 만덕은 홀로 남게 됩니다. 두 남자아이는 농사일에라도 쓴다고 데려갔을 것입니다. 그런 상황에서 만덕을 구해 준 한 기생이 있었고, 만덕을 수양딸로 맞이합니다. 그렇게 해서 일반 상민이었던 만덕이 기생 생활을 하게 된 것이죠. 하지만 20대에 들어서 만덕은 자신 때문에 주변 친척들까지 사람들이 천하게 대한다는 말에, 또 자신의 삶을 바꾸기 위해 관청에 가서 원래 자신은 양민이니 기생 명부에서 빼 달라고 사또에게 눈물로 하소연을 하고, 기적적으로 그녀는 기생 명부에서 빠지게 됩니다. 이후 그녀는 기생 생활을 하며 모았던 돈으로 포구에 물건을 중개하는 객주를 차렸고, 육지에서 나는 물건을 들여와 섬 안에서 판매하고, 제주에서 나는 물건을 육지로 보내 판매하는 유통업을 시작했습니다.

40대 🔍 만덕은 뛰어난 비즈니스 감각으로 40대에는 제주도 최고의 부자 상인이 되었습니다.

50대 🔍 50대에는 육지의 엄청난 부자들과도 어깨를 나란히 할 정도로 거상이 되었습니다.

전근대 여성 중 가장 존경스러운 분 🔍 저는 김만덕을 여성 위인들 중에서 가장 존경합니다. 단지 재산이 많았다는 이유로 존경이라는 표현을 사용한 것은 아닙니다.

"재물을 잘 쓰는 자는 밥 한 그릇으로도 굶주린 사람의 인명을 구할 수 있지만, 그렇지 않으면 썩은 흙과 같다."

김만덕이 남긴 명언입니다. 제가 왜 김만덕을 존경하는지 짐작할 수 있겠죠? 18세기 후반 제주도는 4년 연속 흉년이 들어 제주도 사람의 3분의 1이 죽었다고 합니다. 그때는 식구들이 많았으니 한 가족이 6명이라고 생각하면 집집마다 2명씩 죽어 나갔다는 이야기가 되겠지요. 이에 정조는 제주도에 식량을 보냈습니다. 그런데 불행히도 그 배는 풍랑에 가라앉아 버렸습니다.

가난은 나라님도 구제하지 못한다고 했던가요. 하지만 제주도의 남은 사람들은 김만덕 덕분에 살 수 있었습니다. 김만덕은 자신의 전 재산을 팔아 육지로부터 곡식을 들여와 제주도 사람들이 굶어 죽지 않게 해 주었습니다. 그 금액을 현재 통화 가치로 계산해 보면 자그마치 700억 원에 이른다고 합니다. 지금도 상상할 수 없는 엄청난 돈을 자신이 아닌 다른 이들을 위해 기부한 것입니다. 물론 다 그렇지는 않겠지만, 현재 우리나라 대기업이라도 쉽지 않을 일인 것 같습니다.

정조는 그녀에게 🔍

Cooking Tip
소녀시대의 '소원을 말해봐'의 일부를 삽입해 분위기를 전환해 보았습니다.

Cooking Tip
김만덕의 삶이 현재 우리의 삶에는 어떤 영향을 끼치고 있는지 '나눔과 봉사의 표상 김만덕' 영상을 통해 살펴보았습니다.

제주도민들의 목숨을 구해 준 김만덕에게 정조는 소원을 말해 보라고 합니다. 그녀의 소원은 임금님을 알현하고, 금강산 유람을 하는 것이었다고 합니다. 금강산 구경은 당시 보통 여성으로서는 꿈꿀 수조차 없었던 성공한 남성의 영역에 도전한 것이었습니다. 이에 정조는 만덕을 궁궐에 초대하기 위해 의녀반수라고 하는, 여성으로서 오를 수 있는 최고의 벼슬을 내려 입궐을 허락하였고, 금강산으로 가는 길에 있는 모든 관공서가 만덕에게 편의를 제공하도록 지시하였습니다. 만덕이 가는 길목마다 사람들이 몰려나와, 여성으로서 놀라운 일을 행하였고, 또 금강산 가는 길을 몸소 보여 주고 새로운 것을 개척해 나가는 용기 있는 여성 만덕을 칭송하였다고 합니다.

김만덕 묘비

제주도에 있는 김만덕의 묘입니다. 몇 해 전 이전 증축된 김만덕 기념관 관람도 추천합니다. 오른쪽이 기념비로 보이지만 묘이고, 왼쪽은 과거의 묫자리에서 옮겨 온 묘비라고 합니다.

김만덕 묘

그녀들의 삶에서 배우다 🔍

여기까지 시대의 한계를 초월한 조선 시대 여성들 신사임당, 허난설헌, 김만덕의 삶에 대해 살펴보았습니다. 이들의 삶을 보고 여러분은 어떤 생각이 들었나요? 저는 우리 학생들도 무엇인가를 해 내고자 할 때 주변 환경이나 집안 환경 등 자기 노력 외적인 것이 부족하다고 꿈을 포기하지 말고, 그분들의 삶처럼 그 한계를 뛰어넘어 자기가 원하는 일을 할 수 있었으면 하는 생각이 들었습니다. 물

론 국가는 우리 청춘들이 그런 것들이 가능하다고 생각할 수 있게, '내일
은 오늘보다 조금 더 낫겠지!' 하는 희망을 줄 수 있어야 하겠지요.

Table 10

세도정치, 조선 후기 국정을 농단하다

오늘의 식단 한눈에 보기

- 세도정치란?
- 삼정의 문란
- 그들은 정말 꼭두각시였을까?

재료 준비	장 보기
· 정순왕후 수렴청정 관련 영상	· 〈역사저널 그날〉(KBS)
· '그녀는 누구일까?' 활동지	· 자체 제작
· 환곡의 문란 관련 영상	· 영화 〈군도 : 민란의 시대〉

조선의 마지막 큰 별 떨어지다 🔍

1800년 조선의 큰 별 정조가 세상을 떠납니다. 그의 죽음에 관해서는 정말 다양한 의견이 있습니다. 정조가 독살당한 것인지, 아니면 흔히 알려진 것처럼 종기가 너무 심해서 세상을 떠난 것인지 분야별 전문가들 사이에서도 이견이 많습니다. 당시 상황을 조금 살펴보도록 하겠습니다.

1800년 6월 어느 날, 정조가 종기 때문에 고통을 호소합니다. 여러 가지 처방을 사용해 어느 정도 상태가 좋아지기도 합니다. 특히 독성이 강한 수은을 이용해 치료하는 과정이 논란이 많습니다만, 이는 정조 스스로 처방한 방법이라고도 합니다. 영조와 정조는 의학 쪽으로도 무척 공부를 많이 했는데, 믿을 사람이 없다고 판단했기 때문일까요? 자신의 아픈 곳을 스스로 처방하는 모습을 보이곤 했습니다. 수은의 독성에 취해 있을 때 어의는 몸의 기력을 보완하기 위해 경옥고와 인삼이 들어간 탕약을 처방합니다. 정조는 자신의 몸이 열이 많은 체질이라 열을 내는 약재인 인삼을 거부했으나 정신이 혼미한 상태에서 원하지 않는 약을 먹게 되고, 그 후 며칠이 지나지 않아 세상을 떠났다고 합니다. 이를 어의의 처방 실수에 따른 의료 사고로 볼지, 잘 짜여진 각본에 따른 정조 독살로 볼 것인지는 개인의 판단에 맡겨야 할 것 같습니다. 어찌 되었든 조선은 근대 사회로 향하는 마지막 개혁의 불꽃이 꺼져 버렸고, 후대 사람들은 이 사건에 안타까움을 느낍니다.

정순왕후 수렴청정 🔍

정조 승하 후 11세의 군주 순조가 즉위하였습니다. 보통 이렇게 임금이 어리면 왕실의 큰 어른이 대신 정치를 하는 수렴청정을 실시합니다. 이때 왕실 최고 어른은 정순왕후였습니다.

Cooking Tip
정순왕후의 수렴청정 관련 영상으로 〈역사저널 그날〉 '순조, 김조순의 딸을 왕비로 맞던 날' 편의 일부를 활용했습니다.

그녀는 영조가 60대에 들어섰을 때 맞이한 부인으로, 당시 나이는 15세 였다고 합니다. 새로 들어온 어머니가 사도세자보다 10세 정도 어렸던 것이죠. 그녀가 세월이 흘러 왕실 최고 어른이 된 것입니다. 이때 정조의 수많은 개혁 정치는 성난 파도를 만난 배처럼 가라앉고 맙니다. 먼저 규 장각의 인재들을 비롯한 정조의 수많은 지지 세력들이 천주교를 믿었다 는 혐의로 관직에서 쫓겨납니다. 그리고 왕을 지켜 주는 친위부대 장용 영도 사라지게 됩니다.

날아가는 새도 떨어뜨린다는 세력 있는 집안들 🔍

정 순 왕후 의 역풍이 몰아친 후 시간이 흘러 정순왕후가 수렴청정을 거두게 되는데, 이후 순조, 헌종, 철종 3대 60년을 세도정치 시기라고 부릅니다. 흔히 순조 시기를 안동 김씨, 헌종 시기를 풍양 조씨, 철종 시기를 다시 안동 김씨의 세도 시기라고 하지만, 풍양 조씨는 안동 김씨가 배당해 준 크기 의 빵(권력)을 먹은 것에 불과하다는 설이 있습니다. 안동 김씨와 어깨를 나란히 하는 반남 박씨(박지원 집안)를 누르는 데 풍양 조씨 가문이 도움 을 주어 정치적 영향력이 다소 커진 것에 불과하다고 본 것이지요. 그리 하여 3대 60년을 모두 안동 김씨의 세도 시기로 보기도 합니다.

Cooking Tip
자체 제작한 '그녀는 누구 일까?' 활동지의 빈칸을 태 블릿을 이용해 채워 가며 '안동 김씨'라는 키워드를 추출할 수 있게 했습니다 (활동지는 쌤동네 채널에서 다운로드할 수 있습니다). 이어서 〈역사저널 그날〉 '순조, 김조순의 딸을 왕비 로 맞던 날' 편에서 순조가 가례를 올리는 부분을 활용 했습니다.

믿었던 그 사람이 시작이었다 🔍

순조 시기의 최고 실세이자 막 후 실력자는 안동 김씨 가문의 김조순이었습니다. 그는 정조가 살아 있 을 때 꽤 신뢰했던 인물이었습니다. 김조순은 정순왕후와는 반대로 정조 의 아버지, 사도세자의 죽음을 안타까워하던 입장에 서 있었습니다. 그 래서 김조순의 딸을 아들 순조의 부인, 자신의 며느리로 맞기 위해 무척 노력했습니다. 세상을 떠날 때까지도 김조순이 순조를 잘 지켜 줄 것이 라고 굳게 믿고 있었으니까요. 정조는 훗날 사람들이 조선 후기 정치의 퇴보를 이야기할 때 항상 세도정치를 꼽고, 그 시작점에 자신이 믿었던 김조순이 있을 것이라고 상상이나 했을까요?

김조순은 처세의 달인입니다. 정치적인 입장 차가 꽤 컸던 정순왕후가 수렴청정을 할 때에는 몸을 확~ 낮추고 있었습니다. 수렴청정이 끝난 후에도 그의 겸손하고 매사에 자중하는 듯한 태도를 보면 얼마나 정치적으로 노련한 사람인지 알 수 있습니다. 정치 권력의 전면에 나서지 않으면서도, 높은 관직을 탐하지 않으면서도 왕의 장인으로서 점점 조선의 실세가 되어 가고 있었습니다.

세도정치 🔍 김조순처럼 왕실과 혼례를 맺어 외가 친척이 된 사람들을 '외척(대체로 모계 쪽 8촌까지의 친족)'이라 하고, 그런 특정 가문에 의해 나랏일이 좌지우지되는 정치를 '세도정치'라고 합니다. '권세 세(勢)', '행정구역 단위 도(道)' 자를 사용해 왕실의 외척이나 신하가 권세를 부리며 조선 팔도를 주무르는 정치를 의미합니다. 날아가는 새도 떨어뜨린다는 그 세력 있는 집안들! 그들에 의해 나라의 모든 중요한 일이 결정되는 세도정치! 이러한 분위기는 순조 다음 임금으로 8세 때 즉위한 헌종, 19세 때 즉위했으나 전직 농민이었던 철종 시기까지 계속됩니다.

매관매직 🔍 김조순은 서서히, 아주 조용히 국가 일을 결정하는 중요한 자리에 자기 식구들을 배치합니다. 여기서 중요한 자리란 비변사를 가리키는데, 여진과 왜적의 공격 등 변방의 일에 대비하기 위한 목적으로 세운 기구로, 임진왜란 이후 국정을 결정하는 최고 의결 기구가 되었습니다. 최고 의결 기구가 김조순의 사람들로 채워진 것입니다. 그리고 왕을 지켜 주는 장용영은 없고, 대항 세력이 없으니 겁도 나지 않았겠죠. 단숨에 중앙의 군영을 장악합니다.

또 안동 김씨 일가는 자신들의 권력 기반으로 경제력을 탄탄하게 만들기 위해 노력합니다. 어떤 방법으로 세력을 공고히 했을까요? 이름하여 매관매직! 관직을 사고(살 매[買]) 파는(팔 매[賣]) 짓을 하기에 이릅니다. 김조순 자신은 그러지 않았을지 몰라도 권력의 영향으로 초고속 승진한 셋째 아들 김좌근이 인사 청탁을 받아 관직을 파는 행태가 무척 지나쳤다고 합니다. 조선은 과거 시험을 통해 능력을 검증받아야 관직에 오를 수 있었는데, 현령(군보다 다소 작은 고을) 5천 냥, 수령(지금으로 따지면 군수) 2~3만 냥, 관찰사(지금의 도지사) 5만 냥 등으로 관직에 값을 매겨 놓고 이를 사고 팔기 시작합니다. 당시 1냥을 쌀값 기준으로 하여 계산해 보면 현재 4만 원 정도로 볼 수 있는데, 5천 냥이면 2억 원 정도이고, 2~3만 냥이면 8~12억 원, 5만 냥이면 20억 원 정도로 계산이 됩니다.

조선은 탐관오리 사육장 🔍 이렇게 돈을 써서라도 좋은 관직에 앉고 싶어 하는 탐욕스러운 관리, 오염된 관리를 '탐관오리'라고 합니다. 백성들은 안중에 없고 자기 배만 채우려고 하는 그들! 끝없는 악순환의 고리가 여기서 시작됩니다.

본전 생각나겠죠? 🔍 거금을 들여 관직에 앉았으니 본전 생각이 나지 않았겠습니까? 그들은 관직을 차지하기 위해 자기들이 쓴 돈을 만회하기 위해 백성들로부터 걷는 세금을 비정상적으로 뜯어내기 시작합니다. 특히 삼정(三政)을 이용해 백성들을 착취했는데, 이를 '삼정의 문란'이라고 합니다. 삼정이란 백성들로부터 세금을 거두는 3가지 방식이라는 뜻입니다. 농사짓는 땅으로부터 세금을 거두는 전정, 16~60세 사이의 남성이 군대에

군정　전정　환곡

가는 대신 내는 군포를 가리키는 군정, 긴 겨울 식량이 떨어져 봄에 먹고 살 길이 막막한 백성들에게 빌려 주던 구휼미 환곡(환정)이 있습니다. 하지만 법과 규정에 따라 이 세금들을 거두었다면 아무 문제가 되지 않습니다. 삼정이 문란했다 함은 원칙에 어긋나게 과다하게 백성들로부터 세금을 거두었다는 뜻입니다.

전정 🔍 먼저 전정의 문란을 예를 들어 보겠습니다. 갑돌이는 1천 제곱미터의 땅을 가지고 있습니다. 그 땅에 해당하는 만큼만 세금을 내는 것이 당연하겠죠! 하지만 관청에서 나온 사람은 갑돌이 땅 주변의 황무지까지 갑돌이 땅으로 판단하고 2천 제곱미터에 해당되는 세금을 요구합니다. 하지만 갑돌이는 관에 의해 온갖 불이익을 당할 수밖에 없는 힘없는 백성이었기 때문에 자기 땅이 아닌 곳까지 억울하게 세금을 내야 하는 상황이 벌어집니다. 이것이 전정의 문란의 한 예입니다.

군포 🔍 두 번째로 군정의 문란을 살펴보겠습니다. 조선은 원래 양인개병(良人皆兵, 모든 양인은 군대에 간다)의 원칙이 있었습니다. 하지만 관직에 오르거나 관직에 오르는 것을 준비하는 학생에게는 군역을 면제해 준다는 법을 이용해 자신의 이름을 중앙이나 지방 학교의 명단에 올려 두고 군대에 가지 않으면서 군역을 피하기 시작합니다. 그리고 장기적인 평화로 인해 군의 기강이 해이해지면서 자기가 아닌 다른 사람을 대신 세우기도 하고, 포(옷감, 당시로는 돈의 의미)를 납부하면서 군역에서 빠지는 사람이 늘기 시작합니다. 그러다가 임진왜란이 터졌고 국가에서는 그때부터 급료를 주는 직업 군인 위주로 나라의 방어 대책을 강구하기 시작하죠. 군인들에게 급료를 주려면 백성들로부터 해당 비용을 거두어야 하니 이를 '군포'라고 합니다.
영조 때 백성 1명이 부담해야 할 군포를 2필에서 1필로 줄여 주었다고 했죠? 이 군포가 왜 백성들에게 힘이 들었을까요? 백성은 군포를 1필만 낼 수 없었습니다. 먹고살기 힘들어 고향을 버리고 도망가는 사람들이 많아지면서 군포가 잘 거두어지지 않습니다. 그래서 개인에게 거두던 군포를 마을 전체의 할당량으로 바꿉니다. 마을 사람 수가 아무리 줄어들어도 할당량을 채워야 하는 것입니다.

그러다 보니 '백골징포(白骨徵布)'라고 하여 60세가 넘거나 세상을 떠난 사람의 명단을 군적에서 제외하지 않고 세금을 거둡니다. 여기서 군적이란 군포 낼 사람의 명단을 적은 기록부를 말합니다. 죽어서 땅에 묻혀 백골이 된 사람에게까지도 세금을 거두었던 것이죠! 또 '황구첨정(黃口簽丁)'이란 것도 있었습니다. 태어난 지 얼마 되지 않아 엄마 젖을 먹어 입이 누런 아이의 입을 '황구'라고 하는데, 16세가 되지 않은 어린아이에게까지도 군대에 가는 대신 내는 군포를 매긴다는 의미입니다. 거기다가 친척이 도망가면 그 친척 것까지 내야 하는 '족징', 이웃이 도망가면 그 이웃 것까지 세금을 내야 하는 '인징'도 있었습니다.

환곡 🔍 무엇보다 19세기 백성들을 괴롭혔던 것은 환곡(환정)이 었습니다. 환곡이란 식량이 모자라는 봄에 관청에서 곡식을 빌려준 뒤 가을걷이 후에 이자를 붙여 갚도록 한 사회복지 제도입니다. 하지만 조선 후기에 말하는 환곡이란 본래 취지를 잃고 백성들을 가장 괴롭히는 제도로 변질됩니다.

백성들에게 빌려줄 쌀은 물에 불려서 저울의 무게를 속이고, 거기에 겨(곡식 껍질)와 모래, 심지어는 돌까지 섞어 배고픈 백성에게 대출해 줍니다. 백성들은 그런 엉망인 쌀을 받고도 똑같은 무게의 순수한 쌀로 갚아야 합니다. 법정 이자까지 붙여서요! 그런데 이런 상황은 무척 가벼운 정도에 불과합니다. '늑대'라고 하여 필요가 없는 사람에게도 겨와 모래를 섞은 쌀을 강제로 대출시켜 갚게 하고 세금을 붙이기도 하죠. 여기서

Cooking Tip
영화 〈군도 : 민란의 시대〉 영상의 일부를 활용해 환곡의 문란에 대한 이해를 도왔습니다.

'굴레 늑(勒)' 자를 쓰는데, 고삐를 잡아당기며 말이나 소를 억지로 이동시키듯이 원하지 않는 대출을 해 주는 것을 말합니다.

여기까지는 그래도 쌀을 빌려주기라도 합니다. 더 심해지면 빌려주지 않은 쌀도 자신들의 환곡 장부에 기록해 놓고 나중에 갚으라고 백성들을 괴롭히기도 합니다. 백성들은 정말 살 수가 없었습니다. 백성들이 세도 정치와 삼정의 문란에 의해 이렇게 괴롭힘을 당하는데 도대체 왕은 무엇을 하고 있었을까요?

순조 시기 🔍

그들은 정말 안동 김씨, 풍양 조씨와 같은 세도 가문의 꼭두각시였고, 아무것도 하고자 하는 의지가 없었을까요? 이번에는 그 시절 왕의 모습을 살펴보도록 하겠습니다. 먼저 순조입니다.

조정을 다시 세우려던 효명세자 🔍

순조는 자신보다 똑똑하고 강단 있는 아들 효명세자에게 큰 기대를 걸었던 것 같습니다. 순조 38세, 효명세자 19세 때 순조는 건강상의 이유를 들어 아들 효명세자에게 대리청정을 명합니다. 효명세자는 젊은 지도자답게 시원시원하고 단호했습니다. 꽤 힘 있는 정치를 하고, 각종 개혁안들을 구상해 둡니다. 세자는 비변사에 모든 권한이 집중되어 있는 조정의 기강을 바로잡고자 한 것이죠. 이런 효명세자는 용의 눈빛을 지녔고, 마치 정조를 다시 보는 것 같다는 평을 받기도 합니다.

Looking Tip
아이들의 관심을 모으기 위해 최근 드라마에서 효명세자 역을 맡았던 배우 박보검의 사진을 활용했습니다.

왕실의 비극 🔍

그런데 건강해 보이던 효명세자가 피를 토하고, 얼마 가지 않아 요절하기에 이릅니다. 아들을 잃은 순조, 불행은 여기서 끝나지 않습니다. 2년 후 5월 넷째인 복온공주가 세상을 뜨고, 그해 6월 셋째인 명온공주도 세상을 떠납니다. 효명세자의 남동생은 태어나고 얼마 되지 않아 세상을 떠났으니 슬하의 다섯 자식 가운데 넷이 세상을 떠

Looking Tip
수업에서는 박시백의 『만화 조선왕조실록』의 일부를 보여 주며 효명세자와 순조에 대한 이해를 도왔습니다.

난 것입니다. 여러분 같으면 어떻겠습니까? 순조는 그 후 웃음을 잃었다고 합니다. 물론 그 후 정치도 포기하였던 것 같습니다.

Cooking Tip
수업에서는 박시백의 『만화 조선왕조실록』의 일부를 보여 주며 헌종에 대한 이해를 도왔습니다.

8세의 꼬꼬마 임금 🔍   순조가 세상을 떠나고 효명세자의 아들이었던 헌종이 임금이 됩니다. 순조도 11세의 어린 나이에 왕의 자리에 올랐는데, 그의 손자 헌종은 그보다도 어린 8세의 나이에 왕이 된 것입니다.

꼬꼬마 왕, 성장하다! 🔍   세월이 흘러 이 꼬꼬마 왕은 폭풍 성장하여 정치란 무엇인지, 그리고 권력의 생리도 깨닫게 됩니다. 그는 군영을 장악하고 안동 김씨, 풍양 조씨 등 세도 가문 세력에 맞서고자 합니다. 주요 표적이 된 안동 김씨는 위기감이 엄습해 왔겠죠? 하지만! 안타깝게도 헌종 역시 고작 23세의 나이에 요절하고 맙니다. 위기에서 벗어난 안동 김씨 세력은 이후 정치적으로 브레이크 없는 독주, 폭주를 시작하게 됩니다!

강화도령 원범, 왕이 되다 🔍   헌종은 후사 없이 세상을 떠났습니다. 그래서 왕실의 먼 친척들을 임금의 후보로 두고 그중에서 가장 만만한 강화도령 이원범을 왕위에 앉히기에 이릅니다. 원범은 10대 중반 이후 4~5년 정도를 강화도에서 농사짓고 나무를 하며 상민과 같은 생활을 했던 인물입니다. 그는 호위대가 몰려오자 자신이 곧 죽게 될 것이라 생각하고 겁을 먹었다고 합니다. 자기 주변 사람들이 역모나 천주교와 관련되었다고 죽는 모습을 봤던 사람이기 때문이죠.

소리 없는 아우성 🔍   물론 그가 왕실 예법에 적응하는 데 상당히 많은 기간이 걸렸겠지만 그는 백성의 처지를 잘 알았고, 수시로 삼정의 문란을 지적하였습니다. 하지만 정통성이 없는 왕의 발언에 크게 힘이 실릴 수는 없었습니다. 왕이지만, 무언가 하려고 해도 아무것도 할 수 없었습니다. 철종 역시 33세의 젊은 나이에 세상을 떠납니다.

이번 시간에는 불의(不義)에 의해 백성들이 고통을 당하는 모습을 주로 살펴보았습니다. 이러한 백성들이 세도정치를 일삼는 그들에게 어떻게 반격하는지, 그 내용을 다음 시간에 살펴보도록 하겠습니다.

Table 11

민란의 시대

오늘의 식단
한눈에 보기

🍴 홍경래의 난

🍴 농민들 전국에서 일어나다

🍴 새로운 종교가 백성들을 사로잡다

재료 준비	장 보기
• 홍경래의 난 관련 영상	• 〈역사저널 그날〉(KBS)
• '한국을 빛낸 100명의 위인들' 음원 일부	• 멜론
• 임술 농민 봉기 관련 비조작 자료	• 자체 제작
• 민란 관련 영상	• 영화 〈군도 : 민란의 시대〉
• 최제우 관련 영상	• 〈한국의 정신〉(국회방송)

세도정치 🔍 먼저 지난 시간에 공부했던 내용을 확인해 보겠습니다. 외척들이 요직을 차지하여 권력을 잡고 강한 세력을 형성한 후 나랏일을 좌지우지하는 것을 세도정치라고 했습니다. 임금이 개혁을 위해 몸부림을 쳐도 아무것도 할 수 없었던 그 시기! 순조, 헌종, 철종 3대 60년의 시기를 조선 정치의 암흑기, 세도정치 시대라고 합니다.

그들은 자신들을 견제할 세력이 없으니 마음대로 관직을 사고 파는 매관매직을 일삼아 경제적으로 부를 쌓을 수 있었습니다. 이렇게 세도가에게 뇌물로 바치고 관직을 산 자들을 탐관오리라고 부릅니다. 그들은 전정·군정·환곡을 이용해 백성들을 수탈하였습니다.

자연재해 🔍 설상가상으로 세도정치 시기에는 자연재해도 엄청났습니다. 이상저온 현상으로 여름에도 서늘해 농사가 제대로 되지 않았고, 가뭄이 계속되거나 홍수가 날 정도로 비가 많이 오는 등 백성들의 불행은 계속되었습니다. 흉년이 이어지다 보니 쌀값은 폭등하였고, 순조 땐 쌀 폭동이 일어나기도 합니다. 물론 이는 거상들이 인플레이션을 조작한 것도 한몫했다고 합니다. 그뿐이 아니었습니다. 콜레라와 같은 전염병도 돌아 엄청나게 많은 수의 백성들이 생명을 잃었습니다.

백성들의 반격 🔍 세도정치에 삼정의 문란, 자연재해까지 겹치자 백성들은 이렇게는 못 살겠다며 들고 일어납니다. 1811년, 백성들의 본격적인 저항이 시작된 것이지요!

조선 8도 행정 구역을 생각하며 지도를 봅시다. 1811년 어느 지역에서 반란이 일어났나요? 네, 관서 지방, 평안도에서 민란이 시작됩니다. 지도

를 보면 '홍경래의 난'이라고
쓰여 있습니다. 이 이름 낯익
지 않나요? '한국을 빛낸 100
명의 위인들' 노래에 등장하기
때문입니다. 백성들이 못 살겠
다고 들고 일어나는데, 그 중
심에는 홍경래가 있었습니다.

Cooking Tip
'한국을 빛낸 100명의 위인
들' 음원에서 '못~ 살겠다!
홍경래~' 부분만 녹음해서
프레지에 넣어 수업 시간에
활용했습니다.

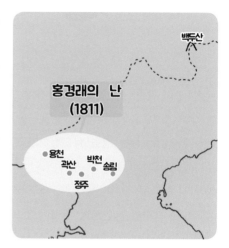

홍경래는 왜? 🔍 홍
경래는 왜 평안도 사람들과 난
을 일으켰을까요? 평안도는 수백 년간 지역 차별이 있어 왔습니다. 300
년간 평안도 지역 사람은 중앙의 높은 관직에 오르지 못했다는 기록이
있을 정도로 그들은 멸시받고 천대받았습니다.

왜 그랬을까요? 평안도 지역은 국경과 맞닿아 있는 지역으로 여진족과
의 접촉과 침입이 잦았으며, 척박한 땅으로 농업 경제가 발달할 수 없었
습니다. 그래서 양반 사족들이 거주를 기피하였고, 성리학의 보급 역시
지연되었으며, 중앙의 관료들도 성리학도 모르는 곳이라며 평안도 출신
을 차별하였습니다. 세도정치 시기 매관매직이 성행한 그땐 더 심했겠지
요. 그러니 평안도 출신은 과거에 합격해도 좋은 관직에 오르지 못하였
고, 사대부들은 이들과 혼인하는 것은 물론, 교류하는 것조차 꺼릴 정도
였다고 합니다. 일례로 대한제국 말의 지식인 윤치호도 평안도 지역 사
람과 사돈 관계를 맺는 데 무척 주저하고, 주변의 시선을 의식했다는 기
록이 남아 있습니다.

그런 상황에서 평안도 지역은 '잉류 지역'이라 하여 그동안 조세를 중
앙 정부에 보내지 않고 국방비와 사신 접대비로 사용했었는데, 조선 후
기 정부의 재정이 부족해지자 평안도 지역에서 재정을 끌어다 쓰는 경우

가 빈번해졌습니다. 그러면서도 끊임없는 차별을 해댔으니, 이런 이유로 홍경래는 들고 있어난 것이죠!

초반 열흘 🔍

초반 열흘 동안은 파죽지세로 8개의 고을을 점령했습니다. 홍경래가 10년 동안 치밀한 준비로 각 고을 유력가들을 포섭하였고, 각 고을 관아의 수령이나 병사들은 도망가기에 바빴습니다.

정주성 수성 작전 🔍

홍경래의 군은 박천 송림 평야에서 관군과 붙게 되었고, 초반에는 관군을 압박하였으나 원군이 오자 맥없이 무너지는 모습을 보입니다. 결국 정주성으로 들어가 버티는 상황이 됩니다.

어쩌다 이런 상황이 되었을까요? 홍경래군은 원래 영변이라는 지역을 먼저 공격해 세력을 더 확장시킨 후 안주 지역으로 진격하기로 계획을 세웠습니다. 안주는 평안도 지역의 요충지입니다. 하지만 영변을 거쳐서 안주를 공격하면 너무 늦어 그들의 난이 실패할 것이라는 주장이 제기되었습니다. 급기야 영변 선점령 반대파들은 부대 내에서 홍경래를 기습합니다. 이 사건으로 인해 홍경래는 부상을 입게 됩니다. 그런 상황 속에서 전열을 다시 가다듬다 보니 작전은 지연되기 시작하였고, 송림 전투에서는 관군 역시 완벽히 준비를 갖추고 나오게 된 것입니다.

수백 명의 전사자가 생긴 홍경래군은 정주성에 들어가서 다른 지역의 호응이 있을 때까지 버티기 작전에 들어갑니다. 그들은 그곳에서 4개월 가까이 버틸 수 있었습니다. 100보 밖의 군사들에게는 활로, 100보 안에 들어오는 관군에게는 총으로 대항하였고, 표석이라는 무기 등을 이용해 싸웠다고 합니다. 이에 질세라 관군도 운제라는 무기를 도입했지만 정주성 함락은 쉽지 않았습니다. 이에 관군은 무시무시한 작전을 생각해 내는데, 홍경래의 난이 어떻게 마무리되는지 한번 살펴보겠습니다.

Cooking Tip
〈역사저널 그날〉 '홍경래의 난, 저항의 시대를 열다'의 일부를 활용해 홍경래의 난 초기 진행 과정, 송림 전투, 정주성 전투 관련 장면을 보여 주었습니다.

Cooking Tip
표석이란 대나무 같은 것에 천을 주머니처럼 매달아 그 안에 돌을 넣고 뱅뱅 돌려서(원심력을 이용) 돌을 날려 적군을 타격하는 데 이용한 무기입니다.

Cooking Tip
운제는 사다리차 정도를 생각하면 됩니다. 높은 사다리차 위에서 사격을 하며 다가가고, 성에 가까이 이르면 밑에 숨어 있는 살수들이 사다리를 타고 올라가 성을 공격하는 것입니다.

관군의 마지막 작전 🔍　관군의 마지막 작전은 화약이었습니다. 1,700근이 넘는 화약을 사용해 성벽을 폭파시켰다고 합니다. 지금 무게로 1톤 가까이 되는 화약입니다. 그 바람에 반란군은 기세가 꺾여 전투는 끝이 나고, 홍경래는 전투 중 총에 맞아 사망합니다. 3천 명에 가까운 사람들이 체포되고, 여자와 어린아이를 제외한 2천 명 정도의 사람이 참수형을 당하며 홍경래의 난은 막을 내립니다.

Cooking Tip
　홍경래는 출신 지역을 차별하지 않는 세상, 세도정치가 없는 세상을 꿈꾸었지만 신분제도와 토지제도의 모순, 삼정의 문란을 극복하는 방안과 같은 비전을 제시해 주지는 못했다는 한계가 있습니다.

홍경래의 난, 그 후 🔍　홍경래의 난은 끝이 났지만 홍경래는 오랫동안 백성들의 마음속에 살아 있었습니다. 『홍경래전』과 같은 소설을 비롯해 홍경래에 관한 각종 기록들을 살펴보면 백성들의 소망을 느낄 수 있습니다. 백성들은 "홍경래는 죽지 않았다! 언젠가 다시 우리 앞에 나타날 것이다!"라고 생각했던 것 같습니다. 홍경래의 난은 이후 민란에 크게 영향을 미쳐 19세기 민란의 시발점으로 기록됩니다.

이제 무대는 전국이다! 🔍　홍경래의 난 이후에도 지배층은 자기 욕심을 채우기에 급급했고, 백성들은 더욱 살기 힘들어졌습니다. 그리하여 홍경래의 난을 시작으로 각지에서 백성들이 봉기하기 시작합니다. 봉기는 백성들이 벌 떼처럼 들고 일어난다는 뜻입니다.

Cooking Tip
　수업에선 봉기의 의미를 국어사전을 통해 확인하게 하였습니다. 그리고 전국적으로 민란이 일어났음을 확인하는 작업은 『조선왕조실록』의 기록을 이용해 자체 제작한 비조작 자료를 활용했습니다(활동지는 쌤동네 채널에서 다운로드할 수 있습니다).

임술 농민 봉기 🔍　백성들의 봉기는 임술년(철종 13)인 1862년에 절정에 이르는데, 임술년에 전국적으로 발생했던 농민 봉기를 임술 농민 봉기라고 합니다. 한 해 동안 전국 71곳에서 봉기가 일어났습니다. 지도를 살펴보면 경상도·전라도·충청도 지역은 물론이고, 경기도·황해도·함경도까지 농민 봉기는 퍼져 나갔고, 남쪽 끝 외딴 섬 제주도에서도 봉기가 일어났습니다. 그중 가장 중요한 봉기 장소는 진주입니다. 임술 농민 봉기가 바로 진주 농민 봉기에서 시작됐다고 해도 과언이 아니기 때문입니다.

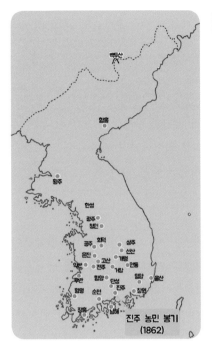

진주 농민 봉기
(1862)

진주 농민 봉기 🔍 진주 농민 봉기는 슈퍼 탐관오리 백낙신의 탐욕으로부터 시작되었습니다. 그는 백성들의 돈을 강제로 빼앗을 수 있는 모든 방법을 다 동원했던 자였습니다. 이에 몰락한 양반 유계춘이 봉기하였고, 수만 명의 세력을 이룬 그들은 급기야 백낙신으로부터 불법적인 방법으로 세금을 걷지 않겠다는 약속을 받아 냅니다.

삼정이정청 🔍 민란이 전국적으로 일어나자 지배층은 백성들이 불만을 가진 삼정을 시정해 주겠다며 삼정이정청을 세워 민심을 진정시키려고 하였습니다. 삼정을 바르게 시정해 주겠다는 목적으로 세운 관청입니다.

하지만 도끼로 제 발등을 찍을 수는 없는 법! 개혁의 대상인 안동 김씨 세도가들이 포진되어 있는 삼정이정청이 개혁을 제대로 수행할 수 있었을까요? 삼정이정청의 활동은 흐지부지되었고, 삼정의 문란은 여전히 시정되지 못하였습니다. 임술 농민 봉기 후에도 백성의 삶은 파탄 그 자체였습니다.

Cooking Tip
철종 시대 백성들이 일으킨 난과 관련된 영화 〈군도 : 민란의 시대〉 영상에서 실존했던 조직 지리산 추설의 활약 모습을 보여 주었는데 학생들의 반응이 엄청나게 뜨거웠습니다.

고통스러운 백성들의 삶을 어루만져 주는 새로운 사상이 문제를 해결할 수 있는 열쇠로 등장하게 됩니다.

ㄷ ㅎ 🔍   그것이 서학에 대항한다는 의미의 '동학'입니다. 동학은 기존의 성리학으로는 백성들의 삶이나 국가를 구제할 수 없으며, 서양에서 들어온 서학 역시 서양인들이 우리를 집어삼키기 위한 수단으로 보았습니다. 그래서 동학은 유·불·선과 서학의 좋은 점만 뽑아 새로이 만든 종합선물세트 같은 종교로 보면 될 것 같습니다.

최제우 🔍   동학이라는 종교를 창시한 것은 몰락 양반 최제우입니다. '제우'는 '구제할 제(濟)', '어리석을 우(愚)' 자를 사용해 백성들을 구제한다는 의미로 스스로에게 붙인 이름이라고 합니다. 최제우는 10번도 넘게 과거 시험에 떨어졌다고 전해집니다. 정시가 3년에 한 번이고, 중간중간에 별시가 있었다고 해도 이는 거의 젊음을 과거 시험에 바쳤다고 볼 수 있는 횟수입니다.

동학의 교리 🔍   그런 최제우가 좌절을 맛보며 생을 끊으려고 하였는데, '사람 목숨이 제일 중요하다고 하는데 왜 중요한 것인가? 내 안에 모시는 천주(한울님)가 있기 때문 아닌가? 그럼 내 안에만 천주가 있는가? 아니다, 다른 모든 사람의 가슴속에도 천주가 있다. 그럼 모두의 목숨이 소중하고 모든 이가 평등한 것 아닌가? 모든 사람은 곧 하늘이다.'라는 생각에 이릅니다. 모든 사람은 마음속에 천주를 모신다는 '시천주'에서 사람이 곧 하늘이라고 생각하는 '인내천'의 평등 사상에 이르는 교리를 정립하게 된 것이죠.

또 한 가지 동학의 중요한 교리는 '후천개벽' 사상입니다. 이는 지금의 세상이 끝나고 백성이 바라는 새 세상이 열릴 것이라는 의미로 힘든 현실을 살아가는 백성들에게 희망을 심어 주었습니다.

종교가 널리 퍼지려면 무엇이 필요할까요? 🔍

이렇게 새 종교가 생겼는데, 그 종교를 널리 퍼트리려면 무엇이 필요할까요? 그렇습니다! 노래입니다! 동학을 널리 퍼트리기 위해 『용담유사』라는 가사집을 만들어 보급하고 백성들 사이에서는 동학이 널리 퍼지기 시작합니다.

또 훗날 『동경대전』이라는 동학의 경전도 완성됩니다. 하지만 지배층 입장에서 동학은 무척 위험한 사상입니다. 성리학적 명분론과 유교적 국가 체제를 완전히 무너뜨릴 수 있다고 판단하여 국가는 동학교도들을 탄압하고, 교주 최제우를 사형시키기에 이릅니다. 하지만 동학은 사라지지 않고 19세기 백성들이 일으키는 혁명의 큰 원동력이 됩니다.

Cooking Tip
〈한국의 정신〉 '최제우' 편을 통해 최제우의 삶을 살펴보았습니다.

핵심역량을
기르는
특제 비법 소스
7종 세트

① 조선 후기 외래 작물 재배 및 모내기 프로젝트
② 탕평채를 넘어 탕평면을 만들다!
③ 우리 학급만의 현대판 대동여지도 만들기 프로젝트
④ 천재 화가 나야~ 나!
⑤ 그녀는 누구일까?
⑥ 내가 바로 역사학자! 『조선왕조실록』을 파헤치다!
⑦ Show Me The History

 조선 후기 외래 작물 재배 및 모내기 프로젝트

☑ 난이도 : ★★★★☆

☑ 관련 핵심역량 : 공동체 역량

☑ 준비물 : 호미, 삽, 방울토마토와 토마토 모종, 옥수수 씨, 고구마순, 모, 대야, 비료 등

☑ 활동 Tip

　• 심는 시기만 알고, 물만 잘 주면 누구나 가능합니다!

☑ 두드림 9기의 사진으로 보는 재배일지

학급 텃밭 개간 후 울타리 치기(2017. 4. 4.)

씨감자 심기(2017. 4. 4.)

씨감자를 심은 후 두둑 보강하기(2017. 4. 4.)

학급 텃밭에 옥수수 씨 심기(2017. 4. 12.)

학교 텃밭에 옥수수 씨 심기(2017. 4. 12.)

방울토마토 & 토마토 모종 심기(2017. 4. 20.)

방울토마토 & 토마토 지주 세우기(2017. 5. 8.)

꽃이 핀 방울토마토(2017. 5. 8.)

고구마순 심기(2017. 5. 29.)

학교 텃밭에서 대야로 흙 옮기기(2017. 5. 30.)

주무관님 감사합니다(2017. 5. 30.)

흙에 비료 섞기(2017. 5. 30.)

감자 심을 모 고르기(2017. 5. 30.)

규모는 작지만 이것도 모내기법(2017. 5. 30.)

감자 수확(2017. 7. 5.)

포테이토 피자 만들기(2017. 7. 7.)

감자 그라탕 만들기(2017. 7. 7.)

영양 만점 감자전(2017. 7. 7.)

방울토마토를 수확하고(2017. 7. 18.)

방울토마토 모델(2017. 7. 18.)

옥수수 수확(2017. 7. 31.)

맛있는 옥수수(2017. 7. 31.)

여름을 나며 속을 채워 가는 벼(2017. 8. 28.)

고구마 수확(2017. 9. 18.)

고구마 피자 만들기(2017. 9. 21.)

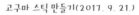

고구마 스틱 만들기(2017. 9. 21.)

벼를 수확하다(2017. 10. 16.)

낟알 떼기(2017. 10. 16.)

직접 재배한 쌀로 밥 짓기(2017. 11. 11.)

우리 손으로 껍질을 벗겨 뽀얗한 쌀로
지은 밥을 짜파구리에 퐁당(2017. 11. 11.)

탕평채를 넘어 탕평면을 만들다!

☑ 난이도 : ★★☆☆☆

☑ 관련 핵심역량 : 창의적 사고 역량, 의사소통 역량

☑ 준비물 : 각종 라면, 이온 음료로 만든 푸른색 얼음, 카레, 버너, 냄비, 접시 등

☑ 진행 방법

① 어떤 종류의 라면이 탕평면 만들기에 적합할지 토의한다.

② 조리가 완료되면 접시에 예쁘게 옮겨 담는다.

③ 맛있게 먹는다.

☑ 탕평채의 유래와 탕평면 만들기 활동 계기

• 영조가 탕평의 정신을 강조하며 신하들 앞에 선보였던 음식이 바로 탕평채(여러 당파가 잘 협력하자는 탕평책을 논하는 자리에 처음 등장한 음식에서 유래)로, 묵을 잘게 썰고 여기에 푸른 미나리, 하얀 숙주나물, 노란 달걀, 빨간 고추, 검은 김 등 여러 색깔의 식재료를 하나의 그릇에 넣고 먹는 요리입니다. 여기서 다양한 색은 전근대 시대에 흔히 사용한 방향에 따른 색깔을 의미하고, 여러 붕당을 의미합니다. 예를 들어 동쪽을 상징하는(왕이 남향하고 보았을 때 왼쪽-좌청룡) 청색-동인, 서쪽을 상징하는(왕의 오른쪽-우백호) 백색-서인, 남쪽을 상징하는(남주작) 적색-남인, 북쪽을 상징하는(북현무) 흑색-북인, 황색은 중앙을 상징하는 색으로 볼 수 있습니다. 탕평채 만들기를 시작하기 전에 아이들의 반응을 살짝 살펴보니, 탕평채는 맛이 없을 것이라고 생각하는 학생들이 대다수였습니다. '음식이니 아이들이 맛있게 먹고 즐길 수 있다면 좋겠다!'는 생각으로 고민해서 나온 것이 탕평면 만들기 활동입니다.

☑ 활동 모습

우리 학급만의 현대판 대동여지도 만들기 프로젝트

- ☑ 난이도 : ★★★★☆
- ☑ 관련 핵심역량 : 심미적 감성 역량, 의사소통 역량, 공동체 역량
- ☑ 준비물 : 사회과부도, 이면지(414장 이상), 줄자, 테이프, 가위, 색연필 등
- ☑ 진행 방법

  ① 사회 교과서를 통해 대동여지도의 실제 크기를 알아보고 A4용지가 얼마나 필요한지 계산한다.

  ② 교실의 책걸상을 모두 복도로 빼거나 강당으로 옮겨 작업을 시작한다.

  ③ 이면지를 세로로 18장을 붙여 한 줄을 완성한다.

  ④ ③과 같은 방법으로 23줄의 종이를 만들고 테이프로 붙인다.

  ⑤ 사회과부도의 우리나라 전도를 414개의 칸으로 나누고 각 칸에 넘버링한다.

  ⑥ 구역을 나눠 지도를 그리되 자신의 위아래 칸을 맡은 친구와 수시로 의사소통하며 하나의 지도를 완성한다. 그리고 주요 지역을 표시한다.

  ⑦ 우리가 만든 대동여지도와 김정호의 대동여지도를 비교·대조하여 공통점과 차이점을 기록한다.

- ☑ 활동 💡

  • 10명 이상의 학생이 활동하면 4시간 안에 활동을 마칠 수 있습니다.

  • 하나의 지도를 완성하기 위해서는 친구들과 협업, 의사소통이 필수적입니다.

  • 지도가 워낙 거대하다 보니 접는 것도 협동을 해야 가능합니다.

  • 활동 후 다른 학년 학생들이나 선생님들께 격려의 댓글을 부탁하면 학생들이 더욱 성취감을 느낍니다.

  • 학년이 끝날 즈음 지도를 나누어 책의 형태로 만들어 주면 좋습니다.

☑ 활동 모습

🔵4 천재 화가 나야~ 나!

- ☑ 난이도 : ★★☆☆☆
- ☑ 관련 핵심역량 : 심미적 감성 역량
- ☑ 준비물 : 따라 그리고 싶은 풍속화, 스크래치 페이퍼, 핫바꽂이(또는 스크래치 페이퍼 전용 펜), 테이프, 가위, 민화 컬러링북, 색연필, 두꺼운 종이 등
- ☑ 진행 방법
  - ① 따라 그리고 싶은 풍속화 그림을 복사해 스크래치 페이퍼에 붙인다.
  - ② 자신이 붙인 그림의 선을 따라 나무막대(핫바꽂이)로 눌러 준다.
  - ③ 붙였던 종이를 떼고 스크래치 페이퍼에 남아 있는 선을 따라 긁어 낸다. 〈풍속화 완성〉
  - ④ 민화 컬러링북에 있는 민화 그림을 골라 색연필로 색을 칠한다.
  - ⑤ 자신의 민화를 두꺼운 종이에 붙인다.
  - ⑥ 그림 반대쪽 면 역시 이면지를 붙인 후 글자를 반듯하게 쓸 수 있게 색연필로 선을 긋는다.
  - ⑦ 자신의 마음을 담아 편지를 쓰고 상대방에게 전달한다. 〈민화 엽서 완성〉
- ☑ 활동 Tip
  - • 그림을 그리는 데 그치지 않고, 민화를 그린 후 엽서 형태로 만들어 아이들이 자신의 마음을 전할 수 있게 해 주는 것은 어떨까요?
- ☑ 활동 모습

O5 그녀는 누구일까?

- ☑ 난이도 : ★★☆☆☆
- ☑ 관련 핵심역량 : 지식정보처리 역량, 의사소통 역량, 공동체 역량
- ☑ 준비물 : 활동지, 태블릿(또는 스마트폰) 등
- ☑ 활동 **Tip**
  - 세도정치 관련 수업을 여는 활동으로 진행하는 것이 효과적입니다.
  - 스마트 기기를 활용해 활동지의 빈칸을 채우다 보면 '안동 김씨'라는 키워드를 알아낼 수 있습니다.
- ☑ 활동지(쌤동네 채널 파일 탑재)

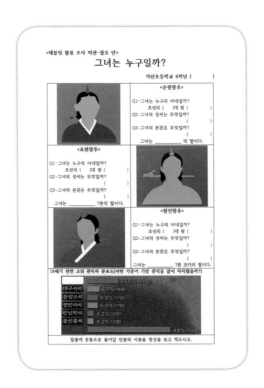

내가 바로 역사학자! 『조선왕조실록』을 파헤치다!

- ☑ 난이도 : ★★★☆☆
- ☑ 관련 핵심역량 : 지식정보처리 역량
- ☑ 준비물 : 활동지, 사회과부도 등
- ☑ 활동 (Tip)
  - 조선 후기 농민 봉기 관련 수업을 여는 활동(홍경래의 난 지도 후)으로 진행하는 것이 효과적입니다.
  - 활동지에 제시한 비조작 자료(『조선왕조실록』 민란 관련 기록)를 통해 임술 농민 봉기가 전국적으로 발생했음을 파악할 수 있습니다.
- ☑ 활동지(쌤동네 채널 파일 탑재)

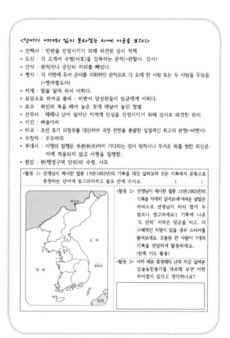

140

07 Show Me The History

- ☑ 난이도 : ★★☆☆☆
- ☑ 관련 핵심역량 : 창의적 사고 역량
- ☑ 준비물 : 조선 후기 관련 뮤직비디오나 음원 등
  - ➡ 음원 사이트에서 '랩통 한국사'로 검색하면 다양한 한국사 음원을 접할 수 있습니다. 유튜브에 올라와 있는 뮤직비디오를 활용해도 좋습니다.
- ☑ 활동 Up
  - • 점심시간에 옆 반 친구들이나 후배들을 청중 평가단으로 임명해 오디션 형태로 진행하는 것은 어떨까요?
  - • 매 사회 시간 전후에 들려줬던 조선 후기 관련 노래를 활용해 학생들의 끼를 발산할 수 있는 시간을 제공했습니다.
  - ☑ 활동 모습

다섯 번째
食史

근대 국가 수립을 위한
노력과 민족 운동

다섯 번째 코스 요리는 '근대 국가 수립을 위한 노력과 민족 운동'입니다. 이번 식사는 총 4개의 메뉴로 구성되어 있고, 그 내용은 다음과 같습니다.

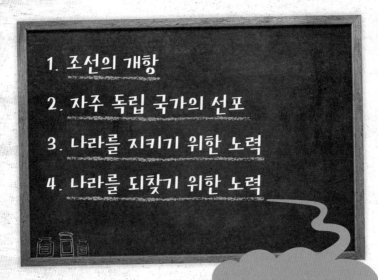

1. 조선의 개항

2. 자주 독립 국가의 선포

3. 나라를 지키기 위한 노력

4. 나라를 되찾기 위한 노력

초등 사회과에서는 단원을
구성하는 하위 요소들을 '중단원'
또는 '소단원' 이라고 하지 않고
'주제' 라고 표현합니다.

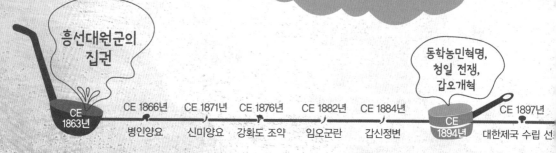

흥선대원군의
집권

동학농민혁명,
청일 전쟁,
갑오개혁

CE
1863년

CE 1866년
병인양요

CE 1871년
신미양요

CE 1876년
강화도 조약

CE 1882년
임오군란

CE 1884년
갑신정변

CE
1894년

CE 1897년
대한제국 수립 선

근대란 '가까울 근(近)' 자를 사용해 현대사회와 가장 가까운 시기를 말합니다. 정치적으로는 민주주의를, 경제적으로는 자본주의를, 사회적으로는 평등 사회를 지향하는 개방적인 시기입니다. 이와 같은 근대 국민 국가로 이행하는 과정 중에 우리는 일본 제국주의의 침략적 접근으로 국권을 빼앗기게 됩니다. 이 단원에서는 조선 또는 대한제국이 근대 국가 수립을 위해 어떤 노력을 했고, 어떤 어려움을 겪었는지 살펴봅니다. 또 일본 제국주의의 침략적 접근 및 국권 강탈 후 일제의 정책에 우리가 어떻게 저항했는지 공부하는 것으로 다섯 번째 食史를 마치게 됩니다.

셰프의 냉장고에 가지런히 정리된 식재료들을 살펴보고 싶다면 스마트폰으로 QR 코드를 인식해 쌤동네 링크를 클릭해 보세요! 셰프가 수업 시간에 사용하기 위해 제작한 프레지 자료를 살펴볼 수 있습니다. 프레지 애플리케이션을 설치하고 보는 것을 추천합니다.

3·1 운동,
대한민국
임시 정부 수립

CE 1904년	CE 1905년	CE 1909년	CE 1910년	CE 1919년	CE 1932년	CE 1940년	CE 1941년
러일 전쟁	을사늑약	안중근 의거	국권 피탈		윤봉길 의거	한국 광복군 창설	일본의 진주만 공습

Table 01

흥선대원군의 국가 개혁 프로젝트

오늘의 식단 한눈에 보기

- 세도정치 개혁
- 삼정의 문란 개혁
- 대원군의 실책

재료 준비	장 보기
• 'Ⅷ-I. 근대 국가 수립 운동' 음원	• 멜론
• 당백전 모조품 실물	• 11번가
• 호포제 관련 탐구 자료	• 자체 제작
• 서원 철폐 관련 영상	• 드라마 〈닥터 진〉
• '흥선대원군이 대통령 후보라면?' 활동지	• 자체 제작

다시 12세 소년을 용상에 앉히다! 🔍

25대 임금 철종이 젊은 나이에 세상을 떠납니다. 여전히 모든 것을 틀어쥐고 있는 안동 김씨를 비롯한 세도 가문들! 이번에도 역시 12세 아이를 조선의 26대 왕으로 만듭니다. 이명복이라는 소년이 임금이 되는데, 그가 고종입니다. 그에게는 이하응이라는 젊은 아버지가 살아 있긴 하지만, 그는 세도 가문들이 경계의 대상으로 생각하지 않았습니다.

Cooking Tip
쉬는 시간에 랩통 한국사 'Ⅷ–Ⅰ. 근대 국가 수립 운동' 음원을 들려주며 수업 시간을 맞이했습니다. 현대사 들어가기 전까지 매 수업 시작 전에 해당 음원을 들려주었습니다.

상갓집 개 🔍

이하응은 왕실의 친척이지만 평소 행실이 좋지 못해 '상갓집 개'라는 별명까지 얻은 사람이었습니다. 세도 가문들 입장에서 그는 제거할 필요성도 느끼지 못했던 보잘것없는 상대였습니다. 하지만 자신의 아들이 임금이 되자, 그는 숨겨 두었던 날카로운 이빨을 드러내기 시작합니다. 그동안의 못난 행실들은 마치 안동 김씨의 경계심을 느슨하게 만들기 위한 것이었다고 말하는 것처럼 속으로만 품고 있던, 기회만 보며 갈고 또 갈았던 개혁의 칼날을 꺼낸 것입니다.

흥선대원군 🔍

'대원군'은 자신은 왕이 되지 못했으나 아들이 왕이 되었을 때 왕의 아버지가 살아 있으면 붙는 호칭입니다. 흔히 왕후로부터 나온 왕자들을 '대군'이라고 하는데, 대군이라는 글자 사이에 '원' 자를 붙여 격을 높여 준 것이지요. 조선에 대원군이 흥선대원군만 있는 것은 아닙니다. 총 4명의 대원군

운현궁(문화재청)

이 존재했으나 실제로 대원군이 되어 현실 정치에 참여한 경우는 흥선대원군이 유일합니다. 대원군이 아무리 권력을 가졌다고 하여도 그 자신이 왕은 아니기 때문에 궁궐에 살 수는 없었겠죠? 그래서 머물던 곳이 바로 운현궁입니다.

세도정치를 깨부수다! 🔍 운현궁에 살면서 흥선대원군은 어떤 일들을 했을까요? 우선 권력을 쥐고 있는 안동 김씨를 몰아내고 세도정치를 정리해 버립니다. 첫 번째로 흥선대원군은 비변사를 그대로 놔두고는 개혁이 성공할 수 없다고 생각했습니다. 그래서 비변사를 폐지하여 행정은 의정부로, 군사는 삼군부로 분할시켜 두 기구를 자신의 통제하에 두고 개혁을 추진해 나갑니다. 나랏일을 정상적으로 처리할 수 있게 권한을 준 것이지요. 이로써 세도 가문 사람들은 권력으로부터 멀어지고 왕실의 권위는 어느 정도 회복됩니다. 그리고 세도정치가 씨앗이 되어 만들어 낸 조선의 문제들을 수술하기 시작합니다.

대원군이 다음으로 바라본 것은 백성입니다. 백성들이 농민 봉기(민란)를 일으킨 것은 먹고살기 힘들기 때문이고, 그 원인을 삼정의 문란에서 찾았습니다. 삼정의 개혁 없이는 백성들의 삶이 안정될 수 없다고 생각했지요.

전정의 문란 해결! 🔍 먼저 전정의 문란을 해결합니다. 전정이 문란한 이유는 관리들이 토지에 세금을 매길 때 본인 소유의 땅이 아닌 곳이나 본인 소유이지만 농사를 짓지 않는 땅까지 세금을 매겨 버렸기 때문이죠. 이를 해결하기 위해 양전 사업을 벌입니다. 양전은 토지를 조사하는 사업으로, 전국의 토지를 일제히 조사하여 정확하게 누가 얼마만큼의 토지를 소유하고 있는지 확인하고, 가지고 있는 땅에 대한 세금만 걷겠다는 것이지요.

또 세도 가문을 비롯한 권력을 가진 자들이 세금 내는 것을 피하기 위해 토지대장(양안)에 누락시킨 땅들, 은결(隱結)을 찾아 그들에게도 세금을 공평하게 부과합니다.

군정의 문란 해결! 🔍

다음 목표는 군정이었습니다. 백성들은 가난한 것에 분노하기보다 불공평한 것에 더 분노한다는 이야기가 있습니다. 영조 시대 이후로 16~60세에 해당하는 일반 남자들은 의무적으로 군포 1필을 국가에 납부해야 했는데, 군포를 내지 않기 위해 자신의 이름을 중앙이나 지방 교육기관에 올린 양반 사족들이 많았습니다. 현재 관직에 있거나 과거를 준비하는 학생들은 군포를 내지 않아도 되는 법을 악용한 것이지요. 그래서 죽을 때까지 학생으로 명단이 올라가 있는 사람들이 많았습니다. 그러다 보니 양반 사족은 당연히 국방의 의무를 지지 않아도 되는 것처럼 돼 버린 것이지요. 그러자 지긋지긋한 군포를 내기 싫어 돈을 모아 공명첩을 구입해 양반이 되고 싶어 하는 사람들이 생겨났습니다. 그렇게 양반의 수는 늘어만 가고, 그만큼 나라는 소수의 농민들에게 많은 군포를 부담하게 했습니다.

이런 문제점을 정확히 진단하고 있었던 흥선대원군은 각 집을 단위로 군포를 부과시킵니다. 양반 사족의 집이건 일반 백성의 집이건 관계없이 세금을 걷게 된 것이죠. 집집마다 군포를 내게 한다고 하여 이를 '집 호(戶)' 자를 사용하여 '호포제'라고 합니다. 호포제의 시행에 양반들은 당연히 반대했지만 흥선대원군은 강행했고, 국가 재정이 어느 정도 확보되고 군포 부담이 줄어 백성들의 지지를 받게 되었습니다.

환곡의 문란 해결! 🔍

전정과 군정이 해결되었습니다. 다음은 환곡 차례입니다. 환곡은 원하지 않는데 빌려주어 이자를 붙여 갚게 하고, 빌려줄 때 겨나 모래, 심하면 돌까지 섞어 빌려주어 문제가 되었습니다.

Cooking Tip
호포제 실시 전후의 경북 영천 지방 군포 납부 비율 그래프를 제시하고 해석해 보게 하였습니다.

홍선대원군은 이를 부패한 관리가 환곡을 관리하기 때문이라고 생각했습니다. 그리하여 관리들이 환곡미를 관리하지 못하게 만듭니다. 곡식을 모아 지역에서 명망 있는 사람에게 그 창고를 관리하게 한 것이지요.

사창제 🔍 이를 '모을 사(社)', '창고 창(倉)' 자를 사용해 '사창제'라고 합니다. 사창제는 조선 전기에도 몇 차례 실시되었으나, 관리들의 부정부패로 점차 그 운영이 붕괴되었습니다. 그것을 홍선대원군이 다시 재정비한 것입니다.

서원 싹쓸이 작전 🔍 홍선대원군이 백성들에게 크게 지지를 얻었던 정책이 하나 더 있습니다. 서원의 철폐입니다. 이미 영조 때 탕평 정치에 방해가 된다고 천여 개의 서원 중 일부를 문을 닫게 해 고종 초기에는 600여 개의 서원이 남아 있었습니다. 세도정치 시기에도 서원은 부정부패의 온상으로 전락하여 백성들의 원성이 자자했습니다. 서원이란 원래 유학을 공부하고 선현들에게 제사를 지내는 교육기관인데, 노비나 넓은 땅을 소유하면서도 세금을 내지 않았기 때문이죠. 거기다 서원에서 제사를 지내는 데 주변에 사는 백성들로부터 그 비용을 충당하게 부담을 줬고, 내지 못하는 백성들에게는 폭력을 사용해 공부하는 교육기관이 백성들에게 공포의 대상이 되어 버린 것이지요.

Cooking Tip
서원 철폐를 건의하는 홍선대원군의 모습을 드라마 〈닥터 진〉의 일부를 통해 살펴보았습니다.

홍선대원군은 전국에 있던 수많은 서원 중에서 중요한 서원 47곳만 남기고 600여 개의 서원을 없애 버립니다. 이에 많은 유생들이 반대를 했습니다. 여기서 대원군은 다음과 같은 말을 합니다.

"진실로 백성을 해치는 것은 공자가 다시 살아온다 하더라도 용서치 않을 것이다!"

홍선대원군이 실천한 강력한 개혁 의지 🔍 그렇게 조선을 병들게 했던 제도들을 흥선대원군은 차근차근 고쳐 나갑니다. 그래서 집단의 지도자, 국가의 지도자가 어떤 사람인지 중요한 것 아닐까요? 그들이 어떤 생각을 가지고, 어떻게 행동하느냐에 따라 주변 사람들 또는 국민들의 생활에 큰 영향을 미치기 때문입니다. 또 어린 사람이 임금이 되면 정치적 식견이나 권력의 생리를 알아가고 학습하는 데 시간이 걸리고, 자신의 힘을 뒷받침해 주는 사람이 없기 때문에 힘을 기르는 데 세월이 필요합니다. 하지만 세도정치 시기에는 그렇게 해서 겨우 왕이 무언가 할 수 있게 되었을 때 요절하곤 했던 것도 조선의 병이 깊어질 수밖에 없었던 이유 아닐까요?

백성들의 반응은? 🔍 이런 흥선대원군의 국가 개혁 프로젝트에 대한 백성들의 반응은 어땠을까요? 전정, 군정, 환곡의 문란을 시정하고 서원을 철폐하는 등 많은 정책들이 백성들의 지지를 받습니다.

양반들의 반응은? 🔍 그럼 양반들의 반응은 어땠을까요? 호포제나 서원 철폐 등의 개혁 정책! 양반 사족으로서는 참기 힘든 모욕이었을 것입니다. 그들은 상민들과 비슷한 대우를 받는 것을 싫어했으니까요.

흥선대원군의 실책 🔍 이렇듯 강력한 개혁 의지를 불태운 흥선대원군! 그런 그도 뼈아픈 실정을 합니다. 흥선대원군은 조선 후기 내내 왕실의 숙제로 남아 있던 경복궁을 다시 짓습니다. 사실 경복궁 중건은 예전에 나왔던 순조의 훌륭한 아들, 효명세자의 꿈이기도 했습니다. 여기서 왜 갑자기 효명세자가 나오냐고요? 효명세자의 부인 조대비가 이때까지도 살아 있었습니다. 이명복을 왕위에 올릴 것을 허락한 왕실 최고 어른으로서 말이지요! 『조선왕조실록』을 보면 남편인 효명세자가 이루려 했던 수많은 일들을 흥선대원군이라는 '칼'을 통해 이루어 놓은 흔적들을 볼 수 있었습니다. 흔히 경복궁 중건을 흥선대원군 혼자만의 판단이었다고 보기 쉬운데, 막후에서는 고종을 왕위에 올린 조대비와 함께 논의한 사안 중 하나가 아니었을까요?

백성은 백성대로 싫고, 양반은 양반대로 싫고 🔍

경복궁 중건에 대한 백성들과 양반 사족들의 반응을 보겠습니다. 백성들 입장에서는 오랜 기간 경복궁 건설에 끌려가 일을 해야 하니 무척 고단하고 싫어했습니다. 오죽하면 '경복궁 타령'이란 노래가 유행할 정도였을까요? 흥선대원군은 영조의 청계천 준천 사업이나 정조의 수원 화성 축성 때와는 달리 백성들에게 임금을 지불하지 않고 과거 방식으로 부역을 시켰습니다. 역사의 흐름을 역행한 것이지요.

경제력이 있는 양반 입장에서는 흥선대원군의 반 협박으로 경복궁 건설 비용을 내야 했기에 겉으로는 어떨지 몰라도 속으로는 무척 싫었을 것입니다. 왕실의 권위를 세우기 위해 원해서 납부하는 돈! 원납전을 이들에게 요구했기 때문이지요.

거기다가 경복궁 중건에 막대한 비용이 드는데 도저히 감당이 되지 않자 당백전을 찍어 유통시킵니다. 일반적인 상평통보와 앞면 글씨는 똑같습니다. 하지만 뒷면은 다릅니다. 그럼 당백전 뒷면에는 뭐라고 쓰여 있을까요? '당호백전'이라고 쓰여 있습니다. '호'는 지금의 기획재정부에 해당하는 호조에서 동전을 만들었다는 의미이고, '백'은 일반 동전의 백 배에 해당된다는 의미입니다. 지금으로 따지면 거의 백만 원권 지폐를 찍어 남발한 것이 되겠네요. 시장의 경제 규모에 비해 돈이 너무 많이 풀려 나오면 물건 값이 오르고 화폐 가치는 떨어지게 되죠. 이를 경제 용어로 '인플레이션'이라고 합니다. 이 엄청난 인플레이션이 백성들에게 부담으로 다가옵니다.

당백전

Cooking Tip
학생들에게 일반 상평통보와 당백전 모조 동전을 실제로 관찰하게 하고 차이점을 찾게 했습니다.

경복궁 🔍 　왕실의 권위를 세우기 위한 명분으로 진행된 경복궁 중건! 원납전을 바치고 묘지림을 벌목당해도 아무 말 못 하는 양반들과 무보수로 부역에 끌려가야 했고 극심한 인플레이션에 허덕여야 하는 일반 백성들! 양쪽 모두에게 마음을 잃게 된 정책으로 평가됩니다. 하지만 덕분에 현재 우리에게는 조선 왕실의 흔적을 찾아볼 수 있는 훌륭한 문화재가 되어 다가옵니다.

Cooking Tip
자체 제작한 활동지를 활용해 흥선대원군이 대통령 후보라고 가정하고 그의 공약들을 양반 또는 일반 백성의 입장에서 평가해 보는 활동을 해 보았습니다(활동지는 쌤동네 채널에서 다운로드할 수 있습니다).

02

척화비, 너의 목소리가 들려

오늘의 식단 한눈에 보기

- 병인양요
- 어느 도굴꾼 이야기
- 신미양요

재료 준비

- 병인양요, 양헌수 장군 관련 영상
- 신미양요 관련 영상
- 어재연 장군 수자기 관련 영상
- 면제갑옷 관련 영상

장 보기

- 〈인물로 보는 우리 역사 100〉(EBS)
- 〈역사채널e〉(EBS)
- 유튜브
- 〈역사채널e〉(EBS)

흥선대원군 이하응

1863년 철종이 세상을 떠나고, 왕실 최고 어른인 조대비(순조의 며느리이자 요절한 효명세자의 부인)가 왕실의 먼 친척 12세 이명복을 임금으로 옹립할 것을 허락하였고, 이에 세도 가문의 권력자들도 큰 문제를 제기하지 않습니다. 대원군이 될 이하응이 평판이 좋지 않았던지라 자신들이 제거할 가치를 못 느꼈던 사람이었으니까요. 하지만 그렇게 등장한 흥선대원군은 권력을 쥐자 그동안 숨겨 왔던 날카로운 개혁의 칼을 꺼내들었고, 세도정치의 폐단 및 삼정의 문란을 개혁하기에 이릅니다. 거기다 서원까지 대거 폐쇄하여 양반들의 향촌 사회 내에서의 기반을 무너뜨렸고, 왕실의 권위를 다시 세우기 위해 경복궁을 중건합니다.

이양선 🔍 국내 상황이 이러할 때 국제 정세는 어땠을까요? 조선 해안에는 대원군 집권 전부터 서양의 배가 드나들기 시작했습니다. 당시 조선 사람들은 이를 '이양선'이라고 불렀습니다. 한자로 '다를 이(異)', '모양 양(樣)', '배 선(船)' 자를 사용해, 모양이 다른 배라는 뜻으로 당시 서양의 배가 우리나라 배와 모양이 달라서 붙여진 이름입니다. 그 크기도 어마어마했습니다. 이렇게 우리가 흔히 볼 수 없었던 모양의 커다란 배가 지도에 나온 것처럼 수도 없이 드나들었습니다. 약 150년 전 조선 사람들은 보도 듣도 못한 배와 외국인 모습을 보고 깜짝 놀라지 않았을까요? 저런 배에 함포(대포)까지 달고 왔다고 생각해 보세요! 얼마나 무서웠을까요?

거기다가 당시 소문이 무척 흉흉했습니다. 가까이 중국 청나라 황제가 서양인들의 공격에 쫓겨 수도(베이징)를 버리고 피란을 갔다는 소문, 싸움

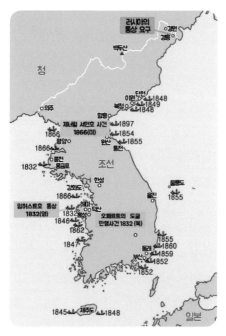

실력만큼은 대단했던 일본이 미국 함대에 의해 강제로 항구를 열었고, 상업 거래를 텄다는 소문으로 사람들은 곧 우리에게도 그런 일이 올 수 있다는 두려움이 있었습니다. 그 상황에서 나타난 이양선은 조선 백성들에게 공포의 대상이 될 수 있는 것이지요.

이에 흥선대원군은 통상수교 거부정책으로 대응합니다. 흥선대원군 하면 쇄국정책의 상징으로 인식되어 있지요. '쇄국(鎖國)'은 문을 걸어 잠근 것을 말합니다. 하지만 최근에는 쇄국이라는 단어 자체가 풍기는 부정적인 느낌을 걷어 내고자 '통상수교 거부'라는 용어를 많이 사용합니다. 통상은 상거래를 트는 것, 수교는 두 나라가 외교 관계를 맺는 것을 의미하며, 이러한 것들을 거부하는 정책을 펼쳤다 정도로 이해하면 될 것 같습니다. 하지만 흥선대원군이 처음부터 그렇게 완고했던 것은 아닙니다.

천주교 박해 🔍 흥선대원군 역시 고민을 무척 많이 했고 골치가 아팠습니다. 여기저기 드나드는 이양선에 민심은 동요하는 것 같고, 자신의 개혁 정치에 반감을 품은 양반들도 많고! 설상가상으로 영국과 프랑스, 그사이에서 얼버터진 청나라 간의 관계를 중재해 준 대가로 러시아가 연해주를 영토로 편입시켰고, 강폭이 좁은 두만강을 경계로 서양 세력이 우리와 국경을 맞대게 된 것입니다. 이양선은 수로로 와야 하니까 내륙까지 공격하려면 다소 한계가 있습니다. 하지만 국경을 맞대고 있는 서양 국가 러시아는 조선에게 위협으로 다가왔습니다.

흥선대원군은 국경을 접하게 된 러시아가 정말 신경 쓰였고, 이를 잘 막아 내지 못한다면 자신의 자리를 잃을 수도 있겠다는 생각을 하며 고민했지만 마땅한 해결 방법이 떠오르지 않았습니다. 바로 그때 천주교 신자들이 흥선대원군에게 접근하여 자신들이 조선에 들어와 있는 프랑스 선교사들에게 잘 이야기하여 청나라에 있는 프랑스군을 움직일 수 있다는 제안을 합니다. 흥선대원군 역시 좋은 생각이라고 여겨 자칫 제대로 상황이 이루어지지 못하면 정치적 입지가 좁아질 수도 있는 무리수를 두게 됩니다. 국법으로 금지한 천주교를 믿는 사람들과 난국을 헤쳐 나가려고 한 것이지요.

하지만 국내 천주교 신자들의 이야기와 달리 프랑스 신부들로부터 성의 있는 답변이 오지 않습니다. 그리고 흥선대원군은 반대파로부터 천주교와 관련 있는 것 아니냐는 의심을 받기에 이릅니다. 완전히 궁지에 몰린 것이지요. 이때 흥선대원군의 부인도 천주교를 믿는다는 소문이 퍼집니다. 이에 흥선대원군은 어떻게 행동하였을까요? 막다른 길에 몰린 흥선대원군은 자신이 결백하다는 것을 증명하기 위해 대대적으로 천주교 박해를 시행합니다. 조선에 들어와 있던 프랑스 선교사 12명 가운데 9명을 처형하고, 조선인 천주교도 8천여 명을 사형시킵니다. 이 엄청난 천주교 박해를 병인년에 발생한 사건이라고 하여 '병인박해'라고 합니다.

병인양요 🔍 병인박해에서 살아남은 프랑스 선교사 중 리델이라는 신부가 청나라에 주둔하고 있는 프랑스 극동 함대 사령관 로즈에게 이 사실을 알립니다. 이에 로즈는 프랑스인 9명을 죽인 조선은 9천 명의 목숨으로 갚아야 할 것이라며 조선의 강화도를 공격합니다. 역사는 이를 병인년에 서양 오랑캐가 소요를 일으킨 사건이라고 하여 '병인양요'라 합니다.

Cooking Tip
'극동'이란 유럽을 기준으로 해서 만들어진 용어입니다. 그들은 유럽과 가까운 동쪽 지역을 근동, 조금 먼 지역을 중동, 우리나라 쪽은 '동쪽의 끝'이라는 의미로 극동이라는 용어를 썼습니다.

Cooking Tip
정족산성의 다른 이름은 '삼랑성'입니다. 단군의 세 아들 부여, 부우, 부소가 쌓았다는 전설이 전해집니다. 병인양요 관련 영상으로 〈인물로 보는 우리 역사 100〉 '병인양요, 양헌수' 편을 활용했습니다.

병인양요 초반 강화도는 순식간에 프랑스군에 의해 점령됩니다. 과연 당시 세계 2위의 군사력을 가진 나라라고 할 만합니다. 조선군은 퇴각하기에 바빴습니다. 하지만 장군 양헌수는 방심한 프랑스군의 허점을 노립니다. 실제로 프랑스군은 정족산성을 완전히 점령하지 않

삼랑성(문화재청)

은 상태에서 경계병도 배치하지 않고 제 집 드나들 듯 다녔습니다. 자신들의 전투 능력을 과신한 것으로 보입니다. 이에 양헌수 부대는 프랑스군 몰래 정족산성에 잠입하였고, 매복하고 기다렸다가 기습을 감행합니다. 여기서 큰 피해를 입게 된 프랑스군은 강화도에서 물러납니다.

도둑맞은 외규장각 의궤 🔍

하지만 프랑스군은 퇴각할 때도 곱게 물러가지 않았습니다. 한양의 왕실 도서관은 궁궐 안에 있는 규장각인데, 이를 '내규장각'이라고 합니다. 내규장각이 있다면 한양성 밖에는 외규장각도 있었겠죠? 강화도에도 규장각을 지어 진귀한 책들을 보관하고 있었습니다. 궁궐 밖에 있는 규장각이므로 이를 '외규장각'이라고 합니다. 그 외규장각에서 수백 권의 책을 목록까지 써 가며 약탈하고, 외규장각을 비롯해 그 안에 있는 수천 권의 책에 불을 지릅니다.

Cooking Tip
의궤란 왕실 행사 안내서를 말합니다. 후대 사람들에게 보여 주는 왕실 행사 기록물로, 유사한 행사를 할 때 시행착오를 줄이고 백성의 세금을 낭비하는 것을 막기 위해 편찬한 책입니다.

현재 강화도에 복원되어 있는 외규장각 건물입니다. 내부는 작은 전시관으로 사용하고 있습니다. 약탈된 외규장각 의궤가 다시 우리 품으로 돌아오는 데 100

외규장각

년 이상의 시간이 걸렸습니다. 프랑스 국립도서관에서 일한 고 박병선 선생이 1975년『조선왕조 의궤』를 발견하였고, 이 사실은 곧 국내로 알려집니다. 그 뒤로 우리는 의궤를 돌려받기 위해 노력하였는데 관련하여 1990년대 중반의 한 일화를 소개하겠습니다.

우리나라가 KTX 고속철도 사업을 시작하려고 할 때였습니다. 국가는 독일 기술을 받아들이느냐, 프랑스의 떼제베 기술을 들이느냐, 일본의 신칸센을 받아들이느냐 고민하고 있었습니다. 이때 김영삼 대통령이 프랑스 미테랑 대통령으로부터 프랑스 기술을 받아들여 주면『조선왕조 의궤』를 돌려주겠다는 구두 약속을 받아 냅니다. 하지만 화장실 들어갈 때랑 나올 때의 마음이 다른 법! 우리가 막대한 비용을 지불하고 프랑스 기술을 받아들였음에도 프랑스 대통령은 박물관 직원들의 반대가 심하다며 우리에게서 훔쳐 간『조선왕조 의궤』를 바로 반환하지 않았습니다. 그 후로 꾸준히 협상에 노력한 정부는 2011년 영구 임대 형식으로 외규장각 도서를 돌려받게 됩니다. '영구 임대 형식'이라는 단어가 무척 거슬리지만 그래도 우리 품으로 돌아와 줘서 참 고맙습니다.

외규장각 도서는 합법적으로 수집해 간『백운화상초록불조직지심체요절』과는 전혀 다른 성격의 것입니다. 명백히 그들이 약탈해 간 문화재이니 돌려받는 것은 당연한 일입니다.

제너럴 셔먼 호 사건 🔍

천주교 박해와 병인양요 사이에 훗날 신미양요의 도화선이 되는 사건이 발생합니다. 미국의 상선 제너럴 셔먼 호는 프랑스 신부를 학살한 것에 대한 보복으로 프랑스 함대가 쳐들어올 것이라고 위협하면서 통상과 교역을 강요하였습니다. 그러나 조선 관리는 통상과 교역은 조선의 국법에 절대 금지되어 있다며 거절하죠. 그럼에도 제너럴 셔먼 호는 마침 장맛비로 불어난 강물을 타고 평양까지 올라옵니다. 하지만 장맛비가 그치자 갑자기 수량이 줄어들어 운항이 어렵게 되었습니다. 평양의 관리나 주민들은 이들의 불법 행동에도 불구하고 손님들을 잘 대접해야 한다는 우리의 전통 예절에 따라 세 차례나 음식을 가져다주는 등 도움을 아끼지 않았습니다. 하지만 그다음이 문제였습니다. 물에 빠진 사람 건져 놓으니 짐 보따리 내놓으라고 한다는 속담이 생각나는 대목입니다. 제너럴 셔먼 호에 타고 있던 미국인들은 조선 관리를 잡아 가둔 뒤 이들을 풀어 주는 대가로 쌀과 금, 은, 인삼 등을 교역할 것을 요구합니다. 이를 거절하자 포를 쏘고 민가를 약탈하고 양민을 살해하는 등 은혜를 원수로 갚는 상식적으로 이해할 수 없는 행위를 합니다. 상선이지만 함포를 갖추고 있던 것입니다. 미국 남북전쟁의 영웅 셔먼 장군의 이름을 딴 배인데, 그들이 한 짓을 생각하면 그 이름값이 아깝다는 생각이 듭니다. 이에 평양 감사 박규수(연암 박지원의 손자)는 관민들의 힘을 모아 미국 상선을 침몰시킵니다. 제너럴 셔먼 호 주변에 인화물질을 잔뜩 실은 작은 배들을 접근시켜 불화살을 이용해 배 안팎을 공격한 것입니다.

시간상으로 이런 사건이 있은 후 프랑스와 병인양요를 치르게 된 것입니다. 병인양요는 프랑스 선교사 리델의 구원 요청으로 병인박해가 있던 해에 일어나게 되지만, 제너럴 셔먼 호 사건을 계기로 미국이 조선을 침공하는 것은 몇 년 후의 일입니다. 그들이 몰라서 그랬을 수도 있고, 남북전쟁 후 뒷수습에 바빠 그런 것일 수도 있습니다.

오페르트 도굴 사건 🔍 그로부터 2년 후 우리가 서양 세력에 대한 경계심을 한층 더 강화하게 되는 사건이 한 번 더 일어납니다. 오페르트 도굴 미수 사건입니다. 독일 상인인 오페르트가 프랑스와 미국으로부터 투자를 받아 국제 도굴단(?)을 결성하여 당시 조선 최고 권력자였던 흥선대원군의 아버지인 남연군의 묘를 파헤쳐 시신을 가져가려 한 사건입니다. 조상에 대한 효를 중시하는 조선의 문화를 알아채고는 시신을 가져가 통상 협상을 유리하게 하려는 의도였습니다. 하지만 남연군의 관은 석회가 엄청나게 발라져 있었고, 밤새 곡괭이로 땅을 파던 국제 도굴단은 물 빠지는 시간이 되어 제때 돌아가지 못하고 발각될까 봐 도주합니다. 후에 파헤쳐진 남연군의 묘를 본 조선 사람들은 다시 한 번 서양 세력과 통상은 절대 없다는 다짐을 하지 않았을까요? 부모의 묘를 파헤쳐 그 유골을 가지고 거래를 하려 했다는 것은 조선인들의 사고방식으로는 이해할 수 없는 야만적인 행위였을 테니까요. 이로써 서양인에 대한 흥선대원군과 조선 사람들의 적개심은 더욱 커졌고, 천주교에 대한 박해도 더욱 심해졌습니다.

Cooking Tip
석회를 바르면 콘크리트처럼 단단해지기 때문에 공기도 통하지 않습니다. 때문에 이런 조선 무덤에서 미라가 생기기도 합니다.

신미양요 🔍

1871년 미국은 로즈 제독을 조선에 보내고, 그는 콜로라도 호를 이끌고 강화도를 공격합니다. 여기서 콜로라도는 미국의 한 지역 이름으로 옛 에스파냐령을 미국이 되찾았던 곳을 말합니다. 그들은 제너럴 셔먼 호 사건에 대한 응징과 조선과의 통상 관계 수립을 목적으로 강화도를 공격합니다. 이를 신미년에 서양 오랑캐의 소요로 일어난 사건이라 하여 '신미양요'라 합니다. 당시 세계에서 다섯 손가락 안에 드는 군사력을 지닌 미국은 프랑스군의 패배를 거울 삼아 긴장을 놓

광성보 전투

치지 않고 해상 기동 훈련까지 따로 실시한 후 강화도를 공격합니다. 이에 장군 어재연이 이끄는 조선군은 광성보에서 목숨을 걸고 용맹스럽게 맞서 싸웠습니다. 하지만 화력의 열세로 조선은 350명의 전사자가 생길 정도로 크게 패합니다. 그렇게 유리한 고지를 점령했다고 생각한 미국은 조선과 협상을 시작합니다.

Cooking Tip
광성보에서 누가 분전했나요? 바로 어재연 장군입니다. 앞 글자를 따 '광어', 미국과의 전투이니 '미국산 광어 맛있다!'라는 문장을 제시해 손쉽게 암기할 수 있게 했습니다. 광어 사진 준비해 보여 주며 진행하는 것은 어떨까요?

여기서 잠깐! 왜 서양 세력들은 끊임없이 강화도를 공격하는 것일까요? 고려와 조선 시대를 통해 강화도와 강화도 서쪽의 교동은 전략 요충지였습니다. 임진강, 한강, 예성강 하구가 다 강화도에서 만나기 때문입니다. 이 세 강은 우리나라 중부 내륙을 관통하며 수도 한성을 지나 남한강은 충주, 단양까지 내려갑니다. 즉 경기도, 황해도, 충북으로 들어가는 관문이 강화도였기에 때문입니다. 이러한 지정학적 위치 때문에 서양 세력들은 계속 강화도를 조선 침공의 1번 목표로 정했던 것 아닐까요?

신미양요 후 미국과의 협상에 임한 조선은 영토를 빼앗긴 것이 아니기 때문에 우리는 지지 않았다고 이야기하며 그들의 조건을 들어주지 않았습니다. 미국 최초의 해병대는 열심히 싸워 전투에서는 이겼지만 목표한 것을 얻어 갈 수는 없었습니다. 아니, 가져간 것이 있다면 어재연 장군의 수자기 정도였겠네요. 수자기는 '장수 수(帥)' 자가 새겨진 명령기입니다. 어재연 장군의 깃발은 미국 해군사관학교 박물관에 전시되어 있다가 최근 양국 관계를 고려해 100여 년 만에 잠시 우리 품으로 돌아왔습니다.

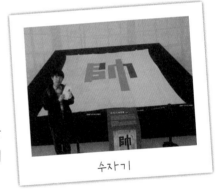

수자기

병인양요와 신미양요 두 차례 서양 세력을 물리친 흥선대원군은 전국 각지에 척화비를 세웠습니다. 척화비는 서양 세력과 화친하는 것을 배척하겠다는 내용을 담은 비석입니다. 마치 흥선대원군의 목소리가 들리는 듯합니다. 그는 척화비를 통해 통상수교 거부 정책을 만천하에 공포합니다. 여기서 척화비의 내용을 조금 살펴보겠습니다.

Cooking Tip
학생들에게 사회과부도 중부 지방 지도를 펴고 고민해 보고 자신의 생각을 이야기해 보는 시간을 가졌습니다.

Cooking Tip
〈역사채널e〉'승자 없는 전쟁' 영상을 활용해 신미양요에 대해 살펴보았습니다.

Cooking Tip
어재연 장군의 수자기 반환 관련 내용을 담은 뉴스를 살펴보았습니다.

Cooking Tip
〈역사채널e〉'천 옷을 입은 병사' 영상을 살펴보았습니다. 흥선대원군 때 개발된 세계 최초의 방탄복 이야기입니다.

척화비

척화비는 오른쪽부터 글을 읽으면 되는데 음만 읽어 본다면 '양이침범 비전즉화 주화매국(洋夷侵犯 非戰則和 主和賣國)'이라고 쓰여 있습니다. 서양 오랑캐가 침범하었는데 싸우지 않고 화친을 주장하는 것은 나라를 팔아먹는 것과 같다는 의미입니다. 그리고 왼편에 보면 작은 글씨로 '병인작 신미립'이라고 쓰여 있습니다. 이 문구를 병인년에 지었고, 이 비석을 신미년에 세웠다는 뜻입니다.

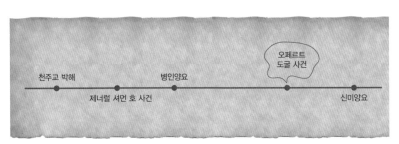

천주교 박해 · 제너럴 셔먼 호 사건 · 병인양요 · 오페르트 도굴 사건 · 신미양요

Table 03

조선, 문을 열다

오늘의 식단 한눈에 보기

- 첫 조약 어떻게 맺었을까?
- 내가 조선의 대표라면?
- 어떤 내용의 조약이었을까?

재료 준비	장 보기
· 우리가 만드는 조선왕조실톡 활동지	· 자체 제작
· 강화도 조약 관련 4컷 만화	· 누드 교과서

HOW TO MAKE? 40min

권불십년 화무십일홍 🔍

권불십년 화무십일홍(權不十年 花無十日紅)이라고 했던가요. 꽃의 아름다움이 열흘을 못 가듯 절대 권력도 10년 이상 가기 힘들다는 말이라고 합니다. 우리 역사에서는 흥선대원군에게 적절한 표현인 것 같습니다. 영원할 것만 같았던 절대 권력의 상징 흥선대원군! 그가 정치 일선에서 물러나게 됩니다. 1863년부터 1873년, 10년간 아들 고종 대신 왕의 아버지로서 나라를 다스렸습니다.

통상수교 거부에 대한 고종의 생각 🔍

여러분은 언제 처음 부모님께 반항해 보았습니까? 어른이 되어 가는 과정에서 점점 자기 생각이 커지다 보니 어떤 상황에선 부모님과 생각이 다른 경우도 생깁니다. 청년 군주 고종도 마찬가지였습니다. 물론 흥선대원군의 정책 가운데 고종 스스로도 만족스러워했던 정책들도 많았을 것입니다. 하지만 훗날의 행보를 보았을 때 통상수교 거부 정책에 대한 고종의 생각은 흥선대원군과 크게 달랐던 것으로 보입니다. 병인양요와 신미양요를 겪으며 서양 세력의 우월한 화력을 보고 고종은 서양의 것을 무조건 배척하는 것만이 능사는 아니라는 생각이 들었을 것입니다. 고종은 통상수교 거부 정책에 대한 이견을 가지고 있었고, 어느덧 20세를 넘어섰습니다. 본인 스스로 군주로서의 역할을 다할 수 있는 나이가 된 것이죠. 이때 왕비의 친정 권유와 지지도 그에게 용기를 주었을 것입니다. 여기서 친정이란 섭정을 거두고 임금이 친히 나라를 다스리는 것을 말합니다. 거기다가 선비 중의 선비, 보수 중의 진짜

최익현 초상화
(문화재청)

보수라고 평가받는 면암 최익현으로부터 대략 다음과 같은 상소문이 올라옵니다.

> 전하, 전하가 어린 것을 계기로
> 대원군께서 정치를 대신하며 옳지 않은 일들을 일삼아
> 나라의 위기가 높아지고 있습니다.
> 임금의 가족은 그 지위를 높이 받들 뿐이지
> 정치에 직접 관여해서는 아니되옵니다.

흥선대원군의 권력은 아들 고종의 양해로부터 나온 한시적인 힘이었습니다. 나이 어린 임금 대신 나라를 다스린다는 명분이었는데, 이제는 그런 명분이 허용될 수 없기에 흥선대원군은 물러날 수밖에 없었습니다. 물론 최익현의 상소를 받아들인 것은 고종 자신의 의지였을 것입니다.

서계 사건(1868, 1875) 🔍

서계란 조선 시대 일본과 주고받은 공식 외교 문서를 말합니다. 우리가 주목해야 할 서계는 1868년과 1875년의 것입니다. 1868년은 흥선대원군이 집권해 있을 때입니다. 메이지 유신을 단행한 일본이 보낸 서계에는 예전과 다르게 일본의 국격을 조선보다 높이는 표현이 곳곳에 있었고, 이를 문제 삼아 조선 정부에서는 당시 일본의 서계를 인정하지 않았습니다.

그즈음 일본에서는 '건방진(?) 조선을 혼내 주고 정벌해야 한다!'는 정한론이 대두되지요. 가고시마 출신의 사이고 다카모리가 특히 강력히 주장했습니다. 하지만 오쿠보 도시미치나 이토 히로부미 같은 정치인들은 기본 취지에 대해서는 동의하나 지금은 아니라는 입장이었고, 급기야 두 세력이 맞붙어(물론 그 이유만으로 대립한 것은 아니겠죠?) 세이난 전쟁이 발발합니다. 오쿠보 도시미치를 비롯한 시기 상조론을 주장한 자들이 승리하고, 패배한 사이고 다카모리 세력은 크게 위축되어 정한론

은 한동안 잠잠해집니다. 그러다가 1875년 또 세계 사건으로 조선 정부는 진통을 겪습니다. 이번에는 흥선대원군이 물러난 후입니다. 조선 정부는 어떻게 대처해야 할지 고민합니다. 하지만 일본은 우리에게 더는 고민할 시간을 주지 않았습니다.

운요호 사건 🔍 일본은 영국에서 수입한 근대식 군함인 운요호를 조선에 보냈습니다. 운요호의 함장 이노우에는 거침없이 조선 해안에 다가왔습니다. 담수(식수 등의 용도로 사용할 물) 보급을 명목으로 작은 보트로 더욱더 가까이 접근합니다. 명백한 영해 침범이었습니다. 그들은 불법 해안 측량도 서슴지 않습니다. 이에 조선군은 더 이상 접근하지 말라는 의미로 경고 사격을

Cooking Tip
조선 기록에 따르면 당시 일본은 아무 표식도 없는 배에서 사람이 내려 상륙을 시도했다고 기록되어 있습니다. 하지만 일본은 나중에 운요호에 일장기가 걸려 있었다고 주장했습니다. 당시 조선은 일본의 배인지 모르고 대응했을 가능성이 크고, 일본 측이 나중에 제시한 주장은 거짓일 확률이 큽니다.

합니다. 이에 일본은 생명의 위협을 느꼈다며 강화도 초지진과 영종진(현재 영종도 지역)을 쑥대밭으로 만들어 버리고 유유히 나가사키로 돌아갑니다. 일본 국기를 걸고 있었지만 그에 대해 인식하지 못한 조선군은 일본이 정식 항의를 했을 때에서야 상대가 일본이었던 것을 알게 되었다고 합니다.

역사는 이를 '운요호 사건'이라고 합니다. 미국의 페리 제독이 흑선을 이용한 함포 외교로 일본의 문을 강제 개항한 것을 그대로 따라 하여 일본도 우리에게 똑같은 짓을 한 것입니다. 사진은 강화도 초지진의 모습입니다. 왼쪽 사진의 나무를 확대한 것이 오른쪽 사진인데, 오른쪽 사진을 보면 소나무에 당시 포탄 흔적이 그대로 남아 있습니다.

운요호 사건을 일으켜 우리에게 커다란 피해를 안겨 준 일본은 다음

강화도 초지진

해인 1876년 본격적으로 개항을 요구합니다. 조선이 잠시 기다려 달라고 했으나 막무가내로 강화도로 들어와 통상수교를 제안합니다.

그런 상황에서 우리 선비들은 개항에 대해 크게 2가지 입장으로 나뉘게 됩니다. 통상수교를 여전히 거부하는 측과 문호를 열어야 한다는 측으로 나뉘는데, 우선 통상수교를 거부하는 측을 살펴보겠습니다.

위정척사파의 입장 🔍

면암 최익현이 대표 주자라고 할 수 있습니다. 대표적인 위정척사파 선비 중 한 사람입니다. 위정척사파는 '지킬 위(衛)', '바를 정(正)', '밀어낼 척(斥)', '사악할 사(邪)' 자를 사용해 '바른 것을 지키고 사악한 것을 배척한다.'는 의미입니다. 유학자인 그에게 바른 것은 성리학적 세계관일 것이고, 사악한 것은 서양 문물을 의미할 것입니다. 자신의 주장이 관철되지 않고 나라의 문이 열리는 쪽으로 결정을 하려거든 자신의 목을 도끼로 치라는 내용의 상소로 유명합니다. 5가지 근거를 제시하며 강력히 주장했는데 현대를 살아가는 우리에게도 와 닿는 3가지 근거를 소개하겠습니다.

> 첫째, 이 조약은 일본의 강요에 따른 것이며,
> 앞으로 그들의 탐욕을 이길 수 없을 것입니다.

일본의 강한 무력에 굴복하여 조약을 맺는다면 끊임없이 우리에게 무리한 조건을 내걸 것이며, 그때마다 강한 힘을 앞세운다면 그들에게 지배당할 가능성이 크다는 내용으로 보입니다. 즉 그들에게 대항할 만한 힘 없이 조약을 체결하면 끝없이 질질 끌려갈 것이라고 본 것입니다. 최근 한반도 국제 정세를 보아도 와 닿는 이야기입니다.

> 둘째, 조약에 따르면 일본과 물자 교역을 하게 될 텐데
> 일본의 상품은 공업품으로 끝없이 생산될 것이나,
> 우리의 것은 땅에서 나온 쌀이나 포로 그 끝이 있을 것이니
> 우리의 물자가 금세 바닥날 것입니다.

산업혁명의 영향으로 공장제 기계 공업에 의해 물건을 생산한 제품의 물량을 우리 농산물이나 수공업으로 만든 옷감의 물량으로는 절대 감당할 수 없을 것이라는 이야기입니다. 물량이 절대적으로 유한한 쌀이 대량 유출되고 일본의 공장에서 만들어진 성냥이 들어온다고 해 봅시다. 성냥은 자원이 고갈되기 전까지는 공장에서 계속해서 만들어 낼 수 있는 물품입니다. 배고프다고 우리가 성냥을 먹을 수는 없는 노릇이니 우리 입장에서는 무척 불리한 거래입니다. 그의 판단은 미래를 내다본 듯 딱 들어맞습니다.

> 셋째, 일본은 사실 서양의 영향을 받았으니
> 조선을 망쳐 놓을 것입니다.

일본 역시 미국같이 힘센 나라에게 문호가 열릴 때 많은 불평등을 감수할 수밖에 없었습니다. 그 방식을 일본이 배워서 우리에게 써먹을 것이니 그 영향으로 우리 조선이 망가질 것이라는 생각입니다.

Cooking Tip
네 번째와 다섯 번째 근거는 지극히 유학자의 입장에서 성리학적 관점으로 이야기한 것이기 때문에 학생들 입장에서는 크게 와 닿지 않을 것 같아 제시하지 않았습니다.

개화파의 입장 🔍 연암 박지원의 손자 박규수와 같은 개화파 입장은 다소 다릅니다. 여기서 개화란 급진개화파 김옥균의 사상에 절대적인 영향을 준 후쿠자와 유키치가 이야기한 '문명개화'에서 따온 말로만 생각하기 쉽습니다. 하지만 아주 옛날부터 있었던 말입니다. 4서 6경의

Cooking Tip
아이들에게는 '열 개(開)'라
는 글자에 '문화'할 때 '화
(化)'자라고 소개하여 외국
에게 나라의 문을 열어 새
로운 문화를 받아들인다는
뜻으로 쉽게 설명해 주었습
니다.

하나인 『주역』에 따르면 개화란 '개물성무(開物成務) 화민성속(化民成俗)'에서 연유한 말로, '모든 사물의 지극한 곳까지 궁구, 경영, 일신하고 또 일신하여 새로운 것으로 백성을 변하게 하여 풍속을 이룬다'는 의미라고 합니다. 박지원과 박제가와 같은 중상학파의 실학과 청나라의 발전된 기술을 받아들여야 한다고 주장했던 북학파의 사상을 계승한 박규수는 자신의 사랑방을 학교처럼 개방하여 김옥균, 홍영식, 박영효, 서광범, 서재필과 같은 당대 최고의 인재였던 이들을 길러 냅니다.

김옥균은 22세에 과거에 장원 급제하여 호조참판(현 기획재정부 차관급), 외아문협판(현 외교통상부 장관급)을 역임했던 인물이며, 홍영식은 영의정 홍순목의 아들이었습니다. 또 박영효는 철종의 부마(사위)이자 한성부 판윤(현 서울특별시장급)이었고, 서광범은 순조 때 영의정을 지낸 서영복의 아들이었습니다. 끝으로 서재필은 15세에 과거 급제 후 일본 육군학교에 유학을 다녀와 조련국(임시 사관학교) 사관장을 지내고 있던 인물입니다.

그들은 나라가 안정되고 나서 서양의 문물을 받아들이면 좋겠지만 그러기에는 너무 늦는다고 생각했습니다. 물론 서양의 여러 나라들이 무력으로 공격해 오면 싸워 물리치고(박규수는 제너럴 셔먼호 사건에 맞서 평양 사람들을 지휘했던 경험이 있다), 이들 나라가 교류를 요청하면 조약을 맺고 근대 문물을 받아들여 부국강병을 이루어야 한다고 생각했습니다.

군사력을 앞세운 통상수교 요구 🔍

다시 강화도로 시선을 옮겨 보겠습니다. 앞서 일본인들이 막무가내로 강화도에 들어와 통상 수교를 요구했다고 했습니다. 우리가 크게 저항하지 못하고 그들의 의도대로 협상을 시작하게 된 계기는 그들의 막강한 군사력 때문 아니었을까요? 조약을 맺자고 온 사람들이 군함 2척에 신식 무기로 무장한 군인 400여 명을 데리고 들어왔습니다.

게다가 조약을 맺으러 들어온 자들이나 군인들 모두 조선에게 는 큰 충격을 주었습니다. 머리부 터 발끝까지 조선이 알던 일본인 이 아니라 서양인의 모습을 하고 들어왔을 테니까요. 일본은 자신

들과의 회담에 응하지 않으면 한양성까지 쳐들어간다고 협박하면서 협 상장 밖에서는 예포라고 하며 위협 발포를 해대고 있는 상황에서 협상을 강행시킵니다. 당시 일본 군함의 대포는 우리의 홍이포보다 사거리가 훨 씬 길고 강력했습니다.

강화도 조약 🔍 조선 대표로 신헌이, 일본 대표로는 구로다 기요 타카가 선봉에 섰습니다. 그들은 몇 날 며칠을 토론하며 신경전을 벌였 습니다. 일본은 미리 준비해 온 조약문을 가지고 팽팽하게 맞섭니다. 신 헌은 우리 쪽에서 크게 손해 나는 부분은 줄이기 위해 무지 애를 썼습니 다. 하지만 당시 국제 정세에 밝지 못했다는 것 또한 사실입니다. 최선을 다했다고는 하나 지금의 시각에서 보면 무척 불평등하고 국익에 반하는 내용들이 많습니다. 역사는 이를 조일수호조규(朝日修好條規), 속칭 '강 화도 조약'이라고 합니다.

지금은 외교 관계에 있어 기본이겠지만 타국과 무역을 함에 있어서 꼭 필요한 관세와 관련된 내용도 처음에는 조약 내용에 넣지 못했습니다. 우리 산업을 보호할 수 있는 무척 중요한 수단임에도 불구하고 근대적 조약이 처음인지라 도통 방향을 잘못 잡았던 것으로 보입니다. 당시 나 라를 이끌어 가는 위정자들의 근대 조약에 대한 이해 수준이 어느 정도 였는지 짐작할 수 있는 대목입니다.

Cooking Tip
자체 제작한 '우리가 만드 는 조선왕조실톡' 활동지를 제시하여 학생들이 회담장 에 들어간 신헌의 입장이 되어 일본인 구로다에게 어 떤 이야기를 할지 적어 보 게 하였습니다(활동지는 쌤 동네 채널에서 다운로드할 수 있습니다).

조약 내용을 구체적으로 살펴볼까요? 🔍 그럼 어떤 내용들이 문제가 있었는지 현재 우리들의 시각으로 한번 살펴보겠습니다.

'제1관 조선은 자주국이며, 일본과 평등한 권리를 가진다.'

말은 번지르르하지만 조선이 일본과 조약을 맺음에 있어 청나라의 간섭을 떨쳐 내기 위해 집어넣은 조항입니다.

개항장

'제4관 조선은 부산 이외의 두 곳의 항구를 개항하고 일본인이 와서 통상하는 것을 허가한다.'

여기서 부산은 예전부터 왜관을 두고 흔히 개방했던 곳으로 경제적인 목적에 의해 열고, 나머지 두 곳은 인천과 원산입니다. 인천의 경우에는 서울과 가깝다는 정치적 목적이 있고, 원산은 러시아 세력을 염두에 두어 군사 목적으로 개항을 요구했다고 합니다. 하지만 여기서 오해하기 쉬운 부분이 있는데, 보통 항구를 열면 그 도시로 들어와 전국을 누비며 장사하는 것으로 착각하기 쉬운데 그런 수준의 개방은 아니었습니다. 처음에는 동서남북으로 10리(약 4km) 정도의 범위에서만 장사할 수 있었습니다. 물론 훗날 그 범위는 점점 커집니다.

'제7관 일본인이 조선의 해안을 자유롭게 측량하는 것을 허가한다.'

이는 훗날 일본이 우리를 강제 병합하기 위해 군사적인 목적으로 조선의 영토를 측량한다는 의미로 명백한 주권 침해에 해당하는 조항입니다.

'제10관 조선의 항구에서 죄를 지은 일본인은 일본 관리가 심판한다.'

개항장에서 일본 사람이 조선 사람에게 피해를 주어도, 아무리 억울한 일이 있다손 치더라도 조선 정부는 그들을 처벌할 수 없었습니다. 물론 일본에서 재판 과정이 이루어지겠지만 당연히 솜방망이 처벌로 일관할 것이며, 조선 사람들은 끝없이 그들에게 피해를 받을 수 있는 독소 조항에 해당됩니다.

  중국 중심의 동아시아 조공책봉 관계에서 벗어나 최초로 맺은 근대적 조약, 강화도 조약! 이런저런 말도 많고 탈도 많았지만 결국 문호를 개방하게 된 조선! 앞으로 조선의 미래는 어떻게 될까요? 다음 시간에는 개항 이후 조선의 모습을 살펴보겠습니다.

Cooking Tip
『누드 교과서』 한국사 편에 실려 있는 만화를 활용해 사건(강화도 조약)의 전개 과정을 순서에 맞게 배열하는 활동으로 수업을 마무리했습니다.

Table 04

어서 와~ 개항은 처음이지?

오늘의 식단 한눈에 보기

- 초기 개화 정책
- 임오군란
- 갑신정변

재료 준비	장 보기
• 별기군 관련 영상	• 드라마 〈명성황후〉
• 임오군란 원인 관련 영상	• 〈5분사탐 한국사〉(EBS)
• 민겸호의 최후 관련 영상	• 드라마 〈장사의 신-객주〉
• 임오군란 결과 및 갑신정변 관련 영상	• 〈역사저널 그날〉(KBS)
• 임오군란, 갑신정변 4컷 만화	• 누드 교과서

강화도 조약 이후 🔍

고종의 의지와 중전 민씨의 조력, 최익현의 상소에 힘입어 흥선대원군이 물러나고 고종이 친정을 선포합니다. 그리하여 1876년 일본과 최초의 근대적 조약인 강화도 조약을 체결합니다.

통상을 하려면 조약이 필요하다고 해서 맺은 조약이 정식 명칭 '조일수호조규'인 강화도 조약입니다. 조선을 협박하면서 원한다고 했던 통상! 그 통상은 조선 백성들의 생활에 어떤 변화를 가져왔을까요? 일본은 우리에게 쌀을 가져갔고, 우리는 그들로부터 영국산 면제품을 받았습니다.

왜 일본산이 아니고 영국산일까요? 🔍

왜 하필이면 영국산 면제품일까요? 당시 일본은 우리가 생각하는 것만큼 산업화와 공업화가 이루어지지 않은 상태였습니다. 일본 자체 기술력으로 영국처럼 면제품을 생산한 것은 10년 정도 후의 일입니다. 조선이 개항했을 즈음 일본 공장에서 생산할 수 있었던 물건은 자신들의 자원을 활용한 성냥 정도였습니다. 어찌 되었든 그들은 중국을 통해 영국산 면제품을 과잉 수입했고, 이를 조선의 쌀과 교환한 것입니다. 당시 영국은 산업혁명에 성공하여 질 좋은 면제품을 하루에도 수만 장씩 생산할 수 있었고, 이는 결국 국내 소비보다 생산이 넘치는 결과를 초래합니다. 그리하여 자신들의 물건을 팔 시장을 개척하게 되는 것이지요.

일본 산업화의 근간이 된 조선의 쌀 🔍

일본에게 조선의 쌀은 무척 중요했습니다. 공업화와 산업화를 성공적으로 이루어 내기 위해서는 공장 근로자들에게 지급되는 임금은 낮아야만 했습니다. 그래야 수출주도형으로 나아갈 수 있기 때문입니다. 임금이 낮은 근로자들이 불만을 갖지 않게 하려면 쌀값이 낮은 상태로 유지되어야 했고, 쌀값이 낮으려면 일본 내에 쌀 공급이 원활하고 충분해야 했습니다. 그래서 조선의 쌀은 일본의 산업화에 큰 역할을 하게 됩니다. 이를 미면(쌀과 면제품) 교환 무역이라고 합니다. 하지만 일본 내의 쌀이 가격을 안정시킬 만큼 충분해지면 조선 내에는 쌀이 부족해지고, 이는 조선의 쌀값 상승으로 이어져 대다수의 가난한 백성들은 쌀을 구경도 할 수 없는 상황이 오게 됩니다.

다른 입장에서 생각해 보기 🔍 반대로 넓은 땅과 많은 쌀을 소유한 소수의 부농들은 개항 후 어떤 상황을 맞이했을까요? 경제적으로 큰 이익을 보았을 것입니다. 쌀이 일본으로 잘 팔려 나가니까요! 그리고 한정된 공간에 개항장이 들어서고, 일본 상인들은 그곳에서만 자유로운 통상을 할 수 있었으므로 조선의 상인들 역시 이곳에서 일본의 물건을 구입해 웃돈을 붙여 조선 내에서 판매할 수 있었고, 조선 내지의 물건 역시 일본 상인들에게 판매하는 중계무역의 형태로 재미를 톡톡히 봅니다. 그러나 값싸고 질 좋은 영국산 면제품의 수입으로 국내 수공업자들은 엄청난 타격을 받습니다. 각각 입장에 따라 개항은 이익을 주기도 하고 피해를 주기도 한 것입니다.

일본에 간 사절단 🔍 고종은 개항 이후 개화 정책 추진에 박차를 가합니다. 조약을 체결한 해에 1차 수신사로 김기수를 일본에 파견합니다. 수신사는 '닦을 수(修)' 자를 써서 통신사와는 의미가 다릅니다. 통신사는 우리의 문화를 일본에 전해 주기 위한 목적이고, 수신사는 우리가 일본의 것을 연구하기 위한 목적이기 때문입니다. 수신사는 일본의 근대화 모습을 살펴보고 개화 정책의 방향을 정하기 위함이었던 것으로 보입니다. 그리고 몇 년 후에는 2차 수신사로 김홍집을 일본에 보냅니다. 이때 김홍집의 일본 방문은 일본의 근대 문물들을 살펴보기 위한 목적도 있었지만, 무분별한 쌀의 유출과 관세 부과와 관련된 내용을 조율해 보기 위한 목적도 있었습니다. 하지만 그에 대한 조정은 차후에 이루어지게 됩니다.

조선책략 🔍 이때 김홍집은 일본에서 청나라 사람인 황쭌셴을 만나고 국제 정세에 대해 필담을 나누게 됩니다. 그리고 그러한 내용들이 기록된 『조선책략』이라는 책을 가져와 고종에게 보여 줍니다. 『조선책략』의 내용은 청나라, 일본, 미국과 연대하여 러시아 세력을 견제하자는 내용입니다. 지극히 일본에 있는 청나라인의 시각에서 국제 정세를 바라본 내용입니다. 『조선책략』의 영향으로 고종은 많은 반대를 무릅쓰고 청나라의 중재 아래 미국과 조약을 맺습니다. 우리와 미국의 인연, 이때 시작된 것입니다.

한미수호통상조약

미국에도! 🔍 그리하여 조선은 미국에도 사절단을 보내는데 이를 '보빙사'라고 합니다. 보빙사는 미국과 조약 체결 후 공사 푸트의 내한에 대한 답례로 보낸 사절단입니다. '갚을 보(報)', '찾아갈 빙(聘)' 자를 써서 답례로서 어떤 나라를 방문하는 사신을 말합니다. 이때 미국에 다녀온 보빙사절단의 일원 홍영식은 미국식 근대 우편제도에 관심을 갖게 되고 훗날 있을 한 사건에 지대한 영향을 줍니다.

청나라에 간 사절단 🔍 비슷한 시기에 조선은 청나라에도 사절단을 보내는데 그들을 '영선사'라고 합니다. '거느릴 영(領)', '뽑을 선(選)' 자를 사용해 청나라의 무기 기술을 익혀 올 만한 인재를 뽑아 유학생을 인솔해 갔다는 의미로 생각하면 될 것 같습니다.

| 통리기무아문 🔍 |

물론 개화 정책을 책임지고 추진할 특별 관청도 설치합니다. 이를 '통리기무아문'이라고 합니다. 통리기무아문은 '총괄할 통(統)', '다스릴 리(理)', 기밀 업무할 때 '기무(機務)', 관청을 의미하는 '아문(衙門)'을 합성해 만든 단어입니다. 즉, 일반적으로 나라를 다스리는 일에 기밀 업무까지 총괄하는 관청이라는 뜻입니다. 이들은 12개의 부서에서 역할을 나누었는데, 이를 '12사'라고 합니다.

| 별기군 🔍 |

고종이 개화 정책을 추진할 때 가장 먼저 바꾸고 싶었던 것은 무엇이었을까요? 바로 군대였습니다. 병인양요와 신미양요 때 본 서양 열강들의 화력에 무척 놀랐을 테니까요. 개화를 추진하는 관청에서는 기존의 5군영을 무위영과 장어영 2영으로 축소 및 통합하고, 신식 군대 별기군을 창설하였습니다. 별기군은 특별한 기술을 연마한 군대 정도로 풀이하면 될 것 같습니다.

조정의 특별 지원을 받는 별기군은 멋지게 차려입고 신식 무기로 무장하여 열심히 훈련을 받습니다. 일본인 교관도 초빙해 서양식 군사 훈련 방식을 익힙니다. 당연히 급료도 정상적으로 나왔을 것이고, 배식도 잘 이루어졌을 것입니다. 하지만 이에 비해 무위영과 장어영 군인들은 대접이 무척 소홀해졌고 급료도 제대로 지급되지 않습니다.

| 여러분은 몇 달까지 참을 수 있겠습니까? 🔍 |

구식 군인들의 급료는 무려 13개월이나 밀렸다고 합니다. 당연히 구식 군인들의 급료를 빼돌려 자신의 배를 채운 관리들이 있었을 것입니다. 그런 상황인데 무위영과 장어영 군인들 입장에서 반가운 소식이 날아듭니다. 밀린 급료를 지급해 주겠다는 소식이었습니다. 이에 군인들은 급료를 주는 곳으로 너

나 할 것 없이 달려갔습니다. 하지만 막상 가서 보니 기대했던 것과는 달리 밀린 급료 가운데 단 한 달치만 주는 것이었습니다. 이는 무위영과 장어영 군인들을 화나게 하였습니다. 하지만 그래도 참았습니다. 한 달치가 어디냐는 마음으로 쌀가마니를 메고 가다 보니 느낌이 이상합니다. 먹은 것도 없어 힘도 없는데 왠지 쌀이 가볍게 느껴집니다. 그들은 담당 관리가 쌀의 무게를 속이고 지급한 것이 아닌지 의심하게 되었고, 쌀가마니를 열어 보게 됩니다. 안을 보니 쌀만 들어 있는 것이 아니고 모래와 겨가 섞여 있었습니다. 이에 무위영과 장어영 군인들은 거세게 항의했는데, 오히려 옥에 갇히고 얼마 후 사형을 당할 것이라는 소문이 돕니다. 이에 분노한 무위영과 장어영 군인들은 급기야 난을 일으키게 됩니다.

임오군란 🔍 1882년 임오년에 일어난 구식 군인들의 난! 역사는 이를 '임오군란'이라고 합니다. 화가 난 구식 군인들과 개항 이후 더욱더 생활이 어려워져 개화 정책에 불만을 품고 있었던 하층민들까지 함께 봉기를 일으켰습니다. 그들은 별기군을 훈련시킨 일본인 교관 호리모토를 살해하고 일본 공사관에 불을 지릅니다. 그러자 일본 하나부사 공사는 기밀 문서를 불태우고 일본으로 도주합니다.

구식 군인들은 경복궁으로 쳐들어가 자신들의 급료를 착복한 관리들을 처단하는데, 책임자인 선혜청 당상 민겸호를 찾아내 살해하기에 이릅니다. 하지만 민겸호를 살해하고 겁이 났는지 정치 일선에서 물러난 흥선대원군을 찾아갑니다. 구식 군인들은 막상 일이 커지자 당황하였고, 자신들처럼 개화 정책에 반대했던 흥선대원군에게 의지해야 자신들이 살수 있다고 생각한 것은 아닐까요? 그들은 중전 민씨의 권력에 붙어 권세를 부리던 민겸호와 같은 외척을 처단하는 것에 혈안이 되었고, 그 중심에 있는 중전(명성황후) 역시 제거해야 한다고 생각하고 왕비를 찾아내려고 애를 쓰지만 이는 실패합니다.

Cooking Tip
〈5분사탐 한국사〉 '임오군란' 영상을 편집해 수업 시간에 활용했습니다.

Cooking Tip
선혜청 당상 민겸호를 찾아내는 구식 군인들의 모습을 드라마 〈장사의 신-객주 2015〉의 일부를 활용해 살펴보았습니다.

대원군 Come Back Special 🔍 이런 혼란스러운 상황 속에서 사태가 수습되지 않자 고종은 아버지 흥선대원군에게 도움을 요청하였고, 흥선대원군은 정치 일선에 복귀합니다. 다시 권력을 잡게 된 흥선대원군은 개화 정책을 추진하는 통리기무아문과 신식 군대인 별기군을 혁파하고 기존에 있던 5군영을 부활시킵니다.

제물포 조약 🔍 이런 상황에서 일본으로 도망친 하나부사 공사가 군함을 이끌고 와 일본인 교관 살해와 군란으로 인해 공사관이 받은 피해에 대해 막대한 배상금을 요구합니다. 또 일본인을 조선에서 지켜주지 못해 살해당했으므로 조선에 있는 일본인들을 지키겠다는 명분으로 일본 군대를 조선에 배치하겠다고 합니다. 이를 '제물포 조약'이라고 합니다.

임오군란 후 🔍 중전 민씨는 궁녀의 옷차림으로 장삼을 뒤집어쓰고 신하 홍계훈의 여동생인 척하며 궁궐을 무사히 빠져나가는 데 성공하였고, 이용익이라는 인물의 도움으로 자신의 생존 사실을 주변에 알립니다. 이용익은 아침부터 저녁까지 걸으면 400리를 걸을 수 있다는, 두 다리로 전국을 일일생활권으로 묶어 버린 전설의 보부상입니다.

청나라에 SOS를 치다 🔍 그리고 민씨 일족은 청나라에 구원을 요청하고, 청나라는 조선에 대한 영향력을 행사하기 위해 위안스카이가 3천 명의 병력을 이끌고 조선으로 들어와 군란을 완벽히 진압합니다. 그리고 청나라군은 흥선대원군을 납치해 청나라로 데려가 버립니다. 그런 상황에서 중전 민씨는 궁으로 다시 복귀하지만 세상에 공짜는 없는 법! 청나라는 자신들이 준 도움을 빌미로 조선의 내정에 필요 이상으로 간섭하기 시작합니다. 당시 청나라군을 이끌고 온 20대 위안스카이가

Cooking Tip
〈역사저널 그날〉 '3일 천하, 그들은 무엇을 꿈꾸었나' 편의 일부를 통해 임오군란의 원인과 결과를 영상으로 살펴보았습니다.

조정의 대신들을 발로 걷어차는 등 무례한 행동을 보였다는 소문, 고종에게 자기가 마음만 먹으면 왕의 자리에서 끌어내릴 수 있다는 망언을 했다는 소문 등이 그들의 내정 간섭이 얼마나 심했는지 알 수 있게 해 줍니다.

기기창 🔍 청나라에 파견된 영선사가 청나라의 무기 기술을 살펴보고 배우다가 재정 악화로 돌아오지 못하고 있었는데, 임오군란 진압을 위해 조선으로 들어오는 청나라 군대와 함께 조선에 돌아와 신식 무기 공장을 만들자는 제안을 했고, 이에 기기창이 세워집니다.

박문국 🔍 또 임오군란 후 사태 수습을 위해 일본에 수신사로 다녀온 박영효의 건의로 박문국을 설치합니다. 일본처럼 신문을 만들어 급변하는 국내외 정세를 알리기 위한 목적이었을 것으로 보입니다.

변해 버린 왕후, 더욱 부패하는 민씨 일가 🔍 생명의 위협을 느꼈던 경험 때문일까요? 임오군란 이후 중전 민씨는 많이 변해 버립니다. 그리고 민씨 외척들의 부패는 이루 말할 수 없을 정도였다고 합니다. 흥선대원군이 10년간 쌓아 둔 재정을 단 몇 년 만에 탕진해 버렸다는 비판을 받을 정도입니다. 앞서 이야기한 기기창이나 박문국 설치 등의 개화 정책의 추진에는 막대한 예산이 들어갑니다. 하지만 백성들의 세금이 온전히 개화 정책 추진에 사용되는 것이 아니라 누군가의 주머니로 줄줄 새기 시작하는 것입니다. 이런 상황에 고종은 개화 정책을 거침없이 추진할 수 있는 젊은 인재들을 중용합니다. 박규수의 사랑방에서 개화와 근대적 자주 국가 조선을 꿈꿔 온 김옥균, 홍영식, 박영효, 서재필과 같은 급진개화파 세력입니다.

`재정 위기 내가 해결하겠다!` 🔍 　그중 30대의 김옥균은 기획재정부 차관급의 위치에 있었는데, 부족한 자금은 일본에서 차관을 들여오면 해결할 수 있다고 자신합니다. 차관은 국가가 다른 나라에게 빌리는 돈을 말합니다. 그에게 자신감을 심어 준 일본 세력이 있었지만 그들이 신뢰를 지키지 않아 김옥균은 일본으로부터 차관을 들여오는 일에 실패하고, 이 일로 급진개화파의 입지는 크게 줄어듭니다.

`김옥균, 홍영식, 박영효, 서재필` 🔍 　그들은 조선에 서양식 기술 문명을 들여오는 것도 중요하지만, 조선이 주변 나라에 비해 뒤처진 원인을 낡은 정치 제도에서 찾았습니다. 일본을 모델로 삼아 메이지 유신에 성공한 그들처럼 사고방식부터 바꿔야 조선이 열강 사이에서 살아남을 수 있다고 생각했습니다.

　안동 김씨의 유망주 김옥균은 22세에 장원 급제하고 젊은 나이에 기획재정부 차관, 외교부 장관급의 직책을 역임한 사람입니다. 거기에 영의정 홍순목의 아들 홍영식, 철종의 사위 박영효, 대구 서씨 집안 서재필은 10대 중반에 일본 육군학교에 유학을 다녀온 인재였습니다. 조선 최고의 명문 집안에서 자란 젊은 그들의 꿈은 무엇이었을까요? 무엇 하나 빠지는 것 없고 부족함 없이 자라 온 그들은 새로운 나라를 꿈꿉니다. 수백 년간 계속된 청나라의 간섭에서 벗어나 부국강병을 이룬 자주적 근대 국가 조선의 모습이 그들의 꿈이었습니다.

`갑신정변` 🔍 　그들은 자신들의 이상을 이루기 위해 갑신년인 1884년에 정치적 변란을 일으킵니다. 이를 역사는 '갑신정변'이라고 합니다. 일본으로부터 차관을 빌려 오지 못해 정치적 입지가 좁아진 상황에서 조선에 들어와 있던 청나라 병력 3천 중 1,500명이 베트남을 두고 벌어진 청프 전쟁 때문에 조선을 빠져나갔고, 일본이 군사적으로 도와주겠다고

Cooking Tip
〈역사저널 그날〉 '3일 천하, 그들은 무엇을 꿈꾸었나' 편의 일부를 활용해 갑신정변의 전개 과정을 살펴보았습니다.

약속을 하자 그들은 정변을 도모합
니다.

우정총국

보빙사절단으로 미국을 다녀온 홍
영식이 미국식 근대 우편 업무의 도
입을 위해 우정총국을 출범시키고
축하연을 여는데, 이를 기회로 삼아 거사를 일으켜 자연스럽게 자리에
참석한 고위 관료(민씨 일가가 다수였다)들을 제거하고 정권을 잡는 데 성
공합니다. 그들은 사전에 자신들을 도와주기로 했던 일본군에게 확답을
얻은 후 고종에게 우정국에서 변란이 일어났다는 보고를 합니다. 상황
의 급박함을 느끼게 하고자 보고 순간에 궁궐 내부에 미리 설치한 폭약
을 폭파시킵니다. 그렇게 해서 왕과 왕비를 좁은 경우궁으로 옮겨 가게
하는 데 성공합니다. 경우궁이 비좁기 때문에 소수의 병력으로도 방어에
유리하다고 판단하여 옮겨 간 것입니다. 그들은 빠른 속도로 그동안 구
상했던 대로 내각을 구성하고 개혁안을 제시합니다.

Cooking Tip
왕후의 총애를 받던 김옥균
의 혁명 동지 고대수가 없
었다면 궁궐 문은 열리지
않았을 것입니다. 사실 본
명은 전해지지 않습니다.
힘이 장사여서 『수호지』에
등장하는 여장부 '고대수'
가 별명이 된 것입니다.

3일 천하 🔍 하지만 정변의 실상을 예리하게 살펴보고 있던 중전
민씨의 끈질긴 환궁 요구에 경우궁을 버리고 환궁하게 됩니다. 중전 민
씨는 무엇을 살펴보았을까요? 가장 먼저 민심을 살펴보았을 것입니다.
백성들이 그들과 한뜻으로 움직이는지 살폈겠죠. 만약 그렇다면 일을 해
결하는 것이 훨씬 어려워지기 때문이었죠. 또 유심히 살펴본 것은 고종
의 의중일 것입니다. 정변을 일으킨 자들이 모두 고종이 신임하는 자들
이었고, 김옥균이 중간중간에 보고를 올릴 때도 "전하께서도 아시다시
피"와 같은 표현을 자주 사용했다고 합니다. 그러다 보니 중전 민씨는 최
고 통치권자 고종의 의중을 살필 수밖에 없었을 것입니다. 그리고 이번
에도 역시 청나라에 구원을 요청해 청나라군을 끌어들여 갑신정변을 진
압합니다. 청나라군 입장에서는 베트남도 중요하지만 조선이 전략적으

로 더 중요하다고 판단한 것 같습니다.

　상황이 이렇게 되자 일본군 150여 명은 제대로 싸워 보지도 않고 도주합니다. 여기서 예리한 분들은 급진개화파 젊은이들이 고작 일본군 150명 정도의 병력을 믿고 청나라군 1,500명에 대항하려 한 것이냐고 의아하게 생각할 수도 있을 것입니다. 그들은 일본군 150명에 왕명을 이용해 2천의 군사를 더 확보해 두었고, 임시 사관생도 별도로 훈련시켜 두는 등 치밀함을 보였습니다. 수적으로는 밀리지 않는다고 판단했던 것이죠.

　하지만 청나라군이 진압군으로 다시 나타나자 2천에 가까운 고종의 병력들은 반란임을 인지하고 적으로 돌아섰고, 믿었던 일본인 다케조에는 일본군 150명을 데리고 퇴각합니다. 여기서 한 가지 충격적인 사실! 훗날 학자들이 연구해 보니 청나라군이 일본군에게 보낸 문서에 일본군의 안전은 우리가 보장하니 걱정 말고 물러나라는 내용이 적혀 있었다는 것입니다. 그리하여 갑신정변은 3일 만에 실패로 끝나고 말았습니다. 그들이 제시한 국가상에는 부족함이 없었습니다. 단 하나, 백성들의 마음을 움직일 수 있는 토지제도에 대한 개혁 내용만 뺀다면 말이죠.

한성 조약 🔍　이번에도 청나라군이 사태를 해결해 줬으므로 청나라의 내정 간섭은 더욱 심해졌습니다. 그와 더불어 일본 측의 공사관 신축 비용을 비롯한 막대한 배상금 청구로 조선은 몸살을 앓습니다. 왜 공사관 신축 비용을 우리가 배상해야 했을까요? 당시 백성들은 정변을 일으킨 급진개화파 세력을 일본을 등에 업은 역적으로 봤기 때문에 이번에도 일본 공사관을 공격했습니다. 그에 대한 배상금 요구한 것입니다. 이를 '한성 조약'이라고 합니다.

텐진 조약 🔍　그리고 청나라와 일본이 텐진에서 또 하나의 조약을 맺는데, 그 내용을 살펴보겠습니다. 그들은 서로 조선에 영향력을 미치고 싶어 했는데, 자신들의 군대가 조선을 빠져나가면 상대방이 조선에 대한 권리를 행사할 것을 우려해 동시에 철군하는 것으로 약속한다는 내용입니다. 거기다 둘 중 한 나라가 조선에 파병을 하게 되면 다른 나라에게 알리고 동시에 군대를 파병한다는 내용도 포함되어 있었습니다. 이 조약이 10년 후 어떤 사건에 아주 큰 영향을 주게 됩니다.

Cooking Tip
『누드 교과서』 한국사 편에 실려 있는 만화를 활용해 사건(임오군란, 갑신정변)의 전개 과정을 순서에 맞게 배열하는 활동으로 수업을 마무리했습니다.

Table 05

세상을 바꾸기 위한 함성, 동학농민혁명

오늘의 식단 한눈에 보기

🍴 갑질의 원조

🍴 전무후무! 농민들이 뭉치다!

🍴 세상이 달라지다!

재료 준비

- 고부민란, 1차 봉기, 2차 봉기, 우금치 전투 관련 영상
- 전주성 점령 및 집강소 설치 관련 영상
- 동학농민군의 개혁안과 갑오개혁 내용 비교 활동지
- 동학농민혁명 전개 과정 8컷 만화

장 보기

- 〈역사저널 그날〉(KBS)
- 〈역사채널e〉(EBS)
- 자체 제작
- 누드 교과서

임오군란과 갑신정변을 계기로 조선 내에서의 청나라와 일본의 상권 경쟁이 더욱 심해지고, 조선의 쌀은 끊임없이 빠져나가고 있었습니다. 외국 물건을 조선에서 중계 판매하여 이익을 남기던 일부 상인들의 호황도 옛이야기가 되었습니다. 임오군란과 갑신정변 사태를 해결해 주었다는 빌미로 청나라는 조선 내 통상을 요구하였고, 일본 역시 이에 질세라 통상이 가능한 구역을 넓혀 갔습니다. 외국 상인들이 점점 조선의 내지로 들어와 직접 거래를 해 버리는 것이지요.

그런 상황에서 부패한 민씨 친족의 비호 아래 다시 탐관오리들이 극성을 부리기 시작합니다. 특히 전체 쌀 생산량의 40%를 맡고 있는 전라도, 호남 지방에서의 수탈이 심했습니다. 여기서 탐관오리 중의 갑! 고부군수 조병갑을 소개할까 합니다.

고부는 현재 전북 정읍 근처를 말합니다. 조병갑으로 말할 것 같으면 온갖 악행으로 이름이 드높았던 사람으로, 죄 없는 농민들에게 꼬투리를 잡아 죄를 다스린다는 명목으로 매를 때리고, 풀려나고 싶으면 재산을 바치게 했다고 합니다. 또한 황무지를 개간하면 세금을 면제해 준다고 약속하고서 나중에는 개간한 땅을 자기 것으로 만들고 꼬박꼬박 지대를 받았다고 합니다. 또 온갖 무명 잡세를 만들어 세금을 거두었는데, 가장 기가 막힌 것이 불효죄에 대한 벌금입니다. 자기가 봤을 때 부모에게 잘해드리지 못하고 있으니 불효죄라는 죄목을 붙이고 그에 대한 벌금을 걷은 것입니다.

조병갑의 탐욕은 여기서 끝나지 않습니다. 멀쩡히 있는 저수지 아래에 백성들을 동원해 새로운 저수지 만석보를 세우고 물 사용에 대한 세금, 물세를 챙깁니다. 이런 식으로 착복한 세금이 2만 냥에 이르렀다고

Cooking Tip

개항 이후 극심한 물가 변동으로 흔히 알고 있는 조선 시대 일반적인 화폐 가치와는 차이가 있습니다. 물론 좀 더 정확한 계산을 하려면 다른 요소들도 고려하여 당시 물가를 짐작해야 합니다.

합니다. 당시 소 한 마리가 5냥이었다고 합니다. 최근 축산시장 소 거래 현황을 살펴보니 500만 원 전후로 거래되는 것을 확인했습니다. 단지 이해를 돕기 위한 것이므로 여기다가 소 한 마리 값 500만 원을 대입해 보겠습니다. 당시 1냥을 100만 원 정도로 계산할 수 있었고, 여기에 2만을 곱해 주니 지금의 화폐 가치로 약 200억 원을 착복한 것으로 계산됩니다. 여기서 끝나면 그는 매너남에 속하겠죠.

한 가지 더! 자기 아버지 공덕비를 세운답시고 군민들에게 1천 냥을 또 거둡니다. 자기 아버지 공을 기리는 데 10억 원을 백성들에게 거두어들이는 군수! 여러분이라면 두고 보겠습니까? 하지만 관아에 아무리 항의를 해도 그는 달라지지 않았습니다. 조선 시대에 관직을 얻으면 좁게는 8촌, 넓게는 20촌까지 그 한 사람이 먹여 살려야 하니 이런 것들은 이해해 줘야 할까요? 아무리 그래도 잘못된 것은 잘못된 것입니다. 이런 상황에서 동학이 고단한 백성들의 마음속으로 파고듭니다.

Cooking Tip

〈역사저널 그날〉 '났네 났어, 난리가 났어! 동학농민운동' 편의 일부를 활용해 고부 민란에 대해 살펴보았습니다.

고부 민란 🔍

전라도 고부 지방에서 녹두장군 전봉준의 주도로 일어난 사건이 고부 민란입니다. 이때 수많은 농민들은 이미 동학교도였다고 합니다. 그들은 순식간에 고부 관아를 점령했습니다. 하지만 악질 탐관오리 조병갑은 이미 재빠르게 피한 후였습니다. 깜짝 놀란 조선 조정은 안핵사 이용태를 보내 사태 수습을 명합니다. 안핵사는 조선 후기 지방에서 사건이 발생했을 때 처리를 위해 파견한 임시 직책으로, 주로 민란을 무마·진정시키기 위해 파견되었습니다. 하지만 고부 지역에 파견된 이용태는 백성들의 이야기를 들어주고 이해하는 태도를 보이지 않고, 오히려 그들에게 책임을 묻고 처벌하고자 하였습니다.

보국안민 제폭구민 🔍

안핵사 이용태의 사건 처리에 불만을 가지고 분노한 백성들은 보국안민(輔國安民)과 제폭구민(除暴救民)의 기치를 내걸고 봉기를 일으켰습니다. '보국'은 나라를 지키고, '안민'은 백성을 편안케 한다는 뜻입니다. 또 '제폭'은 폭정을 제거하고 '구민'은 백성을 구한다는 뜻입니다. 고부 지역 백산에서 모여 봉기가 시작되는데, 백산이라는 지명은 '앉으면 죽산, 일어서면 백산'이라는 말에 유래가 있습니다. 이 말의 뜻은 많은 수의 농민군들이 죽창을 들고 모여들었기 때문에 그들이 서 있으면 하얀 산(농민들의 옷 색깔)이 되고, 그들이 앉아서 죽창을 짚고 있으면 뾰족한 대나무 창만 보인다고 하여 죽산이라고 불렀다는 뜻입니다.

정읍 황토현 전투 🔍

봉기한 농민군은 정읍 황토현에서 전라도 감영(지금으로 따지면 도청) 군대와 맞붙고, 처음 관군과 붙은 이 전투에서 대승을 거둡니다. 관군은 농민군을 얕보고 전투 전날 소, 돼지를 잡고 술을 먹는 등 방심하는 모습을 보였다고 합니다. 관군이 그런 태도를 보인 이유는, 농민군에게는 신식 무기는 없었고 제대로 된 훈련도 받지 못했기 때문이었습니다. 관군 입장에서는 오합지졸의 도적 떼 수준으로 보였을 것입니다.

농민군은 관군의 총알을 막아 내기 위해 장태를 굴리며 뒤에 숨어 접근했다고 합니다. 장태란 짚을 엮어 닭을 키우는 도구로, 전투 당시에는 장태 안에 솜이나 지푸라기 같은 것을 채워 탄환의 회전을 막아 내고, 근접했을 때는 죽창으로 상대방의 무기를 쳐내고 찌르는 식으로 공격했을 것입니다. 아무리 그래도 총알이 날아오는데 접근하려면 무섭지 않았을까요? 그래서 전봉준은 농민군에게 고개를 숙여 자신이 입은 옷을 입에 물게 하고 주변으로 고개를 돌리지 못하게 한 후 접근하

└ 장태

게끔 전략을 짰다고 합니다. 죽음을 두려워하지 않는 대단한 용기입니다.

장성 황룡촌 전투 🔍 관군의 패배에 깜짝 놀란 조정은 조선 최고의 정예군인 경군(수도에서 보낸 군대)을 호남 지방으로 내려 보냅니다. 경군과 농민군은 장성 황룡촌에서 전투를 치렀는데, 농민군은 한양에서 온 경군과의 싸움에서도 승리를 거둡니다. 현재 장성 황룡마을에 가면 긴 죽창 모형의 구조물이 눈에 띄게 세워져 있고, 그 앞에는 농민군이 장태를 굴리는 모습이 동상으로 만들어져 있습니다.

●황룡전적지 |

전주성 점령 🔍 농민군은 급기야 조선 왕실의 본관 전주를 점령합니다. 조선 시대 전주의 위상은 지금과는 달랐습니다. 지금도 물론 무척 아름다운 전통 문화의 도시이지만, 당시에는 한양과 더불어 조선 3대 도시 중에 하나였습니다. 이씨 왕조의 본관(전주 이씨)이었기 때문입니다. 이렇게 농민군이 전주성을 점령하기에 이르자 조정에서는 초토사 홍계훈을 파견하여 농민들을 진정시키고 농민군과 협상하려 합니다. 초토사는 조선 시대 변란이 일어난 지방에 파견한 임시 무관이었습니다.

Cooking Tip
〈역사저널 그날〉 '났네 났어, 난리가 났어! 동학농민운동' 편의 일부를 활용해 전주성 점령까지의 과정을 한 번 더 정리할 수 있게 도와주었습니다.

집강소 설치 🔍 농민군은 12가지의 개혁안을 제시했고, 힘에서 밀린 조선 조정은 이를 대부분 수용하는 모양을 취할 수밖에 없었습니다. 마침내 농민들의 자치기구 집강소를 호남 50여 곳에 설치하게 됩니다. 집강소는 농민들이 직접 지역을 다스릴 수 있게 만든 기구로, 아시아 민주 정치의 효시로 평가하기도 합니다.

10년 전에 맺었던 그 조약 🔍   조선 조정은 한편으로는 협상하는 모양을 갖추고, 다른 한편으로는 청나라에 도움을 요청합니다. 이에 청나라 군대는 아산만 쪽으로 들어오는데, 이 소식을 알게 된 일본도 톈진 조약에 의거해 조선에 병력을 보냈습니다. 하지만 엉뚱하게도 일본군은 농민군이 없는 인천과 부산 쪽으로 들어오게 되는데, 부산 쪽으로 들어온 일본군의 이동 경로는 흡사 임진왜란 때 전술 경로와 거의 일치했다고 합니다. 참으로 섬뜩합니다.

전주 화약 🔍   청나라군과 일본군의 국내 진입 소식을 들은 농민군은 자신들 때문에 외세가 들어와 국가에 위기가 올지도 모른다는 생각에 전주에서 화약(화해를 약속)을 맺고 자진 해산하기에 이릅니다. 하지만 청나라와 일본 입장에서는 농민군의 봉기 진압은 하나의 명분에 불과했습니다.

경복궁 점령 사건 🔍   일본군은 즉각 경복궁을 점령하여 왕과 왕비를 인질로 잡았고, 이에 일본의 조선에 대한 영향력 강화를 못마땅하게 여긴 청나라는 일본과의 일전을 불사하게 됩니다.

청일 전쟁 🔍   여기서 청일 전쟁에 대한 내용을 잠시 살펴보고 넘어가겠습니다. 당시 청나라는 세계 8위의 해군력을 자랑하고 있었습니다. 양무 개혁으로 군비 증강을 이룬 상태였기 때문입니다. 서양의 무기를 대량 수입한 것이지요. 주력 철갑함만 놓고 보면 일본은 청나라와 상대가 되지 않았습니다. 청나라는 7천 톤 급의 철갑함을 2척이나 가지고 있었고, 일본은 가장 규모가 큰 함선이 4천 톤 급에 불과했습니다. 하지만 일본은 기동성이 좋은 최신식 해군 함선을 다수 보유하고 있었고, 전체 배수량을 비교했을 때는 오히려 일본이 앞섰습니다. 일본은 3천 톤에서 5천 톤 사이의 함선을 무척 많이 보유하고 있었기 때문입니다. 당시는 함정의 무게, 즉 배수량이 중요했습니다. 배수량이 클수록 장갑이 두텁고 강력한 함포를 많이 장착할 수 있었기 때문입니다.

사실 청일 양국이 정상적인 상태에서 싸웠다면 해상 전투의 결과는 쉽게 점칠 수 없는 상황이었습니다. 일본 입장에서는 7천 톤 급의 정원, 진원이 무척 두려운 존재가 될 수도 있었습니다. 그 두 척의 전함 때문에 북양 함대의 전투력을 더 우위로 보는 시각도 존재합니다. 하지만 일본 함대의 압도적인 승리로 끝납니다. 청나라 군대가 포격을 해도 일본은 피해를 받지 않았다고 합니다. 포탄이 터지는데 석탄가루, 콩, 진흙이 나왔다는 이야기가 있습니다. 연습용 포탄이 터진 것이지요. 생사를 가르는 전쟁터에서 말입니다. 군사 전문가가 아니더라도 양무 개혁으로 이룬 군비 증강이 얼마나 속 빈 강정이었는지, 청나라의 관료들이 얼마나 썩었는지 알 수 있는 대목입니다.

당시 청나라 최고 집권자 서태후는 상상하기도 힘든 막대한 국가 예산을 자신의 식사에 사용하게 했다고 합니다. 집권층의 부패한 정신은 하급 관원들에게까지 전염됐을 테니까요. 이런 상태니 육상 전투는 볼 것도 없었습니다. 병력은 많았지만 육상 전투에서도 청나라는 종이 호랑이임을 인증하고 패배합니다. 당시 청나라의 군사들은 정식 훈련을 받지 않은 오합지졸이라 군기도 엉망이었다고 합니다.

청일 전쟁은 이렇게 일본의 승리로 끝나고, 청나라는 더 이상 조선의 일에 관여할 수 없게 됩니다. 청나라는 군사적으로 가장 중요했던 전쟁 두 번에서 모두 지는 바람에 아시아 맹주로서의 지위를 내려놓아야만 했습니다.

척양척왜 🔍 이런 과정들을 보고 있던 해산한 농민군은 척양척왜의 기치를 걸고 다시 봉기합니다. 척양척왜는 서양을 배척하듯이 일본 세력을 배척한다는 의미입니다. 봉기한 농민군은 일본군이 있는 한양 방향으로 올라갑니다. 하지만 공주 우금치 언덕 위에서 일본군은 이미 농민군을 맞이할 준비를 마치고 대기하고 있었습니다.

Cooking Tip
〈역사저널 그날〉 '났네 났어. 난리가 났어! 동학농민운동' 편의 일부를 활용해 농민들의 2차 봉기 모습을 살펴보았습니다.

우금치 전투 🔍

농민군은 일본군을 물리치기 위해 죽음을 두려워하지 않고 용맹하게 싸웠습니다. 당시 일본군의 주무기는 무라타 소총, 영국산 스나이더 소총이었다고 합니다. 스나이더 소총은 후장식이기 때문에 탄환을 뒤쪽으로 삽입하여 엎드린 채로도 재장전이 가능하고, 장전하는 데 동작이 작아 1분에 10발 이상 탄환을 장전할 수 있었습니다. 하지만 농민군이 가진 화승총의 경우에는 전장식이라 탄환을 앞으로 넣어야 하기 때문에 재장전하기 위해서는 꼭 몸을 일으켜야 하고, 1~2분에 1발 정도를 발사할 수 있는 수준이었습니다. 그마저도 모든 농민군이 갖고 있는 것이 아니었습니다. 다수의 농민군은 총도 없이 일본 정예군과 싸운 것이지요.

Cooking Tip
〈역사저널 그날〉 '났네 났어. 난리가 났어! 동학농민운동' 편의 일부를 활용해 우금치 전투의 모습을 살펴보았습니다.

거기다 일본은 1분에 수백 발을 발사할 수 있는 개틀링 건까지 전투에 도입했습니다. 화력에서 너무 큰 차이가 났고, 거기다 일본군이 먼저 고지를 선점하고 있었기 때문에 농민군은 장렬히 전사할 수밖에 없었습니다. 일방적인 학살이 이루어집니다. 이때 사망한 농민군의 수는 적게는 4만, 많게는 20만, 보통은 10만 명 정도를 추산합니다. 정확한 데이터를 알 수 없는 것이 일본군의 통계가 여론을 의식해 학살한 농민군의 수를 줄여서 셈을 했기 때문이라고 합니다. 외세를 물리치기 위해 자신의 목숨을 바쳐 들고 일어난 수십만에 이르는 분들의 죽음이

우금치

Cooking Tip
승리의 기억이 아니기 때문에 많은 이들에게 알려지지 않은 장흥 동학혁명기념관을 방문하면 여성 농민군 지도자 이소사, 소년 장수 최동린. 농민군 500명을 피신시킨 소년 뱃사공 윤성도를 만날 수 있습니다.

참으로 안타깝습니다. 사진은 공주 우금치에 조촐하게 남아 있는 동학 농민군들의 죽음을 기리는 탑입니다. 일본군의 총탄에 쓰러져 간 농민 군은 어떤 세상을 꿈꾸었을까요?

드디어 세상이 달라지다! 🔍 동학농민혁명이 이렇게 진압되는 과정에서 사태의 심각성을 깨달은 조선 조정은 개혁 작업에 착수합니다. 이때 조선은 낡은 신분제와 과거제 혁파, 세금제도 개선 등에 노력합니다. 농민군의 의지가 계승된 것이죠.

갑오개혁 🔍 이를 역사는 '갑오경장' 또는 '갑오개혁'이라고 말합 니다. 농민군이 개혁안으로 제시한 요구 사항이 얼마나 개혁에 반영되 었는지 한번 살펴봅시다!

Cooking Tip
혹시 교과서에 갑오개혁과 관련된 내용이 없더라도 꼭 지도해야 한다고 생각합니 다. 비록 일본의 간섭이 있 긴 했지만, 법과 제도의 변 화가 이후 사람들의 생활에 막대한 영향을 끼쳤기 때문 입니다.

Cooking Tip
자체 제작한 활동지를 사용 해 관련 내용끼리 선으로 이어 가며 농민들의 요구가 얼마나 반영됐는지 살펴보 았습니다.

> 농민군의 요구 사항과 국가에서 추진한
> 개혁(갑오개혁)과 비교해 봅시다.
>
> 노비 문서를 소각하라! • • 청나라에 의존하지 않고 자주 독립의 기초를 세운다.
>
> 과부의 재가를 허용한다. • • 과거제도를 폐지하고, 능력 위주로 관리를 뽑는다.
>
> 무명의 잡세를 폐지하라! (법으로 정하지 않았으나 수령들 이 걷는 불법 세금을 없애자!) • • 신분제도를 없앤다.
>
> 관리를 등용할 때에는 지벌(아는 사람, 같은 지역 출신의 사람을 뽑는 행위)을 타파하고, 능력에 따라 고르게 인재를 등용하자! • • 세금을 모두 법으로 정하고, 그 이상 거두지 못한다.
>
> 왜적과 통하는 자는 엄징한다. (일본의 침략을 막아 내자!) • • 과부의 재가를 허용한다.
>
> 토지를 모든 농민에게 공평하게 나눠 주자! • • 백성을 함부로 가두거나 벌하지 말며, 백성의 생명과 재산을 보호한다.

당시 일본의 간섭을 받고 있었기 때문에 10조 '왜적과 통한 자는 엄징한다.'와 토지제도 개혁을 요구하는 12조 '토지를 모든 농민에게 공평하게 나눠 주자!'를 빼곤 상당 부분 반영되었다는 느낌을 받을 수 있습니다. 대한민국 정부에서는 2004년 특별법에서 '동학농민혁명'이라는 용어를 사용했습니다. 우리 교과서도 표현이 달라져야 하지 않을까 생각해 봅니다. 동학농민혁명은 어찌 보면 미완의 혁명입니다. 궁극적으로 일제의 침략을 막아 내지는 못했기 때문입니다. 동학 농민군의 항일의 불꽃은 1894년 꺼진 듯했지만 그 의지는 훗날 의병 운동으로 계승됩니다.

Cooking Tip

『누드 교과서』 한국사 편에 실려 있는 만화를 활용해 동학농민혁명의 전개 과정을 순서에 맞게 배열하는 활동으로 수업을 마무리했습니다.

Table 06

대한제국, 13년의 꿈

. . . .

오늘의 식단 한눈에 보기

- 청일 전쟁 이후 정세
- 광무 황제의 꿈과 처절한 노력

재료 준비	장 보기
• 'Ⅷ-Ⅱ. 근대 국가 수립 운동' 음원	• 멜론
• 을미사변 관련 영상	• 영화 〈불꽃처럼 나비처럼〉
• 고종의 환궁 관련 영상	• 영화 〈가비〉

청일 전쟁에 승리한 일본의 간섭 🔍

청일 전쟁에 승리하여 조선 내 이권 행사의 주도권을 잡은 일본의 간섭은 점점 심해졌고, 고종과 중전 민씨는 일본을 견제할 방법을 찾고자 합니다. 이때 청일 전쟁의 승리로 일본이 청나라로부터 할양받기로 한 요동반도가 뜨거운 감자로 떠오르는데, 당연히 일본이 차지하게 될 줄 알았던 요동반도를 러시아, 프랑스, 독일 삼국의 간섭으로 다시 뱉어 내는 모습을 봅니다. 일본이 대륙으로 치고 들어오는 것을 경계한 러시아가 열강들과 힘을 합쳐 막아낸 것인데요. 이를 역사는 '삼국 간섭'이라고 합니다.

세력의 균형 🔍

이를 본 고종과 중전 민씨는 러시아 세력, 즉 열강의 세력 균형을 이용하여 조선의 보전을 꾀합니다. 그러면서 친일파를 몰아내고 반대 세력인 친러파를 중용하여, 급기야는 갑오개혁 때 일본의 음흉한 마음으로 만들어진 훈련대를 해산하라는 명령을 내리기에 이릅니다. 여기서 말하는 친일파는 독립운동기의 민족 반역자들을 말하는 것이 아닙니다.

일본에 의해 만들어진 훈련대를 해산하라! 🔍

고종이 자신을 지키기 위한 수비대인 시위대를 만들었는데, 시위대와 충돌이 잦고 눈엣가시 같은 훈련대를 해산하는 것이 옳다고 생각했기 때문입니다. 이에 일본은 조선 내에서의 자신들의 영향력을 회복하기 위해, 그 세력의 균형을 이룬 추를 잘라 버리기 위해 매우 야만적인 행위를 저지릅니다. 일본은 훈련대까지 해산되면 자신들이 계획해 놓은 많은 것들이 수포로 돌아간다고 판단하고 그 사건을 일으킵니다.

Cooking Tip

쉬는 시간에 랩통 한국사 'Ⅷ-Ⅱ. 근대 국가 수립 운동' 음원을 들려주며 수업 시간을 맞이했습니다. 현대사 들어가기 전까지 매 수업 시작 전에 해당 음원과 랩통 한국사 'Ⅷ-Ⅰ. 근대 국가 수립 운동' 음원을 함께 들려주었습니다.

Cooking Tip
영화 〈불꽃처럼 나비처럼〉
의 일부를 활용해 을미사변
에 대해 공부했습니다.

을미사변 🔍 러시아의 힘을 이용해 일본을 궁지에 몰아넣은 외교 전략을 중전 민씨가 구현한 것으로 판단하고, 외교 수완이 뛰어난 그녀 (사후 황후로 추존, 명성황후에 대한 평가 역시 학자마다 다르다)를 매우 야만 적으로 살해하기에 이릅니다. 이를 '을미사변'이라고 합니다. 을미년에 일어난 변이지요. 일개 공사인 미우라 고로가 주동이 되어 일본 군인과 낭인들이 한 나라의 궁궐(경복궁 건청궁 옥호루)에 침입하여 국모를 시해 한 하늘도 놀랄 사건이 벌어진 것입니다.

단발령 🔍 을미사변이 있은 후 일본은 조선의 정신과 혼을 잘라 내려는 목적으로 단발령을 강제 실시합니다.

의병 일어나다 🔍 을미사변과 단발령을 계기로 유생들을 중심 으로 의병이 일어나 일본에 대항하는 움직임을 보입니다. 단발령, 물론 위생적이고 일하기도 편합니다. 하지만 정책이란 국민, 백성을 설득하 고 이해시킨 후 입안하는 것이지 그들의 마음을 움직이려는 일말의 노 력도 하지 않고 무조건 밀어붙이는 것은 아니라고 생각합니다.

세종 대왕은 세금제도를 고치기 위해 18만 명에 이르는 백성들의 의 견을 수렴하였고, 자신의 구상이 분명 합리적이고 미래에는 당연시되 고, 밀어붙이면 이루어질 것이라고 생각했으나 백성들이 공감하지 않자 한 발 물러서는 모습을 보였습니다. '정치는 백성과 함께 가는 것이지, 그렇지 못한 것은 아무리 좋은 정책이라고 해도 소용없다. 그게 바로 정 치다!'라고 생각하셨겠지요.

아관파천 🔍 이러한 상황에서 생명의 위협을 느낀 고종은 하루 두 끼 자물쇠가 채워진 밥상을 받아 자신이 가지고 있는 열쇠로 열어 먹 습니다. 한 나라 왕의 식사라고 하기에는 너무 마음 아픈 상황이죠. 같은 입장이라면 누구라도 그렇게 불안해 하지 않았을까요? 또 그대로 경복궁에 있는 것은 무척 어리석은 일이었겠죠? 일본의 감시하에 계속 경복궁에 머문다면 일본의 총칼 앞에 그들의 뜻대로 조선의 중요한 정책이 결정되어 버릴 테니까요. 물론 이러한 이유가 국가의 주권자가 다른 나라 공사관으로 도망가 버리는 상황을 정당화할 수는 없겠지만요. 그로 인해 나라의 많은 이권을 빼앗겨 나라가 엉망이 되어 버렸다면 더욱 그러하지요.

안타깝게도 고종은 궁녀 엄씨의 가마에 숨어 아라사 공사관으로 거처를 옮깁니다. 이를 역사는 '아관파천'이라고 합니다. 아라사는 러시아를 의미합니다. 파천은 '뿌릴 파(播)', '옮길 천(遷)' 자를 사용합니다.

세상에 공짜는 없다 🔍

보호를 받기 위해 러시아 공사관으로 거처를 옮긴 고종은 일본의 위협으로부터는 벗어날 수 있었지만 국제 관계에 공짜는 없는 법이죠! 러시아는 고종의 안전 보장을 볼모로 조선으로부터 산림 채벌권, 광산 개발권 등의 각종 이권을 가져가고, 그간 맺어두었던 조약들의 최혜국 대우에 의해 조선은 열강의 이권 침탈 각축장이 되어 버립니다. 여기서 최혜국 대우란 '당신 나라에 최고의 혜택을 주겠다'는 내용으로 다른 국가에 어떤 혜택을 주면 그에 상응하는 혜택을 별도의 조약 없이 얻어 가는 것을 말합니다.

필립 제이슨 돌아오다! 🔍

이런 상황에서 미국에서 닥터 필립 제이슨이 돌아옵니다. 갑신정변의 주동자로 교련국 훈련을 맡았던 그 서재필입니다. 고종으로부터 사면령을 받은 미국 시민권자 서재필이 다시 고종의 부름을 받고 조선에 돌아오게 됩니다. 고종은 서재필에게 하사금 4,300원을 주고 다방면에서 그를 지원해 줍니다. 서재필은 1,300원 정도로는 자신이 머물 집을 구입하고, 3,000원 정도로는 『독립신문』을 발행하는 등 자주 독립, 자유 민권 의식 확산을 위해 부단히 노력합니다.

독립문

여기서 『독립신문』은 우리나라 최초의 일간지로 매일 4쪽 분량의 신문을 발행했습니다(격일간지로 시작해 일간지로 발전). 내용은 당시 국제 정세, 열강의 이권(특히 러시아) 침탈 비판, 자유 민권 의식 향상을 위한 기사 등으로 구성되어 있었다고 합니다. 하지만 일본이나 미국에게는 관대한 태도를 취해 비난받기도 합니다. 4쪽 가운데 3쪽은 '민(民)'들이 읽기 쉽게 한글로 되어 있었고, 남은 1쪽은 외국인들에게도 우리의 상황을 알리기 위해 영어로 기사를 썼습니다. 그리고 고종의 주도 아래 서재필은 독립문 건립 모금 운동에 나서는데, 이때 독립문을 만드는 모금에 참여한 사람들을 독립협회에 포함시켰습니다. 청나라에 대한 사대를 상징하는 영은문을 헐어 버리고 모화관을 독립관으로 바꿉니다. 여기서 영은문은 '은혜로운 청나라를 환영하는 문'이란 뜻이고, 모화관은 '중화를 사모한다'는 의미의 건물입니다.

독립협회 🔍   서재필, 이승만, 이상재 등이 세운 독립협회는 한동안 자주 독립과 자유 민권 의식 확산의 등불이 됩니다.

만민공동회 🔍   특히 그들의 후반부 활동이 눈에 띄는데, 만민공동회를 개최한 것이 바로 그 예입니다. 만민공동회는 당시 1만 명 정도의 사람이 운집하여 우리나라의 미래를 걱정하고, 우리가 나아가야 할 길, 자유 민권에 대한 자신의 생각을 신분에 관계없이 표현할 수 있는 장이 되었습니다. 백정 박성춘의 연설을 살펴보겠습니다.

Cooking Tip
만민공동회의 경우 고종 환궁 후 1898년 독립협회의 활동이었습니다. 그리고 상황이 안정된 것은 러시아와 일본 사이에 협상이 진행되고 있어 과도했던 경쟁 국면이 진정되었기 때문으로도 볼 수 있습니다. 3차 협상에서는 한반도에 대한 분할 통치, 공동 점거와 같은 내용이 오갔다고 합니다.

나는 대한의 가장 천한 사람이고
무지몽매한 자입니다.
그러나 충군애국의 뜻은 대강 알고 있습니다.
나라를 이롭게 하고 인민을 편하게 하는 길은
관민이 합심한 이후에 가능하다고 생각합니다.
저 햇볕을 가리는 천막에 비유하자면
한 개의 장대로 받치면 역부족이나
많은 장대를 합하면 그 힘이 견고합니다.

덕수궁 중화전

고종의 환궁 🔍

독립협회는 이런 활동들과 더불어 고종에게 끊임없이 환궁을 요구했습니다. 상황이 다소 안정된 것을 느낀 고종은 다시 궁궐로 돌아올 결심을 합니다. 하지만 그는 경복궁이 아닌 경운궁(현재 덕수궁)으로 돌아왔고, 원구단(환구단)과 황궁우를 정비하고 하늘에 예를 올리고 주변 신하들의 건의를 받아들이는 형식을 취해 황제의 자리에 오릅니다.

Cooking Tip
영화 〈가비〉의 일부를 활용해 고종이 환궁을 결심하는 장면을 보여 주었습니다.

그림에서는 웅장함을 느끼기 힘들지만 가운데에 있는 환구단이 황제가 하늘에 제사를 지내는 곳인데, 그 폭이 100m가 넘는 대형 건물이었다고 합니다. 일제는 대한제국을 강제 점령한 후 의도적으로 환구단 건물을 철거하고, 정확히 그 자리에 철도호텔을 세웁니다. 지금은 그곳에

환구단

웨스틴 조선 호텔

황궁우

웨스틴 조선 호텔이 자리하고 있습니다.

현재 서울시청 광장 앞에 남아 있는 것은 황궁우입니다. 신위를 모시는 부속 건물이었다고 합니다. 그마저도 대형 호텔 건물 때문에 바로 보이지 않고 호텔 건물을 타고 들어가야 그 안에 옹색하게 보존되어 있는 것을 볼 수 있습니다. 황궁우에 가면 망국의 한이 느껴져 참 마음 아픕니다.

주변 국가들의 반대를 무릅쓰고서라도 황제가 된 고종입니다. 그는 단지 높은 지위에 오르기 위한 욕망 때문에 대한제국으로 국호를 바꾸고 황제국임을 선포하였을까요? 그는 나라 안팎이 혼란스러울 때 러시아나 독일처럼 강한 황제를 중심으로 권력을 집중하는 것이 필요하다고 생각했을지도 모르겠습니다. 또 고종은 우리나라가 주변 여러 나라와 대등한 자주적인 국가라는 것을 천명하고 싶었던 것입니다. 수백 년간 이어 온 청나라와의 사대 관계를 끊고, 주변 다른 나라에 비해 위상과 격이 떨어지는 것으로 표현되는 조선 왕의 백성들 역시 중국, 일본과 대등한 위치에 있다는 것을 알리기 위함이 아니었을까요? 그러니 우리를 더 이상 어느 나라의 속국으로 보거나, 속국화하려는 일체의 행위를 중단하라는 메시지였을 겁니다. 하지만 황제권의 강화로 인한 권력 집중은 근대 정치 발전의 흐름과는 맞지 않는 것이었습니다.

광무 황제(문화재청)

대한제국은 황제국 🔍 황제국이 되면 달라지는 것들을 간단히 살펴볼까요? 전하는 폐하가 되고, 과인은 짐이 되고, 홍룡포(신하의 색)는 황룡포로 갈아입게 되고, 천세라는 말 대신 만세라는 말을 사용하게 됩니다. 황제가 내리는 명령, 칙령이라는 단어도 사용하겠네요.

대한제국의 꿈과 처절한 노력 🔍

황제국을 천명한 고종의 행보를 계속해서 살펴보겠습니다. 그는 황제에게 무한한 권한을 집중시키고 그 힘을 원동력으로 개혁을 추진하였습니다. 태양력을 쓴다는 의미의 나약한 건양이라는 연호를 버리고, 새로운 연호 광무(光武)를 취합니다. 그리하여 고종이 추진하는 개혁을 '광무 개혁'이라고 부릅니다.

공장과 회사의 설립 🔍

광무 황제는 사회 발전을 위해 전기와 교통 시설을 확충하고, 공장과 회사 설립에 박차를 가합니다. 개혁 전 한성 내에 5개밖에 없던 기업이 불과 5~6년 사이에 40배 이상 늘어 그 수가 200개를 넘어서게 됩니다. 이는 수입 의존도가 높아 국고를 비우게 만드는 근대 문물들을 스스로 생산하고자 하는 노력에 해당합니다.

근대적 학교의 설립 🔍

또 근대적 학교 설립에도 관심을 기울입니다. 그 목적은 각 분야의 전문가를 길러 외세에 기대는 성향을 줄이고 자주적으로, 스스로의 힘으로 개혁을 추진하고자 함이었습니다.

도시 개조 사업 🔍

국가의 얼굴 한성의 모습을 뜯어고치는 도시 개조 사업을 실시합니다. 근대적 국가의 모습, 근대적 수도의 위상을 보이기 위해 한성을 프랑스 파리나 미국의 워싱턴을 모델 삼아 개조하기 시작합니다. 한 나라의 수도는 그 나라의 국격을 짐작할 수 있게 해 주며, 그런 이미지가 주변 나라들이 어떤 생각을 하고 우리에게 접근할 것인지를 결정하는 요인이 되기도 하기 때문입니다. 1900년대 경운궁 앞에 뚫리는 방사형 도로의 모습이 현재 서울시청 앞 도로망의 모습과 동일합니다.

전국 철도망 건설 계획 🔍   그리고 전국을 연결할 철도망 건설 계획을 수립합니다. 일본은 입만 열면 자신들이 우리를 근대화시켜 주었다고 하지만, 우리를 그냥 두었다면 우리 스스로는 정말 아무것도 하지 못했을까요?

우리 스스로의 힘으로도 충분하다! 🔍   이러한 수많은 개혁의 노력들은 자본과 기술은 부족하지만 우리 스스로의 힘으로도 충분히 근대 국가를 건설할 수 있다, 그러니 주변국은 우리를 발전시켜 준다는 명목으로 침략하려 들지 말라는 의지를 보여 준 것이라고 할 수 있습니다.

국가 예산의 10% 🔍   광무 황제가 항상 관심이 컸던 부분이 있습니다. 당시 국가 예산의 10%를 그곳에 사용했습니다. 바로 양무호를 구입한 것입니다. 본래 영국산 석탄 운반선인데, 이를 일본이 매입하여 석탄 운반에 사용했으나 너무 거대하고 운영비가 많이 들어 채산성이 맞지 않아 물건을 내놓았는데 이를 구입한 것입니다. 비록 석탄 운반선이긴 하지만 우리는 양무호에 포신을 달고 군함으

●양무호

로 개조하여 사용합니다. 양무호! 우리 국가의 존망을 위협받던 시기에 우리 스스로를 지키기 위한 상징, 살아남기 위한 처절한 몸부림으로 보입니다.

학생들은 대한제국을 역사가 짧은 별 볼일 없는 나라, 금방 망한 나라로 알고 있습니다. 또 고종은 무능하여 나라를 망하게 한 황제, 커피만 좋아한 황제로 알고 있었습니다. 하지만 학생들에게 이렇게 설명해 주었습니다.

"너희들이 정말 피나는 노력을 하여 시험을 준비했어. 그런데 어떤 깡패들이 와서 스스로 문제 푸는 것을 방해하고, 주변의 다른 사람들은 그 깡패와 몰래 약속을 하고 너를 괴롭히는 것을 방관했어. 급기야 너희들이 풀어야 할 시험지를 찢어 버렸지. 너희들이 준비했던 모든 노력들이 물거품이 되는 순간이겠지? 그렇게 해서 0점 처리가 되었다고 해 보자. 후세 사람들은 너희를 0점짜리 인간으로 평가하겠지. 그러면 너희 기분은 어떻겠니? 결과가 좋지 않았다고 하여 너희의 노력을 하나도 인정해 주지 않는다면?"

물론 한 나라의 황제로서 나라를 잃게 된 것에 대해서는 절대 책임을 면할 수 없습니다. 하지만 결과만큼이나 과정도 중요한 것이니 그 과정과 노력도 한번 살펴봐 주면 안 될까요? 과정을 살펴보는 일은 어떤 과정이 어떻게 부족해서 우리가 나라를 빼앗기게 되었는지 연구하는 활동도 포함됩니다. 아이들에게 균형 있는 시각을 제시하고자 대한제국의 노력에 중점을 두고 수업을 준비하는 것은 어떨까요?

Modern

· ·

오늘의 식단
한눈에 보기

🍴 근대 문물의 수용 과정
🍴 변화된 생활 모습

재료 준비	장 보기
• '우리가 조선 최고의 전보사' 활동지	• 자체 제작
• 백열전구 점등식 관련 영상	• 영화 〈불꽃처럼 나비처럼〉
• 전등 도입 관련 영상	• 〈역사채널e〉(EBS)
• 전화와 얽힌 이야기 관련 영상	• 〈역사채널e〉(EBS)
• '은하철도 999' 음원	• 멜론
• 전차의 역사 관련 영상	• 〈역사채널e〉(EBS)
• 초콜릿 전래 관련 영상	• 영화 〈불꽃처럼 나비처럼〉
• 커피 전래 관련 영상	• 영화 〈가비〉

근대란? 🔍　이번 시간에는 근대 문물의 수용 과정에 대해서 알아보도록 하겠습니다. 고종이 처음 집권한 시기부터 대한제국 시기까지 새롭게 들어온 물건이나 생활 모습 등에 대해 공부하겠습니다.

　그럼 근대란 무엇일까요? '가까울 근(近)' 자를 써서 현재 우리가 살아가고 있는 현대사회와 가장 닮은, 가장 가까운 시대를 가리킵니다. 그래서 현재 우리의 생활 모습이 어떻게 시작되었는지 볼 수 있는 시대이기도 합니다.

통신 수단의 혁명 🔍　1885년, 지금으로부터 130년 전 즈음 조선의 모습을 보면 현재 우리의 모습이 어떻게 시작되었는지 그 자취를 찾을 수 있습니다. 근대 사회 이전에 무엇인가 전갈을 보내려면 종이에 내용을 적어 사람이 직접 가서 전달하는 것이 당연했습니다. 아무리 거리가 멀어도 다른 방법이 없었죠. 물론 가끔 영화 같은 것을 보면 매의 다리에 쪽지를 묶어 보내기도 하지만 보편적이지는 않았겠죠?

이것은 최초의 SMS 문자 메시지 🔍　그렇다면 이것은 어떤 시각에서 보면 최초의 SMS 문자 메시지라고 볼 수 있습니다. 사람이 직접 편지를 들고 가는 것이 아니라 전할 내용을 전기 신호로 바꾸어 거리가 먼 곳까지 보낼 수 있었으니까요. 바로 전신입니다.

우편 업무는 왜 시작하지 못했을까요? 🔍　조선의 경우에는 전신 업무를 먼저 시작하였지만, 보편적으로 외국 여러 나라의 통신 분야 근대 문물 도입 과정을 살펴보면 맨 처음에는 우편 업무를, 그다음 단계

우편 업무

에 전신, 끝으로 전화를 가설하는 단계를 거칩니다. 하지만 우리의 경우 갑신정변의 장소가 우정총국이었기 때문에 우편 업무는 10년 이상 늦춰지고 전신이 그보다 빨리 도입된 것입니다.

( )나라와 관련! 🔍 조선의 전신은 1885년 서울과 인천, 서울과 의주를 연결하면서부터 시작되었습니다. 지도로 보면 우리 영토의 서해안 쪽에 편중되어 있는 모습을 볼 수 있습니다. 어떤 나라의 지원을 받아 설치한 것일까요? 맞습니다! 청나라의 도움을 받았습니다. 임오군란이나 갑신정변 같은 정부에 큰 위협이 되는 사건이 발생했을 때 청나라에게 빨리 도움을 요청하기 위해 깔렸다는 것이 통설입니다. 가설 연도도 갑신정변이 일어난 지 일 년 후입니다.

전신 기계의 모습입니다. 오른쪽을 보면 동그란 스위치 같은 것이 있

Cooking Tip
전신과 관련된 가상 체험 활동을 했습니다. 모둠별로 전신 기계 사진을 한 장씩 나눠 주고 모둠별로 한 명씩 돌아가면서 그림에 손을 올려 두고 제가 제시한 단어를 모스 부호 표를 보고 입력하게 하였습니다. 실과 시간과 연계하여 브레드 보드형 미니 전신 기계 만들기 활동을 한 후 활용하는 방법도 있습니다. 인터넷 검색(쇼핑)창에 '모스 부호'라고 입력해 보세요(활동지는 쌤동네 채널에서 다운로드 가능합니다)!

는데, 저 부분을 손으로 눌러 주면서 내용을 보냈다고 합니다. 스위치가 하나인데 어떻게 여러 글자를 표현할 수 있었을까요? '톡' 하고 짧게 누를 때와 '토오오옥' 하고 길게 누르는 경우로 나누어 문자를 표현했습니다. 이를 '모스 부호'라고 하는데, 모스 부호 한글판을 보여 드리겠습니다.

전신기

ㄱ ⇒ · ─ · · 🔍 제시한 기호와 같이 짧게 한 번, 길게 한 번, 짧게 두 번 스위치를 누르면 'ㄱ'이 되는 것입니다. 이렇게 전신을 이용하여 문자를 보내는 것을 '전보'라고 합니다.

동아시아 최초로 이것을 설치하다 🔍

전신이 도입되고 몇 해가

Cooking Tip
영화 〈불꽃처럼 나비처럼〉
의 일부를 활용해 전등 설
치에 대한 당시 조선 사람
들의 반응을 추측할 수 있
었습니다.

더 지났습니다. 갑신정변을 기준으로 하면 3년 후인 1887년입니다. 우리보다 개방을 먼저 한 일본과 청나라보다도 이것을 먼저 설치하였습니다. 무엇일까요? 바로 전등이었습니다.

조선, 에디슨을 만나다 🔍

당시 전등은 발명왕 에디슨이 발명한

Cooking Tip
〈역사채널e〉 '조선, 에디슨
을 만나다' 편을 활용해 백
열 전등이 설치되는 과정을
살펴보았습니다.

지 불과 8년! 유럽에도 전등이 있는 나라는 거의 없었다고 합니다. 미국을 다녀온 보빙사와 갑신정변 직후 밤에 일어나는 변란에 대한 고종의 불안한 마음이 접점을 찾아 1884년 조선은 에디슨 전기 회사에 전등 설치 건에 대해 발주하고, 준비 과정을 거쳐 3년 후 1887년 우리나라 최초의 전등이 경복궁을 환하게 밝힙니다.

에디슨 심쿵! 🔍

당시 에디슨이 남긴 기록을 보면 동양의 한 왕국에서 자신이 발명한 전등 설치를 요청해서 무척 설렌다고 하였습니다. 당시에는 전등을 설치한 국가가 거의 없고, 널리 퍼지지 않은 상태였기 때문입니다. 이 사업을 시범 사업으로 생각한 에디슨 전기 회사는 조선을 모델로 생각하여 설비 비용을 최소한으로 해 주었다고 합니다.

전등에 전기를 제공해 줄 수 있게 엔진, 보일러, 발전기를 설치한 흔적이 경복궁에서 발굴되었다고 합니다. 그런데 보일러는 왜 설치되었을까요? 바로 물입니다! 경복궁 향원정 연못에 있는 물을 활용해 전기를 발생시켰던 것입니다. 경복궁에 설치된 전기 발전 시설은 당시 백열전구 750개를 밝힐 수 있는 규모의 전기를 생산했다고 합니다.

전등

물불, 묘화, 건달불 🔍

당시 전등은 여러 가지 별명을 갖고 있었습

니다. 물을 이용해 전기를 발생시켜 불빛을 밝힌다고 하여 '물불', 신기하고 기묘한 불빛이라고 하여 '묘화', 성능이 지금보다는 못해 불이 깜박깜박하자 이를 건들건들 건달에 비유하여 '건달불'이라고도 하였습니다.

1900년 🔍　경복궁 내에만 설치되어 있던 전등이 일반 백성들에게까지 퍼져 나가기 시작한 것은 1900년! 전차 운행이 줄어들 때 남는 전력을 이용해 불을 밝히기 시작했다고 합니다. 하지만 섬마을 사람들은 이로부터 수십 년이 지나고서야 전등을 사용할 수 있었습니다. 정확한 것은 아니지만 예전에 노화도라는 섬에서 근무할 때 주변에 계신 어르신들께 여쭈어 보니 1980년대 정도에 전기가 들어왔다고 했습니다.

덕률풍? 🔍　이번에는 우리 생활과 가장 밀접한 관련이 있는 물건에 대해 이야기해 보겠습니다. 이 물건은 당시 '덕률풍'이라는 이름으로 불렸습니다. 이는 서양에서 들어온 이 단어를 한자음으로 발음한 것입니다. 무엇일까요? 바로 텔레폰! 전화입니다.

Cooking Tip
〈역사채널e〉 '역사를 바꾼 한 통의 전화' 편을 통해 전화와 관련된 김구의 일화를 살펴보았습니다. 백범 김구(김창수)가 일본인 중위(「백범일지」 기록을 따름, 논란의 여지 있음) 쓰치다 조료를 죽인(김구는 그를 명성황후 시해 사건과 관련 있다고 생각했음) 치하포 사건 관련 영상입니다.

　당시 사용된 전화의 모습입니다. 최초의 장거리 전화가 개통된 1896년! 훗날 대한민국 임시 정부의 주석이 된 백범 김구 선생의 생명을 고종의 전화 한 통이 구해 낼 수 있었습니다. 개통된 지 불과 3일 후의 일이었습니다. 서울 인천 사이의 전화 개통이 며칠만 늦어졌더라도 우리나라의 역사가 달라졌겠죠? 초기에는 전화를 들고 대화하는 것이 예의에 어긋난다고 생각해 전화에 대고 절을 하기도 했습니다.

전화

불을 뿜는 수레! 🔍 우리나라에서 최초로 기차를 본 사람은 누구일까요? 김기수였습니다. 처음 접한 이름인가요? 아닙니다. 강화도 조약 이후 1차 수신사로 일본에 파견됐던 사람입니다. 김기수는 기차를 보고 불을 뿜으며 달리는 수레라고 표현했고, 이를 한자로 바꾸면 '화륜거'라고 합니다. '불 화(火)', '수레바퀴 륜(輪)', '수레 거(車)' 자를 사용합니다. 기차를 처음 탄 김기수는 그 속도가 너무 빨라 번개 같고, 나아가는 모습이 바람과 비 같다는 표현을 사용했습니다. 당시로서는 그 빠른 속도 자체가 충격이었을 것입니다.

은하철도 999 🔍 우리나라에 기차가 처음 들어선 것은 대한 제국 시기인 1899년 9월입니다. 제시한 사진은 인천역에서 촬영한 것입니다. 한국철도 탄생역이라고 쓰여 있는 조형물입니다. 여러분이 철도를 개통시킨다면 인천과 어떤 도시를 연결시키겠습니까? 사람이 많이 사는 수도 서울이겠죠? 1899년 9월 우리나라 최초의 기차는 서울

인천역

Cooking Tip
'은하철도 999' 노래를 부르게 하여 암기법을 안내했습니다. '99년 9월' 18일에 기차가 처음 달리기 시작해 9월 18일이 철도의 날이었으나 일제 잔재 청산을 위해 6월 28일로 최근에 바뀌었습니다.

과 인천 사이를 오갔습니다. '서울 경(京)' 자와 인천할 때 '인(仁)' 자를 써서 '경인선'이 개통되었다고들 표현했습니다.

일본은 왜 대한제국의 철도 부설에 관심이 많았을까요? 🔍 이때 우리는 일본의 기술을 도입하여 철도를 개통하였는데, 이상하게도 일본은 우리나라 철도 개통에 무척 관심이 많았습니다. 우리가 나라를 빼앗긴 이후에도 쭉 그랬습니다! 왜 그랬을까요? 일본은 우리나라의 자원, 인력을 뺏어가고 이용하기 위해 철도 건설에 혈안이 되어 있었습니다. 그래도 해 줘서 좋은 것 아니냐고요? 임금도 제대로 주지 않고 사람

을 부려먹어 깔아 놓은 철도가 고맙습니까? 그 공사 중에 일을 잘 못하거나 부당한 노동에 항의하다가 목숨을 잃은 사람들은 어느 나라 사람입니까? 다 우리나라 사람입니다. 대한제국은 이미 전국 철도망 구축을 계획했었고, 세상에 일본 아니면 우리의 철도 건설을 도와줄 국가가 하나도 없었을까요? 착각하지 맙시다. 그들은 우리를 위해서 공사 기술을 제공한 것이 아니라 오롯이 일본 자신을 위해서 한 것입니다.

Cooking Tip
〈역사채널e〉 '전차, 한성을 달리다' 편을 통해 전차 개통에서 철거까지 전차의 역사를 살펴볼 수 있습니다.

지금은 없지만 당시 최고 인기 교통 수단 🔍

수탈의 상징 철도와 기차 외에도 당시 최고로 인기가 좋았던 교통 수단이 하나 있습니다. 1968년 박정희 대통령 시절 도시에 자동차가 급증하면서 자동차용 도로 건설 때문에 지금은 서울에서 사라진 교통 수단입니다. 당시 기차는 지하자원, 땔감을 차량 안에서 직접 태워 동력을 얻었다면 이것은 발전소를 세워 전기를 이용한다고 해서 '전차'라고 불렸습니다.

전차는 기차와 모습이 많이 비슷한데, 최초 개통 시기도 비슷합니다. 1899년, 기차보다 4개월 앞서 전차가 한성을 달리기 시작합니다. 당시 조선 사람들에게 '쇠당나귀'라고 불렸던 전차! 처음에는 값이 비싸 지방 사람들의 관광용으로 많

전차

이 사용되었다고 합니다. 훗날 대한민국 서울 시민들의 발과 같은 역할을 했습니다.

요즘 사람들이 무척 좋아하는 음식들이 등장하다! 🔍

근대에는 새로운 문물과 더불어 사람들의 의식주와 관련된 생활 모습도 변화하기 시작합니다. 이 시기 현대사회를 살아가는 사람들이 무척 좋아하는 음

식들이 유입되었습니다. 초콜릿과 같은 서양 과자들이 소개되어 사람들 사이에 점점 퍼져 나가기 시작합니다. 고종은 커피 마니아였습니다. 커피는 한자음을 따 '가비차' 또는 서양의 탕국이라는 의미로 '양탕국'이라고도 불렀습니다. 이 시기에 홍차도 들어왔습니다.

Cooking Tip
영화 〈불꽃처럼 나비처럼〉에서 명성황후가 초콜릿을 맛보는 장면. 영화 〈가비〉에서 고종이 커피를 맛보는 장면을 수업 자료로 활용할 수 있습니다.

식생활 문화 또한 바뀌었습니다. 조선 시대에는 한 사람씩 따로 상을 놓고 먹는 독상 문화가 양반의 식사 예절이었는데, 한 상에 둘러앉아 밥을 먹는 겸상 문화가 점차 퍼지기 시작합니다.

단발령 🔍

'신체발부는 수지부모라 불감훼상이 효지시야니라.' 우리의 몸과 터럭은 모두 부모님께 받은 것이니 훼손해서는 안 된다고 할 때 사용하는 한자 표현입니다. 당시 조선 사람들의 생각을 지배하는 효 사상에 기반하고 있죠. 이러한 상황에서 단발령은 그야말로 말도 안 되는 일이었을 것입니다. 물론 짧은 머리가 위생적이고 편하지만 백성들의 공감을 얻지 못했다면 끊임없이 설득하고 의견을 공유하여 점진적으로 실시했다면 그렇게까지 큰 반발은 없지 않았을까요? 나중에는 그 편리함을 알고 사람들이 스스로 머리를 잘랐으니까요. 물론 일본은 우리 백성들의 의지는 안중에도 없었겠지만 말이죠.

주거의 변화 🔍

개항 이후 부산, 인천 등 개항장 주변에는 서양식 건물과 일본식 가옥이 들어서기 시작합니다. 한성에 세워진 대표적인 서

덕수궁 석조전

외국인 선교사가 세운 학교는 아니지만, 1880년대 초기 개화 정책의 일환으로 고종이 세운 최초의 근대적 교육기관으로 '육영공원'이란 곳이 있습니다. 영재를 기르는 곳이라는 의미입니다. 이곳에 영어를 가르치기 위해 온 헐버트는 죽을 때까지 교육자, 언론인, 외교자문관으로 활동하며 평생을 한국에 바친 인물입니다. 훗날 을사늑약이 무효임을 알리기 위해 노력했고, 일본에 의해 추방령이 내려져 우리나라에 입국이 불가능해지자 미국에서 우리나라의 독립운동을 지원했습니다. 한국인보다 더 한국을 사랑한 외국인 헐버트, 꼭 기억해야 할 인물입니다. 또 고종은 교육을 중요하게 생각하여 1895년에 교육이 국가 부강의 근본이라는 의미의「교육 입국 조서」를 반포해 많은 학교를 세우는 데 관심을 가졌습니다.

양식 건축물로는 독립문, 명동성당, 덕수궁(옛 경운궁) 석조전 등이 있습니다. 나무와 돌뿐만 아니라 벽돌, 시멘트, 유리 등으로 지어져 오늘날의 건물과 거의 비슷한 모습의 건물들이 지어지기 시작한 것입니다.

선교사들이 세운 학교 🔍

아펜젤러가 세운 배재학당, 스크랜턴이 세운 이화학당 등이 있습니다. 배재학당은 인재를 배양하기 위해 공부하는 곳이라는 의미입니다. 이화학당은 최초의 여학교로, 학교 근처에 핀 배꽃(梨花)의 이름을 따서 지은 이름이라고 합니다. 학교 외에도 신문사, 서양식 무기 공장, 서양식 병원 등 다양한 건물들이 세워집니다.

박문국 🔍

먼저 신문사 박문국입니다. 고종이 초기 개화 정책을 실시할 때 만들었는데, 이는 3차 수신사 박영효가 임오군란으로 악화된 일본과의 관계를 풀어내기 위해 일본에 방문했을 때 일본의 신문 발행을 보고 돌아와 건의해서 세우게 됩니다. 이곳에서『한성순보』라는 신문을 찍어 내기 시작합니다. 우리나라 최초의 신문인 셈이지요. '한성'은 수도 서울을 말하는 것이고, '순보'는 '열흘 순(旬)' 자를 사용해 열흘 간격으로 발행하는 신문이라는 뜻입니다. 하지만 갑신정변 때 박문국의 윤전기가 박살이 나면서 몇 년간『한성순보』는 발행을 중단하였다가 수년 후에『한성주보』(주간지)로 이름을 바꾸어 다시 신문을 찍어 냅니다. 전환국에서는 사진과 같은 압인기를 사용하여 새로운 화폐를 찍어 냈습니다.

압인기

기기창 🔍

다음은 서양식 무기 공장입니다. 청나라에 간 영선사가

청나라의 서양식 무기 만드는 기술을 배워 임오군란 때 구식 군인을 진압하러 들어오는 청나라군과 함께 배를 타고 옵니다. 그동안 비용 문제 때문에 못 돌아오고 있다가 따라 들어온 것이죠. 그 후 세워진 것이 기기창입니다.

광혜원 🔍 다음은 최초의 서양식 병원 광혜원입니다. 광혜원의 설립은 갑신정변과 관련이 있습니다. 갑신정변 때 명성황후의 조카 민영익이 10곳 이상의 칼침을 맞아 자상이 심했는데, 이를 살려 내기 위해 외국인 선교사 알렌을 불러 수술을 합니다. 알렌의 수술로 기적적으로 민영익은 살아나고, 이에 대한 감사의 인사로 알렌이 희망하는 대로 왕실에서는 최초의 서양식 병원을 지어 줍니다.

ᘡ 광혜원

서울 신촌 세브란스 병원 내에 복원되어 있는 광혜원입니다. 세브란스 병원의 전신이 옛 광혜원입니다. 실은 광혜원이라는 이름을 붙여 병원을 세웠다가 한 달 만에 '제중원'으로 병원 이름이 바뀌었습니다. 광혜원은 '넓을 광(廣)', '은혜 혜(惠)' 자를 사용하여 널리 은혜를 베푸는 곳이라는 의미이고, 왕실을 위한 병원이라는 성격이 강했다면, 제중원은 백성들에게도 의료 혜택을 주기 위해 그 범위를 확대하면서 이름을 바꾼 것입니다. '구제할 제(濟)', '무리 중(衆)' 자를 써 만백성을 구제해 주는 병원이라는 뜻이지요.

Cooking Tip
광혜원 설립 당시의 규모는 복원되어 있는 현재의 규모와는 전혀 다릅니다. 영의정 홍순목의 아들 홍영식의 집이 광혜원으로 쓰였는데 외래진료실, 일반병동, 특별병동, 부인병동, 예방접종실, 전염병동, 수술실 등을 구분해 마련하였습니다.

Table 08

망국, 나라를 잃다

오늘의 식단 한눈에 보기

- 을사늑약
- 마지막 히든 카드
- 도마 안중근

재료 준비	장 보기
• 첩보기관 제국익문사 관련 영상	• 〈역사 스페셜〉(KBS)
• 헤이그 특사 관련 영상	• 〈역사저널 그날〉(KBS)
• 안중근 의거 관련 영상 자료	• 〈역사저널 그날〉(KBS)
• 조마리아 여사 음성 편지 자료	• 〈역사저널 그날〉(KBS)

삼국 간섭 & 아관파천 그 후 🔍

청일 전쟁에서 승리한 일본이 요동반도를 차지하려고 하자 러시아가 프랑스와 독일을 끌어들여 일본의 대륙 진출을 견제합니다. 이를 '삼국 간섭'이라고 합니다. 이후 러시아 세력을 이용하여 일본의 위협에서 벗어나고자 했으나 을미사변으로 고종은 신변의 위협을 느끼게 되고 러시아 공사관으로 거처를 옮깁니다. 그로부터 일 년 후 근대적 자주 독립 국가 건설이란 꿈을 안고 경운궁으로 돌아온 고종은 대한제국을 선포하고, 러시아와 일본의 세력 균형 사이에서 다방면에 걸친 개혁에 시동을 겁니다.

광무 황제의 외교 활동 🔍

광무 황제는 자주 독립 국가로 살아남기 위해 세계 열강의 최고 권력자들에게 친서를 보내는 등 외교 활동에 많은 노력을 기울입니다. 또 중립국으로서의 지위를 얻기 위해 처절한 몸부림을 칩니다. 하지만 이러한 상황에서 팽팽했던 힘의 균형이 깨질 기미가 보입니다. 러일 전쟁 직전인 1904년 1월 대한제국은 국외 중립 선언을 합니다. 그러나 힘이 없는 국가의 중립 선언은 공허한 메아리처럼 공중에 흩어져 버립니다. 아직 근대 국가로의 성장이 완숙하지 못했던 대한제국 광무 황제의 국외 중립 선언 역시 가볍게 무시되고, 되레 일본이 여러 조약 체결을 요구해 옵니다.

우리나라를 너희들의 군사 기지로 삼겠다고? 🔍

영토를 군용지로 마음껏 사용할 수 있게 허용한다는 내용이 한일 의정서에서 가장 중요한 내용이라고 합니다. 그 외에도 러시아와의 일전을 대비하기 위해 일본은 차근차근 우리의 시설이나 영토를 잠식해 들어옵니다.

러일 전쟁 🔍 호랑이와 이리가 대한제국에 대한 이권을 놓고 맞붙습니다. 러시아와 일본의 전쟁, 러일 전쟁이 우리 땅에서 발발한 것이지요. 당시 아시아 대륙에 있는 러시아 함대는 뤼순 함대와 블라디보스토크 함대가 있었습니다. 일본은 두 함대의 연합을 막기 위해 뤼순 항을 포위하고 러시아의 군함들을 박살 냅니다. 선전포고도 없이!

이후 인천 앞바다에서 벌어진 전투에서도 뛰어난 전략으로 승부를 봅니다. 가장 앞장선 배 하나를 정확히 계산한 후 공격해서 전투 불능 상태로 만들고 지휘 체계를 마비시켜 버립니다. 운도 따라 주었기에 가능한 승리였습니다. 당시 일본 군함에는 러시아 군함의 장갑을 뚫을 수 있는 관통탄이 없어 지휘관이 있는 곳을 노린 것인데, 운 좋게 딱 맞아떨어진 것이죠. 1라운드가 이렇게 끝납니다.

러시아 발틱 함대 🔍 상황이 이렇게 되니 러시아도 운명을 걸고 사투를 벌입니다. 세계 최강 발틱 함대가 지구 반 바퀴를 돌아 한반도 주변 바다로 진입합니다.

누가 이겼을까요? 🔍 2라운드도 모두의 예상을 깨고 일본이 승리하였습니다. 일본 해군의 영웅 도고 헤이하치로의 뛰어난 전략으로 쓰시마 해협에서 발틱 함대는 힘도 제대로 써 보지 못하고 당합니다. 도고 헤이하치로는 이순신의 학익진을 모방해 대승을 거둡니다. 도고 헤이하치로는 러일 해전의 승리로 세계적인 명장의 대열에 올라섰고, 일본 역사 10대 영웅 중의 하나로 그 이름이 올랐습니다. 이후 육군 전투에서는 일본도 큰 피해를 입었기에 청일 전쟁처럼 완벽한 승리는 아니었지만 러시아를 물러가게 할 만큼의 무력을 선보입니다.

사실 일본은 전쟁이 예상보다 길어지면서 점점 늘어나는 군사비를 감당하기 힘든 상황이었는데, 전세가 자신들에게 유리할 때 전쟁을 마무

216

리하고자 미국에 러시아와의 강화를 주선해 달라고 부탁합니다. 미국은 아시아 내에서 이익을 챙기는 대가로 일본의 요구를 들어주었고, 러시아는 자국 내에서 대규모 봉기가 일어나 일본과의 전쟁에 몰입할 수 없었던 상황이었습니다. 전쟁은 운도 따라 줘야 하나 봅니다.

영일 동맹 🔍 일본 승리의 원동력은 메이지 유신 이후 급성장한 일본의 국력에 영일 동맹이 더해졌기 때문입니다. '해가 지지 않는 나라'라고 불렸던 영국은 당시 세계 곳곳에 식민지를 가지고 있었기 때문에 러시아 함대가 최단 거리로 이동하지 못하게 방해할 수 있었습니다. 또 러시아 함대가 지구 반 바퀴를 돌아오는 동안 영국의 식민지를 거쳐 올 수밖에 없었다고 합니다. 영국으로부터 수많은 첩보를 얻어 낸 일본! 실제로 러시아 함대의 어떤 군함에 병력이 어느 정도 있고, 어떤 무기가 있는지, 식량 사정은 어떤지 등 러시아에 대해 꿰뚫고 있는 상태에서 일본은 전쟁에 임할 수 있었습니다. 지피지기면 백전불태라고 했던가요? 아니, 불패를 넘어서 일본은 강대국 러시아를 대한제국에서 밀어내는 데 성공합니다.

일본의 이런 행동에 강대국들의 반응은? 🔍 일본의 이런 행보에 세계 열강은 침묵을 지키며 근대 국가로 성장한 일본의 힘을 인정하기에 이릅니다. 그들 소원대로 제국주의 열강의 일원이 된 것이죠.

삼국 간섭의 뼈아픈 과거 🔍 삼국 간섭으로 요동반도를 놓쳐 대륙 진출이 수십 년 미뤄져 버린 일본! 다시는 그런 실수를 하지 않습니다. 전쟁에 승리하는 것 이상으로 강대국들과의 뒷거래가 중요하다는 것을 깨달았겠죠. 세계 열강이 일본의 조선 침략을 묵인한 데는 이유가 있는 것입니다.

`가쓰라-태프트 밀약` 🔍 　일본 내각 총리대신 가쓰라와 미국 육군
장관 태프트는 비밀 약속을 합니다. 미국이 필리핀을 식민지로 삼는 것
에 일본이 관여하거나 욕심 내지 않는 대신, 미국 역시 일본이 대한제국
을 식민지로 삼는 것에 관여하지 않겠다는 내용입니다. 1880년대 조선
과 미국이 맺은 조약에 의하면 '거중조정'이라는 조항이 있었는데 명백
히 이를 배신한 것입니다. 거중조정이란 조선과 미국 어느 한쪽이 제3국
과 문제가 생겼을 경우 조약 상대국이 적극적으로 나서 원만하게 조정
해 준다는 의미입니다. 미국은 조선에 문제가 생겼을 때 오히려 일본과
비밀 약속을 하고 있었던 것이지요.

`2차 영일 동맹` 🔍 　일본은 여기에 동맹 국가였던 영국과 다시 한
번 우호를 다집니다. 일본은 영국의 인도 지배권을 철저히 인정하고, 일
본은 조선을 차지하는 것에 대해 영국으로부터 "Help yourself(좋을 대
로 하시오)!"라는 답을 얻기에 이릅니다.

`포츠머스 조약` 🔍 　여기에 러일 전쟁에서 패한 러시아는 포츠머
스 조약을 통해 대한제국의 일에 손을 떼게 됩니다.

`국제 관계에 친구는 없다!` 🔍 　국제 관계에 있어 의리를 지키는 것
이나 친구는 없다는 것을 여실히 보여 주는 대목입니다. 각 국가들이 오
직 자신의 국익을 최우선하여 외교 활동을 하기 때문입니다.

`스튜핏 Japan` 🔍 　그리고 한 가지 큰 사건이 더 있었습니다. 러
일전쟁 중 일본이 시마네 현 고시로 무주지 선점론(주인이 없는 땅을 먼
저 점령한 것이니 독도가 일본의 땅이라는 주장)을 내세워 독도를 불법으로
자신의 영토로 편입시킨 일입니다. 하지만 무주지 선점론은 논리적으로

근거가 빈약합니다. 시마네 현 고시보다 5년 앞선 1900년에 대한제국이 광무 황제의 칙령 41호로 독도가 우리의 영토라는 것을 다시 한 번 확인한 근거가 있기 때문입니다.

청나라와 러시아라는 방해꾼을 제거한 일본은 수십 년간 준비해 온 정한론을 계획에 따라 차근차근 실행해 갑니다.

1905. 11. 17. 🔍 1905년 11월 17일 마침내 을사늑약이 체결됩니다. 우리는 외교권을 완전히 박탈당합니다. 조약을 체결할 때 일본의 중개를 거친다는 조항에 의해 대한제국은 일본의 보호국으로 전락해 버립니다. 갑수와 을수, 병수가 있다고 해 봅시다. 여기서 갑수는 조선을, 을수는 일본을, 병수는 제3국을 의미합니다. 갑수가 병수랑 더 친하게 지내고 싶어서 한번 만나서 떡볶이를 같이 먹고 싶은데, 이를 누구에게 허락받아야 할까요? 보호국이 되었으므로 을수의 허락이 있어야 만날 수 있습니다. 약속 시간, 약속 장소도 을수가 정해 줍니다. 또 갑수가 집안 형편이 어려워서 자기 물건을 다른 친구에게 팔고 싶습니다. 병수가 그 물건을 원하는 눈치입니다. 이때도 누구 허락을 받아야 할까요? 을수 허락을 받아야 합니다.

이처럼 외교권을 박탈당했다는 것은 조선의 자주 독립국적 지위를 박탈당한 것과 같은 사건이었습니다. 그래서 대한제국 사람들은 을사늑약을 국권의 피탈과 같은 수준으로 생각하였습니다. 외교권을 빼앗긴 것만으로도 나라를 잃은 것과 같은 슬픔과 아픔을 느낀 것이지요.

을사늑약 🔍 을사늑약이란 을사년에 강제로 체결된 조약이라는 뜻입니다. '굴레 늑(勒)' 자를 사용했습니다. 굴레란 소의 입에 재갈을 물리고 입과 얼굴에 씌우는 도구로, 소가 원하는 방향으로 갈 수 없고 주인이 당기면 주인이 원하는 방향으로 갈 수밖에 없게 하는 도구입니다. 어떤 일을 원하지 않는데 강제로 하게 할 때 '굴레 늑(勒)' 자를 사용합니다.

명백한 불법 조약! 🔍 을사늑약은 명백한 불법 조약입니다. 조약이라고 할 수 없죠. 아이들이 일기를 쓰거나 무언가 글을 쓸 때에도 제목이 들어갑니다. 하물며 국가와 국가 사이의 일을 논의한 문서에 제목조차 없다니요! 거기다 국가 간의 합의 문서에는 그에 맞는 격식이 따르기 마련입니다. 문서를 철하여 묶는 끈의 색깔도 각각 구분을 짓습니다. 을사늑약 문서에는 그런 구분도 없다고 합니다. 조약을 법적 조약체결권자가 최종적으로 확인·동의하는 절차인 비준도, 광무 황제의 도장도 찍혀 있지 않습니다. 국가 중대사를 다루는 공문서에 최고 책임자의 승인이 없었다니, 당연히 불법인 것입니다.

을사늑약

이 조약을 맺은 이들은 누구일까요? 고종은 끝내 승인하지 않았습니다. 군대를 끌고 온 이토 히로부미가 협박하여 도장을 받아 내려 하지만 조약서에 도장을 찍지 않죠. 그러자 대신들을 협박하면서 조약 승인을 강요합니다. 9명 중 5명(외부 박제순, 내부 이지용, 군부 이근택, 학부 이완용, 농상부 권중현)의 대신이 이에 찬성합니다. 그렇게 비합법적으로 맺어진 것이 바로 을사늑약입니다.

황제를 호위하는 민영환은 황제를 제대로 모시지 못했다며 자결합니다. 명함에 남긴 그의 유언 일부를 읽어 볼까요?

민영환 유서

오호라, 나라와 민족의 치욕이 이 지경에까지 이르렀구나.
생존 경쟁이 심한 이 세상에서 우리 민족이 장차 어찌 될 것인가.
무릇 살기를 원하는 사람은 반드시 죽고
죽기를 기약하는 사람은 살아 나갈 수 있으니,
이는 여러분들이 잘 알 것이다.
나 영환은 한 번 죽음으로써 황제의 은혜를 갚고
우리 2천만 동포 형제들에게 사죄하려 한다.
영환은 이제 죽어도 혼은 죽지 아니하여 구천에서 여러분을 돕고자 한다.
바라건대 우리 동포 형제여,
천만 배나 분발하여 기개를 굳건히 하고 학문에 힘쓰며,
마음을 합하고 힘을 아울러 우리의 자주 독립을 회복한다면
그러면 나는 지하에서 기꺼이 웃으리다.

민영환이 자결한 그 자리에 훗날 대나무가 자라 있는 모습입니다. 실내에서 대나무가 자라는 것은 흔치 않은 일이지요. 민영환 선생의 피를 먹고 자란 혈죽이라고 불러야 할 것 같습니다. 잘 보관해 두어 현재도 고려대학교 박물관에 전시되어 있다고 합니다.

민영환 혈죽

철시, 휴학 🔍 수많은 상인들이 상업 활동을 그만두고 시장에서 철수합니다. 또 수많은 학생들이 학업을 중단하고 휴학합니다.

다음은 1905년 11월 20일자 『황성신문』에 게재된 장지연의 논설 「시일야방성대곡」입니다. '오늘 목 놓아 통곡하노라'라는 제목의 글입니다. 이 신문의 주필이었던 장지연은 1905년 을사늑약이 체결되자 이 논설을 써서 을사늑약의 굴욕적인 내용을 폭로하고, 일본의 흉계를 통렬히 공박하여 그 사실을 전 국민에게 알렸습니다. 이로 인하여 『황성신문』은 사전 검열을 받지 않고 신문을 배포하였다 해서 3개월간 정간되었으며, 그는 일본 관헌에 붙잡혀서 90여 일간 투옥되었다가 석방되었습니다.

저 개돼지만도 못한 정부의 관리들이 자기들의 이익만 엿보고
일본이 거짓으로 위협하는 것조차 겁내면서,
4천 년 이어 내려온 땅과 500년 전통의 조선을 외국인에게 바치고
우리 민족 2천만을 외국인의 노예로 만들었다!
아! 원통한지고, 아! 분한지고.
2천만 동포여, 노예된 동포여!
살았는가, 죽었는가?
단군 이래 4천 년 국민 정신이 하룻밤 사이에 홀연 망하고 말 것인가.
원통하고 원통하다.
동포여! 동포여!

5적 암살단 🔍 을사늑약 체결에 앞장선 이완용, 이지용, 이근택, 박제순, 권중현, 이 5명의 민족 반역자를 '을사오적'이라고 합니다. 을사오적을 처벌하려는 5적 암살단이 조직되는 등 저항 활동이 나타나기도 합니다. 을사늑약에 저항하는 움직임으로 대규모 의병 전쟁이 벌어지기도 합니다. 자세한 내용은 다음 시간에 다루도록 하겠습니다.

대규모 의병 전쟁 🔍 그리고 일본은 우리나라의 일을 통으로 총감독하는 관청인 '통감부'를 세우고 초대 통감으로 을사늑약 체결의 일등 공신인 이토 히로부미를 임명합니다. 사진은 통감이 머물던 관저 터가 있던 자리의 현재 모습입니다. 관저란 직급이 높은 사람의 관사 정도로 생각하면 될 것 같습니다.

통감 관저 터

비밀 첩보 기관 🔍 이런 상황에서 광무 황제에 대한 감시는 더욱 심해지고, 대한제국 황제는 60여 명으로 이루어진 비밀 첩보기관 '제국익문사'를 만들기에 이릅니다. 주요 항구나 외국에서 외국인의 동태를

살피거나 외국군의 동향을 살피는 역할을 한 기관입니다. 제국익문사는 화학비사법과 자신들만의 도장을 사용하여 황제에게 비밀리에 정보를 보고하고 보안을 지켰다고 합니다. 여기서 화학비사법이란 화학 약품을 이용해 글을 써 평소에는 글씨가 보이지 않고 불에 쬐거나 다른 약품을 통해서만 글씨가 보이게 하는 방법을 말합니다.

Cooking Tip
〈역사 스페셜〉영상의 일부를 활용해 제국익문사에 대해 살펴보았습니다.

광무 황제의 마지막 카드 🔍

이런 상황에서 1907년 네덜란드 헤이그에서 만국평화회의가 열린다는 소식이 들립니다. 광무 황제가 마지막 카드를 꺼냅니다. 네덜란드 헤이그에 이준, 이상설, 이위종 등 3명의 신하를 특사로 파견합니다.

헤이그 특사 🔍

30일이 넘는 기간 동안 대륙을 횡단하여 가까스로 네덜란드에 도착한 특사 3명! 이들에게는 여독을 풀 여유조차 없었습니다. 바로 만국평화회의가 열리는 곳으로 달려갑니다. 하지만 이들은 회의장 내부에 들어가는 것조차 허용되지 않습니다. 초대받지 않은 손님이라는 이유였는데, 대한제국은 분명히 일 년 전에 초대장을 받은 국가 중 하나였습니다. 하지만 그땐 러시아가 일본과 우리나라에 대한 이권 협상을 진행할 때 자신들에게 유리하게 진행하기 위한 수단이었을 뿐, 막상 이권 협상이 일본과 적절히 이루어져 가자 러시아는 대한제국이란 카드를 버렸고, 머나먼 이국 땅에서 헤이그 특사는 어떤 국가의 도움도 받을 수 없었습니다. 그들은 회의장 바깥에서 해외 언론에 끊임없이 을사늑약의 부당성에 대해 알릴 수밖에 없습니다. 헤이그 만국평화회의는 이름과는 달리 제국주의 열강이 자신들의 이익을 챙기는 회의였기 때문입니다. 특사들 가운데 이준은 그곳에서 화를 이기지 못해 죽고, 이상설과 이위종은 국내로 돌아오지 못하고 외국에서 독립운동을 이어 갑니다.

Cooking Tip
〈역사저널 그날〉영상의 일부를 활용해 헤이그 특사에 대해 살펴보았습니다.

고종 황제 강제 퇴위 🔍　하지만 이 사실을 알게 된 일본은 우리가 외교권을 일본에 넘겨준 상태였으니 그런 모든 활동들이 불법이라며 광무 황제를 강제 퇴위시키기에 이릅니다.

역할 놀이 🔍　슌종에게 다음 황제 자리가 넘어가는데, 행사 자리에 고종과 순종이 불참하자 궁에서 일하는 사람들이 고종과 순종의 역할을 하여 퇴위식을 진행합니다. 소꿉장난하는 것도 아니고, 무슨 짓일까요?

Cooking Tip
우측 삽화는 1907년 프랑스의 한 잡지에서 군대 해산에 저항한 대한제국 군인들의 모습을 그대로 재현한 것입니다. 태극기의 건곤감리 모양이 틀리게 표현된 이유입니다. 삽화가 잘못된 것으로 오해하지 않았으면 좋겠습니다.

군대 해산 🔍　그리고 일본 입장에서는 있으면 괜시리 불안하고 뒤통수가 따가운 대한제국의 군대를 해산시킵니다. 해산된 군인들이 다시 무기를 탈취하여 일본군과 격렬히 싸웁니다.

도마 안중근을 아십니까? 🔍　이렇게 일본은 이토 히로부미를 필두로 차근차근 대한제국을 잠식해 갑니다. 이런 와중에 무소불위의 이토 히로부미가 갑자기 세상을 떠나는 사건이 발생합니다! 1909년 10월 26일 오전 9시 30분, 러시아 대장성 대신 코코프체프와 협상을 하기 위해 하얼빈에 온 이토 히로부미는 안중근 의사의 총을 맞고 사망합니다.

Cooking Tip
〈역사저널 그날〉의 일부를 활용해 안중근 의사의 의거에 대해 살펴보았습니다.

　도마 안중근 의사의 세례명이 '토마스'인데 이를 한자음으로 발음한 것이 '도마'입니다. 일제 강제 점령의 원흉 초대 통감 이토 히로부미를 중국 하얼빈 역에서 사살한 인물입니다. 그는 개인적인 원한에 의해 이토 히로부미를 쏘았다고 하면 사형을 면해 준다는 온갖 회유에도 불구하고 떳떳하게 나라를 위해, 동포를 위해 순국합니다. 아들이 뤼순 감옥에 갇혀 있을 때 어머니인 조마리아 여사가 아들에게 했다고 전해지는 이야기가 무척 유명합니다. "딴마음 먹지 말고 죽으라!" 이것이 어머니가 아들에게 전하는 마지막 말의 핵심이었다고 합니다.

Cooking Tip
〈역사저널 그날〉 영상의 일부를 활용해 조마리아 여사가 아들 안중근에게 전하는 이야기를 들려주었습니다.

한일 강제 병합 문서 🔍 1907년 군대 해산 이후 1909년 우리는 일본에게 사법권을 빼앗겼고, 이어 1910년 경찰권을 빼앗깁니다. 대한 사람을 지켜 줄 군대도, 법도, 경찰도 모두 무용지물이 된 것입니다. 그리고 마지막으로 1910년 8월 29일 끝내 대한제국은 일본의 손에 완전히 넘어갑니다. 나라가 망한 것입니다.

1910. 8. 29. 🔍 우리는 이를 경술년의 국가적 치욕이라는 의미에서 '경술국치'라고 하고, 8월 29일을 경술국치일이라고 합니다.

Table 09

총과 펜으로 지키는 우리나라

오늘의 식단 한눈에 보기

- 항일 의병 전쟁
- 의열 투쟁
- 애국 계몽 운동

총과 펜으로 지키는 우리나라 🔍

우리는 결국 나라를 잃었습니다. 하지만 우리 조상들은 일본의 침략적 접근에 절대로 그냥 물러서지 않았습니다. 그들에게 끊임없이 저항하였습니다. 오늘은 지난 시간에 미처 다 살펴보지 못한 우리의 저항에 대해 공부해 보도록 하겠습니다.

저항의 방식은 보통 3가지로 구분합니다. 항일 의병 운동, 애국 계몽 운동, 의열 투쟁이 있습니다. 먼저 항일 의병 운동에서 '항일'은 일본에게 대항한다는 뜻이고, '의병'은 의로운 마음으로 원래 군인이 아닌데 병사가 되어 싸우는 것을 의미합니다. 애국 계몽 운동에서 '애국'은 나라를 사랑하는 마음이라는 뜻이고, '계몽'은 모르는 것을 깨우친다는 뜻입니다. 즉, 나라를 사랑하는 마음으로 모르는 것을 깨우치기 위해 노력한다는 의미입니다. 또 의열 투쟁은 정의로운 마음으로 맹렬히 싸운다는 의미로 풀이하면 될 것 같습니다.

면암 최익현 🔍

을사늑약이 체결된 후 대표적으로 항일 의병 운동을 이끌었던 사람으로 면암 최익현이 있습니다. 일흔이 넘는 나이에 자신을 구심점으로 의병 운동을 일으킨 사람입니다.

진정한 선비라는 별명이 이만큼 어울리는 사람도 찾기 힘들 것 같습니다. 최익현은 흥선대원군이 권력을 내려놓게 되는 결정적 계기를 만들었고, 강화도 조약 때에도 조약을 맺어서는 안 되는 5가지 이유를 들며 도끼 상소를 올린 일화가 있습니다. 단발령이 시행되었을 때도, 을사늑약이 맺어진 때에도 결정적인 순간마다 역사의 중심에 서 있었습니다.

최익현은 을사늑약 이후 의병을 일으켜 일본군과 맞붙었다가 일본군의 포로가 됩니다. 이때 최익현은 대마도로 끌려갔는데, 일본의 강압적

Cooking Tip
〈한국의 정신〉 '최익현' 편을 통해 그의 일대기를 정리할 수 있습니다.

인 태도에 일본이 주는 음식은 쌀 한 톨도 먹지 않겠다며 단식 투쟁을 벌이기도 합니다. 이 사건을 계기로 일본으로부터 정중한 사과를 받아 냅니다. 대한제국의 선비 중에도 이런 기개를 가진 사람도 있다는 것을 보여 준 것이지요. 하지만 그는 74세의 고령인 몸에 익숙지 않은 대마도라는 환경에서 질병을 얻어 순국합니다.

태백산 호랑이, 신돌석 🔍

최초의 평민 출신 의병장으로 혁혁한 공을 세운 신돌석은 일본군이 그의 이름만 들어도 벌벌 떨었다고 하여 별명이 '태백산 호랑이'입니다. 그는 19세의 나이에 의병 부대에 들어가 뛰어난 전투력과 리더십을 인정받아 의병장이 됩니다. 신돌석 이전에는 양반 유생 출신이 주로 의병을 이끌었습니다. 하지만 평민 출신 의병장 신돌석의 활약으로 신분에 관계없이 다양한 사람들이 의병을 이끌 수 있게 된 계기가 되었고, 이후 전해산, 안규홍과 같은 수많은 평민 의병장들이 등장합니다. 신돌석의 의병 부대는 신출귀몰한 게릴라 전법으로 일본군을 크게 무찔렀습니다. 이에 일본은 신돌석에게 1천 근의 금과 1만 호 고을의 조세권을 현상금으로 내걸었고, 현상금에 눈이 먼 옛 부하 김상렬 형제의 계략에 빠져 목숨을 잃었다고 합니다. 하지만 일본은 살아 있는 신돌석을 잡아 오라고 했다며 현상금을 지급하지 않았다고 전해집니다.

항일 의병 전쟁 🔍

항일 의병 전쟁은 처음에는 작은 규모로 시작하였다가 점점 규모가 커지고, 우리의 저항은 거세집니다. 이는 곧 운동의 규모를 넘어서 전쟁의 규모로 들불처럼 번져 갑니다.

군대 해산이 있었던 1907년부터 나라를 잃은 1910년까지 항일 의병 전쟁에 참가한 의병 수만 14만 명에 이릅니다. 그 이전에 활동했던 의병의 수까지 추산하면 어마어마한 수입니다. 이는 일본의 기록이기 때문에 상당 부분 축소되었을 것으로 예상됩니다. 교전 횟수는 수천 번에 이릅니

Cooking Tip
〈한국의 정신〉'신돌석' 편을 통해 그의 일대기를 정리할 수 있습니다.

Cooking Tip
대표적인 여성 의병, 항일 독립운동가로는 윤희순을 들 수 있습니다. 의병 활동 역시 남성만 한 것은 아닙니다. 의병들에게 음식과 옷을 조달하기도 하고, 의병가를 만들어 보급하며 의병의 사기를 북돋고, 여성들의 의병활동을 이끌어 내는 데도 앞장섰다고 합니다.

Cooking Tip
〈경술국치 100년 기억, 그리고 미래〉'의병' 편을 통해 항일 의병 전쟁이 얼마나 격렬하게 벌어졌는지 살펴보았습니다.

다. 1908년 한 해에만 2천여 회의 전투가 있었습니다. 이래도 이를 단지 '운동'이라고 부르는 것이 적절할까요? 정치사만 봤을 때는 뭔가 우리가 무력하고 아무 저항도 못 하고 나라를 넘겨준 것 같은 마음이 들었으나 기록을 찾아볼수록 우리가 알던 것과는 다르다는 것을 느낄 수 있습니다. 우리 조상들은 무척 많은 사람들이 목숨을 걸고 저항했고, 정말 격렬하게 일본과 맞서 싸웠다는 것을 알 수 있습니다. 1915년 일제에 체포된 의병장 채응언을 마지막으로 의병 전쟁은 막을 내립니다.

의열 투쟁 🔍 두 번째 저항 방식으로 의열 투쟁이 있었습니다.

장인환, 전명운 의거 🔍 안중근 의사 의거 일 년 전에 미국에서 일어난 장인환과 전명운의 의거에 대해 살펴보겠습니다.

Cooking Tip
이 부분이 가장 나중에 나오지만 물리적인 힘을 사용했다는 맥락에서 학생들의 이해를 돕기 위해 항일 의병 전쟁 바로 뒤에 수업했습니다.

먼저 스티븐스라는 미국인에 대한 이해가 필요합니다. 그는 일본이 파견한 우리나라 재정 고문 메가타와 함께 외교 고문으로 활동한 미국인입니다. 사실상 이러한 외교 고문의 파견으로 을사늑약 이전부터 우리의 외교권은 위협받고 있었던 것이지요. 스티븐스가 일본 앞잡이 노릇을 하다가 미국에 돌아갔을 때의 이야기입니다. 그는 돌아다니며 미국인들을 대상으로 연설을 하였는데, 그중 한 연설문의 내용은 다음과 같습니다.

"일본이 한국을 보호국으로 삼은 뒤 한국에 유익한 바가 많으며, 한국 국민은 일본의 보호 정치를 환영하고 있다. 한국에 이완용(을사오적 중 한 명) 같은 충신이 있고, 이토 히로부미 같은 통감이 있으니 한국은 대단히 행복한 나라다. 한국 국민은 우매하여 독립할 자격이 없다."

이러한 망언에 분노한 대한 사람 가운데 장인환과 전명운은 사전 모의도 없이 같은 날, 같은 장소에서 각자 스티븐스를 사살할 계획을 마음속에 품었던 것입니다. 먼저 전명운이 스티븐스에게 총구를 겨누었으나 불발로 끝나고 이어서 육탄전에 돌입하게 됩니다. 서로 엉겨서 싸우고 있

Cooking Tip
스토리텔링 시 헷갈리지 않게 스티븐스를 저격한 장인환을 '쌍'인환으로 기억해 두는 것은 어떨까요?

는데, 이때 장인환이 등장하여 총을 쏩니다. 하지만 안타깝게도 첫 번째 총알은 스티븐스와 싸우고 있던 전명운의 어깨에 맞습니다. 이어서 평정심을 되찾은 장인환의 사격으로 결국 스티븐스는 이틀 후 사망합니다. 이 사건은 일 년 후 안중근 의사 의거에 큰 영향을 미칩니다. 이것이 장인환, 전명운의 의거입니다.

이후 구속된 장인환과 전명운은 미국에서 재판을 받게 되는데, 재판 과정에서 미국 내 한인들이 구명 활동에 힘썼다고 전해집니다. 그 덕분에 장인환은 실형을 선고받긴 했지만 사형을 면하였고, 정명운은 무죄로 석방됩니다.

이재명 의거 🔍

일제 강점기 친일 민족 반역자로 가장 유명한 사람은 누구일까요? 을사오적 가운데 한 명인 이완용입니다. 그 이완용을 죽음의 문턱까지 몰고 간 20세 청년이 있으니 그가 바로 이재명 의사입니다. 그는 1904년 미국 노동 이민 회사의 모집으로 하와이에 갑니다. 1906년에는 공부를 위해 다시 미국 본토로 옮겨 가게 되는데, 여기서 안창호를 중심으로 창간된 공립협회를 알게 되고 항일 민족 운동의 큰 뜻을 품습니다.

그의 첫 목표는 이토 히로부미의 처단이었습니다. 융희 황제(순종)의 평안도 순행 때 이토 히로부미가 동행하였는데, 당시 이토는 융희 황제 곁에 매우 가까이 붙어 있었기에 안창호 선생은 황제의 안전을 위해 이재명의 의거를 만류했다고 합니다. 하지만 그해 안중근 의사에 의해 이토 히로부미는 처단되고, 이에 이재명은 목표를 을사오적 처단으로 변경합니다. 명동성당에서 벨기에 국왕 추도식이 열리는데, 그때 이완용이 참석한다는 정보를 입수하고 명동성당 밖에서 군밤 장수로 변장하고 거사를 준비합니다. 이때 인력거를 타고 지나가는 이완용! 이재명은 재빨리 접근하여 수행원을 제거하고 이완용의 허리와 어깨를 찌릅니다. 이완용

이재명 의거 터

은 중상을 입으나 기적적으로 살아
납니다. 거사 후 일본인 순사가 공
범이 있는지 묻는데 이에 이재명은
"이러한 일을 행하는데 공범까지
필요한가? 만약 공범이 있다면 2천
만 동포가 모두 나의 공범이다."라
고 태연하게 대답했다고 합니다.

애국 계몽 운동 🔍   마지막으로 국권 피탈을 막고자 한 노력의 한
갈래, 애국 계몽 운동에 대해 알아보겠습니다. 대한 사람들을 언론과 교
육을 통해 깨우치고, 경제적으로도 일본에게 의지하지 않고 자립하려면
생산력을 높이고 산업을 일으켜야 한다는 생각을 가지고 활동하는 것을
애국 계몽 운동이라고 합니다.

Cooking Tip
자강 운동이라고도 부릅니
다. 계몽이라는 단어가 가
지고 있는 '무지한 백성들
을 깨우친다'는 뜻보다는.
'스스로 자(自)', '강할 강
(彊)' 자를 사용해 '스스로
강해지기 위한 노력'이라
는 표현이 적절하다고 보는
이들도 있습니다. 여기서는
초등 교과서에 제시된 용어
애국 계몽 운동을 그대로
사용했습니다.

황성신문 🔍   우선 일제의 만행을 대한 대중들에게 알리는 언론운
동에 대해 살펴보겠습니다. 을사늑약에 대한 이야기를 할 때 등장했던
『황성신문』입니다. 대한제국이 황제 국가이기 때문에 '황성'은 고종 황제
가 머무는 한성을 의미합니다. 『황성신문』의 주필인 장지연이 을사늑약
체결 당시 '시일야방성대곡'이라는 제목으로 친일 민족 반역자와 일본 제
국주의를 강렬히 비판하였던 것으로 무척 유명한 신문입니다. 장지연이
체포당하면서 『황성신문』은 정간당하고, 경영난을 겪다가 1910년 폐간에
이르게 됩니다.

대한매일신보 🔍   반일 논조가 무척 강했던 신문『대한매일신보』
에 대해 이야기해 보겠습니다. 『대한매일신보』는 양기탁의 설득으로 영국
인 베델이 함께 설립했는데, 당시 일본과 동맹 관계에 있던 영국인을 끌

어들여 강하게 일본을 비판하여도 쉽게 처벌할 수 없게 장치를 걸어 둔 것입니다. 실제로 당시 다른 신문들은 일본의 검열을 거쳐 발행하게 되어 있었는데 『대한매일신보』만큼은 영국인 명의로 발행하여 검열망을 피할 수 있었다고 합니다. 사전 검열을 받는 다른 신문의 경우에는 의병을 폭도로 표현하도록 강요하였으나 『대한매일신보』는 사실 그대로의 의병 운동을 알릴 수 있었습니다. 그래서 당시 대한 대중들에게 가장 인기 있었던 신문이 『대한매일신보』였습니다. 『대한매일신보』는 국채 보상 운동 확산에도 크게 기여했습니다. 하지만 훗날 일제가 외국인이 발행하는 신문을 압수, 판매 금지시키는 법적 근거를 마련하고 베델을 추방하는 방안을 구상하였고, 이러한 탄압에 대항하여 싸우는 과정에서 베델이 물러나게 됩니다. 1910년 『대한매일신보』는 '대한'이라는 글자를 떼고 『매일신보』가 되어 이후에는 조선총독부의 기관지가 되어 버립니다.

국채 보상 운동 🔍 당시 대한제국은 일본의 강제에 의해 일본으로부터 막대한 차관을 들여와 나라 빚이 자그마치 1,300만 원에 이르렀습니다. 차관이란 다른 국가에게 돈을 빌리는 것을 말합니다. 당시 일 년 국가 예산의 2배에 달하는 비용으로, 정상적인 방법으로는 상환이 불가능한 액수였습니다. 이에 대해 대중들은 '이대로는 주권이 넘어갈지도 모른다! 나라 빚을 우리 힘으로 갚자!'라고 판단했습니다. 남자는 금주와 금연을 하고, 여자는 비녀와 가락지 등을 모아 모금 활동을 진행합니다. 이를 '국채 보상 운동'이라고 합니다.

국채 보상 운동은 대구에서 시작됩니다. 당시 『대한매일신보』, 『황성신문』 등 언론 기관의 참여로 모금 운동은 전국으로 확산되었습니다. 하지만 이를 이끌었던 양기탁을 통감부에서는 횡령 혐의를 뒤집어 씌어 탄압하고, 이런 일본의 역공으로 나라 빚 갚기 운동은 중단되고 그 금액은 일제에 압수됩니다. 국채 보상 운동은 비록 실패하였지만 대한 사람들이

Cooking Tip
국채 보상 운동에 대한 대구 사람들의 자부심이 무척 강하다고 친구에게 들었습니다. 최근 유네스코 세계 기록유산으로 등재되었습니다. 대구 향토 음식으로 따로국밥이 유명합니다. 그래서 학생들에게 국채보상운동(대구에서 시작)의 '국' 자를 따서 '대구 국밥'으로 암기하도록 했습니다.

함께 뜻을 모아 일으킨 경제적 구국 운동이었습니다.

신민회 🔍 망국으로 가는 대한제국을 위해 수많은 구국 운동이 펼쳐지는 가운데 일제의 감시와 탄압은 더욱 교묘해지고 날이 갈수록 악랄해져만 갔습니다. 이러한 감시와 탄압을 피하며 나라를 구하기 위해 비밀 결사, 대표적인 애국 계몽 운동 단체 신민회가 탄생합니다.

최초로 공화정을 주장하다 🔍 신민회의 정치적 입장은 '고종을 마지막으로 대한제국에는 황제가 없다! 그러니 우리는 왕이나 황제가 없는 정치 체제, 공화정으로 나라를 다스리는 것을 지향한다!'는 것이었습니다. 여기서 공화제란 여러 사람이 공동으로 화합하여 다스리는 제도라는 뜻입니다. 새로운 정치 체제를 지향하는 국민들의 모임, 신민회에 대해 조금 더 자세히 살펴보겠습니다.

생산을 늘리고 산업을 일으켜야! 🔍 신민회의 정치적 방향이 공화정이었다면, 경제적 방향은 '식산흥업'이었습니다. 생산을 늘리고 산업을 일으킨다는 의미로, 이런 생각은 회사 설립의 움직임으로 이어집니다.

자기 회사 & 태극서관 🔍 젊은 날 기업가로서 활약했던 남강 이승훈! 그가 설립하고 운영했던 회사라고 합니다. 자기 회사는 말 그대로 도자기를 만드는 회사입니다. 태극서관은 신민회 산하 기관으로, 각종 유인물과 서적을 출판하기 위해 회사를 설립한 것입니다. 일본의 경제 침략을 막기 위해 민족 자본으로 회사를 세워 운영하며 새로운 민족 자본을 만들고자 노력한 흔적입니다. 이 기회에 이승훈이 남긴 어록을 통해 그가 어떤 생각을 가지고 있었는지 살펴보겠습니다.

지금 나라가 기울어져 가는데 우리가 그저 앉아 있을 수는 없다.
총을 드는 사람, 칼을 드는 사람도 있어야 할 것이다.
그러나 그보다 더 긴중한 일은 백성들이 깨어나는 것이다.
세상이 어떻게 돌아가는지를 모르고 있으니 그들을 깨우치는 것이 급무이다.

남강 이승훈은 대한 사람들을 깨우치는 교육 활동이 무척 중요하다고
생각했습니다. 이러한 생각은 학교 설립으로 이어집니다. 이승훈이 세운
정주의 오산학교! 꼭 기억해 두세요!

도산 안창호 🔍 남강 이승훈을 연설로써 감동케 하여 항일 운동으
로 이끌었던 사람이 있었으니 그가 바로 도산 안창호입니다. 식사를 해도
대한의 독립을 위해, 잠을 잘 때도 대한의 독립을 위해 고민했다는 안창
호! 그는 신민회 조직에 앞장섰던 인물이며, 훗날 대한민국 임시 정부에
서도 활동합니다. 또 그는 공립협회를 조직하는 등
미주 지역 항일 운동의 구심점이 되기도 합니다.

안창호는 독립을 이루려면 민족의 실력을 길러야
한다고 생각했고, 그 때문에 교육이 중요하다고 생
각했습니다. 그 일환으로 평양에 대성학교를 세웁
니다. 무실(務實), 역행(力行), 충의(忠義), 용감(勇
敢)이라는 그의 사상을 담아 설립한 민족 운동 단체
'흥사단'은 지금까지도 활동을 이어 가고 있습니다.

도산 안창호

국외 독립운동 기지 건설 🔍 신민회는 민족 기업을 육성하고 학
교를 세워 교육을 강화한 것 외에도 장기적인 무장 독립 투쟁을 위해 만
주에 독립운동 기지를 건설하고 독립군을 기르기 위해 노력했습니다.

Cooking Tip
미국 유학을 위해 고국을
떠난 안창호가 하와이를 바
라보며 지은 호가 바로 '도
산'입니다. 조국의 현실과
같은 망망대해에 우뚝 선
섬이 되고자 하는 마음으로
그런 호를 지은 것 아닐까
요? 도산 안창호 기념관의
영상과 동일한 영상을 유튜
브에서 찾아 수업 시간에
활용했습니다.

우당 이회영 일가 🔍 이와 관련된 역사 인물, 일제 강점기 민족의 고난이 있었던 시기에 더욱 빛을 발하는 노블레스 오블리주의 상징적 인물! 우당 이회영을 소개합니다.

이회영 역시 신민회 창설을 주도한 사람 가운데 한 명입니다. 당시 그의 집안은 '삼한갑족'이라고 불릴 정도로 명문이었습니다. 후손 대대로 먹고 살아도 부족함이 없을 정도의 재산을 가지고 있었습니다. 명동 일대의 소유지만 봐도 현 시가 600억 원에 달했다고 합니다. 물론 그 금액은 무엇을 기준으로 추정하느냐에 따라 다르겠지만 엄청난 재산이었음에는 이견이 없을 것입니다. 이회영 선생 일가는 6형제가 모두 만주로 가서 독립운동 기지와 무장 독립운동의 씨앗인 신흥무관학교를 세웁니다. 한 집안 모두가 독립운동에 참여하였고, 일가의 희생은 독립운동에 큰 밑거름이 되었습니다. 일제 입장에서는 회유하고 협력을 요청해야만 하는 대단한 집안, 대단한 재산을 가졌음에도 그런 편안한 삶을 포기했습니다. 그들은 나라를 위해 사회 지도층이 어떤 모습을 보여야 하는지 자신들의 일생으로 답했습니다!

우당 이회영 흉상

Cooking Tip

한 번의 인생, 한 번의 젊음을 어떤 모습으로 살아야 할까요? 우리 자신의 삶을 한 번 더 되돌아보게 만드는 그분의 삶을 〈역사채널e〉 '어떤 젊음' 편을 통해 살펴보는 것은 어떨까요?

1910년 8월 29일 미리 예고됐었던 그들이 왔다!

오늘의 식단 한눈에 보기

🍴 무단통치

🍴 토지 조사 사업

🍴 산미 증식 계획

재료 준비

- 제자들과 만든 역사 랩 음원
- 경술국치 100주년 관련 영상
- 조선총독부 건물과 경복궁 관련 영상
- 동양척식주식회사 관련 영상
- 미츠코시 백화점 관련 영상

장 보기

- 쌤동네
- EBS
- 〈역사채널e〉(EBS)
- EBS
- 영화 〈암살〉

늘대와 양 🔍 1910년 8월 29일이라는 날짜를 보면 어렸을 때 즐겨 들었던 H.O.T.의 '늑대와 양'이라는 노래가 떠오릅니다. 세월이 흘러 H.O.T.는 아이돌 그룹의 시조새 격이 되었지만 여전히 그 노래가 떠오르는 것은 왜일까요? '늑대와 양'이라는 곡에서 늑대는 일본 제국주의에, 양은 우리나라로 비유할 수 있지 않을까요?

1910년 8월 29일, 우리는 일본 제국주의에 국권을 **빼앗기고** 나라를 잃었습니다. 동학농민혁명의 우금치 전투 이후 미리 예고됐었던 그들이 온 것이죠. 우리 민족은 일본의 군홧발에 짓밟히고 유린당하였습니다. 35년이라는 괴로운 시간이 지나고 나라를 되찾은 것도 어느새 70년이 넘었습니다. 하지만 그들은 여전히 제대로 된 사과를 하지 않고 있습니다. 진심 어린 반성을 하지 않고 있다는 의미겠죠. 거기다 친일 민족 반역자들의 후손들은 친일 재산 환수와 관련해 국가를 상대로 소송을 제기하고 있는 것이 대한민국의 현실입니다. 최근에는 미국이 전범 국가 일본의 군사력 강화를 부추기고, 알게 모르게 일본에게 많은 힘을 실어 주고 있는 것으로 보입니다. 나라를 잃은 설움은 100여 년 전 과거일 뿐이라고요? 그게 우리의 미래이자 우리 아이들의 현실이 될 수도 있습니다. 그런 의미에서 오늘 이야기는 무척 중요하다고 볼 수 있습니다. 나라를 잃은 우리 민족은 어떤 모습으로 살아갔을까요? 일제는 우리를 어떤 방식으로 통치했을까요? 그 민낯을 살펴보겠습니다.

35년의 시작 🔍 독립운동기 35년의 시련은 총독부의 설치로부터 시작됩니다. 총독부는 일본에서 우리나라를 통치하라고 파견한 조선 총독과 이하 관리들이 머무는 곳입니다. 이 건물은 광복 이후 대통령

Cooking Tip
제자들과 함께 만든 초등래퍼(역사 랩-빼앗긴 들에도 봄은 오는가) 프로젝트 곡의 첫머리는 '늑대와 양' 음원의 2000년 6월 28일이라는 가사를 1910년 8월 29일로 바꾸어서 부른 것입니다. 이어서 경술국치 100주년과 관련해 제작된 영상을 함께 살펴보았습니다.

Cooking Tip
'일제 강점기'라고 하면 그 주체가 일본이 되기 때문에 독립운동기라는 표현을 쓰는 것이 옳다는 주장에 따라 되도록 '독립운동기'라는 표현을 사용하고자 합니다.

Cooking Tip

〈역사채널e〉'중앙청을 아시나요?' 편을 통해 조선총독부 건물 철거 전의 경복궁 모습을 살펴보았습니다.

집무 공간, 국회의사당, 국립 중앙박물관 등으로 활용되다가 1995년 3월 1일에 폭파 및 철거 작업이 이루어졌습니다. 그리고 철기 간혜는 천안 독립기념관 야외에 전시되어 있습니다.

조선총독부 엽서(국립민속박물관)

하지만 당시에도 의견은 분분했습니다. 네거티브 문화재로서 서대문 형무소 역사관처럼 이를 보존하고 독립운동기의 아픔을 기억해야 한다는 주장이 있었고, 다른 한편에서는 경복궁의 정문 광화문 바로 뒤편에 옛 총독부의 건물이 버티고 있어서 제대로 된 경복궁 모습의 복원에 방해가 될뿐더러, 벌써 여러 용도로 사용하느라 내부 모습이 완전히 바뀌었기 때문에 이를 보존하는 의미가 없다며 철거하자는 주장도 있었습니다. 이에 김영삼 전 대통령은 역사 바로 세우기의 일환으로 후자의 손을 들어준 것입니다.

조선 총독! 나 이런 사람이야! 🔍

식민지 최고 통치자의 권한을 부여받은 조선 총독! 어떤 사람들이 왔을까요? 군인 출신 중에서도 현역 대장급 정도 돼야 조선 총독으로 올 수 있었습니다. 우리나라로 말하면 별 4개 달고 있는 지위가 최고로 높은 군인들을 말합니다. 뼛속까지 군인인 사람들이 통치를 하니 당연히 거칠고 살벌한 분위기가 연출됩니다. 거기다 조선 총독의 실질적인 권한을 살펴보면 이는 왕조 국가 왕 이상의 권한을 가지고 있음을 알 수 있습니다. 일본에서 온 조선 총독은 법을 만드는 입법권도, 법을 집행하고 재판하는 사법권도, 사람들에게 세금을 거둬 이를 사용하는 행정권도, 군대를 지휘하는 군사권도 가지고 있는 사람이었습니다. 마음만 먹으면 식민지 한국에서 못 할 일이 없었겠죠?

Cooking Tip

'대장'이라고 표현한 것을 학생들이 이해를 잘 못하자 만화 『원피스』를 예로 들어서 설명했습니다. 아오키지, 아카이누, 키자루 같은 캐릭터들이 있는데 그들이 만화에선 해군 대장입니다. 아이들의 눈높이에 맞춰 만화 캐릭터 그림을 보여 주며 설명하는 것은 어떨까요?

`무단통치` 🔍 조선 총독이 이끌어 가는 조선총독부의 초기 통치 방식에 대해 살펴보겠습니다. 일제는 조선인들을 총과 칼로 짓누르고 억압하는 방식으로 통치하였습니다. 이를 '무단통치'라고 합니다. 실제 이뤄졌던 그들의 통치 방식을 세세히 살펴보겠습니다.

`헌병 경찰제` 🔍 그들은 헌병 경찰제를 실시했습니다. 헌병은 군인이 법을 어겼을 때 통제하는 사람들입니다. 그런 사람들에게 일반 경찰 업무를 맡겼다는 것입니다. 헌병 경찰에게 어떤 권한이 주어졌는지 더 자세히 들어가 보겠습니다. 그들이 자주 했던 말입니다. '조선인과 명태는 때려야 말을 잘 듣는다.' 어디 비유할 것이 없어 우리나라 사람들을 명태에 비교합니까! 그리고 폭력 앞에서 강하게 맞서고 당당할 수 있는 사람이 세상에 몇이나 될까요?

`즉결처분권` 🔍 헌병 경찰에게는 즉결처분권이 주어집니다. 물론 모든 죄에 그런 권리가 주어지는 것은 아니고, 3개월형 이하의 죄에만 적용할 수 있는 권한입니다. 어떤 죄를 지으면 헌병 경찰이 즉시 처벌할 수 있다는 것인데요, 이는 정상적인 법 집행 절차와 비교해야 얼마나 나쁜 것인지 알수 있습니다.

대한민국에서 국민이 죄를 범하면 어떤 절차를 거치나요? 검사에 의해 기소가 되고, 경찰에 의해 수사가 진행됩니다. 그리고 법원의 재판관이 죄가 있는지 없는지 판결합니다. 물론 변호사를 선임해 자신의 무죄를 알립니다! 그런 절차를 거쳐 죄가 있다면 벌을 받고, 죄가 없다면 무죄를 인정받는 것이지요. 하지만 즉결처분권은 그런 절차를 모두 무시하고 헌병 경찰이 조선인의 죄를 판단하고, 그 사사로운 판단으로 바로 폭력을 가할 수 있게 해 준 권한입니다. 일 년에도 수만 건의 즉결처분이 있었다는 기록이 있습니다. 죄목을 보면 웃기지도 않습니다. 자기 집

앞을 깨끗하게 쓸지 않았다, 집에 있는 개가 시끄럽게 짖는다는 등의 죄목으로 처벌받은 사례도 다수입니다.

조선태형령
제1조 3개월 이하의 징역 노는 구규에 지에아 할 가는 그 정상에 따라 태형에 처할 수 있다.
제11조 태형은 감옥 또는 즉결처분 관서에서 비밀리에 행한다.
제13조 본령은 조선인에 한해 적용한다.

즉결처분권에 의한 폭력 중 가장 대표적인 것이 '태형'입니다. 갑오개혁 이전의 조선 시대에도 태형이 있었습니다. 형벌을 크게 태·장·도·유·사, 이렇게 5가지로 나누었는데 여기서 '태'가 태형입니다. 하지만 갑오개혁 때 이러한 형벌이 지나치게 비인간적이라고 하여 폐지하였습니다. 그런데 10여 년 후에 다시 부활한 것입니다. 그것도 조선인에 한해서! 제13조 항을 보면 조선에 머물고 있는 일본인은 같은 죄를 지어도 태형을 적용시키지 않는다는 것을 알 수 있습니다. 제11조 항을 보면 자기들도 외국 기자들이 보면 부끄럽다고 생각했는지 비밀리에 행하였다는 기록이 있습니다.

제1조 태형은 수형자를 형판에 엎드리게 하고, 그자의 양팔을 벌리게 해 형판에 묶고 양다리도 같이 묶은 후 볼기 부분을 노출시켜 태로 친다.
제12조 집행 중 수형자가 비명을 지를 우려가 있을 때는 물로 적신 천으로 입을 막는다.

무엇인지 시행 규칙을 통해 자세히 살펴볼까요? 십자가 모양의 형판에 사람을 엎드리게 하고 양팔을 벌려 묶고 양다리는 모아 묶습니다. 그리고 볼기를 노출시켜 친다고 합니다. 볼기는 엉덩이입니다. 헌병 경찰들에게 바지를 내려 엉덩이를 노출시킨 채로 매를 맞는 것입니다. 소리를 지르면 물에 적신 천으로 헌병 경찰이 입을 막습니다. 정말

비인간적인 형벌입니다. 이번엔 김동인(친일인명사전에 포함된 인물임을 밝힙니다) 작가의 소설 『태형』의 일부를 살펴봅시다.

> 한 사람이 벌을 받으면 방 안 전체가 떨린다. 몸만 떨릴 뿐 아니라 염통까지 떨린다. (중략) 게다가 똥, 오줌 무르녹은 냄새와 살 썩는 냄새와 옴 약 내에 매일 수없이 흐르는 깜 썩은 냄새를 합하여, 일종의 독가스를 이룬 무거운 기체가 방에 가라앉아서 환기까지 되지 않았다.
>
> – 김동인, 소설 『태형』의 일부

태형을 당하고 살 썩는 냄새가 진동을 한다는 표현이 머릿속에서 떠나지를 않습니다. 조선태형령을 살펴보면 태형은 30대가 초과하면 한 번에 때리지 못했습니다. 하루 최대 시행 가능 횟수가 30대였습니다. 그 이상 때리면 사람이 죽을 수 있고, 그러면 문제가 복잡해지니까요. 물론 그 이하로 맞아도 걸을 수 없는 불구가 되기도 했다고 합니다.

칼 찬 교사들 🔍 당시 교실 모습은 어땠는지 살펴보겠습니다. 선생님들이 군복 같은 제복을 입고 칼을 차고 다닙니다. 그리고 잘못한 학생이 있으면 칼로 위협도 했습니다. 안 그래도 무서운 선생님이 제복을 입고 칼까지 차고 다닌다고 생각해 보세요! 일본에게 지배받던 시절

또 교실에서는 이런 체벌도 있었습니다. 어떤 아이 둘이 잘못을 했다고 합니다. 그 둘은 앞으로 불려 나오고, 서로의 뺨을 힘차게 때리는 모습을 드물지 않게 볼 수 있었다고 합니다. 다시는 이런 꼴 당하지 않으려면 어떤 노력을 해야 할까요?

일제의 경제적 수탈 🔍 일제가 우리나라를 식민지로 만든 것은 우리의 자원과 인력을 마음대로 사용하기 위함이었습니다. 이번에는 1910년대와 1920년대 일제의 경제 수탈에 대해 살펴보겠습니다. 이 시기에는 인력보다는 자원을 빼앗는 데 혈안이 되었던 시기였습니다.

1910년대 🔍 나라를 빼앗고 조선총독부를 세우고 헌병 경찰을 투입해 한참 공포 분위기를 잡아 가면서 토지 조사 사업을 실시합니다.

토지 조달 사업 🔍 말이 좋아 토지 조사 사업이지 일본인들에게 우리나라 사람들의 땅을 조달하기 위한 사업으로 보입니다. 식민지를 통치하고 헌병 경찰들 월급도 주려면 무엇이 필요했을까요? 돈이 필요했고, 그래서 그들은 우리의 땅을 빼앗았습니다. 명분은 토지 소유 관계를 분명하게 하여 세금을 걷기 위해서라고 했는데, 실제로 어떤 모습으로 시행되었는지 살펴보겠습니다.

일단 자신의 땅임을 증명할 수 있는 서류를 일정한 기한 내에 작성해서 제출하면 됩니다. 하지만 이게 생각보다 쉽지 않습니다. 절차가 까다로웠고, 일반 농민들은 글을 모르는 사람들이 많았습니다. 만약 기한 내에 내지 못하면 그 땅은 일본에게 넘어가는 것입니다. 소유주 본인이 신청해야 해서 대리 신청도 불가능합니다. 그렇지 않으면 그 땅 역시 일본에게 넘어갑니다. 예전에 존재했던 왕실의 땅도 모두 일본에게 넘어갑니다. 소유주가 불분명한 땅도 두말없이 일본에게 넘어갑니다.

더 큰 문제는 땅을 빌려 농사짓던 소작농이나 땅을 새로 일구어 농사 짓던 사람들의 권리는 애초에 인정받지 못했습니다. 지주의 땅을 빌려 경작하는 농민들은 거의 매년 새로 계약을 맺어야 했고, 전보다 더 많은 소작료를 내야 했습니다. 이런 일을 앞장서서 했던 회사가 있었습니다.

동양척식주식회사 🔍   바로 동양척식주식회사입니다. 척식은 '개척할 척(拓)', '번식할 식(殖)' 자를 사용해 미개한 땅을 개척하여 사람이 살게 한다는 뜻입니다. 이름만 보면 좋은 회사인 것 같지만 동양척식주식회사는 조선의 국유지와 매입지에 농장을 경영할 목적으로 1908년 합병 전부터 세워져, 농장 경영에 필요한 노동력을 조달하기 위해 일본인 농민의 이민 사업에 치중했습니다. 서울 본점뿐만 아니라 평양, 원

Cooking Tip
동양척식주식회사에 대한 학생들의 인식을 살펴보기 위한 설문 조사 영상을 수업 시간에 활용했습니다.

산, 부산, 대전, 대구, 이리(익산), 목포 등에 각각 지점을 설치하여 일제가 패망할 때까지 우리를 괴롭힌 기구입니다. 물론 회사를 세운 명분은 조선의 땅을 제대로 관리하고 농업 발전을 돕는다는 것이었지만요.

경성 동양척식주식회사 엽서 (국립민속박물관)

1920년대 🔍   다음으로는 1920년대 일제의 경제 수탈 정책을 살펴보겠습니다.

산미 증식 계획 🔍   우리의 토지를 어느 정도 차지한 일본은 산미 증식 계획이란 것을 실시합니다. 여기서 '미'는 '쌀 미(米)' 자를 의미합니다. 쌀의 생산량을 증가시키는 계획이란 것입니다. 쌀을 많이 생산하면 좋은 것 아니냐고요? 더 생산하게 된 쌀을 누가 가져가려고 생산량

을 늘리자고 했을까요? 당연히 일본이겠지요. 그러려고 철도도 열심히 깐 것 아니겠습니까? 산미 증식 계획은 겉으로는 조선인을 위한 사업인 양 발표했지만, 실제로는 일본의 식량 부족 문제를 해결하고, 쌀값 폭등을 억누르기 위한 정책이었습니다. 그래프를 통해 살펴보겠습니다.

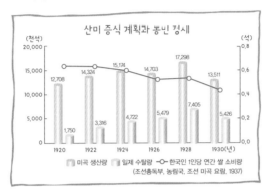

산미 증식 계획과 통민 경세

(천석)
20,000

15,000

10,000

5,000

0

(석)
0.8

0.6

0.4

0.2

0.0

12,708
1,750
14,324
3,316
15,174
4,722
14,703
5,479
17,298
7,405
13,511
5,426

1920   1922   1924   1926   1928   1930(년)

■ 미곡 생산량 ■ 일제 수탈량 ─○─ 한국인 1인당 연간 쌀 소비량

(조선총독부, 농림국, 조선 미곡 요람, 1937)

쌀 생산량을 나타내는 노란색 믹대기 전반적으로 커져 갑니다. 쌀 생산량이 늘어난 것이지요. 그런데 늘어난 양보다 파란색 막대가 더 긴 것 보이나요? 그렇습니다. 늘어난 쌀의 양보다 훨씬 많은 양의 쌀을 빼앗아 가고 있습니다. 거기다가 쌀 생산량을 늘리기 위해 죽어라 일해야 했던 우리나라 사람들은 추가적으로 들어가는 비료 값에 저수지나 물길 만드는 공사비 등 모든 추가 비용을 부담해야 했습니다. 빨간색 꺾은선 그래프를 봐 주세요. 한국인이 먹는 쌀의 양은 어떻습니까? 죽어라 일해서 쌀 생산량은 늘었는데 우리가 소비하는 쌀의 양은 해가 갈수록 줄어드는 것입니다.

일본이 수탈해 가는 쌀이 쌓여 있는 모습입니다. 사진에 나온 것은 극히 일부에 지나지 않았습니다. 이에 총독부는 대책을 세워 줍니다. 만주에서 값싼 잡곡을 수입하여 한국인에게 사 먹게 합니다. 가축 사료로나 쓰이는 곡식을 들여와 우리에게 먹으라는 것이죠. 한국인이 굶어 죽으면 더 이상 쌀을 생산할 수 없고, 자신들이 쌀을 가져갈 수 없으므로 한국인은 꼭

인천항 쌀 수탈

244

살아서 노예처럼 일을 해 줬어야 했겠죠. 그것만으로도 먹고살기 힘든 사람들은 산에 올라가 나무껍질을 벗겨 그것을 삶아 먹기도 했다는 기록도 있고, 하얀 점토를 물에 풀어 잡곡과 같이 불려 먹기도 했다고 합니다. 이 땅에서는 더이상 가능성이 없다고 생각한 많은 사람들은 만주와 연해주 등으로 이주해 가기도 했습니다. 인간으로서의 최소한의 권리도 주장할 수 없었던 식민지 시대 우리나라 사람들의 삶을 살펴보았습니다.

그럼 농사 안 지으면 되잖아요? 🔍

도시로 일자리를 구하러 간 사람들 역시 가난하기는 마찬가지였습니다. 회사에 취직한 사람들은 일본인 사장 밑에서 하루 12시간 이상의 고강도 노동을 했지만 임금은 일본인의 반 정도밖에 받지 못했습니다. 일자리를 구하지 못한 사람들은 날품팔이에 종사하거나 구걸로 연명했고, 도시 변두리에 형성된 빈민가에서 가마니 등으로 움집(토막)을 만들어 거주했다고 합니다. 1930년대 전체 서울 인구 60만 가운데 극빈자에 해당하는 토막민이 10만 이상이었다고 합니다.

정말 다 그렇게 살았나요? 🔍

물론 그 와중에도 호의호식하는 사람들도 있었습니다. 일제는 교통의 중심지, 공장이 세워진 곳, 일본군 및 일본인이 많이 사는 곳을 도시로 지정해 상하수도를 정비하고, 의료 시설을 확충했습니다. 그곳에서는 일본인과 소수의 한국인들이 살았습니다. 소수의 한국인들 안에는 친일 민족 반역자들도 있었음을 부인할 수 없습니다. 그들은 지금과 같이 건물 내부에 목욕탕과 화장실이 배치된 신식 주택에서 살고, 에스컬레이터와 엘리베이터가 있는 백화점에 가서 물건을 구매하고 극장에서 영화도 보았습니다.

Cooking Tip
영화 〈암살〉의 일부를 통해 일본인 기업에 의해 1930년대에 세워진 미츠코시 백화점의 모습을 살펴보았습니다.

불타오르는 저항의 횃불!

오늘의 식단 한눈에 보기

- 3·1 운동
- 유관순 열사
- 대한민국 임시 정부 수립

재료 준비

- 'IX-I. 민족 운동의 전개' 음원
- 3·1 운동 관련 영상
- 제암리 학살 관련 영상
- 유관순 열사 1심 재판 관련 자막

장 보기

- 멜론
- 〈EBS 5분 사탐〉
- 〈역사채널e〉(EBS)
- 유튜브

3·1절 뭐라고 읽어야 할까요? 🔍

3·1절 뭐라고 읽어야 할까요?
어른들에겐 당연한 것이 아이들에겐 당연한 것이 아닐 수도 있습니다.
아이들에게 꼭 읽어 보게끔 해 보세요! 3·1절 어떤 날일까요? 1919년 3
월 1일, 한민족이 일본의 식민 통치에 항거하고, 독립선언서를 발표하여
한국의 독립 의사를 세계 만방에 알린 것을 기념하는 날입니다. 또 그날
을 기해 일어난 독립만세운동을 기념하는 날이기도 하죠. 독립만세운동
이 어떤 과정을 거쳐 진행되었는지, 훗날 역사에 어떤 영향을 주었는지
살펴보겠습니다.

Cooking Tip
랩통 한국사 'Ⅸ-Ⅰ. 민족
운동의 전개' 음원을 듣는
것으로 수업을 시작하는 것
은 어떨까요?

민족자결주의 🔍

먼저 당시 국외 정세를 살펴보겠습니다. 당시
세계는 몇 년간 치러진 제1차 세계 대전이 막 끝난 시기였습니다. 종전
후 세계 각국의 대표들은 프랑스 베르샤유 궁전에 모여 전후 처리와 관
련된 내용으로 회의를 개최하였습니다. 이때 미국 대통령 윌슨의 입에서
나온 이야기가 민족자결주의입니다. 약소국가 민족들도 그들 스스로 자
신의 운명을 결정할 수 있어야 한다, 즉 독립시켜야 한다는 내용의 이야
기였습니다. 물론 미국을 비롯한 연합국의 식민지에는 해당되지 않는 이
야기죠. 자기 발등을 도끼로 찍진 않을 테니까요. 패전국의 식민지 국가
에 한정된 이야기입니다. 거기다 러시아의 레닌도 약소국가의 독립을 적
극 지원하겠다는 발언을 하였고, 이 소식이 국내에 전해집니다.

Cooking Tip
학생들에게 물으면 삼점일
절, 삼십일절 등등 여러 가
지 이야기가 나오곤 했습니
다. 언론 매체에서 중학생
들을 대상으로 설문 조사를
했던 것과 별반 다를 것이
없는 결과였습니다.

최근 100년간 이런 세계사적인 분위기는 없었습니다. 이전까지는 약
소국가의 해방이나 독립을 주장할 수 없는 분위기였습니다. 영국의 사
회학자인 허버트 스펜서의 사회진화론에 영향을 받은 약육강식, 적자생
존 등의 기치 아래 수많은 서양 열강이 세계를 식민지로 만드는 것이 당

연한 시대였기 때문이죠. 비록 미국 대통령의 발언이 우리에게 해당되는 내용은 아니었지만, 물에 빠진 사람이 지푸라기라도 잡는 심정으로 '세계에 우리의 독립 의지를 보여 주어야 한다!'는 주장이 일게 됩니다.

고종 독살설 🔍 다음으로 국내 정세를 살펴보겠습니다. 정말 이상적인 건강 상태를 유지하던 고종이 갑자기 세상을 떠납니다. 식혜를 마시고 나서 한 시간이 채 되기 전에 사망한 것입니다. 그리고 염을 하는 과정에서 짧은 시간 안에 치아가 다 빠져 있고 혓바닥이 부식되어 있는 모습이 보였다고 합니다. 또 시신에는 검은 흉이 있었다 하고, 궁녀 2명이 쥐도 새도 모르게 사라졌다고 합니다. 이런 정황들로 고종 독살설이 장안의 화제가 되었습니다. 망국의 황제이긴 하지만, 만백성의 어버이가 세상을 떠난 것이지요.

2·8 독립선언 🔍 이러한 분위기에 일본 동경에서 일이 터집니다. 일본 와세다 대학교에 유학 중인 송계백 등의 학생들이 적국의 심장부 도쿄에서 1919년 2월 8일 독립선언을 합니다. 문안은 이광수라는 학생이 작성한 것으로 알려져 있습니다. 학생 단체는 2·8 독립선언 한 달 전 국내 밀사로 송계백을 파견합니다. 그는 모자에 독립선언서 초안을 숨기고 들어와 손병희에게 전달했다고 합니다.

이를 전달받은 어른들 역시 가만히 있을 수는 없었습니다. 일본 땅 한복판에서 어린 학생들이 대한의 독립을 선언한다고 하는데, 내 나라 내 땅에서 우리 어른들도 솔선수범을 보여야 했으니까요! 2·8 독립선언에 고무된 민족 대표 33인은 국내에서 거사를 계획합니다. 민족 대표 33인은 종교계 사람들로 구성되어 있었는데, 16명은 기독교, 15명은 천도교, 2명은 불교계였습니다.

왜 3월 1일? 🔍 거사는 무엇보다도 시기가 중요한데, 왜 3월 1일이었을까요? 거사는 사람이 많이 모인 날 하는 것이 효과적이라고 판단하여 처음에는 광무 황제 인산일(因山日)인 3월 3일로 의견이 모아졌습니다. 하지만 황제의 마지막 가시는 길에 소란을 피워서야 되겠느냐는 의견이 있어 날짜를 하루 당기기로 합니다. 하지만 이번에는 기독교계에서 다소 불편함을 호소합니다. 3월 2일은 일요일로 주일이었기 때문이죠. 그렇게 해서 하루 앞으로 당겨 3월 1일에 독립을 선언하기로 결정합니다.

탑골공원 🔍 장소는 예전이나 지금이나 우리나라의 심장부인 서울 종로! 탑골공원으로 정합니다.

민족 대표 33인 🔍 마침내 3월 1일이 되었습니다. 탑골공원과 그 주변엔 사람들이 인산인해를 이루었고, 학생들은 민족 대표 33인을 기다리고 있었습니다. 하지만 그들은 오지 않았습니다. 일설에 의하면 사람들이 너무 많아 독립선언 의식이 폭력 시위로 변질될까 봐 태화관으로 발길을 옮겨 그곳에서 최남선이 작성한 것으로 알려져 있는 독립선언서를 낭독하고 자수했다고 합니다. 물론 민족 대표로 나선 것만으로도 일제의 요시찰 인물이 되어 온갖 고난이 기다리고 있었겠지만, 뭔가 아쉬움이 남는 대목입니다.

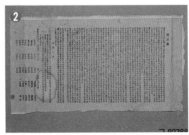

❶ 탑골공원 팔각정
❷ 독립선언서
　(국립중앙박물관)

어찌 되었든 기다리던 민족 대표 33인이 오지 않자 한 학생이 팔각정으로 뛰어 올라갑니다. 어떤 사람이(정재용 또는 한위건 학생이라는 설이 유력) 많은 사람들 앞에 서서 기미년 3월 1일, "오등은 자에 아 조선이 독립국임과 조선인이 자유민임을 선언하노라!"라고 하며 독립선언서를 낭독합니다. 이에 다른 학생들은 미리 준비해 둔 독립선언서를 사람들에게 나누어 주었습니다. 어디선가 "대한 독립 만세!"라는 외침이 들렸겠죠. 태극기와 독립선언서를 받아 든 군중들의 마음은 뛰기 시작합니다. 지난 세월 일제의 억압에 억눌려져 있던 울분을 토해냅니다. "대한 독립 만세!" 이렇게 대한 사람들은 평화적인 만세 시위를 시작하였습니다.

Cooking Tip
EBS 〈한국 근현대사 5분 사탐〉 3·1 운동 편을 보며 3·1 운동의 전개 과정을 살펴보는 것을 어떨까요?

 3·1 운동에 참여한 사람들은 200만 명 이상이었습니다. 당시 1,600만 동포 가운데 200만! 대가족 시대였음을 생각하면 한 집에서 한 명꼴로 목숨을 걸고 시위에 참여한 것입니다.

Cooking Tip
학생 중심의 시위에서 농민, 노동자 중심의 시위로 점차 바뀌어 가고, 일제의 무자비한 탄압이 더해져 비폭력 시위가 폭력을 수반한 시위로 변화하는 것은 당연한 것임을 학생들이 이해할 수 있게 설명했습니다.

 1대 총독 데라우치 마사타케를 계승해 무단통치를 일관했던 2대 하세가와 총독은 헌병 경찰들에게 발포 명령을 내렸고, 태극기를 들고 평화적인 시위를 하고 있는 한국인들에게 무차별 총질을 해대고 총검으로 찔러 살육전을 벌입니다. 그들의

총칼에 스러진 목숨이 7,500명이 넘습니다. 부상자 1만 5천 명 이상에, 4만 5천 명이 옥에 갇힙니다.

지도에서 보이는 것처럼 독립만세운동은 곧 지방의 중소 도시 및 농촌까지, 4월에 이르자 전국으로 독립의 열기가 확산됩니다. 얼마 지나지 않아 만주 지방, 러시아의 블라디보스토크, 미국의 필라델피아 등 세계 곳곳에서 만세 소리가 울려 퍼집니다.

제암리 학살 🔍 총칼로 무자비하게 한국인을 학살한 총독부! 그들의 또 다른 대응 방식을 살펴보겠습니다. 독립만세운동이 전국으로 퍼져 나가면서 경기도 화성의 제암리에서도 만세운동이 일어났습니다. 제암리 사람들은 일제가 총칼로 탄압하는 것에 굴하지 않고 시위를 이어 나갑니다. 그런 상황에서 일본 경찰과 군인들은 자신들이 저지른 폭력 행위에 대해 사과한다며 사람들을 교회로 모이게 합니다. 하지만 이는 일제의 야비한 책략이었습니다. 교회에 사람들이 모이자 일본군은 교회 문을 걸어 잠근 후 불을 지르고 무차별 사격을 시작합니다. 불을 피해 밖으로 나오는 이들 역시 총을 맞고 죽습니다.

일제는 이를 철저히 비밀로 하려고 했으나 외국인 선교사 스코필드의 사진을 계기로 세계에 알려졌습니다. 일제에 의해 죽임을 당한 제암리 사람들 중 일부는 사건이 있고 60여 년이 지난 후에야 유해를 발굴해 제암리 교회 뒷동산에 안장되었다고 합니다.

Cooking Tip
〈역사채널e〉 '제암리 1919' 편을 통해 제암리 학살의 비극성을 함께 느껴 보았습니다.

모두가 영웅! 🔍 독립만세운동에 목숨을 걸고 참여한 대한의 민중들! 저는 그들 모두가 영웅이라고 생각합니다! 하지만 우리가 제한된 시간 안에 200만 명이 넘는 영웅들에 대해 모두 공부하는 것은 힘든 일입니다. 그중 딱 한 분에 대해서만 더 공부해 보겠습니다. 여러분은 3·1 운동 하면 누가 떠오르나요?

네, 그렇습니다. 우리 가슴속에 영원히 소녀로 살아 있는 유관순 열사에 대해 공부해 보겠습니다. 유관순 열사는 이화학당에서 공부하고 있었습니다. 그런데 서울 시내 곳곳에서 만세 소리

↳ 유관순 열사(문화재청)

가 들립니다. 이런 상황에 어린 학생들은 당연히 동요했고, 동요하는 학생들을 보고 외국인 선생님은 "너희를 저렇게 위험한 곳에 보낼 수는 없다."며 만류합니다. 하지만 평소 롤 모델이 잔 다르크였던 유관순은 친구들과 함께 학교 담을 넘어 만세운동에 동참합니다. 그러다가 총독부의 명령으로 서울에 소재한 학교에 휴교령이 내려졌고, 학생들은 고향으로 돌아가게 됩니다. 고향 병천으로 돌아온 유관순은 4월 1일, 천안 아우내 장터에서 수많은 군중들 앞에서 독립선언서를 낭독하고 준비한 태극기를 나눠 주며 만세운동을 주도하였다고 전해집니다. 그런 와중에 일제의 총질이 시작되고, 이에 항의하던 유관순의 아버지와 어머니가 헌병의 총칼에 찔려 목숨을 잃습니다. 이후 유관순 열사마저 헌병 경찰들에게 잡혀 모진 고문을 받습니다.

1심 재판 🔍 유관순 열사는 5월 9일 1심 재판을 받습니다. 그때 나이 어린 유관순이 일본인들 천지인 법정에서 재판관을 꾸짖으며 다음과 같이 이야기했다고 합니다.

"제 나라를 되찾으려고 정당한 일을 했는데 어째서 군기를 사용하여 내 민족을 죽이느냐? 왜 제 나라 독립을 위해 만세를 부른 것이 죄가 되느냐? 왜 평화적으로 아무런 무기를 갖지 않고 만세를 부르며 시가를 행진하는 사람들에게 무차별 총질을 해대어 아버지, 어머니를 비롯하여 무고한 수많은 목숨을 저리도 무참하게 빼앗을 수 있느냐? 죄가 있다면

Cooking Tip
관련 자막을 켜 놓고 유관순 열사의 심정으로 대본을 직접 낭독하였습니다. 목소리가 무척 떨렸던 것으로 기억됩니다.

불법적으로 남의 나라를 빼앗은 일본에 있는 것 아니냐? 입이 있어도 말을 할 수 없으며, 귀가 있어도 들을 수 없으며, 눈이 있어도 볼 수 없는 이 지옥 같은 식민지 지배에 죄가 있는 것이 아니냐? 자유는 하늘이 내려준 것이며, 누구도 이것을 빼앗을 수는 없다. 무슨 권리로 신성한 인간의 권리를 빼앗으려 하느냐? 나는 죄인이 아니오. 그리고 나는 우리나라가 독립하는 그 순간까지 죽는 한이 있더라도 만세를 부를 것이오. 나는 대한의 백성으로서 마땅히 해야 할 일을 했을 뿐인데 당신들이 나를 죄인으로 몰고 있을 뿐이오. 당신들이 남의 나라를 빼앗았는데 도둑이 아니고 무엇이란 말이오?"

서대문 형무소
여옥사 내부(문화재청)

서대문 형무소
여옥사 외부(문화재청)

　죽는 한이 있더라도 만세를 부르겠다던 유관순 열사! 일 년 후 1920년 3월 1일 옥중에서도 만세운동을 주도합니다.

1920. 9. 28. 민족의 영원한 꽃이 되다 🔍
이에 유관순은 몸을 제대로 일으켜 설 수조차 없는 지하 독방으로 옮겨 가고, 9월 28일 순국합니다. 출소 이틀 전이었는데, 90여 가지의 모진 고문에 어린 소녀의 몸이 견디지 못한 것입니다. 그 고문이 얼마나 비인간적이고 몹쓸 짓이었을지 생각만 해도 가슴이 저밉니다. 우리가 흔히 보는 유관순 열사의 사진 역시 일제의 고문으로 얼굴이 붓고 눈이 충혈된 상태에서 찍은 것이라고 합니다.

3·1 운동의 영향 🔍
3·1 운동은 훗날 펼쳐지는 역사에 어떤 영향을 끼쳤을까요? 3·1 운동은 이후 조선총독부, 일제의 통치 방식에 변화를 가져왔습니다. 3·1 운동을 본 조선총독부는 조선 민족을 단순히 총칼로 억압해서만은 안 되겠다고 생각하고, 3대 총독 사이토 마코토가 부임한 후 문화통치를 표방합니다. 물론 이때 민족 이간책에 의해 많은 사람들이 친일파로 돌아서기도 하였습니다만 겉으로나마 우리의 문화를

인정하겠다는 부드러운 통치로의 전환을 가져왔습니다. 또 이후 독립운동에 큰 자신감을 불어넣어 주었습니다.

실제로 3·1 운동 이후 수많은 독립 전쟁, 의열 투쟁에 불이 붙었습니다. 또 주변 식민지 국가에도 영향을 주어 중국의 5·4 운동과 인도의 독립운동(간디의 비폭력 무저항 운동)에도 영향을 끼쳤다고 역사학자들은 말합니다.

Cooking Tip
대한민국 임시 정부가 중요한 이유는 현재 대한민국의 헌법 전문에 대한민국이 대한민국 임시 정부의 법통을 계승했다고 명시되어 있기 때문입니다. 또 1948년 8월 15일자 신문을 보면 '대한민국 30년'이라고 표현, 대한민국 관보 제1호를 보아도 관점은 비슷합니다. 당시 광복 후 대한민국 정부가 수립되었을 때 많은 사람들의 인식을 엿볼 수 있는 자료입니다.

상해 임시 정부 수립 🔍 3·1 운동은 우리 독립운동사에서 가장 중요한 단체 수립에 결정적인 역할을 합니다. 바로 대한민국 임시 정부 수립에 영향을 줍니다. 3·1 운동에서 지도부가 없는 운동의 한계를 맛본 우리 민족은 중국 상하이에 임시 정부를 수립합니다. 체계적이고 조직적인 독립운동을 위해 기존의 여러 단체를 통합한 것입니다.

민주 공화제 🔍 대한민국 임시 정부는 민주주의에 의해 수립된 정부입니다. 대한제국과는 달리 국가의 주권이 국민에게 있음을 임시 헌장에서 밝히고 있습니다. 또 입법, 행정, 사법부로 나뉘어 삼권 분립에 의한 정부라는 점에서 의의가 큽니다. 국무원이 나라의 살림을 챙기고 다스리는 행정부 역할을 하고, 입법권은 임시 의정원이 행사합니다. 또 법이 잘 시행되는지 감시하는 사법권은 법원에서 행사했습니다.

연통제, 교통국 🔍 국내 연락기관을 운영하는 연통제를 실시하고, 첩보 획득 기관인 교통국을 설치하여 국내외의 소식을 모으기도 하

독립공채

고 독립운동 군자금을 조달하기도 합니다. 끝까지 꾸준히 이루어진 것은 아니지만 정부로서의 기능을 하기 위해 인두세를 걷기도 합니

다. 사진은 독립공채입니다. 독립운동 자금을 모으면서 훗날 독립을 맞이하면 대한민국 정부에서 갚아 주겠다며 그 증서로 발행한 것이지요.

독립신문 발행 🔍 그리고 독립신문을 발행합니다. 여기서 독립신문은 독립협회의 그것과는 다른 것입니다. 독립운동기 단체의 명칭을 살펴봐도 독립, 광복, 해방 등의 단어들은 우리의 목적에 부합하는 것이기 때문에 여기저기 많이 쓰입니다. 언론 활동도 했다는 정도로 기억해두면 될 것 같습니다.

독립군 군사 조직과 연계 🔍 끝으로 대한민국 임시 정부는 여기저기 흩어져 있는 독립군 군사 조직과 연계하여 독립운동을 펼쳐 나가고자 합니다. 이런 임시 정부의 다양한 활동들이 우리의 독립운동을 이끌어 가는 구심점이 되었습니다. 훗날 광복군도 창설하지만 그 이야기는 20년 정도 후의 이야기이니 뒤로 미루도록 하겠습니다.

상해 임시 정부

반격

오늘의 식단 한눈에 보기

- 🍴 실력 양성 운동
- 🍴 신간회
- 🍴 무장 독립 전쟁
- 🍴 의열 투쟁

재료 준비	장 보기
· 신간회 도입을 위한 영상	· 〈지식채널e〉(EBS)
· 광주학생항일운동 관련 영상	· 〈EBS 5분 사탐〉
· 청산리대첩 관련 영상	· 〈EBS 5분 사탐〉
· 김상옥 의사 서울 시가전 관련 영상	· 영화 〈밀정〉
· 이봉창 의사 관련 영상	· 〈한국의 정신〉(국회방송)
· 윤봉길 의사 관련 영상	· 〈EBS 5분 사탐〉

3·1 운동 이후 🔍 1910년대 일제는 자신들의 말을 듣지 않으면 무력으로 처단하는 무단통치 방식을 사용하였습니다. 하지만 1919년 3·1 운동은 조선총독부의 통치 방식에 변화를 가져옵니다.

문화통치 🔍 3·1 운동을 통해 대한 사람들을 총칼로, 무력으로 지배하는 것에는 한계가 있다는 것을 느낀 3대 총독 사이토 마코토는 겉으로나마 부드러운 통치 방식을 선택합니다. 소위 문화통치 방식입니다. 외신들이 보았을 땐 무언가 크게 변화한 것처럼 말이죠. 일본이 국제 사회를 주도하는 중요한 위치에 오르기 위해서는 식민지를 무자비하게 탄압하는 국가 이미지로는 각종 외교 문제에 부딪칠 게 뻔했으니까요.

보통 경찰제 🔍 먼저 한국인들을 공포에 떨게 했던 헌병 경찰제를 폐지하고 보통 경찰제를 실시합니다.

회사령 폐지 🔍 그리고 회사령을 폐지합니다. 회사령이란 회사를 세우기 위해서는 조선총독부의 허가를 받아야 했는데, 이 허가라는 것이 정말 쉽지 않아 1910년대 우리 민족이 기업이나 공장, 회사를 세우는 것은 하늘의 별 따기였습니다. 회사령을 폐지하였다는 것은 허가제를 신고제로 바꾸었다는 의미입니다. 총독부의 허가를 받는 것이 아니라 신고만 하면 회사를 세울 수 있는 방향으로요! 거기다가 언론, 출판의 자유도 허락합니다. 책이나 신문을 자유롭게 낼 수 있게, 우리 민족의 생각을 자유롭게 표현할 수 있게 한다는 의미이죠.

너무 세상이 좋아진 것 같죠? 하지만 겉으로 보기에 그랬다는 것입니다. 실제 모습을 설명해 보겠습니다.

먼저 보통 경찰제! 헌병 경찰 복장에서 보통 경찰 복장으로 옷만 갈아입힌 것에 불과했습니다. 실제 경찰이 머무는 관청의 수와 경찰의 수는 더 증가했습니다. 1920년 경찰서와 경찰의 수가 1918년보다 3.5배가량 증가했다는 데이터가 있으니까요. 부드러운 통치를 표방했지만 우리를 감시하는 자들의 수가 전에 비해 훨씬 늘어난 것이지요.

그다음은 회사령에 대해 이야기해 보겠습니다. 우리 민족의 회사를 자유롭게 세울 수 있게 해 주어 민족 자본 형성에 도움이 되었을까요? 아닙니다. 이미 1910년대 전후로 들어온 일본 기업들이 공업 기반을 튼튼히 한 후였습니다. 우리가 회사를 세워 봤자 그들이 세운 회사에 대항할 수 없을 정도로 자신들의 기반을 다진 후 우리 민족에게 회사를 세우라고 한 것에 불과합니다. 거기다가 허가제에서 신고제로 바뀌었으니 일본의 성장한 기업들은 더 많이, 더 쉽게 우리 땅에 들어와 공장을 세울 수 있었습니다.

다음으로 신문이나 책을 만들어 배포할 수 있다고 했습니다. 사실입니다. 하지만 총독부는 사전 검열을 명합니다. 그래서 신문 기사의 경우 총독부의 마음에 들지 않는 기사들은 다 지우고 잘라 내 버립니다. 이것이 표현의 자유를 보장한 것인가요? 물론 문화통치로 바뀐 후 숨도 못 쉬던 상황에서 무언가 숨통이 트인 것 같은 느낌은 듭니다. 하지만 겉으로만 그런 척한 것이며, 속내는 따로 있었다는 것 꼭 기억해야겠습니다. 그리고 이 시기에 일제는 보이지 않는 곳에서 교묘한 술책으로 우리 민족을 분열시키고 친일 민족 반역자들을 만들어 내는 데 주력합니다. 그리하여 실제로 많은 지사들이 변절하여 훗날 우리의 가슴을 아프게 하였습니다. 예를 들면 2·8 독립선언서를 기초한 이광수, 3·1 독립선언서를 썼다는 최남선 등이 있습니다.

실력 양성 운동 🔍 3·1 운동을 이야기하며 훗날 있을 독립운동에 자신감을 주고 활력을 불어넣어 주었다고 공부했습니다. 첫 번째로 독립의 한 방법으로 실력 양성 운동을 펼친 분들의 이야기를 해 볼까 합니다. 먼저 실력 양성 운동의 배경에는 영국의 사회학자인 허버트 스펜서의 사회진화론에 영향을 받아 세상을 적자생존, 약육강식의 세계로 보는 시선이 있었습니다. 쉽게 말하면 우리가 아는 것이 없고, 경제적 기반이 약하고 힘이 없어 나라를 빼앗겼다는 의미입니다.

그럼 실력 양성 운동을 주도한 분들은 독립운동의 방향을 어떻게 이끌어 갔을까요? 그렇습니다. 우선 우리 민족의 경제적 기반을 다지고, 교육에 중점을 둡니다. 예전에 공부했던 애국 계몽 운동과 비슷한 느낌입니다.

자, 한 장의 포스터를 보여 드리겠습니다. 한번 읽어 볼까요? 자쓰가리우것든만가리우! 이렇게 읽으면 안됩니다. 예전에는 글을 쓸 때 지금과 반대로 오른쪽에서 왼쪽 방향으로 썼기 때

물산 장려 운동

문에 읽을 때도 오른쪽부터 읽어야 합니다. '우리가 만든 것 우리가 쓰자!'라고 읽는 것이 옳습니다. 우리가 만든 것! 국산품! 우리 민족 기업이 만든 제품! 우리가 쓰자! 품질이 일본의 것에 미치지 못한다고 하여 우리마저 외면한다면 우리의 기업은 영원히 발전할 수 없다! 그러므로 다소 품질이 떨어지더라도 우리 물건을 대한 사람들이 구매해 주어야 한다는 호소를 하고 있는 것입니다. 이를 역사 용어로 '물산 장려 운동'이라고 합니다. 물산 장려 운동이란 국산 물건 구입을 장려하는 움직임을 말합니다.

총독부가 우리 학생들 해외 수학여행을 시켜 줬다고? 🔍 다음은 교육 분야로 시선을 옮겨 보겠습니다. 당시 교육은 어떻게 이루어졌을

까요? 무단통치 시기와는 달라지긴 했습니다. 한국인과 일본인을 동등하게 교육시킨다고 표방했기 때문입니다.

우선 초급 학교의 수업 연한을 4년에서 6년으로 바꿉니다. 무단통치 시기에는 일본인만 초급 교육기관에서 6년간 교육을 받을 수 있었고, 한국인은 4년만 받을 수 있었습니다. 거기다 조선어를 필수 과목으로 넣어 줍니다. 엄청난 변화지요? 하지만 여기에도 함정은 있습니다. 실제 수업 시수를 분석해 보면 필수 과목으로 해 주었을 뿐 시수는 형편없이 적어 일본어 몰입 교육을 실시했으니까요. 거기다 조선어를 학교에서 장려하지 않고 시험까지 보지 않았다면 교육의 결과는 어땠을까요?

이어서 아이들이 좋아하는 수학여행과 관련된 이야기를 해 보겠습니다. 총독부에서는 우리나라 학생들에게 해외 수학여행을 시켜 주었습니다. 하지만 역시 이유는 따로 있었습니다. 우리나라 학생들에게는 발전한 일본의 모습을 보여 주어 패배감을 심어 주고, 일본 학생들에게는 나라를 잃어 뒤처진 대한의 학생들의 모습을 보여 주어 자긍심을 심어 주기 위해 시작한 것이 일제의 수학여행이었습니다.

하지만 우리 학생들은 수학여행을 통해 교육 분야에 있어 한국과 일본의 교육제도 차이와 시설의 차이를 지적하며 차별하는 부분을 개선해 달라는 요구를 하기도 하고 동맹 휴학을 단행하기에 이릅니다. 총독부의 예상과는 달리 한국 학생들에게 수학여행은 스스로의 발전에 대한 열망을 높이고 일본의 차별 정책을 체감하는 장이 된 것입니다. 이는 훗날 우리나라의 독립을 향한 항일 운동으로까지 발전합니다.

1천만 명이 한 사람당 1원씩 🔍 실제로 일제의 한국인 교육 방식은 적당히 가르쳐 적당히 부려먹을 수 있는 수준의 식민지 백성을 만들기 위함이었습니다. 그러니 대학 교육과 같은 고등교육은 당연히 받을 수 없었겠죠? 우리 땅에는 대학이 아예 없었습니다. 그래서 경제적으로 여유가 있는 집 자식들은 일본으로 유학을 간 것이죠.

이런 상황에서 우린 한민족 1천만 명이 한 사람당 1원씩 모아 1천만 원을 만들어 우리 민족을 위한 대학을 세우자는 주장을 하기에 이르고 모금 활동이 진행됩니다. 이를 '민립대학 설립 운동'이라고 합니다. '민립'은 우리 민족의 교육을 담당하기 위해 세운다는 의미입니다. 하지만 이는 일제의 방해로 실패로 끝납니다. 일제는 바삐 우리 땅에 대학을 하나 세우는데, 그것이 바로 경성제국대학입니다. 하지만 그 대학은 대부분 우리 땅에 사는 일본인들이 주로 입학했습니다. 소수의 한국인을 받아주었다손 치더라도 일제의 말단 관리를 양성하기 위한, 즉 친일파 양성을 위한 것이었습니다.

신간회 🔍 다음은 신간회라는 조직에 대해 공부해 보겠습니다. '새로울 신(新)', '줄기 간(幹)' 자를 사용하여 독립운동의 새로운 줄기를 만들어 내는 모임 정도로 해석하면 될 것 같습니다. 서로 다른 생각을 가진 사람들이 민족의 독립을 위해 결성된 대표적인 항일 단체입니다.

민족주의와 사회주의 🔍 여기서 서로 다른 생각을 가진 사람들은 어떤 의미일까요? 민족주의자와 사회주의자를 이야기합니다. 1910년대 후반 러시아에서 볼셰비키 혁명이 일어나고, 1920년대 세계 곳곳에 사회주의 사상이 유입됩니다. 우리나라도 예외는 아니었죠.

민족주의는 우리 민족과 일본 민족을 구분하여 일본 민족은 우리 민족을 지배할 수 없고, 우리 민족은 일본 민족으로부터 독립해야 한다는 생각을 말합니다. 그러기 위해서는 우리의 실력을 양성하거나 전쟁이나 의열 투쟁 등 다양한 방법을 사용해야 한다는 사상입니다. 그에 반해 사회주의는 세상을 지배계급과 피지배계급으로 나누고, 생산 수단을 지니고 있는 지주나 기업가들을 위시한 지배계급으로부터 일반 대중인 피지배계급의 사람들이 해방되는 평등한 사회를 만들자는 사상입니다. 겉으로 보기엔 무척 좋아 보이는 사회주의는 현재 실시해서 성공하거나 부강해진 나라는 전무후무합니다. 사회주의 종주국인 러시아는 고르바초프 이후 개혁 개방 정책으로 노선을 바꾸었고, 중국도 덩샤오핑 이후 경제 정책 방향을 전환하였습니다. 북한은 현재 그렇지 않아 굶주림에 허덕이고 있는 것이고요.

사회주의자들도 독립운동을 가열차게 진행했습니다. 당시 지배계급은 일본 제국주의였기 때문에 타도해야 할 대상도 대부분 일제 지주나 기업가들이었으니까요. 피지배계급인 한국인들이 해방되어야 하는 것이기 때문에 목표는 우리 민족의 독립으로 민족주의자들과 같았습니다. 하지만 독립 이후에 꿈꾸는 국가의 모습이 전혀 달랐던 것이지요. 사회주의자들은 모든 것을 함께 생산하고, 공평하게 나누는 사회, 그러기 위해 모든 생산 수단을 국가에서 관리해야 한다는 생각입니다. 생각 자체는 흠이 없어 보이지만 현실로 적용해 보면 너무 비현실적이라는 것을 알 수 있습니다.

예전에 중국을 다녀온 적이 있습니다. 실크를 파는 곳을 갔는데, 판매원들은 자기들끼리 떠드느라 바쁘지 손님들을 거들떠보지도 않았습니다. 찾아가서 사정해 얼마냐고 물어야 가격을 알려 줄 정도였으니까요. 왜 그랬을까요? 국가가 운영하는 가게였기 때문에 종업원들은 일을 열심히 하거나 그렇지 않거나 똑같이 분배가 되니까요. 공산주의는 '인간의 남들보다 더 많이 가지고 싶은 그런 욕망을 제한하는 것 아닌가? 그래서 효율성이 자본주의에 비해 떨어지는 것이 아닐까?'라는 생각이 듭니다.

어찌 되었든 1920년대 독립운동을 하는 한국인들 가운데는 민족주의자들도 있고, 사회주의자들도 있었습니다. 그 둘은 우리 민족의 독립이라는 목적은 같지만 지향하는 국가의 형태, 투쟁하는 방법에 있어서는

Cooking Tip

이와 관련하여 〈지식채널e〉 '최고의 맛을 찾아라'라는 영상의 일부를 학생들에게 보여 주었습니다. "완벽한 파스타 소스는 없다. 다양한 소스가 있을 뿐이지. 독립운동의 방향 역시 완벽한 것은 없다. 서로 인정하고 협력하여 공통의 적인 일본 제국주의를 물리쳐야 하는 것이다." 이런 식으로 신간회 이야기를 마무리하였습니다.
지금 우리가 살고 있는 자본주의 사회도 많은 문제를 품고 있고, 그 문제들을 해결하기 위해 노력하고 있지 않습니까? 다양한 문제를 현명하게 해결하여 더욱 발전할, 더 큰 대한민국의 모습을 꿈꿔 봅니다.

차이를 보입니다. 생각이 다르면 어떻게 되죠? 싸우게 됩니다. 하지만 독립운동에 있어 이런 다툼과 분열은 일제에게만 이롭습니다. 일제라는 공통의 적이 있는데 우리끼리 갈라져 싸워서야 되겠습니까? 그래서 생각이 다르고 꿈꾸는 국가의 모습이 달라도 힘을 합쳐야 한다! 통합해야 한다! 그런 정신으로 나온 모임이 신간회입니다.

학생의 날 🔍 다음은 학생의 날이라는 것에 대해 살펴보겠습니다. 실제 학생들은 잘 모르는 11월 3일은 학생의 날입니다. 이날은 학생들이 독립운동을 전개해 나간 것을 기리기 위한 날입니다.

1929년 10월 30일 나주와 광주를 오가는 열차에서 있었던 일입니다.

이 열차에는 많은 수의 한국인 학생과 더불어 일본인 학생들도 있었습니다. 이 둘의 사이는 어땠을까요? 당연히 좋지 않았습니다. 그런데 10월 어느 날 일이 터집니다. 후쿠다라는 일본 학생이 박기옥이라는 한국 학생의 머

ㄴ 나주역

리채를 잡으며 희롱을 하였습니다. 이에 사촌동생 박준채 학생이 후쿠다를 때려 눕혔고, 이것이 집단 패싸움으로 발전돼 버린 것입니다. 이를 '나주역 사건'이라고 합니다.

후쿠다 vs 박준채 🔍 몸집이 큰 일본 학생들과 몸집이 작은 편인 한국 학생들이 붙었으나 한국 학생들이 KO승을 거듭합니다. 평소 고된 농사일로 다져져 있던 한국인 학생들이 몸으로 붙었는데 질 리가 없죠. 우선 박준채 학생의 그날 기록을 한번 살펴보겠습니다.

조센징이란 말이 후쿠다의 입에서 나오기가 무섭게
나의 주먹은 그자의 면상으로 날아가 작렬하였다.
— 박준채의 기록 중에서

'조센징'은 조선인을 뜻하는 일본어입니다. 말 자체로는 나쁜 의미가 없습니다. 하지만 합병 이후 일본인들은 조센징이라는 말 앞이나 뒤에 항상 부정적인 단어를 수식어로 사용하여 말합니다. 지저분한 조센징, 멍청한 조센징, 미개한 조센징, 더러운 조센징……. 이렇다 보니 조센징이라는 말 자체가 부정적인 어휘가 돼 버린 것입니다.

하지만 이 싸움 과정에서 일본 경찰들이 도착하였고 한국 학생들을 무차별 구타, 연행해 갑니다. 한국 학생들만 처벌을 받은 것이지요. 이런 차별 대우에 분개한 학생들은 동맹 휴학 및 시위를 계획하고, 이는 전국으로 퍼져 나가 3·1 운동 이후 최대의 민족 운동으로 평가받습니다. 이것이 바로 광주학생항일운동입니다.

싸움은 나주에서 났는데 왜 '광주'라는 지역명이 들어갈까요? 여기에선 11월 3일이 결정적인 그날입니다. 이날은 명치절로 일본 민족에게 있어 큰 경축일이었습니다. 메이지 유신, 메이지 정부를 세우게 된 것을 축하하는 날로, 모든 학생들은 일본 신사에 가서 참배를 해야 했습니다. 한국 학생들도 마찬가지겠죠. 하지만 이날은 명치절인 것과 동시에 음력 10월 3일 우리에게는 개천절이었습니다. 우리 민족의 시작을 기리는 날이지요. 신사로 끌려가는 학생들은 어떤 마음이었을까요?

그런데 여기서 일본 학생들이 뭔가 계략을 꾸밉니다. 얼마 전 있었던 나주역 사건에 대해 보복을 계획합니다. 그들은 품속에 칼이나 낫 등 무기를 숨기고 한국 학생들을 치려고 작전을 짠 것입니다. 힘으로 안 되니 무기를 준비한 것이지요. 실제로 또 패싸움이 벌어집니다. 처음 한국 학

Cooking Tip
당시 일제의 1면 1신사 원칙으로 전국에 1천 개 이상의 신사가 존재했습니다.

생들은 무척 당황했습니다. 무기를 들고 공격할 것이라곤 생각을 못 했으니까요! 하지만 경신여고 학생들의 도움으로 기사 회생합니다. 여학생들이 돌담을 무너뜨려 돌멩이를 남학생들에게 운반해 주고 싸움은 이내 투석전으로 바뀌게 됩니다. 한국 학생들이 던지는 힘찬 돌멩이에 일본 학생들이 피투성이가 되어 추풍낙엽처럼 쓰러졌습니다.

광주학생항일운동 소식을 들은 신간회에서는 진상 조사단을 파견해 부당하게 처벌을 받은 학생들을 풀어 줄 것을 요구하고, 광주학생항일운동이 전국적으로 확산되는 데 큰 힘을 보탰습니다.

3·1 운동 이후 최대의 민족 운동! 🔍

이날 사건을 계기로 학생들의 시위는 전국적으로 확대되었기 때문에 광주학생항일운동이라는 명칭이 생깁니다. 5만 4천 명이 참여했다고 합니다. 당시 중등학교 학생 수가 8만 명 정도였다는 것을 생각해 보면 대부분의 학생들이 참여한 것으로 볼 수 있습니다.

Cooking Tip
EBS 〈한국 근현대사 5분 사탐〉의 '광주학생항일운동' 편을 통해 내용을 정리해 보는 것은 어떨까요?

이들의 시위를 조직적으로 계획한 학생 단체가 있습니다. 광주에는 이미 1926년 학생 비밀 결사 '성진회'를 모태로 탄생한 '독서회' 중앙본부가 조직된 이후 각급 학교별로 독서회가 결성되어 항일 의식을 다지고 있었습니다, 겉보기에는 책 읽는 동아리지만 실제로는 학생들이 민족의 독립운동을 위해 만든 단체였던 것이지요.

최근 광주학생독립운동기념관이 있는 백일지구 소재 백일초등학교의 이름이 바뀌었습니다. '백일'이라는 이름 자체가 친일파와 관련 있는 명칭인데 광복 후 수십 년이 지난 최근까지 쓰이고 있었다고 합니다. 백일이라는 이름을 버리고 성진회의 이름을 따 성진초등학교로 바뀐 것입니다.

학생들이 독립운동에 나선 것은 비단 광주학생항일운동만 있는 것은 아닙니다. 조금 과거로 거슬러 올라가면 학생들은 1926년 순종 인산일을 계기로 제2의 3·1 운동을 만들어 보자며 6·10 만세운동을 주도하기도 했습니다. 6·10 만세운동의 영향으로 신간회가 결성되었다고 해도 과언이 아닙니다. 독립운동기 학생들의 활약이 엄청났음을 알게 해 주는 사건들이었습니다.

Cooking Tip
대표적인 여성 독립군으로 남자현을 들 수 있습니다. 영화 〈암살〉에서 배우 전지현 씨 배역의 모티브로 알려져 대중들의 주목을 받았습니다. 총독 사이토 마코토의 암살을 계획한 바 있으며, 일본 장교를 암살하려다 옥고를 치릅니다. 독립군의 뒷바라지를 도맡아 '독립군의 어머니'라고도 불리었습니다.

독립군의 위대한 승리 🔍 다음은 무장 독립 투쟁, 무장 독립 전쟁으로 주제를 옮겨 가겠습니다.

1천여 회에 걸친 국내 진공 작전 🔍 정말 다양한 수십 개의 독립군 부대가 압록강, 두만강 건너에서 활동하고 있었습니다. 국내 진공 작전이 1천여 회에 걸쳐서 이루어졌습니다. 병력이 적으니 치고 빠지는 전술을 사용했겠죠. "선생님! 치고 빠지고 치고 빠지고 그게 그렇게 대단한 건가요?"라고 묻는 학생이 있을 수 있습니다. 저는 "네, 대단합니다!"라고 대답해 줍니다. 한 번 공격할 때마다 강을 건너야 합니다. 총이나 화약이 젖으면 되나요? 옷도 젖으면 전투에 방해가 됩니다. 매번 옷을 벗고 무기를 들어 올린 채로 강을 건너 일제를 공격하고 돌아올 때도 같은 방법을 사용합니다. 매번 목숨을 건 큰일이었을 것입니다.

월강 추격대 🔍 이런 국내 진공 작전에 독립군들을 다 쓸어버려야겠다는 생각을 가진 일제는 월강 추격대를 보냅니다. 여기서 '월강'은 강을 건넌다는 뜻입니다.

157 or 4 🔍 이번에 소개할 것은 전투의 피해 상황 데이터입니다. 일제의 피해 상황이 157이었을까요, 독립군의 피해 상황이 157이었을까요? 보병 및 기관총대 1개 대대로 구성된 월강 추격대는 홍범도 장군이 이끄는 대한독립군 부대를 비롯한 여러 독립군 부대의 유인전술로 박살이 납니다. 봉오동 골짜기의 지형을 이용해 전투를 우리 것으로 만

든 것이지요. 피해 상황을 통계로 살펴보면 일본군 사망 157명, 독립군 사망 4명입니다. 물론 한 분, 한 분이 너무 소중한 목숨이지만 데이터로 비교해 보면 독립군의 압승으로 평가할 만합니다. 이게 독립군 최초의 완벽한 승리, 봉오동 전투입니다.

훈춘 사건 조작 🔍 월강 추격대! 국경을 넘어 일본군이 무기를 가진 채 중국 땅을 밟았습니다. 외교적인 문제가 불거집니다. 그런데 일제는 봉오동 전투에서의 패배 때문에 화가 나 한 번 더 국경을 넘어야겠다고 생각합니다. 이에 일제는 돈만 주면 뭐든 하는 중국 마적들에게 일본인을 공격하게 합니다. 그리고 그 죄를 우리 독립군에게 뒤집어씌웁니다. 중국 땅에 있는 독립군이 일본인을 공격하였으므로 자국민을 보호하기 위해 어쩔 수 없이 군대를 보낸다는 식이었던 것이지요. 일본이 자기 나라 국민조차 국경을 넘기 위한 명분 쌓기 수단으로 이용하는 모습에 참 두려움이 느껴집니다.

5만 vs 2천 🔍 그렇게 해서 이번에는 3개 사단 병력을 투입시킵니다. 5만 명 이상의 병력을 투입시킨 것이지요. 그에 반해 우리 독립군 병력은 2천여 명에 불과했습니다. 그들이 전투를 하게 됩니다.

3,300 or 150 🔍 3,300과 150은 사상자 숫자입니다. 일본군 사상자가 3,300명, 독립군 사상자가 150명! 이번 전투 역시 25km에 이르는 청산리 백운평 계곡의 지리를 이용한 승리였습니다. 도적 떼 정도의 수준으로 보았던 독립군 부대에게 당시 세계 최강 수준의 군사력을 지닌 일본 정규군이 대패한 것입니다. 이를 우리는 '청산리대첩'이라고 합니다. 김좌진 장군과 홍범도 장군이 주축이 되어 이끌어 낸 독립군의 위대한 승리입니다!

Cooking Tip
EBS 〈한국 근현대사 5분 사탐〉 '청산리 전투' 편을 통해 내용을 정리해 보는 것은 어떨까요? 크라잉넛의 '독립군가'도 아이들과 함께 들어 보길 추천합니다.

간도 참변 🔍 하지만 독립군이 이 지역에서 더 이상 무장 투쟁을 할 수 없게 되는 사건이 발생합니다. 바로 간도 참변인데요, 두 전투에서 연달아 큰 패배를 당한 일본군이 간도 지역에 사는 수만 명의 한국인들을 대상으로 무차별 대량 학살을 벌입니다. 3개월 동안 이루어진 이 비극은 독립군 근거지 소탕을 명분으로 무장 군인들이 민간인을 대상으로 한 화풀이였습니다.

가슴 아픈 홍범도의 일생 🔍 봉오동 전투, 청산리대첩의 공로자 홍범도 장군! 위대한 승리 뒤에 발생한 간도 참변으로 수많은 독립군과 함께 러시아 자유시(알렉세예프스크)로 이동합니다. 일본군의 대대적 공세에 독립군 활동이 어려워져 전열 재정비를 위해 올라간 것입니다. 러시아 적색군의 지원을 기대하기도 했습니다. 무기와 식량을 지원하기로 러시아가 약속했었으니까요. 하지만 자유시에 도착하자 기대했던 것과는 다르게 러시아 적색군은 무장 해제를 요구합니다. 독립군은 이에 저항했고, 독립군과 러시아군 사이에 전투가 벌어집니다. 이때 수많은 독립군이 목숨을 잃었고, 역사는 이를 '자유시 참변'이라고 합니다.

독립군을 더 이상 지휘할 수 없게 된 홍범도 장군은 연해주의 농장에서 일하며 지역 한인 사회를 이끄는 지도자로 살게 됩니다. 하지만 그의 비극은 여기서 끝이 아닙니다. 그 후 소련 지도자 스탈린의 강제 이주 정책으로 이역만리 중앙아시아 땅으로 강제 이주하게 됩니다. 그는 낯선 카자흐스탄 땅에 정착해 극장에서 일하게 됩니다. 경비를 서거나 표를 파는 일을 하며 산 것이죠. 극장에서 일하던 어느 날 독립군 홍범도를 주인공으로 한 작품을 보았다고 합니다. 그의 심정은 어땠을까요? 그러다 그는 광복을 2년 앞두고 그 낯선 땅에서 숨을 거둡니다.

의열단을 아십니까? 🔍 사진에 등장하는 물건은 무엇에 사용하는 것일까요? 골패라는 물건입니다. 의열 투쟁을 하는 독립운동가들이 사용한 물건입니다. 서로 먼저 의열 투쟁에 자신의 생명을 내던지겠다고 분쟁이 생기자 누가 먼저 거사를 치를 것인지 제비뽑기 하는 도구였습니다.

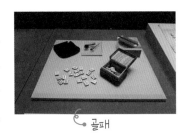

골패

의열 투쟁이란 총과 칼, 폭탄과 같은 도구로 일제의 요인이나 친일 민족 반역자를 처단하는 독립운동의 한 노선을 말합니다. 이들의 응징 대상은 침략의 핵심인 일제의 주요 기관이나 적, 그에 동조하는 세력으로 제한했습니다. 무엇보다도 물리적 폭력을 사용하는 목적이 개인이나 단체의 사사로운 이익을 위한 것이 아닌, 민족의 해방과 인류 보편적 가치를 추구하는 데 있었다는 것입니다.

의열 투쟁 하면 가장 먼저 떠오르는 단체가 있습니다! 영화 〈밀정〉에서도 등장해 많은 관심을 불러 모았던 의열단입니다. 영화 〈밀정〉에서 의열단을 만든 약산 김원봉이 잠깐 등장하기도 했죠. 일제가 김원봉의 목에 최고 현상금 100만 원을 걸었던 것이 두고두고 회자되곤 합니다. 당시 100만 원은 지금 돈으로 약 320억 원에 해당하는 엄청난 액수입니다. 그만큼 김원봉은 신출귀몰했던 듯합니다. 한 자리에 2시간 이상 머문 적이 없을 정도로 신중한 성격이었고, 그래서 단 한 번도 체포된 적이 없다고 합니다.

| 1 대 400의 전설 🔍 | 일제 강압 통치의 상징인 종로경찰서에 폭탄을 투척한 김상옥도 의열단 단원입니다. 종로경찰서는 독립운동가들의 무덤이라고 생각해도 될 정도로 수많은 독립운동가를 잡아들여 폭력적인 취조를 했던 곳으로 악명 높은 경찰서였습니다. 독립운동 탄압의 상징 같은 곳이었죠. 일제는 김상옥 의사 1명을 잡기 위해 400명 이

김상옥 의거 터

Cooking Tip
영화 〈밀정〉의 일부를 통해 김상옥 의사의 서울 시가전을 살펴보는 것은 어떨까요?

상의 인원을 동원합니다. 그도 그럴 것이 김상옥 의사는 전설의 쌍권총으로 알려져 있을 정도로 사격에 능한 사람이었습니다.

종로경찰서 폭탄 투척 의거 후에 김상옥 의사는 후암동 쪽에 몸을 은신하고 있었습니다. 그런데 수백 명의 일본 병력이 들이닥친 것이죠. 때는 1월, 겨울이었습니다. 김상옥은 일본의 포위망을 뚫고 남산을 단숨에 넘어 왕십리를 거쳐 동대문 쪽으로 달렸습니다. 지붕에서 지붕을 뛰어넘으며 쌍권총으로 적들과 교전을 벌였습니다. 그는 총알이 떨어진 최후의 순간 자결을 선택합니다. 세상을 떠난 후 김상옥의 몸을 살펴보니 온몸에 열한 발의 총상을 입었고, 생전에 직접 그린 태극기를 품고 있었다고 합니다. 또 자신을 겨눈 방아쇠를 당길 때 "대한 독립 만세!"를 외쳤다는 이야기도 전해집니다.

김상옥 의사 외에도 조선총독부에 폭탄을 던진 김익상 의사, 동양척식주식회사에 폭탄을 던진 나석주 의사, 일본 황궁에 폭탄을 던진 김지섭 의사 등도 의열단 단원이었다고 전해집니다.

위기에 처한 대한민국 임시 정부 🔍

1930년대 대한민국 임시 정부는 큰 위기에 빠져 있었습니다. 1920년대 외교 활동에 주력했던 임시 정부는 대통령 이승만이 독단적으로 한 위임통치 신청(미국) 사실이 밝혀져 국민대표회의가 개최되고, 이승만은 물러나게 됩니다. 이후 외교 활동의 효과가 미미하다고 판단하여 독립운동의 방향을 놓고 내부에서 의견을 달리하는 사람들이 많이 생겨납니다. 이는 많은 요원들의 조직 이탈로 이어집니다. 또한 일제의 집요한 감시와 탄압이 자행되었고, 거기에 더해 자금과 인력마저도 부족해 임시 정부는 사기마저 저하될 수밖에 없었습니다.

백범 김구와 한인 애국단 🔍 이러한 어려운 상황에서 분연히 일어선 사람이 김구입니다. 임시 정부의 김구는 강력한 의열 투쟁 단체인 한인 애국단을 조직했습니다. 그리고 한민족에게 희망과 용기를 불어넣을 방안을 실행에 옮깁니다.

봉봉 브라더스! 🔍 한인 애국단 단원으로서 혁혁한 공을 세웠던 분들이 봉봉 브라더스, 바로 이봉창 의사와 윤봉길 의사입니다. 먼저 이봉창 의사의 의거를 살펴보겠습니다.

일본에 머물고 있던 이봉창 의사는 평생 한국인이라는 이유로 차별을 받으며 살았던 사람입니다. 그가 상해로 넘어와 김구를 만납니다. "독립운동을 한다면서 왜 일왕을 죽이지 않습니까? 제가 해 보겠습니다!"라고 말하며 폭탄을 가지고 일본으로 가 일왕의 마차에 던집니다. 하지만 당시도 지금 대통령 차량 이동과 같이 비슷한 형태의 마차가 다수 지나가 일왕이 어디에

이봉창 의사 동상

Cooking Tip
봉봉 브라더스의 이봉창, 윤봉길 의사는 실제로는 형제가 아닙니다. 안중근 의사 의거와 윤봉길 의사 의거를 혼동하는 아이들이 많아 한데 묶어 개념을 형성하려고 사용한 단어입니다.

타고 있는지 정확하게 파악하는 일도 힘들었을 것으로 판단됩니다. 말이 다치고 마차가 부서지긴 했지만 이봉창 의사의 의거는 실패로 돌아갑니다.

그런데 이 사건을 두고 중국 신문에서 '안타깝다!' '아쉽다!'와 같은 표현을 사용합니다. 당시 일제의 침략으로 중국도 일본과 사이가 좋지 않았기 때문이죠. 이에 일본은 군사력을 동원해 중국 상하이를 점령합니다. 그리고 상하이 홍커우 공원에서 축하 파티를 엽니다. 자기가 먹을 도시락만 챙겨 오면 누구든 참여할 수 있었습니다. 이를 엄청난 기회로 본 윤봉길 의사는 도시락 모양의 폭탄과 수통 모양의 폭탄을 준비합니

Cooking Tip
서로 약속은 하지 않았지만 윤봉길 의사의 의거가 벌어지고 있는 행사장 밖에서는 또 다른 독립운동가가 폭탄을 들고 행사장 입장권을 기다리며 대기하고 있었습니다. 바로 우당 이회영 선생이 조직한 흑색 공포단원 백정기 의사였습니다. 효창 공원에 가면 '삼의사의 묘'가 있는데, 여기서 삼의사는 이봉창, 윤봉길, 백정기 의사를 의미합니다. 김구의 부탁으로 삼의사의 유해 송환을 책임진 이는 최근 영화로 대중들에게 알려진 박열이었다고 전해집니다.

다. 그리고 행사장에서 수통형 폭탄을 투척합니다. 많은 분들이 도시락 폭탄을 던진 것으로 알고 있지만, 도시락 폭탄은 남아 있던 폭탄입니다. 이를 두고 자결용이라고 주장하는 사람들도 있고, 의열 투쟁하는 독립운동가들은 제대로 거사가 이루어지지 않을 것을 대비해 보통 2발의 폭탄을 가지고 다닌다고 주장하는 사람들도 있으나 크게 중요한 내용은 아닌 것 같습니다. 여기서 중요한 것은 윤봉길 의사가 의

도시락형 폭탄과 수통형 폭탄
(박세훈 선생님)

거에 성공했다는 사실입니다. 수많은 일본 고위 관계자들이 목숨을 잃거나 부상을 당합니다. 이에 김구는 자신이 배후라고 밝혀 그의 목에 거액의 현상금이 걸리고, 도피 생활을 하게 됩니다. 당시 김구의 현상금은 60만 원으로 현재 화폐 가치로는 200억 원에 가까운 금액입니다.

🔍 4억 중국인도 못 한 일을 조선인 청년 1명이 해냈다!

"그런 사람들 몇 명 죽인다고 대한에 독립이 옵니까?" "그런 저항은 비록 속은 시원할지라도 의미가 없는 것 아닙니까?" 이런 질문을 하는 아이들도 있습니다. 이에 저는 의미가 있었다고 대답했습니다.

실제로 당시 중국을 이끌던 장제스는 윤봉길 의사의 의거에 크게 감동하여 다음과 같은 말을 했습니다. "4억 중국인도 못 한 일을 조선인 청년 1명이 해냈다!" 그리고 우리 독립운동가에 대한 인식이 바뀌는 계기가 되었습니다. 평소 중국은 자국에서 독립운동을 하는 한국 독립운동가들과 단체들을 꺼리고 불편해 했습니다. 그런데 윤봉길 의사 의거 후

Cooking Tip
시간이 가능하다면 이봉창 의사 의거 관련 영상인 〈한국의 정신〉 '이봉창' 편과 윤봉길 의사 의거 관련 영상인 〈한국근현대사 5분 사탐〉 '윤봉길'편을 통해 봉봉 브라더스의 활약을 살펴보는 것으로 수업을 마무리하는 것은 어떨까요?

중국은 생각을 바꾸어 우리의 독립운동을 지지해 주기 시작합니다. 이러한 지지로 실질적인 변화가 이루어집니다. 중국은 우리 독립군이 중국 내에서 군사 훈련 등으로 군사력을 키우는 데 지원을 아끼지 않았는데, 이는 훗날 대한민국 임시 정부의 정식 군대인 광복군 형성에도 큰 도움이 됩니다.

또 훗날 장제스가 1943년 카이로 회담에서 한국의 독립을 제안하고, 명문화시킨 것도 윤봉길 의사 의거의 영향이라고도 합니다. 윤봉길 의사의 자신을 희생하는 폭탄 한 발이 우리나라의 역사를 바꾸었다고 평가하는 것은 너무 과한 것일까요?

Table 13

빼앗긴 들에도 봄은 오는가

오늘의 식단 한눈에 보기

- 민족성 말살 통치
- 국가 총동원령
- 민족의 혼을 지키기 위한 노력

재료 준비	장 보기
• 'IX-II. 민족 운동의 전개' 음원	• 멜론
• 창씨개명 관련 영상	• 영화 〈동주〉
• 징병 관련 영상	• 영화 〈마이웨이〉
• 야스쿠니 신사 관련 영상	• 메가스터디
• 강제징용 관련 영상	• 〈역사채널e〉(EBS)
• 황국신민서사 관련 읽기 자료	• 자체 제작
• 일본군 '위안부' 관련 읽기 자료	• 『제대로 한국사』 9권
• 731부대 관련 영상	• EBS
• 우리말 큰사전 관련 영상	• 〈역사채널e〉(EBS)
• 윤동주의 「서시」 관련 영상	• 영화 〈동주〉
• 손기정 선수 관련 영상	• 〈역사채널e〉(EBS)

Cooking Tip
랩통 한국사 'IX - II. 민족
운동의 전개' 음원을 듣는
것으로 수업을 시작하는 것
은 어떨까요?

한국인의 민족성을 말살하라! 🔍 일제 말기 조선총독부의 통치
방식에 대해 알아보겠습니다. 1930~40년대에 해당되는 내용입니다.
1929년 세계 대공황이 터지자 일본은 그 폭풍우를 잠재우기 위해 전쟁
이라는 방법을 선택합니다. 다른 강대국들은 자신들이 가지고 있는 수
많은 식민지를 연결하여 블록 경제로 대공황에 대처하려 했는데, 상대
적으로 식민지 확보에서 열세에 있었던 일본은 전쟁을 통한 대외 팽창
정책을 펼친 것이죠. 그러다 보니 그 불똥은 우리에게 떨어집니다. 일
본이 전쟁을 일으킨 나라들이 원체 거대한 국가들이라 일제는 병력이나
물자를 일본 내에서만 조달해서는 전쟁을 끌고 갈 수 없었습니다. 그래
서 우리나라의 인적·물적 자원을 수탈하기에 이릅니다.

그런데 일제의 통치에 많은 불만을 가지고 끊임없이 독립운동을 꾀하
고 있는 우리 한국인들에게 그냥 총자루를 쥐어 줄 수는 없었습니다. 그
렇게 했다가는 자신들 뒤통수로 총알이 날아올 테니까요. 그래서 일제
는 우리의 민족성을 말살시키기 위해 온갖 궤변을 늘어놓으며, 동원할
수 있는 모든 방법을 동원해 우리의 민족성을 말살하려고 합니다. 이것
이 바로 민족성 말살 통치입니다.

일제의 역사 왜곡 🔍 먼저 역사를 건드립니다. 우리의 역사의식
을 왜곡하는 것이었지요. 그 대표적인 것이 타율성론, 당파성론, 정체성
론 등입니다.

타율성론 & 정체성론 🔍 먼저 타율성론과 정체성론에 대해 간단
히 살펴보겠습니다. '한국인들은 자율적으로 국가를 발전시킬 수 없다.

그래서 국가 발전 단계에서 중세 봉건사회를 거치지 못하고 있는 상황에서 일본이 도와주어 근대 국가로 발돋움하고 있다.'는 것이 일제가 주장하는 내용이었습니다.

정말 우리는 스스로 국가를 발전시킬 수 없었을까요? 항상 남에게 의지해서 성장해 왔을까요? 당연히 그렇지 않습니다. 우리 민족은 단군조선부터 조선 시대까지 매순간 수준 높은 문화를 꽃피워 왔습니다. 일본이 우리를 앞지른 것은 불과 100년도 되지 않았습니다. 그들의 말이 사실이라면 스스로 역사를 발전시킬 수 없는 국가의 문화가 탐이 나 활자 전쟁, 도자기 전쟁이라고 부르는 임진왜란을 일으켰을까요? 왜 수많은 왜구가 고려와 조선을 침략한 것입니까? 자기들에게 무엇인가 부족한 것을 채우기 위함 아니었던가요? 그들 논리대로라면 스스로 발전할 수 없는 국가의 문명에 의지할 수밖에 없는 일본이야말로 얼마나 타율적인가요? 고작 전쟁에 의한 약탈과 폭력이라니……. 어느 나라의 역사나 성장기가 있고 침체기가 있습니다. 일부의 침체기를 가지고 일제는 우리의 반만 년 역사 전체를 확대 해석하는 오류를 보인 것입니다.

그리고 조선은 중세 봉건사회를 거치지 못해 자신들이 우리를 근대화시켜 주었다? 우리가 자주적 근대 국가를 수립하려는 것을 치밀하고 교활하게, 폭력을 동원해 막은 나라가 누구인가요? 진심으로 하품만 나오는 논리입니다. 우리나라에 근대 문물인 철도를 깔고 도시를 건설해 주었다? 그게 어디 우리를 위한 것이었나요? 우리나라 수탈을 위한 방법이었을 뿐입니다. 그래도 덕분에 좋아진 것 아니냐? 대한제국은 전국 철도망 건설 계획을 안 세웠나요? 일본이 아니면 서양 여러 나라들은 기술적 제휴를 해 주지 않았을까요? 그리고 철로 건설 노동은 누가 했나요? 임금도 없이 한국인들이 강제 동원되어 위험한 작업을 강요당해 수많은 한국인들이 희생되었습니다. 하나도 고맙지 않습니다.

`당파성론` 🔍 다음은 당파성론을 살펴보겠습니다. 우리 한국인은 항상 편을 가르고 다투길 좋아한다? 당파 싸움 때문에 나라를 망친 것이다? 이런 논리입니다. 여기서 고개가 끄덕여지면 안 됩니다. 100년 전 그들이 걸어 놓은 논리와 주술에 지배당하는 것입니다.

붕당 정치는 정치인들이 자신의 학풍과 생각, 정책 구상 방향에 의해 당을 이루고, 어떤 사안이 있으면 토론하고 논쟁하고 쟁명하여 상대방을 설득시키기 위한 체제입니다. 물론 부정적인 인식을 주는 장면들도 곳곳에 있어 그 역기능도 인정합니다. 하지만 어떤 국가의 정치 세력들이 단 하나의 의견으로 쉽게 중지를 모아 일을 착착 진행해 나가나요? 세상에 그런 국가가 있습니까? 아! 가까운 곳에 하나 있네요. 북한이죠. 북한은 일당 전제국가이기 때문에 여러 가지 의견을 낼 수 없을 테니까요. 그런데 그게 가장 이상적인 국가의 모델인가요? 인간은 당연히 이해관계에 따라 의견과 생각이 타인과 다르기 마련입니다. 인간 본질에 대한 기본적인 이해도 없이 주장한 것이 당파성론입니다.

그리고 붕당 정치와 같은 정치 체제를 같은 시대를 보낸 일본은 생각이라도 해 본 적 있었을까요? 전근대사 내내 세계 최강대국을 자랑하던 중국에서 그런 정치 체제를 구축했을까요? 상호 견제에 의해 이루어져 가던 정상적인 붕당 정치의 모습은 외면하고, 일당 전제와 변질된 붕당 정치만을 강조하는 것이 역사 왜곡 아닐까요? 일본에게 묻고 싶습니다. 현재 그대들의 나라에는 여러 정당이 없는지, 혹시 여러 정당이 있다면 당신들도 당파 싸움을 하고 있는 것 아니냐고요. 서로 자신의 지지 세력과 정당의 이익을 위해 싸우는 것은 당연한 것입니다. 모든 인간은 생각이 다르고 그에 따른 욕구도 다르기 때문입니다.

`내선일체` 🔍 다음은 그들이 우리의 민족혼을 말살하기 위한 역사 교육 내용입니다. 먼저 내선일체(內鮮一體)! '내(內)'라 함은 일본이

내선일체

제2차 세계 대전 전, 그들의 해외 식민지를 '외지(外地)'라 부른 데 대한 일본 본토를 가리키는 '내지(內地)'의 첫자이며, '선(鮮)'은 조선을 가리키는 말로, 일본과 조선이 일체, 즉 하나라는 뜻입니다.

일선동조론 🔍　두 번째로는 일선동조론(日鮮同祖論)이 있습니다. 일본과 조선은 같은 조상으로부터 나왔다는 허무맹랑한 소리를 해대며 우리의 수많은 젊은이들을 전쟁터로 끌고 가는 것입니다. 같은 조상으로부터 나온 한 핏줄이니 한국인들은 일제가 벌인 전쟁에서 열심히 싸워 줘야 한다는 논리를 만든 것입니다.

신사참배 🔍　일본은 신토라는 고유 사상에 의해 그들의 신을 모셔 놓는 사당이 있습니다. 그것이 신사입니다. 그들의 신을 모셔 놓은 신사에 우리 한국인들을 강제로 참배시킵니다. 그것만으로는 모자랐는지 서울 남산 중턱을 깎아 조선 신궁을 만듭니다. 서울역에 도착하는 순간 일본 왕실의 조상을 모신 신궁이 떡하니 내려다보고 있는 모습을 연출합니다. 신궁은 신사 중에서도 급이 높은 건물로 일본 전체에도 천황과 관련된 신궁은 10여 개밖에 안 된다고 합니다.

　거기다 이곳에는 '박문사'라는 사찰도 있었습니다. 박문은 이등박문(伊藤博文, 이토 히로부미)의 '박문'을 의미합니다. 이토 히로부미를 위한 절이 남산에 있었던 것이지요. 광복 후 조선 신궁과 박문사는 철거되었고, 그 터에는 일제의 잔재와 굴욕을 씻어 내기 위해 안중근 의사 기념관을 세워 놓았습니다.

궁성요배 🔍 또 일정 시간(오전 7시, 정오)이 되면 일본의 천황이 있는 성, 궁을 향해 일제히 허리를 굽혀 절을 하게 했습니다. 이것이 궁성요배입니다. 우리를 뼛속까지 일본인으로 만들기 위해 무척 애쓰는 모습입니다.

황국신민서사 🔍 이어서 황국신민서사에 대해 알아보겠습니다. 당시 모든 한국인은 '황국신민서사'라는 문장을 꼭 외워야 했습니다. 여기서 황국(皇國)은 천황이 다스리는 국가, 일본을 의미합니다. 그리고 신민(臣民)은 충성스러운 신하된 자, 백성을 의미합니다. 즉 천황과 일본을 위해 충성을 바치는 신하가 외우는 글 정도로 풀이할 수 있습니다. 이런 글을 강제로 암기시키고, 외우지 못하거나 조금이라도 틀리면 폭력으로 우리를 짓눌렀습니다. 여기서 황국신민이라는 단어를 사용해 초급학교에 붙이기도 합니다. 광복 후 1996년 초까지도 사용했던 '국민학교'는 황국신민학교의 줄임말로 그 명칭은 1941년부터 사용된 것입니다.

와레나도와 코우코쿠신민나리, 츄우세이　떼군코쿠니호젠.
(우리는 황국신민이다. 충성으로서 군국에 보답하자.)
와레나도 코우코쿠신민와 카타미니 신아이쿄우료쿠시, 떼단케츠오카타쿠센.
(우리 황국신민은 신애협력하여 단결을 굳게 하자.)
와레나도 코우코쿠신민와 닌쿠단렌료쿠오 우시나이 떼 코오도우오 센요우센.
(우리 황국신민은 인고단련하여 힘을 길러 황도를 선양하자.)

– 황국신민서사(성인용)

창씨개명 🔍 이번에는 창씨개명을 살펴보겠습니다. 일제는 이제 우리 개개인의 정체성까지 손을 댑니다. '창씨'는 일본식의 성씨를 창조한다는 의미, '개명'은 이름을 일본식으로 바꾼다는 의미입니다. 이 역시

하지 않으면 온갖 피해를 봅니다.

예를 들어 정말 공부를 잘하는 한국인 학생이 있습니다. 중등 교육을 받기 위해 원서를 냈다고 합시다. 처음에는 그 학생을 받아 주겠다고 했답니다. 하지만 갑자기 성적이 되지 않아 학교를 다닐 수 없다는 통보를 받습니다. 이에 그 부모는 뼈를 깎는 심정으로 조상에게 물려받은 성과 이름을 버리고 창씨개명을 합니다. 얼마 후 학교에서 전화가 옵니다. 학교를 다녀도 좋다고……

수많은 한국인들이 자식의 앞길과 경제적인 온갖 차별로 인한 고통을 줄이기 위해 창씨개명을 강요당합니다. 아이들은 학교에 못 다니는 것으로 끝나지만, 어른들의 경우에는 취직이 어려워지고, 전시 동원 체제 하에서는 식량 배급도 불가능했다고 합니다. 끝가지 저항하고 이름을 바꾸지 않는 분들이 대단한 것이죠. 또 창씨개명을 하더라도 이름을 우스꽝스럽게 짓는 방식으로 저항하는 이들도 있었습니다. 물론 언어유희를 사용해 이름을 지은 분들은 주재소에 끌려갔겠지만, 이야기한 김에 사례를 살펴보겠습니다.

犬糞倉衛(견분창위, 이누쿠소 구라에) : 개똥이나 먹어라!
田農炳夏(전농병하, 덴노 헤이카) : 일본어로 천황폐하와 비슷한 발음. 농부 전병하 씨가 자기 이름에 '농' 자를 붙임.
迪宮裕仁(적궁유인, 미치노미야 히로히토) : 일본 천황의 이름이 히로히토였음.

야스쿠니 신사를 아십니까? 🔍 앞서 잠깐 이야기한 신사참배와 관련된 내용입니다. 해마다 일본의 총리 아베가 방문하는 곳! 야스쿠니 신사입니다. 일본인들의 신을 모셔 놓는 곳이지요. '야스쿠니'는 '평화로운 나라'라는 뜻의 일본어입니다. 즉 평화로운 나라를 만들기 위해, 메이지 국왕을 위해 희생한 사람들의 넋을 기리는 곳입니다. 물론 일본의 다른 신사를 보면 꼭 사람이 아니더라도 술병을 모셔 두고 술의 신에게 참배를 하는 등 일본인의 수만큼이나 다양한 신들을 모시는 것을 알 수 있습니다. 야스쿠니 신사에는 24만 명의 혼령이 모셔져 있다고 합니다. 본인들의 나라를 세우는 데 희생한 넋을 참배하는 아베 총리! 무엇이 문제라고 우리나 중국, 세계 언론에서 비판하는 것일까요? 그들의 신을 참배하는 것을 우리가 뭐라고 할 권리는 없는 것 같은데 말입니다.

주변국의 아픔을 외면하다 🔍

일본이 1978년 10월, 제2차 세계 대전을 일으킨 14명의 A급 전쟁 범죄자들을 합사한 것부터 문제가 시작됩니다. 이들은 말 그대로 전범들입니다. 국제적으로 죄를 인정하고 처벌한 사람들입니다. 꼭 주변국들의 평화를 빼앗은 전쟁 범죄자들까지 모시고 그렇게 대대적으로 감사를 표현해야만 할까요? 국제사회를 이끄는 선진국으로서의 자질을 의심케 하는 대목입니다. 게다가 국가의 대표가 그러한 야스쿠니 신사를 매년 참배한다는 것, 전쟁으로 피해를 준 여러 나라에게 잘못을 뉘우치고 진심으로 사과하는 마음이 있다면 해서는 안 될 일 아닐까요?

우리는 야스쿠니 신사 합사를 원치 않는다! 🔍

어느 해에는 우리나라 사람 19,650명의 이름이 무더기로 야스쿠니 신사에 합사되었다고 합니다. 지금은 2만 명이 넘는다고 합니다. 당연히 유족들의 동의는 없었습니다. 심지어는 수를 불리기 위해 사망하지 않은 사람의 이름까지 넣었다고 합니다. 그들의 논리는 '당시 전쟁 중에 한국이란 나라는 없었다. 한국인들도 일본인이었다. 대일본제국을 위해 희생한 일본인이니 합사하겠다.'는 것입니다. 유족들이 항의하고 소송을 걸어도 소용없습니다. 막무가내입니다. 전쟁을 일으킨 것에 대해 반성하는 모습을 눈을 씻고 찾아보려고 해도 찾을 수 없습니다. 여전히 많은 사람들이 자신들의 아버지, 어머니, 할아버지, 할머니의 치욕적인 야스쿠니 신사 합사에 대항하고 있지만 앞이 깜깜해 보입니다.

만주사변 🔍 　당시 일본은 전쟁 미치광이였다고 표현해도 과하지 않습니다. 1931년 만주사변을 일으켜 압록강, 두만강 너머에 꼭두각시 황제를 세우고 만주국(1932~1945)이라는 나라를 세웁니다.

중일 전쟁 🔍 　그리고 1937년에는 중국 본토를 침략합니다. 이것이 바로 '중일 전쟁'입니다.

태평양 전쟁 🔍 　전쟁에 전력을 다해도 드넓은 중국 땅을 점령하는 것이 끝이 나지 않습니다. 수많은 한국인들을 전쟁에 몰아넣기 시작합니다. 그런 상황에서 전선을 하나 더 늘립니다. 미국 하와이의 진주만을 공격하여 태평양 전쟁을 일으켜, 독일·이탈리아와 어깨를 나란히 하여 제2차 세계 대전을 일으킨 전쟁 범죄 국가가 되기에 이릅니다. 우리를 식민지로 만든 이후 중국과 미국에게까지 싸움을 건 것입니다.

국가 총동원령 🔍 　그래 놓고 물적·인적 자원이 부족해지자 국가 총동원령을 내립니다. 한국인과 한국인이 생산한, 소유한 온갖 물자를 일본이라는 국가가 일으킨 미친 전쟁에 총동원하겠다는 의미입니다.

강제징용 🔍 　먼저 인적 자원 수탈에 대해 살펴보겠습니다. 일제가 한국인을 착출해 강제로 끌고 가 온갖 작업에 사용한 것을 '강

징용

하시마 탄광

제징용'이라고 합니다. 1942년 총독부에 따르면 한국인 26,361,401명 가운데 강제 징용에 동원된 인원은 750만 명 이상이었습니다.

Cooking Tip
강제 징용의 사례는 무수히 많지만 최근 이슈가 되고 있는 군함도(하시마) 관련 〈역사채널e〉 영상을 통해 그들의 삶을 살펴보았습니다.

최근 유네스코 세계문화유산에 등재된 일본의 근대 역사 유적지 하시마 역시 우리 한국인이 일제에 의해 끌려갔던 장소입니다. 하시마는 섬의 모양이 군함을 닮았다고 해서 '군함도'로 불리기도 합니다. 당시 일본은 하시마에 한국인 청년 600명을 끌고 가 강제 노역을 시켰습니다. 그곳의 노동 환경은 정말 열악하여 600여 명 중 122명이 사망했다고 합니다. 생존자들의 증언에 따르면 하시마의 탄광은 깊이가 지하 1,000m에 달했고, 탄광 안으로 바닷물이 들어와서 작업을 하다 보면 피부가 상하기 일쑤였고, 갱도가 비좁고 낮아 서서 일할 수 없을 정도였습니다.

총알받이 🔍 일제는 한국인을 강제 노동에만 부려 먹었을까요? 아닙니다! 징병도 있습니다. 징병은 한국인을 착출해 병사가 되게 한다는 의미입니다. 전쟁터의 총알받이로 내몰린 것이지요. 나이 어린 소년들까지도 말입니다. 얼마나 많은 한국인들이 남의 나라 전쟁에 동원되어 일본군 대신 총알과 포탄을 맞고 죽어 갔을까요? 그들도 다 한 인간이고 나름의 삶을 꿈꾸던 사람들이었을 것입니다. 그런 각자의 소중한 삶을 무시하고 죽음으로 내몰았습니다.

Cooking Tip
영화 〈마이웨이〉의 일부를 수업 시간에 활용하는 것은 어떨까요?

소년병

일본군 '위안부' 🔍 일본군에 성노예로 끌려가 모진 고생을 한 여성들도 있습니다. '위안부'는 전쟁 중인 군인들에게 심적 위안을 준다는 표

위안소

현인데, 그보다는 일본군 성노예라는 표현이 더 적절할 것 같습니다.

당시 일본군 성노예로 끌려간 당사자들, 할머니들이 아직 살아 계심에도 불구하고 일본은 이에 대해 책임 있는 자세를 보이지 않고 있습니다. 그녀들의 생생한 증언 역시 묵살하고 있습니다. 서울에서는 매주 수요일 낮이면 할머니들이 일본 정부의 진심 어린 사과를 요구하고 있습니다. 또 이와 관련하여 전국에 평화비 (소녀상)가 세워지고 있습니다. 너무 늦지 않았으면 좋겠습니다.

공출 🔍 다음은 물적 수탈을 살펴보겠습니다. 수많은 금속 그릇들을 가져가고 저런 그릇을 주었다고 합니다. 왜 그런 것들을 빼앗아 갔을까요? 심지어 숟가락, 젓가락, 학교 종, 학교 교문 등도 다 가져갔다고

공출 사발

합니다. 금속을 녹여 총과 총알 등 무기를 만들기 위함이었습니다. 이를 '공출'이라고 합니다. 물론 금속제품만 가져간 것은 아닙니다. 우리의 식량, 가축 등 전쟁에 필요한 모든 것들을 빼앗아 갔습니다.

배급 🔍 그들은 우리가 생산한 쌀을 가져간 후 적은 돈을 주고는 그 돈을 다시 일본을 위해 저축하게끔 했습니다. 그러면서 우리는 스스로 생산한 식량을 입에도 대지 못하고 그들이 배급해 주는 식량을 받아 생계를 유지하였습니다.

731부대를 아시나요? 🔍

731부대란 마루타 생체 실험을 했던 일본군 부대를 말합니다. 여기서 '마루타'란 '통나무'라는 뜻으로, 인간을 통나무처럼 무가치하게 인식해 생체 실험에 이용한 것을 의미합니다. 어떤 실험을 했을까요? 밀폐된 방에 사람을 넣고 독가스를 배출해 몇 초 만에 사망에 이르는지 보는 독가스 성능 실험, 여러 사람을 세워 놓고 총을 쏘아 몇 명까지 관통할 수 있는지 보는 총기 성능 실험, 살아 있는 인간의 몸에 매일 세균을 집어넣어 언제 사망에 이르는지 살펴보는 실험 등이 있었습니다. 아무리 전쟁의 시대, 폭력과 야만의 시대라고 하지만 반인륜의 극치입니다. 나라 잃은 설움이 북받쳐 오르지 않습니까? 일본은 731부대의 존재 자체를 부인하고 있습니다. 중국 땅에 유적지까지 남아 있는데 말이죠.

Cooking Tip
EBS에서 제작한 731부대 관련 영상을 수업 시간에 활용했습니다.

민족의 혼을 지키고자 한 노력 🔍

다음으로는 그들이 말살하려고 했던 우리의 민족 정신, 민족의 혼을 지키고자 노력했던 사례들에 대해 살펴보겠습니다.

국어 연구 🔍

이윤재, 최현배 등은 조선어학회를 조직해 한글 연구 및 강습회 개최를 통해 한글 보급에 앞장섰습니다. 일제의 탄압에도 불구하고 그들의 노력으로 많은 사람들이 한글을 접할 수 있게 됐습니다. 일제의 탄압으로 감옥에 끌려가 숨을 거둔 학자들도 있었습니다.

Cooking Tip
일제가 순수 국어 연구 모임이었던 조선어학회를 제거한 사건과 그에 굴하지 않고 광복 후 『우리말 큰사전』을 편찬한 이야기! 〈역사채널e〉 '우리말글을 담다, 조선말 큰사전' 영상을 시청했습니다.

역사 연구 🔍

그리고 일본 제국주의의 역사 왜곡에 대항하여 우리 역사를 연구한 학자들도 있습니다. 박은식과 신채호가 대표적입니다. 두 사람 모두 고대사부터 근대사까지 연구한 분들입니다. 하지만 박은식은 근대사, 신채호는 고대사에 해당하는 책들이 더 유명합니다. 근대사 관련 연구 서적으로는 우리나라의 '뼈아픈(아플 통[痛]) 역사'라는 뜻으로 흥선대원군 시기부터 경술국치까지의 내용을 서술한 박은식의『한국통사』, 또 피로 쓴 우리의 독립운동사라는 의미의『한국독립운동지혈사』가 대표적입니다. 신채호는 경술국치 전부터 민족 의식을 고취시키기 위해 수많은 위인전(을지문덕, 강감찬, 이순신 등)을 썼고, 우리나라 고대사를 정리합니다. 그의 책 중『조선상고사』라는 책이 많이 알려져 있습니다.

Cooking Tip
아이들과 저항 시인들의 시 가운데 가장 마음에 와 닿는 시 한 편을 조사하고 암송하는 시간을 가져 보는 것은 어떨까요? 영화 〈동주〉의 일부분을 활용해「서시」를 감상해 보았습니다.

저항 문학 🔍 일제의 통치에 문학 작품으로 저항한 시인들도 있었습니다. 대표적인 작품으로는 한용운의「님의 침묵」, 윤동주의「서시」, 심훈의「그날이 오면」, 이상화의「빼앗긴 들에도 봄은 오는가」, 이육사의「광야」 등이 있습니다. 참고로 이육사는 본명이 아니고 호입니다. 대구형무소에서 옥고를 치를 때 수인번호 '264'를 따서 지은 호라고 합니다.

손기정 투구

사진은 어떤 유물일까요? 네, 청동투구입니다. 그것도 2,500년 이상 된 그리스의 투구입니다. 민족의 혼을 지키기 위한 노력에 대해 이야기하다가 왜 갑자기 그리스 청동투구 타령이냐고요? 그리스 투구이지만 국립중앙박물관에 전시된, 마라토너 손기정 선수가 기증한 유물입니다.

손기정 선수는 1936년 독일 베를린 올림픽에 참가하여 금메달을 딴 대단한 선수입니다. 손기정은 한국인 최초로 올림픽 금메달을 목에 걸고도, 세계 신기록을 세우고도 전혀 기뻐하지 않았습니다. 당시 그의 사진을 보면 비장함마저 느껴지는 것은 왜일까요? 그것은 당시 손기정 선수가 일장기를 달고 달렸기 때문일 것입니다. 당시『동아일보』에서 손기정의 사진에서 일장기를 지우고 신문을 발행했는데, 일제는 '일장기 말소 사건'을 문제 삼아『동아일보』를 정간시켜 버립니다. 나라를 되찾은 후 손기정과 체육계에서는 국제올림픽위원회(IOC)에 기록된 손기정

Cooking Tip
손기정 선수와 관련된 일화를 〈역사채널e〉 '슬픈 우승' 편을 통해 살펴보았습니다.

선수의 국적을 대한민국으로 바꾸려고 노력 중입니다. 여전히 'KITEI SON(JPN)'이라고 표기되어 있긴 하지만 최근 약력을 설명하는 부분에 무엇 때문에 한국인이 일본 선수로 달리게 되었는지 영문으로 기록된 것을 확인할 수 있었습니다.

핵심역량을 기르는 특제 비법 소스 10종 세트

① 대선 후보로 흥선대원군이 나왔다면?
② 우리가 만드는 강화도 조약 Talk Talk
③ 대한제국 유물전! 진품 명품!
④ 우리가 조선 최고의 전보사!
⑤ 뮤지컬 〈들불〉
⑥ 안중근 의사 Letter Picture 만들기
⑦ 아이들이 진행하는 경술국치 계기 교육!
⑧ 자유의 깃발 보드게임
⑨ 온 마음을 다해 저항하라!
⑩ 우리 고장에 평화의 소녀상 만들기

대선 후보로 흥선대원군이 나왔다면?

☑ 난이도 : ★★★☆☆
☑ 관련 핵심역량 : 지식정보처리 역량, 공동체 역량
☑ 준비물 : 활동지 등
☑ 활동 💡

- 흥선대원군의 개혁 정책에 대해 학습한 후 마무리 활동으로 제시하면 효과적입니다.
- 학생이 일반 농민의 입장과 양반의 입장에서 각각 흥선대원군의 공약에 대해 어떻게 생각했을지 평가하는 활동입니다.
- 각각의 입장에서 마음에 드는 공약 3가지, 마음에 들지 않는 공약 3가지를 고릅니다. 또 가장 마음에 드는 공약은 무엇 때문에 마음에 들었는지 이유를 적습니다.

☑ 활동지(선거 공약집 및 호포제 관련 자료도 추가로 쌤동네 채널에 파일 탑재)

02 우리가 만드는 강화도 조약 Talk Talk

- ☑ 난이도 : ★★★☆☆
- ☑ 관련 핵심역량 : 창의적 사고 역량, 공동체 역량
- ☑ 준비물 : 활동지 등
- ☑ 활동 **Tip**
  - 강화도 조약의 내용을 구체적으로 설명하기 전에 활동을 하는 것이 효과적입니다.
  - 학생들이 강화도 조약을 맺으러 간 부사 신헌의 입장에서 사신의 주장을 펼쳐 볼 수 있게 구성하였고, 카카오톡 형태로 활동지를 제작해 아이들의 흥미를 끌기에 적절합니다.
  - 활동을 한 후 실제로 신헌과 일본인 사이에서 어떤 대화를 나누었는지 살펴볼 수 있게 추가 자료를 제시합니다.
- ☑ 활동지(추가 자료 포함해 쌤동네 채널에 파일 탑재)

대한제국 유물전! 진품 명품!

- ☑ 난이도 : ★★★★☆
- ☑ 관련 핵심역량 : 지식정보처리 역량, 의사소통 역량
- ☑ 준비물 : 대한제국 화폐 실물, 면장갑, 돋보기, 활동지, 태블릿(또는 스마트폰) 등
  - → 지마켓이나 옥션 사이트에서 '두돈오푼 대한제국'이라는 키워드로 검색을 하면 실제 대한제국 시기 사용된 화폐를 구입할 수 있습니다. 화폐의 보존 상태에 따라 가격에 차이가 있습니다.
- ☑ 진행 방법
  - ① 관점을 제시하지 않고 모둠별로 순서를 정해 자유롭게 관찰한다.
  - ② 관찰을 통해 알게 된 내용을 간단히 정리한다.
  - ③ 두 번째 관찰부터는 어떤 관점에서 유물을 살펴볼 것인지, 활동지에 제시된 관점에서 관찰할 수 있도록 한다.
  - ④ 모둠원끼리 토의하여 활동지에 제시된 물음에 답을 정리한다.
- ☑ 활동 〽️
  - • 광무 황제의 개혁 정책에 대해 공부하고 사후 활동으로 제시하는 것이 효과적입니다.
  - • 학생들이 화폐에 새겨진 한자를 어려워할 경우 스마트 기기의 한자 사전을 활용할 수 있게 합니다.
- ☑ 활동 모습

 우리가 조선 최고의 전보사!

- ☑ 난이도 : ★★☆☆☆
- ☑ 관련 핵심역량 : 의사소통 역량
- ☑ 준비물 : 활동지, 전신 기계 사진 등
- ☑ 진행 방법

  ① 한글판 모스 부호가 제시된 활동지를 활용해 전신기계 스위치 누르는 법을 익힌다.

  ② 학생들에게 미션 메시지를 전달한다(예시 : 부친위독, 결혼축하, 급전필요 등).

  ③ 메시지를 해독한다.

  ④ 역할을 바꾸어 두 번째, 세 번째 메시지도 해독한다.

- ☑ 활동 Tip

  • 근대 문물에 대해 공부하다가 전신에 대해 설명한 후 활동을 제시하면 효과적입니다.

  • 대부분의 근대 문물은 현재 생활에서도 살펴볼 수 있습니다. 하지만 전신은 아이들이 접하기 힘들기 때문에 본 활동을 구상하게 되었습니다.

  • 모형으로 된 전신기계가 값이 비싸 부담스럽다면 사진을 출력하여 손으로 누르게 하는 방법도 있고, 실과와 연계해 미니 전신 기계 브레드 보드를 구입해 활용하는 방법도 있습니다. 학교 예산이 여유가 있다면 원형과 비슷한 전신기계(10만 원 정도)를 구입하여 다양한 활동 용도로 사용해 보는 것도 추천합니다.

- ☑ 활동지

05 뮤지컬 〈들불〉

☑ 난이도 : ★★★★☆

☑ 관련 핵심역량 : 창의적 사고 역량, 의사소통 역량, 공동체 역량

☑ 준비물 : 시나리오(사용 음원 안내), 소품(모형 화승총, 짐 보따리, 농기구), 무선 핀 마이크, 공연 의상 등

  → 아이들과 함께 제작한 시나리오는 쌤동네 채널에서 다운로드할 수 있습니다(공연 하이라이트 영상도 동시에 제공합니다).

☑ 활동 Tip

  • 학예회 때 공연하기에 적합합니다.

  • 6학년 2학기 국어 11단원과 연계하여 지도하면 효과적입니다(이야기를 희곡으로 바꾸기).

  • 시나리오 및 소품 제작 등의 과정에 학생들이 적극적으로 참여할 수 있게 합니다.

  • 사용된 음원은 멜론과 같은 음원 사이트에서 구입 가능합니다.

  • MR이 없는 경우에는 스마트폰 애플리케이션(예시 : Sing Play)을 활용해 배우의 목소리를 최대한 제거하여 MR을 제작했습니다.

  • 무선 핀 마이크를 구하기 어렵다면 이어폰 분배기로 음원을 들으며 휴대전화를 활용해 아이들의 목소리를 녹음하고, 녹음한 목소리를 MR에 겹치면 공연에 사용할 AR을 제작할 수 있습니다.

☑ 활동 모습

06 안중근 의사 Letter Picture 만들기

☑ 난이도 : ★★★☆☆

☑ 관련 핵심역량 : 지식정보처리 역량, 의사소통 역량, 공동체 역량

☑ 준비물 : 안중근 의사 도안, 칼, 8절지, 연필 등

☑ 진행 방법

　① 도안의 글자 부분을 13개 정도의 구역으로 나누어 연필로 표시한다.

　② 연필로 표시한 구역을 각각 칼로 오린다.

　③ 구멍이 뚫린 도안을 8절지에 댄다.

　④ 안중근 의사에 대해 조사한 내용 및 감사의 편지를 8절지에 기록한다.

☑ 활동 Tip

　• 사전에 안중근 의사에 대해 미리 조사하고, 감사의 편지를 써 놓는 것이 좋습니다.

　• 안중근 의사 의거에 대해 공부하고, 사후 활동으로 제시하는 것이 효과적입니다.

　• 도안은 안중근 의사 기념관에서 기념품을 구입했을 때 받은 봉투에 그려진 그림을 스캔하여 활용하였습니다(쌤동네 채널에 탑재, 학생들 활동으로만 사용, 상업적 목적으로 사용 금지).

☑ 활동 모습

아이들이 진행하는 경술국치 계기 교육

☑ **난이도** : ★★★☆☆

☑ **관련 핵심역량** : 지식정보처리 역량, 공동체 역량

☑ **준비물** : 색도화지(노랑, 검정), 자, 가위, 칼, 풀, 사회 교과서 등

☑ **진행 방법**

① 노란색 도화지를 오려 27개의 육각형과 1개의 정사각형을 만든다.

② 전달하고 싶은 메시지를 출력해 가위나 칼로 자른다(예시: We can forgive you. But we cannot forget 등).

③ 국권 피탈에 이르기까지 있었던 17개의 중요한 사건을 육각형에 기록하고, 정사각형의 종이에는 경술국치라고 적는다. 또 나머지 10개의 육각형에는 학급회의에서 선정한 독립운동가 열 분의 이름을 적는다.

④ 기록을 마친 후 노란색 종이를 검은색 도화지에 붙인다(나라를 빼앗긴 '8·29' 형상화).

⑤ 역할을 분담하여 스토리텔링 내용을 준비한다.

⑥ 다른 학급 친구들이나 동생들에게 국권 피탈에 이르는 과정에 대해 설명한다.

☑ **활동** 🆙

• 역사를 잘 모르는 동생들도 이해할 수 있게 쉬운 용어를 사용하는지 사전에 점검합니다.

• 사전 홍보 활동을 적극적으로 해야 청중을 많이 모을 수 있습니다.

☑ **활동 모습**

08 자유의 깃발 보드게임

☑ 난이도 : ★★★☆☆

☑ 관련 핵심역량 : 자기관리 역량, 창의적 사고 역량, 공동체 역량

☑ 준비물 : 자유의 깃발 1919 보드게임 등

→ 서울특별시 마포구에 있는 시민단체 '지금여기에(02-6479-7788)'로 문의하면 해당 보드게임을 구입할 수 있습니다. '지금여기에'는 보드게임 판매를 전문적으로 하는 영리 단체가 아닙니다.

☑ 시민단체 '지금여기에'

지금여기에는 국가 기관에 의한 고문으로 간첩이 된 국가 폭력 피해자들의 진실을 함께 찾아가고, 과거의 피해가 반복되지 않도록 그분들의 이야기를 기록하고, 개인 혹은 가족 구성원의 트라우마를 치유하는 비영리 단체입니다.

☑ 활동 모습

온 마음을 다해 저항하라!

- ☑ 난이도 : ★★★☆☆
- ☑ 관련 핵심역량 : 지식정보처리 역량, 창의적 사고 역량, 공동체 역량
- ☑ 준비물 : 공책, 태블릿(또는 스마트폰) 등
- ☑ 진행 방법

  ① 교과서에 소개된 저항 시인들의 시를 조사한다.

  ② 자신이 고른 시 한 편을 외우고, 친구들 앞에서 암송한다.

- ☑ 활동 **TIP**

  • 독립운동기 마지막 차시를 학습한 후 활동을 제시하는 것이 효과적입니다.

  • 시를 낭송할 때 필요한, 적절한 표정과 동작을 연습하는 과정도 중요합니다.

- ☑ 활동 모습

우리 고장에 평화의 소녀상 만들기

☑ 난이도 : ★★★☆☆

☑ 관련 핵심역량 : 심미적 감성 역량, 의사소통 역량, 공동체 역량

☑ 준비물 : 평화의 소녀상 도안, 스크래치 페이퍼, 핫바꽂이(또는 스크래치 전용 펜), 우드
락, 가위, 테이프, 이젤 등

☑ 진행 방법

① 도안을 출력하여 인쇄되지 않은 영역을 자른다.

② 자른 도안을 스크래치 페이퍼에 붙이고 스크래치 페이퍼 역시 도안의 크기에 맞게
자른다.

③ 도안에 있는 선을 핫바꽂이로 눌러 준다.

④ 종이를 땐 후 자신의 그림 주변을 맡은 친구들과 모여 연결되는 부분의 선을 맞춰 표
시한다.

⑤ 각자 스크래치 페이퍼의 선을 긁어내고 우드락에 작품을 붙인다.

⑥ 각 부분별로 어떤 의미가 담겨 있는지 종이에 써서 붙인다.

☑ **활동 Tip**

• 독립운동기 일제의 인적 수탈에 대해 공부한 후 활동을 제시하는 것이 효과적입니다.

• 아이들이 스스로 협업하는 방법을 찾아낼 수 있게 구체적인 방법을 알려주지 않는 것은
어떨까요?

• 아이들이 자신이 살고 있는 지역에, 자신이 다니고 있는 학교에 평화의 소녀상을 세우고
싶다는 마음이 들게끔 장기 프로젝트로 진행하였습니다. 일본군 '위안부'로 끌려가신 할
머니들의 소식과 일본 정부의 태도를 수시로 클래스팅에 공유하여 공감대를 형성하고,
국어 시간에는 일본 정부의 태도를 비판하는 주장하는 글쓰기를 실시했습니다. 경술국치
일에는 일본군 '위안부'로 끌려가신 할머니들을 돕는 팔찌를 아이들에게 선물하였습니다.
사전에 평화의 소녀상에 담긴 의미를 조사하게 한 후 졸업여행 코스에 '기억의 터', '평화
비' 방문 일정을 넣었습니다. 평화비를 방문할 땐 미리 준비한 평화의 소녀상 티셔츠를
착용하고 방문하였습니다. 여행을 마친 후 아이들의 입에서 "우리 지역에도 평화의 소녀
상이 있었으면 좋겠어요."라는 말이 나오기 시작했고, 고장에 있는 충혼탑에 가서 활동을
진행하게 되었습니다.

☑ 활동 모습

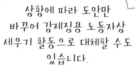

상황에 따라 도안만
바꾸어 강제징용 노동자상
세우기 활동으로 대체할 수도
있습니다.

여섯 번째
食史

대한민국의 발전과 오늘의 우리

여섯 번째 코스 요리는 '대한민국의 발전과 오늘의 우리'입니다. 이번 식사는 총 5개의
메뉴로 구성되어 있고, 그 내용은 다음과 같습니다.

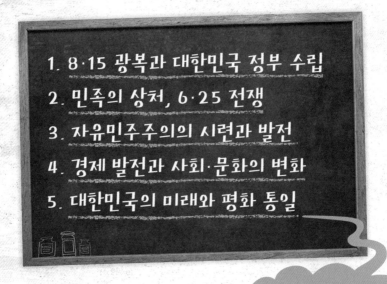

1. 8·15 광복과 대한민국 정부 수립
2. 민족의 상처, 6·25 전쟁
3. 자유민주주의의 시련과 발전
4. 경제 발전과 사회·문화의 변화
5. 대한민국의 미래와 평화 통일

초등 사회과에서는 단원을
구성하는 하위 요소들을 '중단원'
또는 '소단원'이라고 하지 않고
'주제'라고 표현합니다.

CE 1945년	CE 1948년	CE 1950년	CE 1953년	CE 1960년	CE 1961년	CE 1970년
8·15 광복	대한민국 정부 수립	6·25 전쟁	휴전 협정	4·19 혁명	5·16 군사 정변	새마을운동 시작

현대란 우리가 살아가고 있는 현재를 말합니다. 시기상으로는 일제로부터 나라를 되찾은 광복 이후를 현대사로 분류합니다. 이 단원에서는 광복 이후 대한민국 정부가 어떤 과정을 거쳐 수립되었는지, 또 대한민국이 어떤 과정을 거쳐 분단 국가가 되었는지 살펴봅니다. 당시 가장 중요한 과제는 전후 최악의 가난과 독재였습니다. 우리 부모님 세대가 어떤 노력을 하여 가난으로부터 벗어났는지, 자유민주주의를 쟁취하기 위해 어떤 노력을 했는지, 또 앞으로 해결해야 할 대한민국의 과제는 무엇인지 공부하는 것으로 모든 食史를 마치게 됩니다.

셰프의 냉장고에 가지런히 정리된 식재료들을 살펴보고 싶다면 스마트폰으로 QR 코드를 인식해 쌤동네 링크를 클릭해 보세요! 셰프가 수업 시간에 사용하기 위해 제작한 프레지 자료를 살펴볼 수 있습니다. 프레지 애플리케이션을 설치하고 보는 것을 추천합니다.

CE 1977년	CE 1980년	CE 1987년	CE 1988년	CE 2000년	CE 2002년
수출 100억 달러 달성	5·18 민주화 운동	6월 민주 항쟁	서울 올림픽	남북 정상 회담	한·일 월드컵

Table 01

35년 만에 되찾은 나라

오늘의 식단 한눈에 보기

- 🍴 우리 민족의 건국 준비 활동
- 🍴 나라를 되찾다
- 🍴 우리가 넘어야 할 산, 이념

재료 준비

- 장준하 관련 영상
- OSS 활동 관련 영상

장 보기

- 민주화운동기념사업회
- 〈역사채널e〉(EBS)

우리 민족의 건국 준비 활동 🔍 1940년대 일제는 중국에 이어 미국까지 공격을 감행하여 제2차 세계 대전을 일으켰습니다. 독일·일본·이탈리아와 연합국(미국·영국·중국·소련 등)이 싸우고 있는 동안 우리 민족 역시 끊임없이 일제에 대항하여 독립운동을 전개해 나갔습니다. 국외와 국내에서도 나라를 되찾기 위해, 또 되찾고 나서의 미래를 생각하며 다양한 형태로 준비를 했습니다. 먼저 국외에서의 활동을 살펴보겠습니다.

충칭 대한민국 임시 정부 🔍 나라 밖에서의 독립운동을 생각하면 가장 먼저 떠오르는 단체가 무엇인가요? 그렇습니다. 대한민국 임시 정부입니다. 그런데 제시된 키워드를 보니 생소한 단어가 끼어 있지 않나요? '충칭'이라는 지명이 낯설 것입니다. 대한민국 임시 정부 하면 상하이 혹은 상해만 떠올리기 쉬운데 임시 정부는 상하이 한 곳에만 있었던 것은 아닙니다(상하이 안에서도 한 곳에 머물지 않았습니다). 그 시작을 상하이에서 했을 뿐이지요. 1930년대 한인 애국단원 윤봉길 의사의 의거가 있은 후 일제는 배후 세력으로 백범 김구를 지목했고, 일제의 탄압을 피해 김구가 이끄는 대한민국 임시 정부 역시 옮겨 다녀야만 했습니다. 수년을 옮겨 다니다가 나중에 임시 정부가 정착한 곳이 중국 내륙의 충칭(중경)입니다.

한국 광복군 창설 🔍 대한민국 임시 정부는 윤봉길 의사의 의거를 계기로 중국 정부의 지지와 도움을 받아 군사력을 키울 수 있었고, 임시 정부 산하 정식 군대인 한국 광복군을 창설하기에 이릅니다.

가장 존경스러운 현대사 인물 🔍 그 광복군 활동을 한 사람 중에 장준하라는 인물이 있습니다. 장준하는 젊은 나이에 일본군 학도병으로 끌려갑니다. 하지만 그는 일본군의 삼엄한 감시망을 피해 탈출에 성공합니다. 그리고 수개월에 걸쳐 6천 리나 되는 거리를 행군하여 충칭 대한민국 임시 정부를 찾아갑니다. 6천 리면 약 2,400km로, 서울에서 부산 사이의 거리가 약 400km이니 그 6배가량 되는 거리입니다. 그가 목숨을 건 대장정을 할 수 있었던 것은 광복군에 들어가고자 하는 마음 때문이었다고 합니다. 조국의 독립을 위해 헌신하고자 하는 그의 의지가 느껴지는 대목입니다.

광복군 🔍 1940년 9월 17일, 대한민국 임시 정부의 정규군으로 한국 광복군이 창설됩니다. 1941년 태평양 전쟁이 터지자 임시 정부는 일본에 공식 선전포고를 하고, 한국 광복군은 연합군의 일원으로 중국군과 함께 일본군에 맞서 싸웠습니다. 1942년 김원봉이 이끄는 조선의용대의 합류로 광복군의 힘은 더욱 강화되었습니다. 이후 영국의 요청으로 인도·버마(미얀마) 전선에도 군대를 파견해 일본과의 전쟁에 동참했습니다. 그 외에도 중국, 동남아시아 곳곳에서 전쟁에 참여했습니다.

Cooking Tip
〈역사채널e〉 '작전명 독수리' 편을 통해 광복군의 활동을 살펴보았습니다.

한국 광복군 가운데 특수 임무를 받은 일부는 미국 첩보기관 CIA의 전신인 OSS(미국 전략첩보국) 특수 훈련을 받았습니다. 이들은 국내 진공 작전을 수행하기 위해 혹독한 훈련을 견뎌 냅니다. 작전명 독수리! 우리 스스로의 힘으로 일제를 몰아내기 위해 이를 악

한국 광복군

물고 고된 훈련을 이겨 냈을 것입니다. 하지만 일본이 예상보다 너무 빨리 항복하였고, 그로 인해 국내 잠입 작전은 취소되고 말았습니다. 정말 안타까운 일이 아닐 수 없습니다. 만약에 이때 작전이 시행되어 성공했다면 나라를 되찾은 후 임시 정부의 발언권이 세졌을 수도 있고, 그로 인해 '광복 후 우리나라의 모습이 달라질 수도 있지 않았을까?' 하는 생각도 해 봅니다.

국내에서의 건국 준비 활동 🔍 다음은 국내에서의 건국 준비 활동에 대해 살펴보겠습니다. 국내에서 학생과 청년들에게 열렬한 지지를 받았던 민족 지도자로는 몽양 여운형이 있었습니다.

몽양 여운형

조선건국동맹 🔍 여운형을 중심으로 광복 이전부터 만들어진 단체가 바로 조선건국동맹입니다. 조선건국동맹은 전국적인 조직을 만들어 운영했다고 합니다. 광복 이후 자주적으로 새 나라를 건설하기 위한 노력으로 보면 될 것 같습니다.

광복, 그 가슴 뜨거워지는 단어 🔍 이어서 가슴 벅찬 광복 이야기를 해 보겠습니다. 1945년 8월 6일 일제가 점령하고 결사적으로 사수하고 있는 수만 개의 섬을 각개 격파하기에는 아군의 피해가 너무 클 것이라고 판단한 미국은 아주 귀여운 이름의 폭탄을 일본 히로시마에 투하합니다.

Little Boy 🔍 이름하여 Little Boy! 세계 최초로 사용된 원자 폭탄입니다. 귀여운 이름과는 달리 엄청난 살상력으로 일본을 공포의 도가니로 몰아넣었습니다.

그리고 이틀 후인 8월 8일! 얄타 회담에서 독일 군 패망 후 100일 안에 대일전에 참전하기로 한 소련이 움직임을 보입니다. 여기서 소련은 '소비에트 연방'의 줄임말로, 소비에트는 러시아에서 사회주의 혁명 후 구성한 노동자·농민·군인으로 이루어진 대표자 회의 이름을 말합니다. 이후 러시아를 중심으로 사회주의(공산주의) 국가들이 연합한 국가를 '소련'이라고 부르게 됩니다.

Cooking Tip
'일본으로 끌려간 우리나라 사람들에게도 큰 피해를 준 원자폭탄! 조금 더 신중했어야 한 것은 아니었을까요?'라는 주제로 생각할 거리를 던져 주고, '한국의 히로시마'라고 불리는 '합천'에 있는 '원폭 피해자 복지 회관'에 대해 소개해 주는 것은 어떨까요?

한방 더! Fat Man 🔍 그리고 또 하루 후인 8월 9일! 미국은 나가사키에 원자폭탄을 한 번 더 떨어트립니다. 이로 인해 일본은 연합국에 항복하겠다는 결심을 합니다.

엔도 총감과 여운형 🔍 8월 15일 이른 아침 조선총독부에서 이인자에 해당하는 엔도 총감이 여운형에게 차를 보내 두 사람이 만납니다. 엔도 총감은 일본 천황의 항복 선언이 있기 전에 60만 일본인의 안전을 보장받고자 국내에서 영향력이 가장 큰 여운형을 찾은 것입니다. 이에 여운형은 다음과 같은 조건을 내겁니다.

첫째, 형무소에 갇혀 있는 모든 정치범과 경제범을 즉각 석방할 것.
둘째, 추수가 끝날 때까지 3개월분의 식량을 보장할 것.
셋째, 우리 스스로 치안을 유지하고 새로운 나라를 세우기 위한 준비를 하는 데 어떠한 방해나 간섭도 하지 말 것.
넷째, 청년·학생·노동자·농민이 새로운 조직을 만들고 건국 사업을 하려는 것을 방해하지 말 것.

몇 시간 후 정오 라디오 방송을 통해 일본 천황 히로히토의 음성이 나왔고, 일본인들이 신처럼 모시던 천황이 자신은 인간임을 선언하고 "연합국과의 전쟁을 그만두겠다."며 항복 의사를 전 세계에 밝힙니다. 그 순간 우리는 광복(해방)을 맞이하게 됩니다.

조선건국준비위원회 결성 🔍 8월 15일, 여운형은 안재홍과 함께 발 빠르게 조선건국준비위원회를 결성합니다. 이를 '건준'이라고 줄여서 부르기도 합니다. 건준의 전신은 조선건국동맹입니다.

전국 각지에 145개의 지부 조직 🔍 조선건국준비위원회는 전국 145개의 지부과 연계되어 있었습니다. 그들은 일본 경찰 대신 치안과 질서를 유지하며 새 나라 건설을 준비했습니다. 더 이상 외국의 힘에 기대지 않고 자주적인 새 나라를 건설하기 위한 노력이었습니다.

우리가 넘어야 할 산, 이념 🔍 하지만 자주적인 새 나라 건설은 생각처럼 쉽지 않았습니다. 온갖 시련이 주어집니다. 우리가 가장 넘기 힘들었으나, 꼭 넘어야 했을 산! 바로 이념의 대립이 가장 큰 산이었습니다. 해방된 우리나라뿐 아니라 전 세계가 이념 대립에 휩싸였습니다.

국제 관계 🔍 이야기를 시작하기에 앞서 한 가지 전제해야 할 사항이 있습니다. 국제 관계에 있어, 즉 나라와 나라 사이에는 선과 악이라는 것은 없습니다. 단지 자신의 나라와 국민의 이익만을 계산하고 움직이는 것이 국제 관계입니다.

우익? 좌익? 🔍 해방 공간의 역사를 배울 때 아이들이 어려워하는 것이 용어입니다. 먼저 우익과 좌익을 살펴보겠습니다. 한자 뜻으로만 풀이하면 '날개 익(翼)' 자를 써서 오른쪽 날개, 왼쪽 날개라고 쉽게 풀이해 주었습니다. 이 용어는 우리나라에서 시작된 것은 아닙니다.

Cooking Tip
우리가 광복을 맞이하게 된 것은 독립을 위한 우리 민족의 끊임없는 노력이 바탕에 있었기 때문이라는 내용을 강조하는 것이 중요합니다. 교과서에 제시된 사진은 8월 16일(마포 형무소 앞)의 모습입니다. 흔히 8월 15일의 모습이라고 생각하지만 정작 8월 15일 서울은 무척 조용했다고 합니다. '해방은 도둑같이 찾아왔다.'는 이야기가 있을 정도니까요.

Cooking Tip
우익과 좌익이 무엇인지 미리 설명해 두면 어떤 사건을 설명할 때 훨씬 수월한 경우가 많습니다.

여섯 번째 食史_ 대한민국의 발전과 오늘의 우리

좌익은 정치적으로는 급진적·혁신적
정파를 뜻합니다. 우익은 정치적으로는 점진적·보수적 정파를 뜻합니다.
좌익과 우익이라는 말이 정치적 의미로 사용되기 시작한 것은 프랑스혁
명 후입니다. 프랑스혁명은 1789년 7월 14일부터 1794년 7월 28일에 걸
쳐 일어난 프랑스의 시민혁명으로, 프랑스혁명 후 국민공회에서 왼쪽에
급진적인 자코뱅파 의원들이 앉고, 오른쪽에 보수적인 지롱드파 의원들
이 앉는 것에서 유래하였습니다. 이러한 좌우파 정치 세력의 구분은 이
후 유럽 정치에서 하나의 모델이 되었고 지금까지도 계승된 것입니다.

우리나라에서는 일반적으로 우익을 자
본주의(자유민주주의) 세력, 좌익을 공산주의(사회주의) 세력으로 이야기
합니다. 물론 사회주의자들이 계급 투쟁을 하기 때문에 상대적으로 급진
적이긴 하지만 원래 뜻과는 다소 거리가 있습니다. 우리나라의 특수성에
의해 그 의미가 변형되어 사용되는 것입니다. 물론 당시에는 민족주의를
우익, 사회주의를 좌익이라고 구분 지었습니다.

다음은 현대사를 소재로 한 영화나 드라마에
서 자주 등장하는 '빨갱이'라는 용어입니다. '파르티잔(partisan)'이라는
프랑스어에서 변형되어 흘러 들어온 말입니다. 파르티잔은 유격전을 수
행하는 비정규군, 본대와 떨어진 부대의 요원을 가리키는 말입니다. 이
것을 발음하다 보니 '빨치산'이 되었고, 우리나라에서는 여기 나온 '빨'이
라는 글자에 '빨강'이란 속성을 부여하여 '빨갱이'라는 말이 만들어진 것
입니다. 당시 사회주의 혹은 공산주의 대표 국가인 소련이 혁명의 상징
으로 붉은 깃발을 사용하면서 자연스럽게 빨간색이 사회주의나 공산주
의를 상징하게 되었습니다. 빨치산 또는 빨갱이란 단어 역시 원래 의미

와는 다소 거리가 있지만 '공산주의자', '사회주의자', '북한을 추종하는 자' 등의 의미로 사용합니다.

좌우의 대립 🔍 광복 후 해방 공간에서 이념의 대립은 더욱 격해집니다. 서로 꿈꾸는 새로운 나라가 달랐기 때문이죠. 독립된 새 나라 건설을 위해 서로에 대한 비난을 멈추고 이념을 뛰어넘어 서로 협력하고 의견을 나눌 수 있었다면 얼마나 좋았을까요. 우리가 지구상 남아 있는 유일한 분단국가라는 슬픔을 생각하면 아쉬움이 남습니다. 독립운동기 신간회 운동처럼, 하늘을 나는 새도, 비행기도 양쪽 날개가 균형이 맞아야 잘 날아가는 것처럼 말이죠.

38도선 🔍 이야기가 다른 길로 많이 샌 것 같습니다. 히로시마와 나가사키에 원자폭탄이 떨어진 사이 소련이 대일전 참전을 결심했다고 했었죠? 실제로 일본의 군대는 저항 의지가 완전히 꺾여 버렸습니다. 소련이 일본군을 무장 해제시키며 내려오는데 그 속도가 실로 무서울 정도였습니다. 거리낄 것 없이 미친 듯이 남하합니다. 이에 미국은 엄청난 부담을 느끼고 북위 38도선을 경계로 소련이 멈추었으면 좋겠다고 제안합니다. 소련 역시 대일전 참전에서 사실 희생이 거의 없었고, 일본과 주로 싸운 것은 미국이었기 때문에 손해 볼 것이 없다고 판단해 그 제안을 받아들입니다. 단 몇 분 만에 그어졌을지도 모른다는 38도선, 지도상에만 존재했던 그 선이 우리 민족에게는 분단국가의 시작, 불행의 시작이었습니다. 38선 북쪽에는 소련이, 38선 남쪽에는 9월에 국내에 들어온 미국이 주둔하게 됩니다.

맥아더 포고령 🔍 남쪽에 주둔한 미국군! 총사령관 더글라스 맥아더! 그가 우리 한국인들에게 발표한 명령을 살펴보겠습니다.

조선인들에게 알림
미국 육군 부대 총사령관 더글라스 맥아더는 다음과 같이 알린다.
일본국 정부는 연합국에게 무조건 항복했으며, 항복 문서의 내용에 따라
나와 나의 빛나는 군대는 오늘부터 북위 38도선 이남의 영토를 점령한다.
1조. 북위 38도 이남의 조선 영토와 조선인에 대한 통치의 모든 권한은
     나에게 있다.
2조. 과거 정부의 공무원과 옛날 일본을 위하여 일했던 사람들, 기타 중요
     한 사업에 종사하는 모든 사람은 새로운 명령이 있을 때까지 하던
     업무를 계속하고 모든 기록과 재산을 보존·보호해야 한다.

'점령한다'는 단어가 사용되었고, 모든 통치 권한은 본인에게 있다고
천명합니다. 실제로 맥아더 장군은 김구의 충칭 임시 정부도, 여운형의
건준 또는 인민공화국도, 국내외 어떤 정치 세력도 인정하지 않습니다.
또 2조를 살펴보면 광복으로 숨어 있던 친일 민족 반역자들, 일본에 협
조했던 사람들(물론 생계형 친일도 있겠지만)의 자리를 그대로 유지하겠다
는 내용이 들어 있습니다. 우리 한국인의 정서를 조금이라도 헤아려 주
었다면 얼마나 좋았을까요? 미군은 안타깝게도 한국에 대해 아무 정보
없이 들어왔고, 이는 많은 아쉬움을 남깁니다.

38선 🔍 38선에 의해 갈라진 우리 국토입니다. 38선은 한
마을을 위와 아래로 갈라 버리기도 하고, 한 집을 위와 아래로 갈라 버리
기도 했습니다. 정말 그냥 지도에다 그어 버린 선이 우리의 생활에 영향
을 미치기 시작합니다. 바로 철조망이 세워진 것은 아니지만 공산주의를
표방한 소련군이 주둔한 북쪽에서는 그에 대한 지지를 하는 사람들이 유
리했을 것이고, 자본주의를 표방한 미국군이 주둔한 남쪽에서는 역시 그
에 대한 지지를 하는 사람들이 유리했습니다. 38선을 기준으로 주둔한

국가가 다름으로 인해 생각이 많이 달라지고, 그것은 이내 사람들의 마음속에 보이지 않는 벽으로 자리 잡습니다.

광복 이후 사람들의 생활 모습 🔍

광복을 맞이하자 우리나라를 떠나 해외에서 머물던 사람들이 일부 돌아옵니다. 돌아온 사람들 수가 무려 200만 명에 육박했다고 합니다. 그러나 여러 가지 사정 때문에 돌아오지 못하고 일본·중국·러시아(시베리아, 사할린)·미국 등에 남게 된 사람들도 엄청나게 많습니다.

연도	1945	1948	1953	1954	1955	1956	1957	1958
문맹률(%)	78	41	26	14	12	10	8.3	4.1

출처 : 문교부(1959). 문교월보 49집. 1959년 11월호

이후 우리 민족은 자유롭게 우리말과 글, 역사를 배울 수 있게 되었습니다. 통계 자료를 살펴보면 학생·교사·국가가 얼마나 기초·기본 교육에 노력했는지 알 수 있습니다. 자료는 12세 이상의 국민을 대상으로 한 연도별 문맹률 통계입니다.

남과 북은 어떻게 될까요? 🔍

지금까지 광복 전후, 1945년 해방 공간에서의 모습을 살펴보았습니다. 아직 서로 다른 국가가 세워진 것은 아니지만 마음속에 생겨 버린 선으로 분단되어 버린 남과 북! 광복을 이루었는데도 뭔가 개운하지 않죠? 왠지 우리 민족에게 더욱 어려운 시간이 다가올 것 같은 예감이 들지 않나요? 다음 시간에는 미국과 소련이 한반도 정세를 해결하기 위해 만나는 모습을 보게 될 겁니다. 1945년, 그해 12월! 과연 한반도 문제를 풀 수 있는 열쇠를 발견하게 될까요?

Table 02

대한민국의 주권은 국민에게 있고 모든 권력은 국민으로부터 나온다!

오늘의 식단 한눈에 보기

- 🍴 통일 정부 수립을 위한 노력
- 🍴 대한민국 정부 수립
- 🍴 민족의 지도자 백범 김구

재료 준비

- 백범 김구의 육성
- 백범 김구 관련 영상
- 안두희의 육성

장 보기

- 유튜브
- 〈한국의 정신〉(국회방송)
- KBS

독립을 위해 함께 힘을 모았지만 🔍 일제에 의해 나라를 빼앗긴 시기 우리 민족 지도자들은 나라의 독립을 이루어야 한다는 생각을 가지고 힘을 모았습니다. 비록 독립 후 꿈꾸었던 새 나라의 모습이 다르더라도 말이죠. 민주주의 국가를 꿈꾸건, 사회주의 국가를 꿈꾸건 수많은 독립운동가들이 나라를 되찾기 위해 목숨을 바쳤습니다. 하지만 일제가 우리 땅에서 물러간 후 남쪽에는 미국이, 북쪽에는 소련이 밀고 들어왔고, 그들은 자국에 이익이 되는 성향의 정부를 이 땅에 세우려고 신경전을 벌였습니다. 미국과 소련이 그어 놓은 38선을 기준으로 우리는 서로 다른 길을 가야만 했습니다.

좌우 대립이라는 이념의 벽 🔍 남쪽이든 북쪽이든 민주주의를 꿈꾸는 우익과 사회주의를 꿈꾸는 좌익의 충돌을 피할 수 없었습니다. 물론 남쪽의 미국은 우익을, 북쪽의 소련은 좌익을 지지했겠지만요.

그해 12월, 모스크바 🔍 광복을 이루었던 1945년, 그해 12월 소련의 수도 모스크바에서 아주 중요한 만남이 있었습니다. 미국·영국·소련, 세 나라의 외무장관이 제2차 세계 대전 전후 문제 처리를 위해 만난 것이지요. 여기서 외무부는 국가 간의 조약, 경제적 교류 등의 업무를 보는 국가 부서를 말합니다. 그 가운데 카이로와 포츠담에서 애매모호하게 다루었던 우리나라의 독립 방법에 대해, 한반도 문제를 좀 더 명확하게 이야기를 나누었다는 점에서 모스크바 3국 외상 회의는 우리 민족에게 중요했습니다.

모스크바 3국 외상 회의의 결정 사항 🔍 이 회의의 결정 사항에 따르면 ①우선적으로 민주적인 임시 정부를 수립하며, 한반도 문제의 이해관계 당사자인 미국과 소련이 공동으로 위원회를 설치하여(②미·소 공동 위원회), 임시 정부와 미·소 공동 위원회의 협의를 통해 ③신탁 통치를 하기로 결정한 것이 주요 골자였습니다.

예전에 제2차 세계 대전이 끝나기 전 카이로 회담에서 'in due course'라는 문구(적절한 절차에 의해 한국을 독립시킨다는 의미)로 예견되었듯이 신탁 통치 이야기가 나온 것입니다. 보통 외세가 물러간 후 자주적으로 국가를 세우고 운영할 수 없는 나라라고 판단하였을 때의 조치 방식인데, 우리 민족을 스스로 국가를 꾸려 갈 수 없는 존재로 보았던 것입니다. 패전하여 도망가면서까지 끊임없이 한민족을 비하하고 무시하는, 미국이 우리를 경계하게 만드는 발언으로 이 땅에서 나간 후에도 우리를 괴롭히려고 노력한 일제의 공(?)이 컸다고 합니다.

찬탁과 반탁 🔍 거기다가 1945년 12월 말 『동아일보』의 오보로 우리는 큰 혼란을 맞이합니다. 모스크바 3국 외상 회의가 아직 마무리되지도 않은 12월 27일 『동아일보』는 "소련이 38도선 이북을 점령할 목적으로 신탁 통치를 제안하였으며, 미국은 즉시 독립을 주장하였다."고 보도합니다. 이에 우익과 좌익 모두 신탁 통치는 제2의 식민 지배라는 인식으로 신탁 통치 반대 운동을 벌입니다. 하지만 대대적인 반탁 운동 가운데 제대로 된 전문이 도착하고 모스크바 3국 외상 회의에 대한 인식은 둘로 갈립니다. '임시 정부 수립이 최우선이고 우리의 노력에 따라 신탁 통치 기간은 줄일 수 있다. 또 강대국들의 결정 사항을 따르며 우리의 정부를 어서 세우는 것이 현실적이다.'라고 생각한 세력과 소련의 사주를 받은 좌익 세력이 얽혀 협정 지지 세력을 이룹니다. 즉, 신탁 통치를 찬성하는 찬탁 운동도 반탁 운동과 함께 벌어집니다.

`1946. 3. ~ 5.` 🔍 우리가 반탁과 찬탁으로 갈려 각목 싸움에 투석
전을 벌이는 사이 봄이 왔습니다. 이때 이승만과 김구는 모두 신탁 통치
를 반대했습니다. 1946년 3월 덕수궁 석조전에서 민주적인 임시 정부 수
립과 신탁 통치 문제에 대한 합의를 하고자 제1차 미·소 공동 위원회가 열
립니다. 하지만 모든 정치 세력을 버무려 민주적인 임시 정부를 구성해야
한다는 미국의 주장과 협정 지지 세력만 임시 정부 구성에 참여해야 한다
는 소련의 주장이 좁혀지지 않은 채로 회의는 휴회에 들어갑니다.

`정읍 발언` 🔍 이런 분위기에서 1946년 6월 정읍에서 이승만은 중
대 발표를 합니다. "무기한 휴회된 공동 위원회가 재개될 기색도 보이지
않고, 통일 정부를 고대하나 여의치 않으니 이제 우리 남한만이라도 임시
정부 혹은 위원회 같은 것을 조직하여 38선 이북에서 소련이 철퇴하도록
세계 공론에 호소해야 될 것이니 여러분도 결심하여야 할 때가 온 것이
다."라며 통일 정부를 수립하기 어려우니 남한만이라도 임시 정부를 세
워야 한다는 단정론(남한 단독 정부론)을 내세운 것입니다.

`통일 정부 수립을 위한 노력` 🔍 이승만처럼 남한 단독 정부론을
주장하는 지도자들도 있었지만, 통일 정부 수립을 위해 노력한 지도자들
도 있습니다. 통일 정부 수립을 주장한 대표적인 지도자가 바로 백범 김
구입니다. 그의 뜻은 완고했습니다.

Cooking Tip
김구가 통일 정부 수립과
관련된 연설을 1946년 8월
15일 광복 1주년 기념식에
서 했는데, 김구 선생의 생
생한 육성을 들어 보는 것
은 어떨까요?

`좌우 합작 운동` 🔍 통일 정부 수립을 위해 좌우 합작 운동을 벌인
지도자들도 있습니다. 몽양 여운형과 김규식입니다. 중도파였던 그들이
이승만의 정읍 발언 한 달 후인 1946년 7월부터 우익과 좌익이 힘을 합
쳐 통일 정부를 수립하자는 좌우 합작 운동을 시작했고, 양쪽의 주장을
적절히 조율하여 7가지 원칙을 합의하는 데 이릅니다. 물론 여운형과 김

규식 역시 엄밀히 따지면 우익과 좌익으로 구분할 수 있겠지만, 이들은 반대쪽에 있는 사람들의 주장도 어느 정도 포용할 수 있었던 것 같습니다. 그들이 합의한 7가지 원칙에는 특히 토지 개혁과 친일 민족 반역자 청산과 관련된 내용도 포함되어 있었습니다.

냉전의 시작 🔍 처음에는 미군정의 지지로 탄력을 받아 야심차게 이루어지던 좌우 합작 운동이 1947년 3월 미국 대통령 트루먼의 선언으로 갸우뚱거립니다. 이른바 '트루먼 독트린'으로 그 요지는 공산주의 세력의 확대를 저지하기 위하여 자유와 독립의 유지에 노력하며, 공산주의의 정부 지배를 거부하는 의사를 가진 여러 나라에 대하여 군사적·경제적 원조를 제공한다는 것이었습니다. 이에 세계는 냉전이 시작되고, 미군정 역시 본국의 방침에 따라 좌우 합작 운동에 대한 지지를 철회합니다. 이에 제2의 신간회 운동이라고 불리는 좌우 합작 운동은 힘을 잃어 가기 시작하고, 여운형이 암살당하면서 허무하게 끝이 나고 맙니다.

비하인드 스토리 🔍 여운형의 죽음에 기가 막힐 정도로 애통한 비하인드 스토리가 전해집니다. 통일 정부 수립을 위한 연설을 하기 위해 차량을 이용해 분주히 움직이던 차, 혜화동 로터리에서 암살당한 것입니다. 총을 쏘고 도망가는 사람을 잡기 위해 여운형의 경호원이 쫓아갔는데, 경찰이 나타나더니 당황스럽게도 여운형의 경호원을 붙잡았다고 합니다. 왜 그랬을까요? 각자 생각해 봅시다.

제2차 미·소 공동 위원회 🔍 트루먼 독트린 이후 냉전의 시작으로 미국과 소련이 대립하면서 세계는 절반으로 갈라집니다. 그런 상황에서 1947년 제2차 미·소 공동 위원회가 열리지만, 역시 각자 국익에 부합하는 정부를 한반도에 세우고자 했기에 끝까지 합의점을 찾지 못하고 회의는 끝나 버립니다. 부부 관계에 비유하면 제1차 미·소 공동 위원회 후 각방을 쓴 것이고, 제2차 미·소 공동 위원회 이후에는 이혼 도장을 찍은 것과 같습니다. 앞으로 전개될 수십 년간의 냉전이 본격화되는 순간이었습니다.

UN 한국 임시 위원단 🔍 미·소 공동 위원회에서 우리나라의 문제를 해결할 수 없게 되자 1947년 9월 미국은 이 문제를 신생 국제기구인 UN(국제연합)에 넘겼습니다. 이에 UN은 1947년 11월 남북한이 동시에 총선거를 실시하도록 결정합니다. 남북한 동시 총선거를 살피기 위해 인도 대표인 메논 의장이 이끄는 UN 한국 임시 위원단이 한반도에 들어옵니다. 하지만 총선거 자체에 반대했던 북한은 위원단이 들어오는 것을 막았고, UN 한국 임시 위원단은 남한만 방문할 수 있었습니다. 메논은 이승만, 시인 모윤숙과 함께 남한 단독 선거에 결정적 역할을 했다고 알려진 인물입니다. 북쪽이 UN의 결정을 거부하자 UN은 1948년 2월 선거가 가능한 남한만이라도 총선거를 실시하도록 결정하기에 이릅니다. 이에 김규식은 김구와 통일 정부 수립을 위해 뜻을 같이하기로 하고, 북한의 김일성에게 남북 협상을 제안하는 편지를 보냅니다.

드디어 답장이 오다! 🔍 한 달 넘게 오지 않던 답장이 4월에 이르러서야 옵니다. 너무 늦었다는 것을 알았지만 그들은 북한을 방문하여 남북 연석회의에 참여하기로 결정하였습니다. 북한에서는 평양에서 군중 대회 형식으로 한다면 협상에 응하겠다고 답장을 줬다고 합니다.

38선을 베고 쓰러질지언정… 🔍 남북 협상을 위해 김구가 길을 떠나려고 하자 그가 머물고 있는 경교장에 많은 학생과 청년들이 몰려와 방북을 만류하였다고 합니다. 김구가 탈 자동차 바퀴에 구멍을 내기도 하고, 집 앞에 드러누워 버리기도 하는 등의 만류에도 김구는 통일 정부 수립을 위해 북한으로 갑니다. 방북하면 김구가 잘못될지도 모른다는 우려가 많았던 것입니다. 38선을 베고 쓰러질지언정 단독 정부 수립은 막겠다고 한 인물이니 어찌 막아 낼 수 있겠습니까. 김구와 김규식은 수많은 정치 지도자와 사회 단체 대표들을 이끌고 북한을 방문하여 '단독 정부 수립 반대, 외국군 즉시 철수' 등의 내용을 결의하기에 이릅니다.

1948. 5. 10. 🔍 하지만 애초에 결의를 지키고 통일 정부를 수립할 생각이 없었던 북한의 의도 때문이었을까요, 아니면 만남이 너무 늦어서였을까요? 그도 아니면 남한 단독 선거를 밀어붙이는 세력 때문이었을까요? 1948년 5월 10일 총선거가 실시됩니다.

Why? 🔍 남북한 동시 총선거를 하여 정부를 구성하기 위해 제안된 총선거는 남한에서만 치러졌습니다. 북한이 반대했기 때문이라고 했습니다. 왜 그들은 반대하였을까요?

인구 비례 총선거 🔍 인구 비례 총선거였기 때문입니다. 당시 38도선을 경계로 남쪽에 사는 사람이 2천만, 북쪽에 사는 사람이 1천만이었다고 합니다. 인구 비례로 국회의원 의석을 나누면 남쪽에서 200석, 북쪽에서 100석을 차지할 수 있기 때문에 소련은 이 선거에 북한이 참여하지 못하게 합니다. 어찌 되었든 1948년 5월 10일 민주적인 절차에 따라 우리나라 최초의 선거가 이루어집니다. 그래서 5월 10일이 '유권자의 날'로 지정된 것입니다.

5·10 총선 포스터

5·10 총선거는 전국 투표율이 90%를 훌쩍 넘

길 정도였습니다. 요즘과는 참 엄청난 차이죠? 이때 남한은 198명의 국회의원을 선출하였습니다. 최초 300명 가운데 100명은 북한에 배당된 의석 수라서 빼고 200명만 선출하고자 했는데, 제주도 의석 3석 가운데 2석에 해당되는 구역에서 큰 사건이 일어났기 때문입니다. 바로 '제주 4·3'입니다.

Cooking Tip
제주 4·3의 경우에는 『나무 도장』이라는 그림책을 활용해 접근하는 것은 어떨까요? 어린 초등학생을 대상으로 이야기를 부드럽게 풀어 갈 수 있습니다.

1948년 4월 3일 남한만의 단독 정부 수립에 반대한 남로당 제주도당의 무장 봉기가 있었는데, 이를 진압하는 과정에서 사회주의자가 아닌 무고한 민간인이 엄청나게 많이 죽는 안타까운 일이 벌어졌습니다. 오랜 기간 그 아픈 역사가 묻혀 있다가 노무현 정부에 이르러서야 진상 조사가 이루어져 공권력에 의해 죄 없이 희생된 무고한 국민들에게 대통령이 직접 사죄하였습니다.

↳ 투표함

위 사진은 당시에 사용된 투표함입니다. 박물관에서 촬영한 사진인데, 만든 재료만 다를 뿐 생김새는 지금의 것과 비슷합니다. 1948년 당시 투표 용지입니다. 기호와 후보 사진과 이름이 있고, 맨 아래 칸이 표시하는 곳인 것 같습니다. 투표 용지에 후보 사진이 들어가 있는 것이 인상적입니다.

광복 직후 문맹률로 막대기로 기호 표기

↳ 투표 용지

Republic of Korea 🔍 지난 수천 년과는 달리 군주가 없는, 국민이 주인인 민주공화국 대한민국의 영문 국호입니다.

Cooking Tip
제헌 국회에서 제정한 반민족 행위 처벌법은 훗날 반대 세력에 의해 실패합니다. 친일 민족 반역자 청산마저 반공 이데올로기에 가로막혀 실패한 것입니다.

제헌국회 🔍 최초의 민주 선거인 5·10 총선거를 통해 뽑은 국회의원들을 제헌 국회의원이라고 합니다. 그리고 그들로 이루어진 국회를 제헌 국회라고 하지요. '지을 제(制)', '법 헌(憲)' 자를 사용해 헌법을 처

제헌 헌법 전문

Cooking Tip

교과서가 집필될 때마다 신경 쓰이는 부분입니다. 집필 기준이 자꾸 바뀌는 것인지 '한반도 유일 합법 정부'라는 표현이 쓰일 때가 있고, '선거가 가능한 지역에서 유일한 합법 정부'라는 표현이 쓰일 때가 있습니다. UN 작성한 영어 원문을 찾아 보면 같은 문장인데도 'in Korea'를 강조해서 해석하느냐, 'part of'를 강조해서 해석하느냐에 따라 해석이 다를 수 있음을 알 수 있습니다. 헌법에서 제시한 대한민국의 영토 개념과 상충되지 않으면서 우리의 정통성과 국익을 위해 '한반도에서 유일한 합법 정부로 인정받았다.'는 개념을 교과서에 넣게 된 것 아닐까요? 보통 이 표현은 북한의 존재 자체를 인정하지 않는 표현으로도 해석되기 때문에 남북 관계가 좋은 편이거나, 개선하고자 하는 의지가 있을 때 '선거가 가능한'과 같은 표현을 사용하기도 합니다.

음 제정한 국회라는 뜻입니다. 임기가 2년인 것이 특징입니다.

7. 17. 🔍 제헌 국회에 의해 만들어진 헌법을 1948년 7월 17일에 공포하였습니다. 그래서 7월 17일이 제헌절입니다. 여기서 공포한 헌법은 제헌 국회가 만들었다고 하여 '제헌 헌법'이라고 합니다.

한반도 유일한 합법 정부 🔍 그리고 헌법에서 정한 대통령 선출 방식인 간선제(국회에서 대통령을 뽑는 방식)에 의해 7월 20일 이승만이 대통령으로 선출되는데, 이를 계기로 이승만은 '건국의 아버지'라는 별명을 갖게 됩니다. 이어서 1948년 8월 15일 3·1 운동의 정신과 대한민국 임시 정부의 법통을 이은 대한민국 정부가 수립됩니다. 대한민국 정부 수립과 동시에 주한 미군 사령관 겸 미군정청 사령관 하지 중장은 미군정의 폐지를 발표합니다. 그리하여 1948년 12월, UN에 의해 대한민국 정부는 한반도의 유일한 합법 정부로 승인받습니다.

경교장 🔍 뒤에 보이는 건물은 서울시 종로구에 있는 경교장입니다. 광복 후 백범 김구가 머물렀던 곳으로, 흉한 사건이 있었던 장소이기 때문에 공수를 반대로 해 보았습니다. 백범 김구는 1945년 11월부터 1949년 6월 26일까지 경교장을 개인 사저로 사용했는데, 그곳에서 생을 마감하였습니다.

1949년 6월 경교장에서는 네 발의 총성이 울려 퍼졌습니다. 당시 육군 소위였던 안두희의 흉탄에 의해 김구가 살해당한 것입니다. 사진은 수년 전에 복원된 경교장 내부 모습입니다. 경교장에는 그날의 아픔이 잘 보존되

경교장

어 있습니다. 서거 당
시 입고 있던 옷이 전
시되어 있었습니다. 백
범 김구의 국민장에는
200만 명의 국민들이
모여 민족의 큰 지도자
를 잃은 슬픔을 함께했

경교장 내부

다고 합니다. 현재는 효창공원에 안치되어 있습니다. 효창공원에 가면
윤봉길, 이봉창, 백정기, 안중근(허묘) 의사의 묘와 근처에 김구 선생의
묘를 살펴볼 수 있습니다. 그리고 바로 옆에 백범 김구 기념관이 위치해
있습니다.

Cooking Tip
〈한국의 정신〉 '김구' 편을
통해 김구 선생의 삶을 되
돌아보는 것은 어떨까요?

백범 김구

윤봉길 묘

김구가 세상을 떠나기 20일 전에 썼던 편지라고 합니다. 분단 정부 수
립 후에도, 세상을 등지기 전까지도……. 참으로 존경스러울 따름입니다.

한국을 두 개로 잘라 놓고, 또 남과 북에 제각기의 정권과
제각기의 군대를 세워 놓고, 끝내는 자신들이 만들어 낸
상호 적대감을 해결하지 않은 채 각자의 군대를 남과 북에서
철수하기로 결정한 미국과 소련은……
한국에서 내전이 일어날 경우 그 책임은 그들에게 있다.
– UN에 보낸 김구의 편지(1949. 6. 6.) 中

말년의 안두희 🔍 1990년대 초반 한 방송사와의 인터뷰에서도 안두희는 김구를 살해한 죄를 반성하지 않고 있었습니다. 1949년 6월 김구 선생을 암살한 후 안두희의 행적을 보면 더욱 놀랍습니다. 김구 선생 암살 후 그는 곧바로 특무대로 연행되어 종신형을 선고받았지만 1950년 6·25 전쟁이 발발하자 집행정치 처분을 받고 다시 군에 복귀했고, 6·25 전쟁 기간 동안 모든 요직을 거치면서 전쟁이 끝나던 1953년 완전 복권되었습니다. 그리고 이후 당시 이승만 정권의 비호를 받아 가며 군수품 납품 사업을 하는데, 동부전선 11개 사단에 군수품을 납품하기에 이릅니다. 과연 그런 권리를 누가 준 것일까요? 강원도에서 세금을 두 번째로 많이 낼 정도로 부유한 생활을 하였다고 합니다.

또 다른 모습 하나! 무소불위의 안두희를 이야기해 볼까 합니다. 한번은 자신의 사업을 위해 공장을 건설하고 있었다고 합니다. 하지만 그 땅은 다른 사람의 경작지였습니다. 그런 상황에서 그 땅을 경작하는 사람의 신고를 받고 경찰이 조사를 나왔는데, 안두희는 그 경찰을 폭행했습니다. 심지어 그 공장 부지 앞에 인공 호수를 만들고 배를 띄워 놓고 여가생활을 즐겼다고 합니다.

제가 지어낸 이야기가 아니고 방송된 내용들입니다. 어떻게 그런 일들이 가능한지 아직도 잘 모르겠습니다. 저 인터뷰가 있고 몇 년 후인 1996년 인천의 어느 아파트에서 운수업에 종사하는 박기서라는 인물이 휘두른 몽둥이에 맞아 안두희는 생을 마감합니다. 안두희를 내리친 몽둥이에는 '정의봉'이라고 쓰여 있었습니다. 그분은 3년형을 받았다가 1998년 3·1절 특사로 풀려났다고 합니다.

한편 북한에서는… 🔍 한편 북한에서는 사회주의자들이 일찍 권력을 장악하면서 1946년 3월 농민들의 마음을 사로잡기 위해 토지 개혁을 단행합니다. 이어서 8월에는 일본인, 친일 자본가 소유의 공장 및 철

324

도 등 주요 시설 국유화 작업에 착수합니다. 본격적인 사회주의 국가로 달려가고 있었습니다. 김구와 김규식이 통일 정부 수립을 위해 남북 협상을 준비하던 그 시기 조선인민군이 창설됩니다(1946. 2.). 그리고 북한에서도 최고인민회의 대의원을 선출하고, 1948년 9월 9일 김일성을 수상으로 하는 조선 민주주의 인민공화국을 수립하기에 이릅니다.

Cooking Tip
여기서 강조할 점은 북한은 통일 정부 수립을 위해 노력하는 분들의 생각과는 다르게 따로 자신들만의 정권을 세우기 위해 지속적으로 준비했다는 사실이고, 이미 모든 준비를 갖춘 후에도 분단의 책임을 우리에게 돌리기 위해 정부 선포를 9월에 했다는 것입니다.

Table 03

민족의 비극, 6·25 전쟁

오늘의 식단 한눈에 보기

- 6·25 전쟁의 배경
- 전쟁의 전개 과정
- 전쟁으로 폐허가 된 나라

재료 준비

- DMZ 철조망 실물
- 인천상륙작전 관련 영상
- 중공군 개입 관련 영상
- 이산가족 문제 관련 만화
- '대한민국의 정부 수립과 6·25 전쟁' 음원

장 보기

- 옥션
- 영화 〈인천상륙작전〉
- 영화 〈태극기 휘날리며〉
- 만화 『태극기 휘날리며』
- 멜론

DMZ 철조망

지구촌 여러 나라들 가운데 유일한 분단국가가 있습니다. 바로 우리나라입니다. 6·25 전쟁으로 인해 남한과 북한이 휴전선을 경계로 완전히 갈라졌습니다. 휴전선 위아래로 각각 2km의 DMZ가 설정되어 있는데, DMZ는 우리말로 '비무장지대'를 뜻합니다. 남북한 대치 상황의 원인! 남북이 원수가 될 수밖에 없었던 사건, 6·25 전쟁! 누가 서로의 영역을 먼저 침범했을까요? 정확히 북한군의 '남침'으로 시작된 전쟁입니다.

쉽게 비유해 보겠습니다. 효종의 북벌 운동 기억나지요? '북벌'은 북쪽에 있는 청나라를 우리가 정벌하겠다는 의미였죠? 그것처럼 '남침'도 북한이 우리 남한을 침략했다는 뜻입니다. 꼭 정확히 기억해 주세요!

1950년대 국내 분위기 🔍

그럼 6·25 전쟁(한국 전쟁)이 발발하기 직전 1950년대 국내외 정세를 살펴보겠습니다.

당시 세계는 1947년 있었던 트루먼 독트린 이후 본격적인 냉전이 시작되었습니다. 우리나라도 민주주의 진영과 사회주의 진영의 이념 대립이 심화되었습니다. 예를 들면 북한에서는 일본인과 민족 반역자, 대지주들의 토지를 몰수하여 농민들에게 무상으로 분배하는 토지 개혁을 실시하였습니다. 만약에 여러분이 수만 평의 땅을 가진 지주라면 북한의 사회주의 경제 정책에 두려움을 느꼈을 것입니다. 그래서 남한으로 내려온 사람들이 무척 많았습니다. 남한에서도 그와 반대되는 일들이 자행되었겠죠? 북한을 적대시하고 남한 내 사회주의자들을 탄압하는 일이 계속되었습니다. 사회주의 진영이든 민주주의 진영이든 죽음을 맞이한 사람들 모두 가족이 있고 자신만의 꿈이 있는 한 인간이었을 텐데 이념의 논리 앞에 스러져 갔다는 것이 참으로 안타깝습니다.

소규모 충돌 🔍 그리고 38도선 근방에서 남한 병력과 북한 병력의 대립으로 소규모 충돌이 잦았다고 합니다. 전면전의 시작은 6월 25일이 었지만 서로 사이가 안 좋았던 것은 분명합니다.

애치슨 선언 🔍 1950년 1월, 미국 국무장관 애치슨이 아주 중대한 발표를 합니다. 소련의 스탈린과 중국 공산당 마오쩌둥의 세력 확산을 저지하기 위해 태평양에서의 미국의 방위선을 알류샨열도–일본–오키나와–필리핀을 연결하는 선으로 정한다고 발언한 것입니다. 즉 방위선 밖의 한국과 타이완 등의 안보와 관련된 군사적 공격에 대해서는 보장할 수 없다는 내용으로, 실제로 미국 군대도 철수를 하게 됩니다.

북한은 전쟁을 시작할 수 없을 것이라고 생각했던 것일까요? 아니면 다른 정치적 목적이 있었던 것일까요? 한반도를 전략적으로 중요하지 않다고 판단했을까요? 아니면 막강한 해상 전력이 있으니 육지로부터 한 발 떨어지고자 한 의도였을까요?

전 장병의 3분의 1이 출타 중 🔍 이후 북한의 김일성은 소련의 스탈린을 만나 완전한 승리 가능성을 주장하며 전쟁에 대한 지원을 약속받습니다. 다음은 중국으로 가서 소련이 전쟁을 일으키는 것에 대해 동의했다며 역시 지원을 약속받았다고 합니다. 하지만 6월 25일 직전까지도 북한은 우리에게 평화적인 모습을 보입니다. "광복 5주년 기념일에 남북 통일 최고입법회의를 서울에서 개최하자." "남북 국회에 의한 통일 정부를 수립하자." 등과 같은 제의로 우리의 경계 태세를 느슨하게 만듭니다. 그래서 6월 25일에는 전 장병의 3분의 1이 휴가·외출·외박 등 출타 중이었다고 합니다. 이 모든 행동이 우리를 속이기 수단이었습니다. 그렇게 느슨해진 틈을 타 1950년 6월 25일 새벽 4시경 북한은 기습 남침을 감행합니다. 새벽 4시면 경계 근무를 서는 사람들 빼고는 다음날 전투력 보존을 위해 대부분 잠이 든 시간입니다. 북한은 소련제 T-34 탱크와 자주포 수백 문을 이끌고 남한을 공격합니다. 지금이야 우리도 기습 공격에 대응할 수 있는 막강한 군사력을 갖추고 있지만, 당시 대한민국은 경제가 어려웠습니다. 먹고 살기도 급급해 그런 무기는 꿈도 못 꾸었습니다. 탱크는 제1차 세계 대전의 비밀 병기였고, 제2차 세계 대전에서도 최신 무기에 속했으니까요.

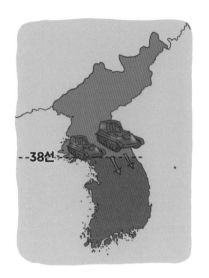

정부의 초기 대응 🔍

이에 대한 우리 정부의 초기 대응을 살펴보겠습니다. 서울 시내에서는 라디오 방송이 울려 퍼집니다. 우리 국군이 북한 인민군을 잘 막아 내며 북진하고 있다, 시민들은 걱정하지 말고 생업에 종사하고 있으라는 내용이었다고 합니다. 그러나 우리 국군은 전력적 열세로 3일 만에 수도 서울을 북한 인민군에 내주고 맙니다. 이승만 대통령은 이미 대전으로 몸을 피한 후였습니다. 북한 인민군의 남하 속도를 늦추기 위해 6월 28일 새벽 2시 30분 국군에 의해 한강 철교가 폭파되었습니다. 당시 수많은 피란민들이 다리를 건너고 있었고, 서울에는

Cooking Tip
교과서에 제시된 사진은 한 강 철교 폭파 관련 사진이 아닙니다. 부서진 북한의 대동강 철교를 타고 피란 가는 사람들의 모습이 제시되어 있습니다. 훗날 유엔군이 중공군에게 밀려 패주할 때, 많은 민간인들도 남쪽으로 피란을 떠났는데 38선 이북에 원자폭탄이 투하될지도 모른다는 소문도 피란의 원인이기도 했습니다. 사진은 폭격으로 부서진 평양 대동강 철교를 넘어 남하하는 피란민들의 모습입니다.

피란을 가지 않은 100만여 명의 시민들이 남아 있던 상황이었습니다. 가슴이 아픕니다. 이로 인해 제때 피란길에 오르지 못한 사람들은 후에 어떻게 되었을까요? 북한 인민군은 막강한 화력을 바탕으로 파죽지세로 우리 국군을 밀어붙였습니다.

위기에 처한 이승만 대통령은 미국에 도움을 요청하고, 7월 7일 유엔군 사령부가 설치되었습니다. 하지만 국군과 유엔군은 7월 말경에는 낙동강까지 밀리고 맙니다.

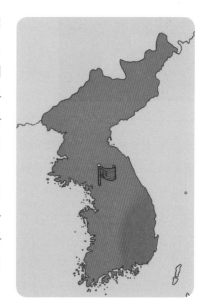

인천상륙작전 🔍

Cooking Tip
〈역사채널e〉 '승리의 빛을 밝힌 켈로부대' 편을 통해 인천상륙작전에 대해 더 깊이 알아보았습니다.

유엔군이 개입하였지만 낙동강 방어선에서 밀고 올라가기에는 무척 어렵다고 판단하였습니다. 그리하여 총사령관 더글라스 맥아더는 아주 위험 부담이 크지만 성공만 한다면 전세를 역전시킬 수 있는 작전을 구상합니다. 인천 쪽으로 상륙해 인민군의 보급로를 끊으며 위에서 압박을 가하고, 보급이 끊겨 전투 의지가 약해진 남한 내의 북한 인민군을 아래에서 밀어붙여 서울을 수복하겠다는 작전입니다. 가장 적합한 거점을 인천으로 정한 것이고요.

하지만 반대 의견이 많았습니다. 한국의 서해안은 조수간만의 차가 커서 만약 시간대를 잘못 계산하거나 작전 중 시간이 틀어지면 4km의 갯벌이 펼쳐지기 때문입니다. 그렇게 되면 작접에 투입된 군인들이 갯벌에 발이 묶여 반격을 당한다면 실패할 확률이 너무 크기 때문에 무모하다는 것이었죠. 하지만 제2차 세계 대전 때부터 수많은 상륙 작전을 성공시켜 온 맥아더는 강하게 밀어붙였고 작전을 감행해 승리로 이끌었습니다. 고베, 요코하마, 부산 등지에서 함대를 모아 제주도 쪽으로 돌아 나와 작전대로 위아래로 압박을 넣고, 결국은 수도 서울을 수복하고 전쟁 직전의 경계선까지 밀고 올라갑니다! 더 밀고 올라가 전쟁의 양상을 바꿀지 38도선에서 멈출지 고민하다가 드디어

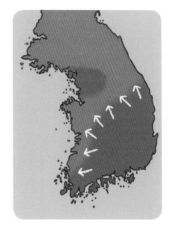

북으로 밀고 올라가기로 결심합니다.

　10월 1일, 우리 국군 3사단 백골부대가 38선을 넘어 반격을 시작합니다. 그래서 10월 1일이 국군의 날로 지정된 것입니다. 그렇게 상승세를 탄 우리 국군과 유엔군은 북쪽으로 거침없이 밀고 올라갔고 평양을 점령한 후 압록강,

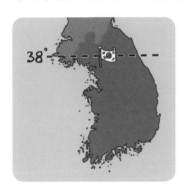

두만강 부근에 이르게 됩니다.

　하지만 북진 통일을 꿈꾸었던 것도 잠시, 중국이 수십만에 이르는 중국 공산군을 전쟁에 투입시킵니다. 국군과 연합군이 한반도 전체를 차지하면 분명 북한 인민군은 압록강과 두만강을 건널 것이고 중국 영토가 전쟁터가 될 수 있다고 판단한 것 같습니다.

Cooking Tip
영화 〈태극기 휘날리며〉의 일부를 통해 중공군이 투입될 당시의 상황을 살펴보았습니다.

투입된 중공군의 수가 엄청났습니다. 이를 사람이 바닷물이 들이닥치듯 밀려들어 전쟁을 수행한다는 뜻의 '인해전술(人海戰術)'이라고 합니다. 무기나 전술보다 인력의 수적인 우세로 적을 압도하는 전술입니다. 군인의 수는 엄청난데 지급된 무기의 수는 부족하여 3명당 한 명꼴로 총을 들고 나머지는 꽹과리나 피리를 들고 있었다는 소문이 있을 정도였습니다. 중공군의 투입으로 우리는 다시 수도 서울을 빼앗깁니다. 이를 '1·4 후퇴'라고 합니다.

Cooking Tip
영화 〈국제시장〉의 일부 또는 〈역사채널e〉 '희망의 크리스마스 항해, 흥남 철수 작전' 편을 활용할 것을 추천합니다.

이렇게 전세가 뒤집어지는 와중에 북한의 흥남 지역이 거의 고립되다시피 합니다. 그곳에는 유엔군에 협조한 사람들도 무척 많았고, 유엔군도 상당수 있었습니다. 이에 연합군은 항로를 이용해 부산을 거쳐 거제도로 철수하는 대규모 철수 작전을 수행하는데, 이를 '흥남 철수'라고 합니다. 이 사건을 소재로 나온 영화가 바로 〈국제시장〉입니다.

서울 재수복 🔍 이후 전열을 가다듬은 국군과 연합군은 1951년 3월 5일에 서울을 다시 수복하고, 이후 38선을 중심으로 끊임없이 전투가 계속됩니다.

휴전 회담의 시작 🔍 1951년 6월 무렵 더이상 소모적인 전쟁을 계속할 필요가 없다고 생각했는지 소련에서 휴전 회담을 제안합니다. 하지만 휴전선을 어디에 그을 것인지, 포로 송환은 어떻게 할 것인지를 두

거제도 포로수용소

고 휴전 회담은 2년을 끌었습니다. 6·25 전쟁을 국제 전쟁으로 볼 것인지, 아니면 국내 전쟁으로 볼 것인지에 따라 포로 송환 방식이 달랐습니다. 본국으로 자동 송환되느냐 또는 자유의지에 따라 원하는 곳으로 송환되느냐로 결정되었습니다.

하지만 회담이 진행되는 중에도 우리 젊은 목숨들은 계속 죽어 나갔습니다. 휴전이 성사되기 전까지 최대한 많은 땅을 점령해야 했기 때문입니다. 그러다가 1953년 7월 27일 휴전 협정이 체결됩니다. 물론 중간중간에 큰 사건들도 많았습니다. 휴전 협정 체결 전에 이승만 대통령의 반공 포로 석방으로 휴전 협정이 성사되지 못할 수도 있었습니다. 하지만 이를 계기로 우리는 '한미상호방위조약'이라는 대비책을 가질 수 있었다고

평가하기도 합니다. 미국에 너무 의지하는 것 아니냐는 비판도 있지만요. 물론 전쟁이 벌어졌을 때의 작전 통제권이 6·25 전쟁 때부터 지금에 이르기까지 우리에게 없다는 것이 문제되기도 하죠. 어찌 되었든 장기간 전쟁은 휴전으로 멈추게 된 것입니다.

6·25 전쟁은 1950년 6월 25일부터 1953년 7월 27일까지 3년여에 걸쳐 같은 민족끼리 총부리를 겨눈 전쟁으로, 지금까지도 우리 민족에게 큰 아픔으로

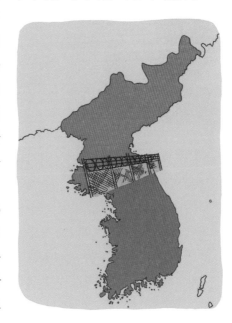

남아 있습니다. 우리 국군도 목숨을 걸고 나라를 지켰지만 국제연합군의 일원으로 군대를 보내 준 국가들도 있습니다. 16개국의 젊은이들이 이름도 모르는 다른 나라에 와서 고귀한 희생을 치렀습니다. 참 미안하고 고마운 일입니다. 전투 병력은 아니지만 의료 지원을 해 준 국가도 있었고, 각종 구호물품 등의 물자 지원을 해 준 국가가 42개국이었습니다. 총 63개국이 우리에게 도움을 주었습니다.

국토의 80% 파괴 🔍   전쟁은 우리 국토의 80%를 파괴해 버렸습니다. 많은 문화유산이 불타거나 부서지는 등 그 피해는 이루 다 말할 수가 없을 지경이었습니다. 전쟁 후 수원 화성의 모습입니다. 대포로 인해 옹성의 4분의 1이 날아가 버렸습니다. 지금의 수원 화성은 『화성성역의궤』의 기록을 바탕으로 나중에 복원한 것입니다.

교육 시설도 거의 3분의 1이 파괴되었습니다. 전쟁 중에도 우리 학생들은 천막을 설치해 공부를 하였습니다만 전쟁 후에도 한동안 천막 학교의 모습은 지속되어야만 했습니다. 안 그래도 남한에는 공장이 별로 없었는데, 전쟁으로 인해 공업 시설도 40% 이상이 파괴되었습니다.

전쟁으로 파괴된
수원 화성 장안문

인명 피해 🔍   다음은 인명 피해를 살펴보겠습니다. 먼저 약 6만 명에 이르는 외국 군인들이 우리를 위해 희생했습니다. 우리는 전 국민의 8%에 이르는 200만 명이 죽거나 다쳤습니다. 한국군과 유엔군을 합치면 20만 명 가까이, 민간인 희생자까지 포함하면 40만 명 이상이 사망했습니다. 전쟁 초기 온 나라가 전쟁터가 되면서 북한 인민군이 점령한 상황에서 목숨을 유지하기 위해 어쩔 수 없이 그들을 도울 수밖에 없었던 사람들은 다시 국군이 돌아오면 부역자로 불리며 죽임을 당하는 경우가 허다했습니다. 반대로 인민군이 다시 그 영토를 회복하면 지주나 자본가, 경찰과 군인 및 그 가족 등을 인민재판이라는 형식으로 처벌하는 경우도 비일비재했습니다.

전쟁 고아 & 전쟁 미망인 🔍

또 약 10만 명이 형제자매, 부모를 잃고 전쟁 고아가 되었습니다. 갑자기 전쟁이 일어나 주변 사람이 모두 죽고 소중한 자녀들만 남았다고 생각해 보세요! 얼마나 가슴 아픈 일입니까? 약 30만 명의 여성들은 사랑하는 남편을 잃었습니다(사실 '미망인'이라는 단어는 사용하지 말아야 할 단어입니다. 남편을 따라 죽지 못한 여성이라는 뜻으로 만들어진 단어이기 때문입니다. 적절한 대체어를 찾지 못해 사용한 용어임을 밝힙니다).

전쟁 이산가족 🔍

무자비한 전쟁으로 1천만 명 이상의 국민들이 가족과 헤어져 이산가족이 되었습니다. 전쟁이 정말 엄청나게 많은 사람들의 마음에 대못을 박아 버린 것입니다.

Cooking Tip
그림책 『제무시』를 활용해 국민보도연맹 사건에 대해 간접적으로 알아보는 것은 어떨까요?

Cooking Tip
영화 〈태극기 휘날리며〉의 일부를 활용해 이산가족 문제에 대해 살펴보았습니다. 1983년 KBS에서 주최한 생방송 '이산가족을 찾습니다'는 6월 30일부터 11월 14일까지 진행됐는데 10만 건 이상의 이산가족 찾기 신청이 있었고, 그중 10,189명이 가족을 마주할 수 있었다고 합니다. 해당 기록물은 유네스코 세계기록유산과 기네스북에도 등재됐다고 합니다. 하지만 신청하고 가족과 마주한 이들의 수는 실제 이산가족의 수에 비하면 극히 일부라고 합니다.

Cooking Tip
영화 〈국제시장〉의 일부분을 활용해 피란민들의 삶을 살펴보는 것은 어떨까요?

Table 04

자유의 비밀은 용기뿐이다

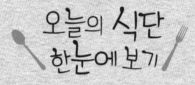

오늘의 식단 한눈에 보기

🍴 사적 욕구를 위한 개헌

🍴 3·15 부정 선거

🍴 4·19 혁명

재료 준비

- '자유민주주의의 시련과 발전' 음원
- 4·19 혁명 관련 읽기 자료

장 보기

- 멜론
- 대하소설 『한강』

우리가 누리고 있는 자유민주주의! 과연, 공짜로 얻은 것일까요? 🔍

대한민국은 민주공화국 또는 자유민주주의 국가라고 합니다. 즉, 국민이 주인인 나라에서 우리는 살고 있습니다. 우리는 투표에 참여하여 스스로 국민의 대표, 지역의 대표를 선출합니다. 우리의 미래인 아이들 역시 학교에서 선거·투표를 경험하며 민주 시민으로서 성장해 나갑니다. 또 우리는 남에게 피해를 주지 않는 한도에서 자유를 보장받습니다.

이런 자유와 민주주의! 과연 공짜로 얻은 것일까요? 대한민국 정부가 수립되었을 당시에도 지금과 같이 국민들의 자유와 민주주의가 보장되는 모습이었을까요? 이번 시간에는 대한민국 정부가 막 태어났을 때의 모습은 어떠했는지 살펴보도록 하겠습니다.

대한민국 1대부터 3대까지 대통령은 누구? 🔍

대한민국에서 1대부터 3대까지 대통령직을 맡았던 분은 누구였을까요? 우남 이승만! 모두 알다시피 우리나라 초대 대통령은 '건국의 아버지'라 불리는 이승만입니다. 그런데 1대부터 3대까지라는 단서를 달았습니다. 대통령을 한 번도 아니고, 3번을 하였다고 합니다.

권력의 속성? 🔍

현재 대한민국의 대통령은 5년을 임기로, 단 한 번만 할 수 있게 헌법에 명시되어 있습니다. 미국의 경우에는 2번까지 가능합니다. 그럼 우리나라는 정부 수립 때부터 대통령을 3번까지 할 수 있게 헌법으로 정해 두었을까요? 그렇지는 않습니다. 정부 수립 초 우리나라는 현재 미국처럼 4년을 임기로 하되 2번까지 대통령직을 수행할 수 있게 되어 있었습니다. 하지만 권력은 언제나 인간의 욕심을 자극하는

Cooking Tip
쉬는 시간에 랩톱 한국사 '자유민주주의의 시련과 발전' 음원을 들려 주며 수업 시간을 맞이했습니다.

Cooking Tip
학생들과 수업할 땐 아이들이 만든 선거 홍보 포스터 사진을 제시해 동기 유발에 사용했습니다.

속성을 지니고 있지요.

`5·10 총선거` 🔍 우리나라 최초의 민주주의 총선인 5·10 총선거부터 이야기를 시작해 보겠습니다. 당시 유권자의 90%가 넘는 국민들이 투표에 참여하였습니다. 총선이므로 국민의 대표인 국회의원을 선출한 것이지요. 북쪽의 의석 100석을 제외하고, 남쪽의 200석을 두고 선거를 진행했습니다. 하지만 제주 4·3으로 제주도에서 2석에 해당되는 대표를 뽑지 못해 198명의 국회의원으로 국회는 시작되었습니다. 처음 구성된 국회라 헌법을 제정하는 일부터 해야 했기에 첫 국회를 '제헌 국회'라고 부릅니다. 임기는 보통 국회의원의 절반에 해당하는 2년이었습니다.

제헌 국회에서 국민의 대표인 국회의원들이 투표를 하여 이승만 대통령을 선출하였습니다. 이를 국민들이 직접 투표하지 아니하는 방식이라고 하여 간접 선거, '간선제'라고 합니다. 대한민국 정부가 막 수립되었을 때는 국민들의 대리인인 국회의원이 대통령을 뽑도록 헌법에 명시되어 있었던 것입니다. 국민들이 민주주의를 처음 경험하기 때문에 그런 방식을 택한 것 아닐까요?

`다음 총선은 언제?` 🔍 그럼 다음 총선은 언제 실시했을까요? 제헌국회의원의 임기는 2년이니 1948년에서 2를 더하면 됩니다. 1950년 5월 30일에 시행했습니다. 전쟁 직전이었네요! 그렇게 국회가 다시 구성되었는데, 이승만 대통령에게는 뭔가 불리한 상황이 펼쳐집니다. 첫 선거에는 참여하지 않았던 남북 협상파 등의 정치 세력들이 선거에 참여하여 대거 당선되면서 이승만 대통령을 지지하던 세력의 수가 상대적으로 줄어든 것입니다. 그런 상황에서 첫 대통령 선거처럼 간선제 방식으로 국회의원들이 대통령을 선출한다면 어떻게 될까요? 이승만은 다시 대통령이 되기 힘들다고 판단하지 않았을까요?

최초의 개헌 🔍 당시 이승만은 미국 유학에 독립운동을 했던 경력 덕분에 국민들에게 인기가 높았습니다. 그래서 이승만은 직선제 개헌을 결심합니다. 개헌이란 '고칠 개(改)', '법 헌(憲)' 자를 사용해 '헌법을 고친다'는 뜻입니다. 1952년, 전쟁 중이라 부산이 임시 수도였을 때입니다. 개헌의 요지는 대통령 선출에 있어 국민 전체가 직접 투표에 참여하는 직접 선출의 방법을 사용하자는 것입니다.

"대통령은 당연히 국민들이 뽑아야 하는 것 아닌가요? 더 좋은 방향으로 간 것인데 뭐가 문제죠?" 이렇게 반문할 수 있을 것입니다. 하지만 그 결과를 얻어 내기까지의 방법이 폭력적이었고, 한 개인의 사욕을 위해 중요한 헌법을 고쳤다는 것이 문제였습니다. 이 개헌에 대한 반대가 심해 중요한 부분만 뽑아서 '발췌'하여 헌법을 고쳤다고 하여 '발췌 개헌'이라고 합니다.

조금 전에 개헌에 이르기까지의 과정이 폭력적이었다고 하였습니다. 도대체 어떻게 했길래 '폭력적'이라는 표현을 사용한 것일까요? 부산이 임시 수도일 때는 아이들이 통학 버스 타고 학교에 가듯 국회의원들도 통근 버스를 타고 출근을 하였습니다. 출근길에 갑자기 크레인이 버스를 막아섭니다. 크레인은 통근 버스를 견인하여 어딘가로 끌고 갑니다. 국회의원들을 납치한 것이지요. 개헌에 반대하는 국회의원들은 온갖 협박과 회유에 시달립니다. 또 국회의원 중 10여 명은 공산주의 단체로부터 돈을 받았다며 빨갱이로 내몰려 감옥에 갇힙니다. 물론 사실이 아닌 것으로 밝혀졌죠. 거기다 개헌안을 놓고 투표를 할 때는 총을 든 군인들이 둘러싸고 기립 투표 방식을 사용했다고 합니다. 결과는 뻔했지요. 폭력 앞에서 소신을 지킬 수 있는 사람들은 생각보다 많지 않습니다. 그렇게 폭력적인 방법을 동원해 이루어진 개헌이 1차 개헌입니다. 직선제로 선거 방식이 바뀌고, 이승만은 재선에 성공합니다.

수학 교수까지 동원된 또 한 번의 개헌 🔍 이번에는 수학 교수까지 동원된 1954년 2차 개헌에 대해 이야기해 보겠습니다. 또 무슨 개헌이냐고요? 1952년 제2대 대통령이 된 이승만은 다시 한 번 개헌을 시도합니다. 2년 후 다시 시도하게 되는 이 개헌의 핵심은 '초대 대통령은 건국의 공이 크기 때문에 중임의 제한을 두지 않는다.'는 내용이었습니다. 즉 초대 대통령은 3번이고, 4번이고, 5번이고 국민들의 지지만 받으면 영원히 대통령을 할 수 있다는 내용이죠. 1차 개헌인 직선제 개헌의 경우에는 여러 가지 해석과 평가가 가능하겠지만, 2차 개헌은 단 한 사람을 위한 것 아니었을까요?

203명 가운데 2/3 이상의 표가 있어야 합니다! 최소한 몇 표가 필요한 것일까요? 🔍 당시 203명의 국회의원 중 3분의 2 이상이 찬성해야 개헌이 가능했습니다. 203에 3분의 2를 곱하면 135.33333…이니 그 이상이라 함은 135일까요, 136일까요? 당연히 136! 최소 136명이 찬성해야 개헌안이 통과되는 것입니다. 하지만 운명의 장난인지, 개헌을 찬성한 사람은 정확히 135명에서 그쳤습니다. 당연히 부결이죠. 하지만 수학 교수까지 동원하여 억지 논리를 내세우는데, "0.3333…은 인격 주체가 아니다. 사람을 쪼갤 수는 없으니까. 그러므로 이를 버린다! 즉, 135표만으로도 개헌을 할 수 있다."고 주장한 것입니다. 정말 이상한 논리, 초등학교 학급 대의원 선거에서도 통하지 않을 논리를 내세운 것입니다. 이를 '사사오입(四捨五入) 개헌'이라고 합니다. 넷 이하는 버리고 다섯 이상은 열로 하여 윗 자리에 끌어올리어 계산하는 법, 반올림을 의미합니다. 참으로 부끄럽습니다.

2차 개헌이 통과되고 2년 후 제3대 정부통령 선거가 진행됩니다. 당시 자유당의 대통령 후보는 이승만, 부통령 후보는 이기붕이었습니다. 라이벌 정당인 민주당의 대통령 후보는 신익희, 부통령 후보는 장면이었습니다. 민주당의 선거 구호는 '못살겠다. 갈아보자!'였습니다. 이에 대항해 자유당은 '갈아봤자 더 못산다. 구관이 명관이다!'라는 구호를 내겁니다. 하지만 이런 대립 구도는 투표 당일까지 가지 못합니다. 신익희 후보의 갑작스러운 죽음으로 민주당은 대통령 후보를 잃고, 이승만은 손쉽게 제3대 대통령이 됩니다. 혹자들은 신익희가 암살되었을 가능성을 이야기하지만 대다수의 학자들

제3대 대선 민주당 후보 벽보

은 그렇지 않았을 것으로 봅니다. 하지만 자유당 부통령 후보였던 이기붕은 장면에게 패해 낙선합니다. 독재의 서곡이 울려 퍼집니다.

평화 통일을 주장한 반대파, 형장의 이슬로 사라지다 🔍

제3대 대통령 선거는 나름의 이변이 일어났던 선거였습니다. 대한민국 첫 국회에서 농지 개혁을 주도했던 무소속 조봉암 후보가 돌풍을 일으킵니다. 세상에 없는 신익희 후보에게도 많은 표가 갔습니다. 만약 제4대 대통령 선거를 한다면 누가 이승만의 라이벌로 떠오를까요? 바로 조봉암입니다. 조봉암은 훗날 진보당이라는 정당의 수장이 됩니다. 하지만 6·25 전쟁이 끝난 지 얼마 되지 않아서였을까요? 평화 통일을 주장했다는 명분으로 순식간에 야당 당수를 사형시킵니다. 이를 '진보당 사건'이라고 합니다. 조봉암은 수십 년 후가 되어서야 다시 무죄 판결을 받습니다.

경향신문 폐간 🔍

자유당 정권과 이승만의 독재를 비판한 『경향신문』도 폐간시킵니다. 언론의 자유도 억누른 것이지요. 그렇게 세월이 흘러 이승만이 집권한 지 12년이 되던 해입니다. 1960년! 또 한 번의 정부통령 선거가 시작됩니다. 제4대 정부통령 선거지요. 이때도 자유당은 건

재했습니다. 대통령 후보로 이승만이 나오고, 부통령 후보로 이기붕이 나옵니다. 이때 이승만의 나이가 80대 중반이었습니다. 대통령직을 수행하다 세상을 떠나면 부통령의 역할이 무척 중요합니다. 이때는 대통령직이 공석이 되면 부통령이 대리 임무를 수행하는 체제였으니까요. 마치 현재 국무총리가 대통령 대리 임무를 수행할 수 있듯이 말입니다. 그래서 부통령 후보 이기붕을 당선시키기 위해 자유당 정권은 혈안이 되어 있는 상태였습니다. 그럼 제4대 정부통령 선거의 결과는 어떻게 됐을까요?

제4대 대선
자유당 후보 벽보

Cooking Tip
조정래 작가의 대하소설 『한강』의 일부를 아이들 수준에 맞게 변형해 읽기 자료로 제시하는 것은 어떨까요? 3·15 부정 선거와 4·19 혁명에 대한 자세한 묘사가 나옵니다.

자멸의 전야제 🔍

제3대 정부통령 선거의 상황이 다시 한 번 반복됩니다. 제4대 대선 민주당 대통령 후보였던 조병옥이 심장마비로 세상을 떠납니다. 이번에도 이승만의 상대 후보가 사라진 것입니다.

뇌물 공세 🔍

쌀표, 고무신표, 비누표 등을 배부하며 자연스럽게 뇌물을 주고받는 선거운동을 합니다.

폭력 선거 🔍

자유롭게 권력의 부당함을 비판할 수도 없었습니다. 자유민주주의 국가에서 국민의 자유가 제한된 것입니다. 관권 선거에 의해 자신이 지지하는 정당의 유세에 참여하는 것도 방해를 받습니다. 야당인 민주당 유세단조차도 각 지역에서 선거운동을 해야 하는데, 관권으로 역 근처는 택시 운행을 못 하게 막아 유세단의 발을 묶기도 합니다.

대리 투표 🔍

민주주의 선거의 원칙인 직접선거의 원칙도 깨집니다. 대리 투표까지 판을 칩니다.

3인조, 5인조 투표 🔍 비밀
투표의 원칙도 깨집니다. 이른바
3인조, 5인조 투표를 실시합니다.
자유당 완장을 찬 사람들에 의해
감시를 당하며 3명 또는 5명이 함
께 투표를 하며 옆 사람이 자유
당 후보를 찍는지, 안 찍는지 보
며 투표를 했다는 뜻입니다. 거기
다가 40퍼센트에 가까운 표를 사

전 투표합니다. 요즈음 투표 참여를 독려하기 위한 사전 투표와는 전혀
다른 것입니다. 자유당 표를 먼저 찍어 투표함에 넣어 둔다는 것이지요.
또 그런 투표함을 실제 국민들의 투표 용지가 들어 있는 투표함과 바꾸
는 투표함 바꿔치기도 이루어지고요.

선거 결과는 어땠을까요? 🔍 제4대 정부통령 선거는 명백한 부정
선거로 자유당의 압승으로 끝납니다. 하지만 곧 문제가 생깁니다. 개표
를 하고 보니 선거에 참여한 사람의 수보다 투표 용지가 더 많았던 거죠.
그래서 자유당은 부랴부랴 투표함을 버리고 투표 용지를 불태우고 난리
가 납니다. 정도를 넘어선 것이죠.

3·15 부정 선거 🔍 명백한 부정 선거입니다. 이를 '3·15 부정 선
거'라고 합니다. 이런 과정을 잘 알고 있는 시민들이 일어납니다. 1960년
3월 15일 경상남도 마산시(현 창원시)에서 3·15 부정 선거에 대한 항의로
시위가 일어납니다. 학생들이 중심이 되었습니다.

혁명의 도화선 🔍 그리고 혁명의 도화선에 불을 붙인 사건이 일

어납니다. 마산 의거가 있고 한 달 후 마산 의거에 참여했다가 행방불명된 마산상고 1학년 김주열 학생의 시신이 마산 앞바다에서 떠오른 것입니다. 그런데 최루탄이 눈에 박힌 상태였습니다. 최루탄은 45도 각도로 위쪽으로 쏘아야 합니다. 그래야 일정 각도로 날아가 떨어진 후 최루 가스가 나오지요. 하지만 김주열 학생의 경우에는 직격으로 눈에 맞아 사망에 이르렀다고 합니다. 며칠간의 침묵을 깨고 4월 18일 고려대학교 학생들이 들고 일어납니다. 하지만 자유당은 정치 깡패들을 이용해 시위를 무자비하게 진압합니다.

Cooking Tip
4월 18일 의거는 고려대학교 학생들의 자부심이라고 합니다. 4월 19일 이전에 자신들이 혁명의 선봉에 섰기 때문입니다! 그래서 고려대 학생회에서는 4월 18일에 4·19 혁명 관련 행사를 합니다.

> 보라, 우리는 기쁨에 넘쳐 자유의 햇불을 올린다.
> 보라, 우리는 캄캄한 밤의 침묵에
> 자유의 종을 난타하는 타수의 일익임을 자랑한다.
> 일제의 철퇴하에 미칠 듯 자유를 환호한
> 나의 아버지, 형제들같이
> 양심은 부끄럽지 않다. 외롭지도 않다.
> 영원히 민주주의를 지키는 우리는 영광스럽기만 하다.
>
> — 서울대학교 문리대생들의 글

4월 19일 서울, 부산, 광주 등 전국에서 수십만 명이 시위를 벌입니다. 소방차의 물대포, 경찰의 총알과 최루탄이 시위대에 쏟아졌습니다. 시민을 지켜야 할 경찰이 시민들을 향해 총부리를 겨눈 것입니다. 4월 25일, 제자들의 피에 보답하라는 현수막을 들고 대학 교수들의 침묵 시위도 시작됩니다. 이러한 시민들의 요구에 이승만은 대통령직을 포기하고 하야합니다. 그는 미국이 제공해 준 비행기를 타고 하와이로 거처를 옮겼고, 그곳에서 91세의 일기로 세상을 떠납니다. 독립운동가이자 나라의 기틀을 다진 초대 대통령의 말년치고는 안타까운 점이 많습니다.

4·19 혁명에 초등학생들도 참여했다는 사실을 아십니까? 🔍

4·19 혁명에 참여했던 서울 수송초등학교 학생들의 시위 사진은 유명합니다. 부모 형제에게 총부리를 겨누지 말라는 현수막과 함께 초등학생들의 모습이 담긴 사진입니다. 그런데 경찰은 초등학생들에게도 발포했습니다. 시위에 참여했던 6학년 전한승 군이 경찰의 총에 세상을 떠났습니다. 이듬해 수송초등학교 졸업식에는 세상을 떠난 전한승 군의 사진만이 참여할 수 있었습니다. 다음은 4·19 혁명 당시 수송초등학교 학생이 쓴 시입니다.

Cooking Tip
4·19 민주 묘지 누리집에서 전한승 군의 이름을 검색하여 사이버 참배 활동을 하며 수업을 마무리하는 것은 어떨까요?

나는 알아요

서울 수송초등학교
강명희

아! 슬퍼요
아침 하늘이 밝아 오면은
달음박질 소리가 들려옵니다.
저녁놀이 사라질 때면 탕탕탕탕
총소리가 들려옵니다.
아침 하늘과 저녁놀을
오빠와 언니들은 피로 물들였어요.
오빠와 언니들은 책가방을
안고서 왜 총에 맞았나요.
도둑질을 했나요.
강도질을 했나요.
무슨 나쁜 짓을 했기에
점심도 안 먹고
저녁도 안 먹고
말없이 쓰러졌나요.
자꾸만 자꾸만 눈물이 납니다.

잊을 수 없는 4월 19일
학교에서 파하는 길에
총알은 날아오고
피는 길을 덮는데
외로이 남은 책가방
무겁기도 하더군요.
나는 알아요.
우리는 알아요.
엄마 아빠 아무 말 안 해도
오빠와 언니들이 왜 피를
흘렸는지를.
오빠와 언니들이 배우다
남은 학교에
배우다 남은 책상에서
우리는 오빠와 언니들의
뒤를 따르렵니다.

민주주의의 암흑기, 겨울 공화국

오늘의 식단 한눈에 보기

🍴 5·16 군사 정변

🍴 제3공화국

🍴 최악의 헌법

재료 준비	장 보기
• 5·16 군사 정변 관련 영상	• 대한뉴스
• 김대중 의원 3선 개헌 반대 연설 음원	• 유튜브
• 제7대 대선 김대중 후보 장충단 연설 음원	• 유튜브
• 김영삼 전 대통령 서거 관련 영상	• SBS
• 장준하 민주화 운동 관련 영상	• 유튜브
• 장준하 무죄 선고 관련 영상	• 유튜브

윤보선
民主黨 張勉1

앞에서 우리는 이승만 정권, 즉 제1공화국에 대해 공부했습니다. 이승만은 장기 집권을 도모하다가 4·19 혁명이라는 역풍을 맞아 하야하고 새로운 정부가 수립됩니다. 사진에서 왼쪽이 제4대 윤보선 대통령, 오른쪽이 장면 총리의 모습입니다.

장면 정부? 🔍 이들이 이끌어 간 제2공화국을 흔히 '장면 정부'라고 합니다. 대통령은 윤보선인데 어째서 장면 정부라는 표현을 사용할까요?

내각 책임제 🔍 4·19 혁명 이후 3차 개헌이 이루어져 우리나라는 '대통령 중심제'가 아닌 '내각 책임제'가 됩니다. 대통령에게 주어진 막강한 권한을 거두고 가장 많은 국회의원을 배출한 정당이 각 부 장관 등 요직을 맡아 내각(행정부)을 구성하기 때문에 내각 책임제라는 용어를 사용합니다. 내각이 나라를 잘 이끌어 가지 못하면 의회가 내각 구성원 전원을 사퇴시킬 수 있는 권한을 가지고 있다는 특징이 있습니다. 내각 책임제에서는 대통령은 상징 수반이고, 정국을 실제로 이끌어 가는 것은 바로 총리입니다.

경제 개발 5개년 계획 수립 🔍 새로운 정권은 장면 총리를 중심으로 국가 경제를 발전시키기 위한 경제 개발 5개년 계획을 수립합니다.

학생들은 군인이 아니다! 🔍 독재에 맞서 혁명을 이룬 국민들에게서는 다방면에 걸쳐 여러 가지 요구들이 터져 나옵니다. 학생들은 학원 민주화를 요구하며 학생들이 학교에서 받는 기본적인 군사 훈련을 거부합니다. 여기서 학원은 학교라고 생각하면 됩니다.

6·25 전쟁 양민 학살 진상 조사 🔍 또 많은 사람들이 6·25 전쟁 중 양민 학살 사건에 대한 진상 조사를 요구하기도 합니다. '가자, 북으로! 오라, 남으로! 만나자, 판문점에서! 이 땅이 뉘 땅인데 오도 가도 못한단 말이냐!'라는 구호를 외치며 민간 차원에서의 통일 운동 열기도 거세집니다.

3·15 부정 선거 처벌 🔍 3·15 부정 선거에 관한 처벌도 강력하게 요구합니다. 4차 개헌으로 소급 처벌 조항도 생겼지만, 이러한 것들이 국민들의 기대에 부응하지 못한 것도 사실입니다. 그동안 억눌려 있던 것들이 여기저기서 다양한 요구로 터져 나오니 다소 시간이 필요했을지도 모를 일입니다. 모든 것을 한꺼번에 할 수는 없었을 테니까요.

집권당인 민주당은 출범 초기부터 구파(윤보선)와 신파(장면)로 나뉘어 분열되더니, 1960년 말에는 구파가 민주당을 탈당하여 신민당을 창당하였습니다. 이로 인해 장면 내각은 통치력이 약화되어 국민들의 다양한 개혁 요구를 수용하지 못했습니다.

5·16 군사 정변 🔍 이러한 혼란스러운 정세를 틈타 1961년 5월 16일, 새 정부가 구성된 지 일 년도 채 되지 않았을 때 통일 운동과 군비 축소 계획에 불만을 품은 박정희를 비롯한 일부 군인들이 권력을 잡기 위해 군을 움직입니다. 그들은 국민 생활의 안정과 반공(공산주의를 반대하다)을 주장하며 군대를 이용해 권력을 차지합니다. 민주당 정부의 개혁이 지지부진한 틈을 이용해 탱크를 앞세워 서울 시내로 밀고 들어와 방

송국, 시청 등 중요 기관을 장악한 것이지요. 이를 5·16 군사 정변이라고
하는데, 이로 인해 제2공화국은 문을 닫습니다.

Cooking Tip
5·16 군사 정변 당시 자료
인 〈대한뉴스〉 314호를 통
해 당시 언론에서 이를 어
떻게 보도했는지 살펴보았
습니다.

> **혁명 공약 6개조**
> 1. 반공을 국시의 제1의로 삼고 반공 태세를 재정비 강화한다.
> 2. UN 헌장을 준수하고 미국을 위시한 자유 우방과의 유대를 더욱 공고
>   히 한다.
> 3. 이 나라 사회의 모든 부패와 구악을 일소한다.
> 4. 민생고를 시급히 해결하고 국가 자주 경제 재건에 총력을 경주한다.
> 5. 통일을 위하여 공산주의와 대결할 수 있는 실력 배양에 전력을 집중한다.
> 6. 과업이 성취되면 양심적인 정치인들에게 정권을 이양하고 우리들은 본연
>   의 임무에 복귀할 준비를 갖춘다.

정권을 장악한 그들은 군사혁명위원회 명의로 6개항의 혁명 공약을 발
표하였습니다. 군사혁명위원회는 전국에 계엄령을 선포하고, 국회는 물
론 모든 정당, 사회 단체를 해산시킵니다. 이후 국가재건최고회의로 재
편하여 군정을 실시합니다. 여기서 계엄령이란 전쟁과 같은 국가 비상
사태에 경계를 엄하게 하기 위한 명령 정도로 생각하면 될 것 같습니다.

이들은 지금까지 구호에 그쳤던 반공을 국시로 삼습니다. 혼란스러운
상황을 틈타 북한군이 쳐들어올 수도 있다는 논리를 내세운 것이지요. 그
리고 부정 축재자를 처벌하는 한편, 농가 부채도 탕감해 줍니다. 또 정치
깡패를 비롯한 유사 세력들도 시민들 눈앞
에서 모두 자취를 감추게 됩니다. 저는 여
섯 번째 공약이 가장 인상 깊었습니다. 과
업이 성취되면 '양심적인 정치인들에게' 정
권을 이양하고 우리들은 본연의 임무에 복
귀할 준비를 갖춘다! 그들은 과연 잡았던
권력을 스스로 놓을 수 있을까요?

제5대 대선 포스터

군복을 양복으로 🔍 군정을 주도했던 박정희
는 우리나라에는 내각 책임제가 맞지 않는다며 대통령
중심제를 뼈대로 하는 5차 개헌을 단행합니다. 2년 반
정도의 군정을 마친 박정희는 그동안 비밀리에 중앙
정보부를 만들어 권력을 유지하는 데 필요한 정보를
모았고, 이후 공화당을 창당해 제5대 대통령 후보로
출마합니다. 군복을 양복으로 갈아입은 셈입니다.

박정희 vs 윤보선 🔍 1963년 제5대 대선에서는 박정희 후보와
윤보선 후보가 맞붙었습니다. 박정희는 근소한 차이로 대한민국 제5대
대통령이 됩니다. 2년여 기간의 군정기에 보여 준 개혁적인 모습과 추진
력에 국민들이 높은 점수를 준 것입니다.

경제 발전 🔍 이렇게 출범한 제3공화국. 박정희 정부는 출범 직
후 '경제 제일주의'와 '조국 근대화'를 구호로 내걸고 경제 발전에 집중합
니다. 경제 개발에 필요한 자금은 외교 활동을 통해 확보하며 국민들의
마음을 사로잡습니다. 그렇게 4년의 시간이 흐르고 1967년 제6대 대선을
치르게 됩니다. 이때도 박정희에 맞선 후보는 신민당의 윤보선입니다. 하

지만 제6대 대선에서는 거의 배에
가까운 득표 수로 박정희가 압승을
거둡니다. 경제 발전에 대한 열망
과 지난 4년에 대한 긍정적인 평가
가 낳은 결과였습니다.

제6대 대선 후보 벽보

3선 개헌 🔍 많은 표차로 재선에 성공한 박정희는 2년 후, 국가
안보와 경제 성장을 구실로 3선 개헌을 추진하였습니다. 3선 개헌이란

대통령을 3번까지 할 수 있게 헌법을 고치는 것을 말합니다. 이에 야당과 학생들, 재야 세력들이 3선 개헌 반대 투쟁을 전개하자 국회 별관에서 변칙적으로 개헌안을 통과시켜 버립니다. 이것이 6차 개헌입니다. 이렇게 3선 개헌에 성공한 박정희는 제7대 대선 후보로 또다시 출마합니다.

Cooking Tip
1969 7월 19일 효창공원에서 이루어진 김대중의 연설 음원을 수업 자료 활용했습니다.

40대 기수론 🔍 이때 야당에서는 지난 선거에서의 패배를 교훈 삼아 40대 기수론을 내세우며 김영삼과 김대중이 경쟁하게 됩니다. 그리고 김대중이 신민당 후보로 나섭니다. 이 선거에서 김대중은 이번에 정권 교체를 하지 못하면 영구집권 체제, 총통 시대가 올 것이라고 주장합니다.

제7대 대선
김대중 후보 벽보

Cooking Tip
1971년 4월 김대중 후보의 서울 장충단 유세 음원을 수업 자료로 활용했습니다.

630만 표 vs 540만 표 🔍 630만 표 대 540만 표, 약 90만 표 차이! 이는 당시 관권 선거를 감안했을 때 박빙의 승부로 볼 수 있습니다. 신민당의 김대중이 야당 돌풍을 일으켰지만 결국 박정희가 당선되어 제7대 대통령이 되었습니다. 그러나 국회의원 선거에서는 신민당이 과반수에 가까운 의석을 확보하는 선전을 벌입니다.

1972. 7. 4. 남북공동성명 🔍 1972년 박정희 정부는 북한과 평화 통일 원칙에 합의한 7·4 남북공동성명을 발표합니다. 당시 국민들은 당장 통일이 되는 줄 알고 부둥켜안고 울기도 하는 등 통일에 대한 기대감이 한껏 높아졌습니다.

10월 유신 🔍 하지만 이는 연막 작전이었던 것으로 보입니다. 딱 석 달 만에 박정희 정부는 평화 통일 대비를 명분으로 10월 유신을 단행하였습니다. 다가올 통일 시대를 준비하기 위해서는 막강한 권력이 필요하다는 논리로 말입니다. 유신이란 '묶을 유(維)', '새로울 신(新)' 자를 사용하여 '모든 것을 묶어 새롭게 한다'는 뜻입니다.

3권 분립 🔍 3권 분립이란 자유민주주의 국가는 국가의 권력을 누군가 한 명이 갖지 않고, 입법부·사법부·행정부 세 곳으로 권력을 나누어 국가를 운영하는 것을 말합니다. 대한민국은 자유민주주의 공화국이고, 3권 분립은 기본 정신에 해당됩니다.

국회의원 1/3 임명 + 국회 해산권 🔍 하지만 유신 헌법의 내용을 들여다보면 3권 분립의 균형이 박살 났음을 알 수 있습니다. 사실상 국회의원의 3분의 1을 대통령이 임명할 수 있도록 하였습니다. 거기다 국회 해산권도 대통령이 쥐고 있습니다. 입법 기관인 국회의 권한이 유린당하는 것이지요.

대법원장 및 판사 임명권 🔍 유신 헌법에서 대통령의 슈퍼 파워는 여기서 끝이 아닙니다. 대법원장 및 법관의 임명권도 대통령에게 몰아줍니다. 법에 의해 정의로운 판결을 내려야 할 사법부 역시 권력으로부터 자유롭지 못한 것입니다.

긴급조치권 🔍 이와 동시에 대통령에게 긴급조치권이라는 초헌법적인 권한을 부여합니다. 긴급조치란 '긴급한 상황일 때 내리는 조치'라는 뜻인데, 결국은 대통령의 명령이 법 위에 있게 해 준 권한입니다.

통일주체국민회의 🔍 끝으로 유신 헌법은 대통령의 임기를 6년으로 늘리고, 연임에 제한을 두지 않았습니다. 또 대통령이 의장으로 있는 통일주체국민회의에서 간접 선거를 통해, 이후에는 체육관에서 대통령을 선출하게 됩니다. 통일주체국민회의란 유신 헌법에 의해 설치된 기관으로, 명목상으로는 통일 정책의 최고 결정 기관이었으나 실제 활동을 보면 통일을 위한 업무를 주로 했다고 보기는 힘듭니다.

민주주의의 암흑기 🔍

전 국민의 축제이자 민주주의의 꽃, 선거를 그런 식으로 치르다니요! 유신 헌법으로 통치하는 이 시기를 '유신시대', '유신 체제'라고 하며 혹자들은 이때를 '민주주의의 암흑기', '겨울 공화국'이라는 명칭을 붙이기도 합니다. 아이러니한 것은 과정이야 어쨌든 유신 헌법이 국민 투표로 결정된 헌법이었다는 것입니다. 모든 선택에는 책임이 따릅니다.

장준하 의문사 🔍

이듬해 가을부터 대학생들의 시위가 터져 나오기 시작합니다. 1973년 일본에서 김대중 납치 사건이 일어나자 당시 지식인 장준하는 유신 헌법에 반대하여 '개헌청원 100만인 서명 운동'을 주도하는 등 민주화 운동을 이끌었습니다. 서명 운동은 단 열흘 만에 30만 명을 돌파했습니다. 하지만 유신 체제는 끄떡도 없었습니다. 장준하는 긴급조치 1호의 희생양이 됩니다. 재판이 끝나고 39년 후에야 재심

→ 명동성당 앞

이 이루어지고 무죄 판결을 받습니다만 장준하 선생은 이미 세상을 떠난 후였습니다. 일본 학병으로 끌려갔다가 탈출을 감행하여 충칭 대한민국 임시 정부를 찾아가 광복군에 들어가고 OSS 훈련을 받았던 장준하! 그의 죽음은 의문 투성이였습니다. 1976년에는 재야 및 종교계 인사들이 명동성당에서 긴급조치의 철회와 박정희 대통령의 퇴진을 요구하는 3·1 민주구국선언을 발표하기도 하였습니다. 하지만 이때

Cooking Tip
장준하 선생의 민주화 운동 관련 영상 및 무죄 선고 관련 뉴스 영상을 수업 자료로 활용했습니다.

역시 유신 체제는 여전히 꿈쩍도 하지 않았습니다. 1978년 박정희는 체육관에서 다시 한 번 대통령이 됩니다.

2차 석유 파동 🔍 1979년의 경제 상황을 살펴보겠습니다. 2차 석유 파동으로 우리 경제는 최악의 상태에 이릅니다. 1차 석유 파동 때는 우리 경제가 크게 발전하지 않은 상태여서 큰 영향이 없었지만 1970년대 후반에는 달랐습니다. 중화학 공업의 성장으로 석유 값이 요동치면 나라 경제도 흔들리는 상황이었습니다. 경제가 어려우니 민심도 흔들렸지요.

야당 돌풍 🔍 그런 상황에서 1978년 치러진 국회의원 선거에서 야당인 신민당이 여당인 공화당보다 더 많은 표를 얻는 이변이 일어났습니다. 그만큼 유신 독재에 대한 국민들의 불만이 커져 있었다는 것 아닐까요? 대외적으로는 1979년 미국의 카터 정부가 한국의 핵 개발 시도 중지와 한국의 인권 상황 개선을 요구하기도 하였습니다. 유신 정권은 국내외적으로 위기에 봉착한 것이지요.

YH무역 사건 🔍 이런 상황에서 서울 면목동에 있는 가발 공장인 YH무역의 여성 노동자들이 업주에게 임금을 떼이는 일이 있었습니다. 신민당 당사에 가서 이를 하소연하며 농성을 하던 여성 노동자들이 경찰에 의해 강제 진압되는데, 그 과정에서 김경숙이라는 노동자가 추락사하는 일이 벌어집니다. 이를 'YH무역 사건'이라고 합니다.

Cooking Tip
"닭의 목을 비틀어도 새벽은 온다." 군사 독재에 맞서 민주화 운동에 젊음을 바친 김영삼 전 대통령과 관련된 뉴스 영상을 시청하는 것은 어떨까요?

야당 총재 김영삼 제명 🔍 이 사건과 관련하여 당시 야당 총재였던 김영삼은 외신과의 회견에서 유신 체제를 강력하게 비판하였고, 김영삼은 국가 원수를 모독했다는 이유로 의원직에서 제명됩니다. 야당 총재를 대통령이 잘라 버린 것입니다. 지금으로서는 상상도 못 할 일이지요.

김영삼의 의원직 제명 사건은 그의 정치적 고향인 부산 지역에서 유신 체제에 반대하는 대규모 시위를 촉발시켰습니다. 시위는 마산과 창원 지역으로까지 확산됩니다. 이를 '부마 항쟁'이라고 합니다. 박정희 정부는 부산 지역에 비상 계엄령을 선포하고 마산과 창원에는 위수령을 발동시킵니다. 여기서 위수령이란 군대가 주둔하는 지역의 경비, 군의 질서 및 군기 유지와 건물 기타 시설 보호를 목적으로 비상사태 발생 시 자위를 위한 병력 출동이 가능하다는 의미입니다.

하지만 부마 항쟁의 처리 방법을 놓고 권력 내에 갈등이 생깁니다. 경호실장 차지철은 군 병력을 투입해 수천 명을 쏴 죽이고 탱크로 밀어 버리면 곧 잠잠해질 것이라는 발언을 했다고 합니다. 하지만 직접 자기 손에 피를 묻혀야 하는 중앙정보부장 김재규는 차지철을 총으로 쏘고 박정희 대통령을 시해하는 선택을 하고, 이를 '10·26 사태' 또는 '궁정동 사태'라고 합니다. 이때 김재규는 "나는 야수의 심정으로 유신의 심장을 쏘았다."는 발언을 하였다고 전해집니다. 어찌 됐든 10·26 사태로 인해 오랜 기간의 독재 정치가 끝나고 유신 체제도 막을 내립니다. 박정희 정부의 경제 발전 성과와 관련된 내용은 Table #07에서 집중적으로 살펴볼 것입니다.

타는 목마름으로

오늘의 식단 한눈에 보기

- 12·12 군사 정변
- 5·18 민주화 운동
- 6월 민주 항쟁

재료 준비	장 보기
• 5·18 민주화 운동 관련 애니메이션	• 영화 〈26년〉
• 5·18 민주화 운동 관련 영상	• EBS 〈5분 사탐〉
• 5·18 관련 외신들의 보도와 국내 보도 영상	• 유튜브
• 유네스코 세계기록유산 관련 영상	• 유네스코
• 6월 민주 항쟁 관련 영상	• EBS 〈5분 사탐〉

10·26 사태 🔍 국민들은 10·26 사태로 민주주의의 봄이 오는 줄로만 알았습니다. 하지만 진정한 봄은 오지 않았습니다. 춘래불사춘(春來不似春), 봄이 왔지만 봄 같지 않다는 의미의 한자입니다. 유신 체제는 막을 내렸지만 진정한 민주주의는 오지 않았던 당시 상황을 잘 설명해 주는 말입니다.

하나회와 전두환 🔍 10·26 사태 이후 국무총리였던 최규하가 통일주체국민회의를 통해 대통령직을 승계했습니다. 당시 최규하 대통령에게 가장 큰 과제는 유신 헌법을 대신할 새로운 헌법으로의 개헌을 주도하는 것 아니었을까요? 하지만 그런 작업이 제대로 시작되기도 전에 어떤 조직에 의해 일이 터집니다. 박정희는 자신과 같이 군부의 고위 관계자들이 군을 이용해 정변을 일으키지 못하도록 견제 세력을 만들어 두었습니다. 육사 11기 전두환, 노태우 등의 멤버로 구성된 '하나회'라는 군부 내 사조직입니다.

12·12 군사 정변 🔍 그렇게 만들어진 하나회를 중심으로 한 신군부 세력이 10·26 사태가 일어난 후 얼마 지나지 않은 1979년 12월 12일 군사 정변을 일으킵니다. 5·16 군사 정변이 떠오르지요. 군사 세력이 다시 대한민국 권력을 거머쥐는 순간이었습니다.

서울의 봄 🔍 1980년 봄, 대학생들은 대대적인 민주화 운동을 전개하였습니다. 이를 역사는 체코의 프라하의 봄에서 따와 '서울의 봄'이라는 표현을 사용합니다.

1980년 5월 14~15일, 대학생 10만여 명이 서울역 광장까지 대행진을 했습니다. 유신 체제는 끝났지만 여전히 남아 있는 유신 헌법 철폐와 계엄령 해제를 요구하면서 말입니다. 그런데 진압군이 들어온다는 소식을 들은 총학생회장단이 유혈 충돌을 우려해 시위대를 해산시키고 학생들은 돌아가게 됩니다. 이를 '서울역 회군 사건'이라고도 부르는데, 당시 시위 지도부에서는 대학생들만의 투쟁으로는 안 된다, 시민들의 합세를 얻기 위해서는 더 준비하고 홍보해야 한다는 생각으로 물러섰다는 시각도 있습니다. 그렇게 서울의 봄은 끝이 납니다.

계엄령의 확산과 휴교령 🔍 당시 시위 지도부(대학교 학생회) 학생들은 전국적으로 연락망을 꾸려 만약 비상 계엄령이 전국적으로 확대되면 모두가 함께 들고 일어나자는 이야기를 나눴다고 합니다. 이에 전두환 보안사령관이 이끄는 신군부는 5월 17일 24시(5월 18일 0시) 부로 제주도를 포함한 전국으로 비상 계엄령을 확대하고, 모든 정치 활동을 금지시켰습니다. 모든 대학교에도 휴교령이 떨어집니다. 신군부는 전국 계엄령으로 더욱 영향력이 강해집니다. 제주도가 빠졌을 때와는 다르게 계엄사령관 전두환의 법적 권한이 대통령 다음으로 올라가기 때문입니다. 실제 최규하 대통령은 이미 힘을 쓰지 못하고 있었으니 전두환의 세상이 된 것이나 마찬가지였습니다.

YS와 DJ 🔍 모든 곳이 잠잠해졌습니다. 하지만 단 한 곳, 광주만은 잠잠하지 않았습니다. 밤 사이에 김영삼은 가택 연금, 김대중은 구속됩니다. 모든 대학교에는 중무장한 병력들이 경계 근무를 서고 있고요. 당시 호남 민심은 매우 흉흉했다고 합니다. 영남 지역을 대표하는 정치인인 김영삼은 가택 연금에 머물렀는데, 호남을 대표하는 김대중은 잡혀가 버렸으니까요. 미묘한 심리전에 말려든 것은 아닌가 싶습니다.

광주 일어나다! 🔍　그래서 광주만 유일하게 약속을 지킬 수 있었던 것은 아닐까요? 역사는 이를 '5·18 민주화 운동'이라고 합니다.

전남대 학생들과 계엄군의 충돌 🔍　5월 18일, 광주에 있는 전남대학교도 휴교에 들어갑니다. 이에 반발하는 학생들이 정문에서 계엄군 공수부대와 대치했습니다.

충정봉 🔍　충정봉은 당시 계엄군이 사용했던 곤봉 이름인데, 국가에 충성하는 뜻으로 사용하는 곤봉이라는 의미입니다. 하지만 충정봉은 계엄군이 학생들을 폭력적으로 진압하고 무자비하게 체포하는 것을 상징하는 물건이 됩니다.

합세하는 시민들 🔍　이에 시민들이 합세합니다. 공수부대의 과잉 진압이 광주 전체로 시위를 확산시켰습니다. 전남도청 앞에서 계엄군의 무자비한 진압이 있었습니다. 이렇게 시위가 전개되는 사이 광주는 고립됩니다. 전화선이 끊기고, 주요 도로를 계엄군이 장악했습니다. 그런 상황에서 5월 21일 계엄군의 집단 발포가 있었습니다. 국가와 국민을 지켜야 할 군인들이 시민을 향해 총을 쏜 것입니다.

5월 21일 🔍　물론 군인들은 빨갱이를 진압하라는 명을 받고 내려와서 무력을 행사한 것일 겁니다. 우발적인 발포였다면 전일빌딩과 같은 고층 건물에 저격수가 배치되지는 않았을 테니까요.

Cooking Tip
계엄군의 발포와 관련된 영상으로 영화 〈26년〉의 예고편을 살펴보는 것은 어떨까요?

이에 맞서 시위대는 시민군을 조직했습니다. 광주, 나주, 화순, 장성, 영광, 담양 등 인근 파출소와 예비군 무기고를 습격하여 캘빈 소총 등으로 무장하고, 화순의 탄광에서는 다이너마이트도 획득합니다. 시민군의 강력한 저항으로 이후 계엄군은 광주 외곽으로 물러나고 며칠간의 평화가 옵니다. 외부와의 통신과 교통이 차단된 상황에서도 시민군은 치안을 담당하며 계엄 해제와 민주 인사 석방을 요구하였습니다. 광주 시민들은 높은 시민정신과 도덕성을 보이며 자치 질서를 갖춥니다.

운명의 날 🔍 하지만 5월 27일 새벽, 계엄군이 다시 전남도청 방향으로 재진입해 왔습니다. 특전사 3개 여단 3,500명, 보병 20사단 5천 명, 광주 전투교육사령부 1만 2천 명이 당시 투입된 병력의 수입니다. 모두 합해 보면 2만 명에 육박합니다. 시민군이 감당할 인원이 아니었죠. 이렇게 5·18 민주화 운동은 무장 진압으로 막을 내렸습니다. 이 과정에서 수백 명의 시민들이 죽거나 다쳤습니다. 물론 시위와 관련 없는 사람들도 많이 다치거나 목숨을 잃었습니다.

같은 사건, 다른 보도 🔍 당시 해외에서는 5·18 민주화 운동을 어떻게 보도하였을까요? 당시 우리나라 뉴스에서는 북한 괴뢰군에 의해 광주에서 폭동이 일어났고, 계엄군은 선량한 시민들을 구출하기 위해 노력했다고 나온 것에 반해 외신들은 정반대로 보도했습니다. 그러한 언론 통제가 있었음에도 불구하고 진실을 알리고자 하는 독일인 기자와 한국인 택시 운전사의 노력으로 시민들에게 진실이 무엇인지 전해지게 됩니다. 훗날 '한국판『안네의 일기』'라고 불리는 여고생의 일기를 비롯해 수많은 5·18 민주화 운동 관련 기록물이 유네스코 세계기록유산에 등재됩니다.

Cooking Tip
5·18 민주화 운동의 전개 과정을 정리해 줄 수 있는 뮤직 비디오를 유튜브에서 검색하거나, EBS〈한국 근현대사 5분 사탐〉'5·18 민주화 운동' 편 활용을 추천합니다.

Cooking Tip
외국 기자들이 보도한 내용과 국내 보도 내용을 비교한 영상을 수업 자료로 활용했습니다. 이어서 유네스코에서 5·18 민주화 운동을 어떤 시각에서 보았는지 살펴볼 수 있는 영상을 시청했습니다.

대통령 선거인단 🔍 이렇게 5월 광주를 피로써 진압한 신군부는 초법적인 국가보위비상대책위원회라는 조직을 설치하여 행정·입법·사법의 3권을 장악하였습니다. 국가보위비상대책위원회는 사회 정화라는 명목하에 민주화를 주장하던 교수와 언론인, 교사 등을 대거 해직하고, 언론사를 통폐합하였습니다. 이후 전두환은 1980년 8월 최규하 대통령을 하야시키고 통일주체국민회의에서 제11대 대통령으로 선출되었습니다. 이후 신군부는 10월 대통령의 임기를 7년 단임으로 하고, 대통령 선거인단을 통한 간접선거로 대통령을 선출하도록 8차 개헌을 주도합니다. 새 헌법이라고 하지만 여전히 유신 헌법의 비민주적인 요소가 대거 남아 있었습니다. 어찌 됐든 새 헌법에 따라 새로운 정당들이 만들어지고, 전두환은 민정당 후보로 나서 이듬해 2월에 제12대 대통령으로 선출됩니다. 전두환 대통령에 의한 제5공화국이 본격적으로 시작됩니다.

민주화 요구 vs 언론 통제, 유화정책 🔍 이후 시민들은 대학 캠퍼스를 중심으로 끊임없이 민주화를 요구하였고, 5·18 민주화 운동의 진상을 밝히기 위해 노력하였습니다. 이에 정부는 언론 통제와 같은 채찍과 야간 통행 금지 폐지, 두발 및 교복 자율화, 프로야구 등의 당근을 함께 써 가며 대항하였습니다.

1985년 총선, 표로써 심판하다 🔍 1985년 2월 치러진 12대 총선을 통해 정치 활동을 다시 시작한 야당 정치인들이 대거 당선됩니다. 이는 당시 국민들의 마음이 반영된 것입니다.

직선제 개헌 요구 🔍 이때 야당 의원들은 김영삼, 김대중을 중심으로 힘을 모아 대통령 직선제 개헌 운동을 전개하기 시작합니다.

연세대학교
이한열 학생 조형물

탁! 하니, 억! 하고 🔍   이런 분위기 속에서 1987년 1월 14일, 서울대학교 박종철 학생이 경찰의 고문으로 사망하는 사건이 일어납니다. 당시 정부는 "탁! 하고 책상을 치니 학생이 '억!' 하고 죽어 버렸다."고 발표했습니다. 하지만 부검의의 증언과 언론 보도 등으로 의혹이 제기되자 사건 발생 5일 만인 19일에 물고문 사실을 공식 시인합니다. 정부는 내무부 장관과 치안본부장을 해임하면서 사태를 수습하려 합니다. 이 사건은 전두환 정권의 정당성에 큰 타격을 주었고, 대학생들과 시민들이 중심이 된 개헌을 요구하는 정권 규탄 시위를 불러일으킵니다.

4·13 호헌 조치 🔍   1987년 4월 13일, 전두환 대통령은 88 서울 올림픽을 일 년 앞두고 있으므로 국론 분열을 야기하는 개헌 요구를 중지할 것을 주장하며, 간선제 방식의 당시 헌법을 유지하겠다고 발표합니다. 이를 '4·13 호헌 조치'라고 합니다. 6월 9일, 이번에는 연세대 이한열 학생이 경찰의 최루탄에 맞아 혼수상태에 빠지게 되는데, 당시 최루탄을 맞은 이한열 학생을 부축하고 있는 모습이 언론에 나가면서 전 국민의 공분을 불러일으켰습니다. 만화 그리는 것을 좋아하는 평범한 대학생이 시위 과잉 진압으로 짧은 삶을 마감하게 된 것입니다.

200만! 🔍   이에 "호헌 철폐! 독재 타도!"를 외치는 야당과 학생들, 시민들의 시위가 전국적으로 20여 일간 계속되었는데, 이에 참여한 국민들의 수는 200만 명에 이른다고 합니다. 역사는 이를 '6월 민주 항쟁'이라고 합니다.

6·29 민주화 선언 🔍

국민들의 요구에 정부와 여당은 6월 29일 차기 대통령 후보인 노태우를 통해 대통령 직선제를 수용한다는 내용의 중대 발표를 합니다. 이를 '6·29 민주화 선언'이라고 합니다. 피로써 얻은 한 장의 투표 용지, 그 의미를 되새겨 봅시다. 이렇게 국민의 대표인 대통령을 국민이 직접 뽑을 수 있는 대통령 직선제를 쟁취한 후 민주주의는 더욱 발전합니다.

풀뿌리 민주주의 🔍

현재 대한민국은 각 지역의 대표 역시 지역 주민들이 선출할 수 있는 '풀뿌리 민주주의'가 정착되었습니다. 풀뿌리 민주주의는 '지방 자치'의 다른 표현입니다. 지방 자치는 각 지방의 사람들이 자기 지역을 스스로 다스린다는 의미로 지방자치법에 근거해 의결 기관과 집행 기관을 두어 시행합니다. 여기서 의결 기관이란 시·도 의회나 시·군·구 의회를 말하며, 집행기관은 시청·도청, 시청·군청·구청 등을 가리킵니다. 이승만 정부에 시작된 지방 자치는 박정희·전두환 정부 때 30년 정도 시행하지 않다가 노태우 정부 때부터 다시 시행하게 되었습니다. 노태우 정부 시기인 1991년부터 지방의회 의원(시·도 의회 의원, 시·군·구 의회 의원) 선출 선거 실시를 신호탄으로 김영삼 정부 시기인 1995년부턴 지방 자치 단체장(시장, 도지사, 구청장, 군수)도 주민들의 손으로 뽑을 수 있게 되었습니다.

풀뿌리 민주주의(지방의회)

Cooking Tip
6월 민주 항쟁의 전개 과정을 정리하기 위해 EBS 〈한국 근현대사 5분 사탐〉의 '6월 민주 항쟁' 편 또는 영화 〈1987〉 예고편을 수업 자료로 추천합니다. 관련 도서로 『100도씨』를 비치하여 아이들이 읽을 수 있게 하는 것은 어떨까요?

Table 07

한강의 기적

··

오늘의 식단 한눈에 보기

- 경제 개발 5개년 계획
- 새마을운동
- 1980년대 이후 경제

재료 준비	장 보기
• '경제 발전과 통일을 위한 노력' 음원	• 멜론
• 전쟁 후 어려운 경제 상황	• 영화 〈국제시장〉
• 1959년생 돼지띠 어느 대한민국 어른의 이야기	• 『나의 한국 현대사』
• 새마을운동 뮤직 비디오 영상	• 유튜브
• 전태일 관련 자료	• 스브스 뉴스
• 대한민국의 경제 성장 관련 영상	• 유튜브

사진은 2010년 11월에 있었던 2010
서울 G20 정상회의 개최를 기념하는
기념품입니다. G20은 세계 경제를
이끌던 G7과 유럽연합(EU) 의장국에
12개의 신흥국, 주요 경제국들을 더

Cooking Tip
쉬는 시간에 랩통 한국사
'경제 발전과 통일을 위한
노력' 음원을 들려주며 수
업 시간을 맞이했습니다.

2010 서울 G20
정상회의 기념품

한 20개 국가의 모임입니다. 2010 서울 G20 정상회의는 G20 정상들이
모이는 다섯 번째 모임으로 금융 시장, 세계 경제에 관한 문제를 다루었
습니다. 이러한 회의는 아무 국가에서나 개최할 수 있는 것일까요? 물론
아닙니다. 국제적으로 나름의 영향력을 가지고 있는 나라에서 개최할 수
있는 것입니다. 실제로 IMF(국제통화기금) 회원국 가운데 가장 영향력 있
는 20개국을 모은 것이 G20이니까요. G20 국가의 총인구는 전 세계 인
구의 3분의 2에 해당하며, 20개국의 국내총생산(GDP)은 전 세계의 90%
에 이르며, 전 세계 교역량의 80%가 이들 20개국을 통하여 이루어질 정
도로 세계 경제에서 큰 비중을 차지합니다. 그런 G20 가운데 우리 대한
민국도 포함되어 있는 것이지요. 현재 대한민국은 놀라운 경제 성장을
이루어 올림픽과 월드컵을 치를 수 있을 정도의 풍요로운 나라가 되어
있습니다.

올림픽공원

2002 한일 월드컵

Cooking Tip
88 서울올림픽이 열릴 당
시의 모습을 학생들과 공유
하고자 한다면 드라마 〈응
답하라 1988〉 1화 활용을
추천합니다.

여섯 번째 食史_ 대한민국의 발전과 오늘의 우리

지금 우리가 누리는 풍요로움은 거저 얻은 것일까요? 🔍 현재 대한민국은 국제적으로 그 경제력을 인정받고 있는 국가입니다. 우리는 너무 풍요롭고 편리한 세상에서 살고 있습니다. 하지만 우리에게도 공부보다는 공장에 취업해 가족의 생계를 책임져야 하고, 연필과 공책이 없어 흙바닥에 막대기로 글자를 쓰며 공부를 하고, 하루 세 끼를 먹는 일이 쉽지 않아 점심시간에 물로 배를 채워야 하는 아이들을 지켜보아야 했던 때가 있었습니다. 많은 사람들이 돈이 없어서 끼니 거르기를 밥 먹듯이 하던 때가 있었습니다. 지금 우리가 누리는 풍요로움은 아무 대가 없이 공짜로 얻은 것일까요? 이번 시간에는 우리나라가 지금의 풍요로움을 얻기까지의 과정을 살펴보도록 하겠습니다.

1950 ~ 1953 🔍 1950년부터 1953년, 3년에 이르는 기간 동안 우리는 너무 끔찍한 일을 겪었습니다. 어떤 사건이 있었던 시기인가요? 네, 6·25 전쟁을 치르던 시기였습니다. 6·25 전쟁으로 인해 전 국토가 황폐해지고, 산업 시설과 교육 시설 등이 파괴되었습니다.

원조 경제 🔍 당장 먹고살 방법이 없어 다른 나라로부터 도움을 받습니다. 미국에게 가장 큰 도움을 받았지요. 그래서 1950년대 우리나라 경제를 '원조 경제'라고 합니다. '도울 원(援)', '도울 조(助)' 자를 사용하여 남으로부터 도움을 받아 경제활동을 한다는 의미입니다.

삼백 산업 🔍 당시 경제 모습을 나타내는 표현 가운데 '삼백 산업'이라는 표현도 있습니다. 3가지 하얀 물건들을 가공하여 판다고 해서 붙은 이름입니다. 여기서 3가지 하얀 것들이란 밀가루, 원당(설탕을 만드는 재료), 원면(옷을 만드는 재료)입니다. 실제 기업의 예를 들면 CJ가 있습니다. 요즘은 방송 프로그램이나 영화 산업에도 뛰어들었지만 당시에는

'제일제당'이라고 부르는 기업이었고, 미국이 제공한 원당, 밀가루를 가공·포장해 파는 제당·제분업을 하여 성장한 회사였습니다.

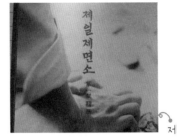
제일제면소

미국으로서는 물건이 너무 많으면 거래 가격이 뚝 떨어지니까 자국의 물가 조정 등을 목적으로 캘리포니아 앞바다에 버려야 될 것들을 우리에게 제공해 줬다는 측면도 있겠지만, 우리로서는 생명을 구해 준 은인이 된 셈입니다. 그것들이 없었으면 굶어 죽는 사람들이 엄청나게 많았을 것입니다. 참 고마운 일입니다. 물론 부작용도 있습니다. 미국에서 들어온 밀 때문에 우리 밀의 가격이 폭락하여 농사짓는 분들은 더 어려워지는 상황이 되었습니다.

그래도 해결되지 않는 굶주림 🔍 하지만 원조 경제만으로는 우리들의 굶주림이 해결되지 않았습니다. 영화 〈국제시장〉에는 "기브 미 초콜릿~!" 하며 당시 아이들이 미군에게 초콜릿을 구걸하고, 그걸 가지고 싸우는 모습이 등장하는데, 그게 당시의 우리 현실이었습니다. 그거라도 먹지 않으면 굶을 수밖에 없는 시기였으니까요.

Cooking Tip
6·25 전쟁 후 기아선상에서 허덕이는 우리의 모습을 영화 〈국제시장〉의 일부를 활용해 살펴보는 것은 어떨까요?

이를 극복하기 위해 노력하다! 🔍 4·19 혁명 이후 들어선 제2공화국 장면 정부는 이를 극복하기 위해 경제 개발 5개년 계획을 수립합니다. 하지만 얼마 가지 않아 박정희를 비롯한 군부 세력들이 정권을 장악하면서 장면 정부는 실제 시행 단계까지 가지 못했습니다.

5·16 군사 정변을 일으켜 집권한 박정희가 통치

경제 개발 5개년 계획도표

했던 군정 시기에 장면 정부의 경제 개발 계획을 보완하여 실제로 실행하는데 군인 스타일로 팍! 팍! 팍! 국민들은 그 추진력에 놀랍니다. 사진에 제시된 경제 개발 5개년 계획도표는 5년 단위로, 지역별로 어떤 산업을 어떻게 육성하겠다, 인프라는 어떻게 구축하겠다는 등의 정보가 나와 있는 당시 자료입니다.

1차 ~ 4차 🔍 1차에서 4차에 걸쳐 경제 개발 5개년 계획이 추진되었습니다. 총 20년에 걸쳐서 시행되었죠. 경제 개발 5개년 계획을 바탕으로 이룩한 대한민국 경제의 성장을 그래프로 표현한 것입니다. 경제 개발 5개년 계획이 시작되던 1960년 대한민국 국민의 1인당 국민소득은 82달러에 불과했습니다. 1달러를 계산하기 편하게 1천 원으로 본다면 일년간 82,000원을 벌었다고 볼 수 있지요. 이랬던 대한민국 경제가 성장을 거듭하여 2007년에는 2만 달러를 돌파합니다. 2천만 원 정도가 되겠네요. 국민 전체의 소득을 인구 수로 나누었을 때 대한민국은 1인당 2천만 원 정도를 벌게 되었다는 의미입니다. 어마어마한 성장을 이룬 것입니다. 이러한 경제 성장을 바탕으로 우리는 1988 서울올림픽, 2002 한일 월드컵, 2018 평창 동계올림픽 등을 개최하였습니다.

국내총생산과 1인당 국민소득
자료 출처 : 한국은행, 통계청, World Databank, World Development Indicator

5,333억 달러
2011년
$22,483

2,637억 달러
2000년
$10,841

638억 달러
1990년
$6,147

88억 달러
1980년
$1,598

23억 달러
1970년
$255

국내총생산
GDP

1인당 국민소득
per Capita Income

1960년
$82

1960년대 🔍   먼저 1960년대를 살펴보겠습니다. 1960년대에는 경공업을 중심으로 우리 산업이 발전했습니다. 경공업이란 '가벼울 경(輕)' 자를 사용해 일상생활에 필요한 가벼운 물건을 만드는 산업이라고 생각하면 이해가 쉽습니다. 우리가 사용하는 신발, 옷 등을 말합니다. 우리나라 여성들의 섬세한 손놀림으로 만들어지는 가발도 외국에 많이 수출했습니다. 여기서 핵심은 '수출'입니다. 당시 전 세계 사람들은 Korea라는 나라가 어디 붙어 있는지도 모르는 경우가 많았습니다. 그런 나라에서 들어온 물건이 가격이 비싸면 여러분은 구매하고 싶겠습니까? 일단 가격이 '낮아야' 수출이 됩니다. 가격을 낮추려면 일하는 사람들, 즉 노동자의 월급을 많이 줄 수 있었을까요? 그렇지 못했습니다. 그렇게 낮은 가격을 유지하며 외국에 우리 물건을 수출해 경제를 일으킨 것입니다.

1970년대 🔍   하지만 언제까지고 값싼 물건만 외국에 팔고 있을 수는 없었겠죠? 더 이상 경공업에만 매달릴 수 없다고 판단한 박정희 정부는 새로운 돌파구를 찾습니다. 3, 4차 경제 개발 5개년 계획은 중화학 공업으로 방향을 전환하여 조선, 자동차, 정유, 철강, 전자 산업 등을 집중적으로 육성하였습니다. 당시 우리 기술로 불가능하다고 여겼던 포항제철소를 건설하면서 중공업으로의 전환에 박차를 가합니다. 1973년에 완공됩니다. 포항제철소를 세우는 데 막대한 공을 세운 사람은 박태준이라는 기업가였습니다. 물론 수많은 노동자들의 노력이 있었기에 가능했겠지만 그의 리더십이 더해지지 않았다면 당시 철강 불모지였던 대한민국에서 종합제철소는 조금 무리이지 않았을까 싶습니다. 그는 부하 직원들과 함께 일하는, 솔선수범형 리더였다고 합니다. 자신의 사욕을 채우지 않아 무척 검소했다 하고요. 자신의 땀과 노력을 바쳐 나라를 일으켜 세우겠다는 정신이 불가능이라고 평했던 포항제철을 일으킬 수 있었던 것 아닐까요? 철강 산업은 1970~80년대 조선, 자동차 산업에 큰 영향을 끼칩니다.

Cooking Tip

중화학 공업은 비교적 무거운 물건을 만들거나 원유를 이용해 다양한 물건을 만드는 산업으로 경공업에 비해 많은 돈과 높은 기술력이 필요한 산업입니다.

뜨거운 중동으로! 🔍
중화학 공업화가 시작될 때인 1973년 1차 석유 파동으로 세계 경제가 들썩거립니다. 우리는 그 위기를 기회 삼아 경제 성장의 기틀을 닦습니다. 실제로 정책 기조가 중화학 공업 육성이었지만 당시 우리나라 산업이 아직 경공업을 크게 벗어나지 못하고 있을 때라 국제 유가(석유 값)가 올라도 다른 중화학 공업 중심의 국가들과는 다르게 피해가 덜했습니다. 원유를 많이 사용하지 않는 노동 집약적인 공업이 중심인 나라는 피해가 상대적으로 적었거든요. 반면 석유 산유국들은 엄청나게 부자가 되었겠죠? 그 중동에서 건설 붐이 일어납니다. 선진국의 경우에는 중동 같은 환경에서 건설업에 뛰어드는 것을 꺼렸습니다. 누구도 선뜻 일하러 가지 못하는 중동으로 대한민국 기업들은 갑니다. 화상을 입을 정도의 뜨거운 태양 아래, 거친 모래 바람을 뚫고 길을 내고 수많은 건물을 건설하였습니다. 이를 '중동 특수'라고 합니다.

1970년 7월 7일 🔍
대한민국은 자동차나 선박을 만들 때 사용할 철강을 만들 수 있는 공장을 만들었습니다. 포항에서 만들어진 철강을 가지고 근처의 울산에서 자동차를 만들었다고 해 봅시다. 대한민국에서 사람이 많이 사는 곳은 어디일까요? 서울입니다. 서울 시민들이 국산 자동차를 사고 싶다고 해 봅시다. 무엇이 필요할까요? 도로를 뚫어야죠! 경제 개발의 일환으로, 인프라 구축의 일환으로 고속도로를 건설합니다. 우리나라 최초로 만들어진 고속도로입니다. 서울과 부산을 잇는 428km의 아우토반, 경부고속도로입니다.

경부고속도로 🔍
경부고속도로를 시작으로 우리나라 곳곳에 고속도로가 건설되고, 이는 대한민국 경제 발전에 큰 기여를 하였습니다. 전국을 일일생활권으로 묶기도 하죠. 하지만 경부고속도로는 7월 7일이라는 기한을 맞추기 위해, 공사 기간을 줄이기 위해 부실 공사로 만들어

Cooking Tip
중동이라는 표현 자체도 유럽 중심의 지리 개념으로 나온 말이라 옳지 않지만 관용적 표현으로 그냥 사용하였습니다.

졌던 것도 사실입니다. 그래서 이를 보수하는 데도 막대한 금액이 들었다고 합니다. '빨리빨리 문화'의 단점이 드러나는 부분입니다.

마포 아파트 단지 🔍 대한민국이 급속한 산업화를 이루면서 다양한 문제들이 생깁니다. 빠른 변화는 되돌아볼 여유를 주지 못하기 마련이니까요. 그중 하나가 인구의 도시 집중 현상입니다. 촌락의 인구가 도시로 몰려들어 도시, 특히 서울이 포화 상태가 됩니다. 이는 엄청난 주택난을 야기했습니다. 그래서 생겨난 것이 고층 아파트 단지입니다.

시발 택시 🔍 서울에 몰려든 사람들이 직장 생활을 하려면 또 무엇이 필요했을까요? 네, 이동할 교통 수단이 필요했습니다. 당시 서울의 교통에 대해 구체적으로 살펴보겠습니다. 사진은 1960년대 초에 무척 유행했던 '시발 자동차'입니다. '처음 시(始)', '떠날 발(發)' 자를 사용합니다. 우리나라에서 처음으로 만든 자동차라 그런 이름이 붙은 것입니다. 시발 자동차는 주한 미군이 쓰던 자동차의 엔진을 떼어 내고, 거기다 드럼통 같은 것을 펴 차체를 만들어 완성한 자동차입니다. 자동차를 만들려면 철판을 가공하는 기술과 설비가 필요한데 당시는 그러한 것들을 바랄 수 없었던 상황이었기 때문입니다. 당시 시발 자동차는 엄청난 인기가 있었는데, 1대를 만드는 데 4개월이 걸려 수요를 맞추지 못했다고 합니다. 시발 자동차는 특히 영업용 택시로 인기가 있었기 때문에 '시발 택시'로 더 많이 불리게 되었습니다. 순수 우리 기술로 만들어 냈다고 하긴 어렵지만 시발 택시가 당시 서울 시민들의 발이 되었던 것은 사실입니다.

시발 자동차

| 한국 최초의 지하철은 언제 개통되었을까요? 🔍 | 매일 택시만 타

고 다닐 수는 없었겠죠? 조금 더 대중적인 교통 수단을 살펴보겠습니다.
서울의 교통 수단 하면 딱 떠오르는 것은 바로 지하철입니다. 1974년 8
월 15일 개통됩니다. 그렇게 만들어지기 시작한 지하철이 지금은 거미줄
처럼 연결되어 버스와 함께 사람들의 주요 교통 수단이 되었습니다(일본
에게 한일 국교정상화로 자금을 받은 것 때문에 일본으로부터 시세보다 훨씬 비
싼 비용으로 지하철을 개통했다는 아쉬움이 있습니다).

| 근면, 자조, 협동 🔍 | 앞서 촌락의 사람들이 도시로 다 몰려들었

다고 이야기했습니다. 그러다 보니 산업이 발달하고 있는 도시와 사람
이 계속 빠져나가는 촌락, 특히 농촌과 도시의 격차가 엄청나게 커집니
다. 이를 해결하기 위해 박정희 정부는 '근면, 자조, 협동'이라는 구호를
걸고 농촌 살리기 프로젝트를 시작합니다. 스스로 부지런히 일하고 서로
도와 새로운 농촌을 만들자, 우리 마을을 새롭게 만들자는 의미입니다.

Cooking Tip
새마을운동 관련 뮤직 비디
오를 학생들과 함께 시청했
습니다.

| 새마을운동 🔍 | 이를 '새마을운동'이라고 합니다. 1970년대부터 시

행됩니다. 처음에는 농촌 중심으로 시행되었지만 점차 도시와 전 국토로
확산되었습니다. 농촌에는 예산을 지원해 초가집의 지붕을 걷어 내고 슬
레이트 지붕으로 바꾸었습니다. 그 결과 매년 지붕을 갈지 않아도 되었
고, 벌레들의 번식도 막을 수 있었습니다. 당연히 길도 넓히고요! 새마을
운동 기록물 역시 현대사 유산으로 유네스코 세계기록유산에 등재되었

> 새마을운동

습니다. 하지만 그런 노력에도 불구하고 현재 촌락을 보면 도시와의 격차는 더 벌어지고 있는 것 같아 안타까운 마음입니다.

수출 100억 달러 돌파 기념 조형물

사진은 대한민국역사박물관에 설치되어 있는 조형물입니다. 수출 100억 달러 돌파를 기념한다는 내용이 보이네요. 지금으로 보면 '겨우 100억 달러?'라고 할 수도 있겠지만 당시로서는 정말 큰 사건이었습니다. 100억 달러가 늘어 1천억 달러가 되고, 그게 더 발전해 현재에 이른 것이니까요. 박정희 정부는 1981년까지 수출 100억 달러, 1인당 GNP 1천 달러를 목표로 했는데 계획보다 4년이나 앞당겨진 것이라 무척 크게 기념 행사를 했습니다.

한강의 기적 🔍 대한민국은 세계 역사에서 유래를 찾기 힘들 정도로 연 10%에 달하는 경제 성장률을 보이며 무섭게 성장하였는데, 이를 세계 사람들은 '한강의 기적'이라고 불렀습니다. 1973년에서 1979년 사이에는 연평균 16.6%라는 고도 성장을 이룩했습니다.

지금은 왜 그렇게 성장할 수 없을까요? 🔍 그런데 요즘 대한민국의 경제 성장률은 3%에도 미치지 못하고 있습니다. 혹자는 마이너스 성장을 걱정하기도 합니다. 정부가 무능해서, 정치하는 사람들이 옛날보다 모자라서 그럴까요? 그렇게 해석하는 것은 무리가 있습니다. 그렇다면 지금은 왜 1970년대처럼 성장할 수 없을까요?

시험에 비유해 보겠습니다. 수학 점수가 95점인 학생과 30점인 학생이 있습니다. 누가 더 점수를 올리기 쉬울까요? 같은 시간에 똑같이 열심히 공부했다면 30점인 학생이 유리합니다. 95점인 학생은 아무리 열심히 해도 점수 올리는 것이 쉬운 일이 아니지만, 공부를 하지 않아서

30점을 맞았던 학생은 10점이고 20점이고 오를 여지가 있기 때문입니다. 우리나라의 경제도 마찬가지 아닐까요? 이런 요인이 선진국 대열에 가까워질수록 고도 성장이 힘든 이유 중 하나라고 생각합니다.

빛과 그림자 🔍 지금까지 대한민국 경제 성장의 밝은 면에 초점을 맞춰 이야기를 하였습니다. 세상 모든 것은 빛을 받는 부분이 있으면 그 이면에는 그림자가 생기기 마련입니다. 대한민국의 자랑스러운 경제 성장 뒤에도 그림자가 있습니다. 지금부터는 우리의 경제 성장 뒤에 감춰진 어두운 면을 함께 살펴보겠습니다.

자원, 자본, 기술 🔍 자원, 자본, 기술……. 경제 발전을 이루는 데 꼭 필요한 것들입니다. 대한민국은 당시 기술이 부족했습니다. 지하자원과 같은 물적 자원은 지금도 없습니다. 거기다 자본도 없었습니다. 그렇다면 대한민국은 어떻게 경제 성장을 이루었을까요? 있는 것은 딱 하나, 노동력! 바로 인적 자원이었습니다. 그래서 경제 개발에 필요한 자금은 외국의 자본을 끌어와야 했습니다.

파독 간호사 🔍 대한민국 정부는 젊은이들을 낯선 이국땅 독일로 보냅니다. 실업 문제 해소와 외화 획득을 위해 해외 인력 수출의 일환으로 이루어진 일입니다. 물론 그들의 자원에 의한 것이었습니다. 남자들은 광부로 지원했고, 여자들은 간호사로 독일로 떠났습니다. 우리가 생각하는 일반 간호 업무에 시체를 닦거나, 엄청난 체중의 노인들을 돌보는 역할까지 더해졌습니다. 그들은 낯선 땅에서 고향에 있는 식구들을 생각하며 열심히 일했습니다. 파독 간호

파독 간호사

Cooking Tip
영화 〈국제시장〉의 일부를 통해 파독 광부와 파독 간호사의 일상을 살펴보는 것은 어떨까요?

374

사들이 매년 국내로 송금한 1천만 마르크 이상의 외화는 한국 경제 개발에 큰 기여를 했습니다.

베트남 전쟁 🔍 다른 나라의 전쟁에도 나갔습니다. 1964년 9월 11일 1차 파병을 시작으로, 1966년 4월까지 4차에 걸쳐 베트남 전쟁에 대한민국 전투 부대를 파병하였습니다. 당시 참전 대가로 병장 월급 270달러를 받아야 하는데, 45달러만 받고 나머지 225달러는 국가에서 경제 개발에 사용했다고 합니다. 그들의 피와 땀으로 우리는 고속도로를 뚫고 포항제철을 만들어 낸 것이지요.

Cooking Tip
실제 베트남전에 참전한 분과 인터뷰한 자료를 활용해 국가에 희생된 개인의 목소리를 함께 들어 보는 것은 어떨까요? 영화 〈국제시장〉의 관점과 차이가 있을 것입니다. 자료는 쌤동네 채널을 참고해 주세요.

한일 국교 정상화 🔍 35년의 일제 강점기를 겪었기에 우리는 20년간 일본과 사이가 좋지 않았습니다. 하지만 박정희 정부는 경제 개발에 필요한 자금을 확보하기 위해 적극적으로 일본과의 협상에 나섰고, 1961년에는 박정희가 일본을 방문해 일본 수상과 한일 국교 정상화에 합의했습니다. 한일 회담의 내용이 알려지면서 국민들은 거세게 반대했습니다. 일본으로부터 진정성 있는 사과를 받아 내지 못한 상황에서 나라를 팔아먹는 행위라고 여겼으니까요. 1964년 6월 3일 대학생들을 중심으로 한일 회담 반대를 주장하는 대규모 시위가 일어나자, 박정희 정권은 계엄령을 선포하고 군대를 동원해 이를 진압합니다. 그런 다음 1965년 마침내 한일 협정을 마무리지었습니다. 한일 국교 정상화의 대가로 청구권 3억 달러와 경제 차관 3억 달러를 지원받는 대신 식민 지배의 피해에 대한 모든 배상을 포기하기로 약속합니다. 사실 식민 지배에 대한 대가로 10억 달러에서 30억 달러까지 받은 국가들도 있다고 하니 액수 면에서도 실리를 제대로 챙기지 못한 느낌이 듭니다.

온 국민이 산업 전사 🔍

해외에서 외화 획득을 위해 피땀 흘린 국민들이 있었다면 국내에서는 산업 전사라는 이름하에 적은 임금에도 고된 노동에 내몰리는 사람들이 있었습니다. 하루 14시간을 창문 없는 공간에서 온갖 먼지를 들이마시며 허리도 펴지 못하고 일하는 사람들이 허다했습니다. 그렇게 일하고도 당시 돈으로 일당 50원을 받았습니다. 50원은 당시 커피 한 잔 값이었다고 하니, 지금으로 따지면 몇 천 원 정도가 될 것 같습니다. 하루 종일 일하고 먹는 것은 풀빵 1~2개. 그리고 교통비가 아까워 2시간 거리를 왕복해서 걸어 다닙니다. 그런 삶을 살았고, 또 그런 삶을 살았던 이들을 위해 자신을 희생한 한 남자의 이야기를 살펴보겠습니다.

아름다운 청년 전태일 🔍

Cooking Tip
전태일과 관련된 내용은 아이들과 스브스 뉴스를 검색해 살펴보는 것이 어떨까요?

지독한 가난을 극복하고자 어렸을 때부터 온갖 일을 해야 했던 전태일은 17세의 나이에 서울 청계천 평화시장에 재단 보조로 취직합니다. 일당 50원, 하루 하숙비는 100원 이상이었습니다. 부족한 돈을 채우기 위해 하루 14시간을 일하고도 구두닦이, 신문팔이를 더하며 고된 밥벌이를 이어 갑니다. 전태일은 기술을 익혀 재단사가 되는 것이 꿈이었습니다. 그러면 가족을 먹여 살릴 수 있었으니까요. 그렇게 해서 그는 재단사가 됩니다.

당시 전태일이 일하던 청계천의 평화시장은 좁은 공간에 다락을 만들어 노동자들을 밀집시켜 일을 시키다 보니 노동 환경이 매우 열악했습니다.

재봉틀

다. 환기 장치가 없어서 폐 질환에 시달리는 노동자들이 많았는데 대부분 어린 소녀들이었습니다. 나이 어린 여공들이 열악한 노동 환경에 시달리는 것을 보면서 노동 운동에 관심을 가지기 시작한 전태일은 근로기준법이 있다는 것을 알게 됩니다.

376

근로기준법 🔍 전태일은 근로기준
법을 공부하여 이를 알리며 노동자들의
근로 환경을 개선하기 위해 노력합니다. 그
러나 이 사실이 사업주들에게 알려지면서 전
태일은 해고되었고, 평화시장에서 일할 수 없
게 되었습니다. 전태일은 회사에서 쫓겨나도 포기
하지 않고 평화시장 노동자들의 노동 환경과 근로 실
태를 조사해 시청과 노동청에 제출하기도 하지만 이런 것이 전혀 통하지
않는 시대였습니다. 아무도 관심조차 보이지 않습니다. 나중에 가서야
겨우 『경향신문』을 통해 그들의 현실이 조금 알려지자 전태일은 1970년
11월 13일 평화시장 앞에서 근로기준법 화형식을 벌여 근로기준법이 노
동자의 권리를 제대로 보호하지 못하는 현실을 고발하기로 합니다. 하지
만 경찰의 방해로 시위가 무산되려는 상황에 놓이자 전태일은 자신의 몸
에 석유를 뿌리고 불을 붙인 채 "근로기준법을 준수하라! 우리는 기계가
아니다!" 등의 구호를 외치며 세상을 떠납니다.

Cooking Tip
조정래 작가의 대하소설
『한강』을 이용해 읽기 자료
를 제작해 활용하는 것도
추천합니다.

존경하는 대통령 각하, 저는 의류제품 계통에 종사하는 재단사입니다.
근로기준법이란 우리나라의 법인 것을 잘 압니다.
그러나 현 기업주들은 어떠합니까?
종업원들에겐 가까이하여서는 안 된다는 식입니다.
저희들의 요구는… 1일 14시간의 작업 시간을 단축하여 주십시오.
1일 10~12시간으로, 1개월에 휴일 2일을,
일요일마다 휴일로 쉬기를 희망합니다.
건강진단을 정확하게 하여 주십시오.
시다공의 수당을 현 70원 내지 100원을 50% 이상 인상하십시오.
절대로 무리한 요구가 아님을 맹세합니다.
인간으로서의 최소한의 요구입니다.

전태일 동상

1969년 전태일이 박정희 대통령에게 보낸 편지입니다. 이는 전달조차 되지 못했다고 합니다. 전태일의 죽음은 저임금 장시간 노동에 시달리던 노동자들의 현실을 고발하여 사회적으로 노동 문제에 대한 관심을 높이는 계기가 되었습니다. 그 후 노동자들의 저항과 단체 행동이 활발히 전개되어 점차 사람들은 노동조합을 결성하여 자신들의 권익을 수호하고, 근로 환경의 개선을 이루어 냈습니다.

1980년대 이후 🔍

1980년대 경제 상황을 살펴보겠습니다. 박정희 정부 말기인 1979년 2차 석유 파동이 일어나고, 중화학 공업에 대한 과잉 투자와 정치적 불안으로 인해 1980년대 초반까지 대한민국 경제는 크게 휘청거립니다. 1980년대 전두환 정부는 경제 안정화 정책과 함께 중화학 공업의 중복 투자를 조정하고 부실 기업을 정리함으로써 경제 위기를 벗어나려 하였습니다. 1980년 중반 이후에는 저유가, 저금리, 저달러의 대외 여건 개선에 힘입어 매년 10% 이상의 경제 성장을 기록하였습니다.

OECD 가입과 IMF 🔍

그리하여 김영삼 정부는 1996년 선진국들의 클럽인 OECD에도 가입합니다. 하지만 일 년 후 1997년 1월 한보철강의 부도를 시작으로 국제 단기 자본들이 이탈하면서 외환 위기를 맞습니다. 정부는 국가 부도 사태에 직면하여 국제통화기금(IMF)에 구제 금융을 요청하고, 1997년 12월 김영삼 정부는 구제 금융을 지원받는 대신 고금리, 재정 긴축, 강도 높은 구조조정을 약속할 수밖에 없었습니다. 이때 외환 위기는 대기업의 문어발식 기업 확장과 무분별한 지원 등이 원인으로 부실한 기업이 많아지고, 이로 인한 외국 투자자들의 자본 회수로 발

Cooking Tip
외환 위기 당시의 모습을 강조하고자 한다면 드라마 〈응답하라 1994〉 18화 활용을 추천합니다.

생했다고 합니다.

2001년 김대중 정부는 IMF로부터 빌린 돈을 조기 상환하였습니다. 국민들의 뼈를 깎는 희생과 노력으로 위기를 극복하고 지금의 당당한 대한민국의 모습에 이른 것입니다. 현재도 대한민국은 뛰어난 인적 자원을 바탕으로 반도체, 자동차, 전자, 조선 등 여러 산업 분야에서 뛰어난 제품을 만들어 세계 여러 나라로 수출하고 있습니다.

Cooking Tip
'한국을 아십니까?'라는 영상을 통해 대한민국의 경제 성장과 관련된 내용을 마무리 짓는 것을 추천합니다.

못 다한 이야기 🔍 하지만 그사이 대한민국 국민들이 져야 할 대가는 혹독했습니다. 부실 기업과 금융기관을 정리하고, 이로 인한 기업의 연쇄 도산과 대량 해고로 중산층이 무너져 버립니다. 또한 재벌에 경제력이 더욱 집중되고 기업의 양극화가 심화되었습니다. 좋지 않은 경제 상황 때문에 비정규직이 크게 늘어나 고용도 불안합니다. 많은 기업과 은행이 외국 자본에 의해 매각되기도 합니다. 물론 국민들이 힘을 모아 '금 모으기' 운동을 하는 등 아름다운 모습을 보인 것도 잊어선 안 될 것 같습니다.

대한민국 현대사의 영수증

오늘의 식단 한눈에 보기

🍴 통계로 보는 생활 모습의 변화와 현대사회의 문제

🍴 당신의 소원은 통일입니까?

🍴 주변국의 역사 왜곡

🍴 우리가 빠지기 쉬운 일본에 대한 편견

재료 준비	장 보기
• '우리의 소원' 음원 • 남북 교류 관련 영상 • 안용복 관련 영상 • 후세 다츠지 관련 영상	• 멜론 • 영화 〈코리아〉 • 유튜브 • 〈역사채널e〉(EBS)

경제 발전과 민주화를 이루면서 우리의 사고방식과 생활 모습도 많은 변화를 겪었습니다. 자본주의 경제의 발전으로 물질적인 가치를 중시하는 풍조가 널리 퍼지고, 개인의 자유를 보장해 주는 국가 체제가 정착되는 과정에서 개인의 개성을 강조해 공동체 의식은 약해지고 있습니다. 또 서구의 합리주의적 사고방식이 유입됨에 따라 유교 사회에서 강조하던 '충'과 '효' 같은 덕목이 약화되고 있습니다. 동시에 외국의 음식이나 물건도 많이 들어와 한국인의 생활 모습은 눈에 띄게 달라졌습니다.

  경제적으로 여유가 생기자 사람들은 여가 생활에 관심을 가지게 되었고 문화·예술에 대한 경험도 많아지게 되었습니다. 통계 자료는 연도별 문화·예술 행사(음악 연주회, 연극, 무용, 영화, 박물관, 미술관)를 관람한 적이 있는 사람들의 비율입니다. 자료에는 나와 있지 않지만 영화 관람의 비율이 가장 큰 폭으로 성장했습니다.

문화·예술 관람률 변화 추이(단위 : %)									
연도	1990	1993	1996	2000	2004	2007	2009	2011	2013	2015
비율	33.4	41.6	39	36.3	48.2	52	52.4	54.5	60.8	64.5

출처 : 통계청

  같은 맥락으로 이해할 수 있는 통계 자료를 하나 더 제시하겠습니다. 초성 힌트를 드렸습니다. 무엇을 경험한 비율을 표로 나타낸 것일까요?

ㅎ○○ㅎ 경험 비율의 변화 추이(단위 : %)							
연도	1990	1993	1996	2009	2011	2013	2015
비율	3.3	6.1	12.8	13.6	15.9	17.2	19.7

출처 : 통계청

네, 바로 해외 여행입니다. 조사 시점을 기준으로 그때까지 1회 이상 해외 여행 경험자의 비율을 표시한 자료입니다. 비용이 상대적으로 많이 드는 해외 여행도 국가 정책 및 경제 상황의 변화로 국민들의 중요한 여가 활동 중 하나로 자리매김하고 있다는 것을 알 수 있습니다.

다음은 국민 1인당 쌀 소비량이 어떻게 변화하고 있는지 보여 주는 통계 자료입니다. 일제의 쌀 수탈로 쌀 소비량이 줄어들고 있는 표가 아닙니다. 1970년도부터 2013년까지의 통계 자료입니다. 하루에 국민 한 사람이 136.4g의 쌀을 섭취하던 것이 2013년에는 67.2g으로 감소합니다. 이를 어떻게 해석해야 할까요?

국민 1인당 쌀 소비량 변화 추이(단위 : g/명)								
연도	1970	1980	1990	2000	2005	2010	2011	2011	2013
비율	136.4	132.4	119.6	93.6	80.7	72.8	71.2	69.8	67.2

출처 : 한국은행 경제통계시스템

다음은 동일 연도의 남녀 신장 및 체중 변화 추이를 살펴볼 수 있는 통계 자료입니다. 쌀 소비량은 꾸준히 감소했지만 국민들의 신장과 체중은 2005년까지 꾸준히 늘고 있는 모습을 볼 수 있습니다. 이런 변화 모습을 보인다는 것은 쌀 외에도 먹을 것이 충분하고 풍족했기 때문 아닐까요? 이 자료를 바탕으로 쌀을 주식으로 하는 문화에서 다양한 음식 문화로의 전환을 추측할 수 있습니다. 조금 이상한 것은 2010년부터 2013년까지의 신장은 거의 제자리걸음인데 체중은 늘고 있다는 점입니다. 국민 간식으로 자리 잡은 라면, 치킨, 피자와 같은 음식이 체중 증가의 원인은 아닌지 조심스럽게 추측해 봅니다.

학교 건강검사 표본검사에서의 신장 및 체중의 변화 추이(단위 : cm, kg)				
구분	신장		체중	
	남	여	남	여
1970	165.9	156.5	56.6	52.2
1980	167.4	157.2	58.5	52.5
1990	170.0	158.0	61.0	53.0
2000	173.0	160.5	65.3	54.9
2005	173.6	161.0	68.1	56.1
2010	173.7	160.9	68.1	55.6
2011	173.7	161.1	68.3	56.2
2012	173.6	160.9	68.7	56.2
2013	173.5	160.8	68.7	56.3

출처 : 한국은행 경제통계시스템

　말 나온 김에 라면, 치킨, 피자와 같은 음식들의 유래에 대해 살펴보 겠습니다. 일본에서 처음 만들어진 인스턴트 라면을 받아들여 삼양라면 이 우리나라의 첫 라면을 생산한 것이 1963년, 미국의 프라이드 치킨이 우리나라에 처음 들어온 것이 1984년입니다. 이후 양념 치킨이 개발되 고, 현재 치킨은 꾸준히 변신을 거듭하고 있습니다. 또 피자의 경우에는 1986년 서울 아시안게임, 1988년 서울 올림픽을 거치면서 우리나라에 널리 퍼지게 되어 이제는 일상에서 자주 먹는 음식이 되었습니다.

주택 종류별 거주 가구 수 변화 추이			
구분	전국		
	총계	A	B
1975	4,734,169	89,248	4,381,772
1980	5,318,880	373,710	4,652,127
1985	6,104,210	821,606	4,719,464
1990	7,160,386	1,628,117	4,726,933
1995	9,204,929	3,454,508	4,667,105
2000	10,959,342	5,231,319	4,069,463
2005	12,494,827	6,626,957	3,984,954
2010	13,883,571	8,185,063	3,797,112

출처 : 통계청

　도시로의 인구 집중과 사람들의 사고방식 변화에 따라 주거 형식에도 큰 변화가 찾아옵니다. 이번에는 주택 종류별 거주 가구 수를 표시한 통계 자료입니다. A와 B에 각각 들어갈 주택의 종류는 무엇일까요? 1970년대부터 꾸준히 수가 늘어난 A는 2000년대 이후 B보다 더 많은 가구가 거주하게 됩니다. 네, A는 아파트, B는 단독주택입니다. 1970년대까지만 해도 압도적으로 단독주택이 많았습니다. 하지만 지금은 아파트에 거주하는 가구 수가 단독주택에 거주하고 있는 가구 수의 2배 이상이 되었습니다.

　사는 곳이 달라졌으니 그에 따른 사람들의 생활 패턴에도 영향이 있었을 것입니다. 아파트와 관련해 격세지감을 느낄 만한 자료를 준비했습니다. 바로 아파트 광고 문안입니다.

1981년에 제작된 어떤 아파트의 문구에서 'ㅇㅌ'은 무엇을 의미할까요? 엘리베이터로 무엇을 운반한다는 것일까요? 바로 연탄입니다. 당시 연탄은 최고의 난방 원료였습니다. 연탄으로 난방을 했던 시절부터 무인 경비 시스템을 거쳐, 자연주의를 지향하는 주거 문화의 변화를 엿볼 수 있는 문구들입니다.

경제 발전으로 마이카 시대가 도래한 지도 벌써 옛날입니다. 자동차 수는 1980년에 비해 40배 이상 증가하여 2천만 대가 넘었고, 한 가구당 차량을 평균 1~2대 소유하고 있다고 볼 수 있습니다. 그에 비해 도로 연장 길이는 2배 정도 늘었습니다. 국토가 좁아 늘어난 자동차 수만큼 도로 연장을 하는 것은 불가능하기에 한눈에 보아도 교통 체증이라는 부작용이 생길 수밖에 없는 구조입니다. 자동차가 다니기 쉽게 도로 포장에도 무척 애쓴 모습입니다. 이런 노력 덕분에 같은 거리도 더욱 빠르게 오갈 수 있게 되었습니다. 거기다 KTX, SRT와 같은 고속철도의 개통으로 전 국토의 반나절 생활권이 실현됩니다.

자동차 대수 · 도로 길이 · 도로 포장률 비교표					
자동차 대수(대)		도로 길이(km)		도로 포장률(%)	
1980	2016	1980	2016	1980	2016
527,700	21,803,000	46,951	108,780	33.2	92.4

출처 : 국토교통부

인터넷과 스마트폰의 보급 🔍 통계청의 「2014년 한국의 사회지표」라는 자료를 보면 우리나라의 초고속 인터넷 가입자 수는 19,163,000명으로 거의 모든 가구에서 초고속 인터넷을 사용하고 있다는 것을 알 수 있습니다. 또 같은 연도의 스마트폰 가입자 수는 40,560,000명으로 전 국민의 80% 이상이 스마트폰을 사용하고 있음을 알 수 있습니다. 물론 지금은 둘 다 더욱 증가했을 것으로 추측됩니다. 초고속 인터넷과 스마트폰의 보급으로 우리는 필요한 정보를 더욱 쉽고 빠르게 찾을 수 있게 됐습니다. 하지만 모든 것에는 빛이 있으면 그림자가 있는 법. 인터넷 중독, 스마트폰 중독, 개인정보 보호라는 용어가 더 이상 낯설지 않은 사회에서 살고 있는 것 역시 사실입니다.

의학 발전의 혜택을 누리다 🔍 아무리 현대 의학이 발전한다고 해도 내가 살고 있는 지역에 병원이 없다면 그 혜택을 받는 것이 쉽지 않습니다. 이에 보건복지부의 의료 기관 수 변화에 대한 통계 자료를 찾아보았습니다. 1975년 대한민국 의료 기관 수는 11,188개소였습니다. 이에 비해 2014년에 조사된 의료 기관의 수는 63,675개소로 약 40년 전에 비해 6배 정도 증가했습니다. 인구가 그만큼 늘지는 않았으니 1인당 누릴 수 있는 의료 혜택이 꽤 늘었음을 알 수 있습니다. 의료보험에서 보장해 주는 분야의 수도 정부의 정책에 따라 점차 늘고 있습니다. 이를 바탕으로 한국인의 기대수명은 점차 늘어 100세 시대라는 말이 나오고 있습니다. 하지만 이 또한 문제가 없는 것은 아닙니다.

노인 인구가 늘어남에 따라 노인 복지에 투입되는 예산 또한 당연히 증가해야 하는데, 상대적으로 출산율이 떨어지고 있어 대한민국의 가장 큰 사회적 문제가 되고 있습니다. 2016년 가임 여성 1명당 출산율은 1.17명이었습니다.

합계 출산율(단위 : 천 명, 가임 여성 1명 기준)				
	2007	2010	2013	2016
출생아 수	493.2	470.2	436.5	406.2
합계 출산율	1.25	1.226	1.187	1.172
				출처 : 통계청

현재 출산율이 떨어지는 속도로 보았을 때 생산 가능한 인구의 수가 2020년경부터 줄어들기 시작할 것으로 보입니다. 저출산 고령화 사회의 도래입니다. 하지만 지금까지 정부 정책을 보면 출산 장려를 위해 막대한 예산을 쏟아붓고 있는 것에 반해 효과는 미미한 것으로 평가받고 있습니다. 실질적으로 아이를 낳고 싶은 대한민국이 되길 기대해 봅니다.

외국인 이주 노동자의 증가 🔍 산업화의 진전에 따라 외국인 이주 노동자도 급증하고 있습니다. 1980년대 4만 명 수준이던 외국인 체류자는 1990년대 이후 급증해 1995년 10만 명을 넘어섰고, 현재는 200만 명 이상으로 추산합니다. 인식의 개선이나 정부 차원에서의 노력이 전제되지 않은 상태에서 받아들인 외국인 노동자의 유입은 불법 체류와 취업, 그에 따른 인권 탄압과 차별 등의 사회문제를 초래하였습니다.

연도별 체류 외국인 현황(단위 : 명)					
	2012	2013	2014	2015	2016
체류 외국인	1,445,103	1,576,034	1,797,618	1,899,519	2,049,441
불법 체류자	177,854	183,106	208,778	214,168	208,971
					출처 : 출입국 외국인정책 통계 연보

더불어 농촌 사회의 문제를 해결하기 위해 적극 장려되어 증가한 국제결혼 역시 우리 사회에 영향을 끼치고 있습니다. 다문화 가정은 1990년

대 중반부터 크게 증가하여 2000년대 이후에는 전체 결혼의 10%를 넘어 일반적 결혼 형태의 하나로 자리 잡았다고 합니다. 국가에서는 다문화가족지원법을 제정하는 등 많은 노력을 하고 있지만 문화의 차이, 자녀 교육 문제 등의 사회문제는 좀처럼 해결되지 않고 있습니다. 해법은 사회적 인식의 개선에서부터 찾았으면 합니다.

사회 복지 예산의 증가 🔍 분배보다는 성장을 추구하는 경제 정책으로 한국 사회의 양극화가 심화되고, 이에 따라 국민들의 복지에 대한 관심이 높아지고 있는 것이 사실입니다. 인간답게 살 권리를 국가 차원에서 다루어야 한다는 인식이 확산되고 있는 것입니다. 우리나라의 경우, 1990년 정부 예산 중 5.4%를 사회 복지 부문 예산에 편성한 것에 비해 현재는 10%대로 사회 복지 예산이 대폭 늘어났습니다. 하지만 다른 선진국과 비교하면 여전히 미약한 수준입니다. 이 또한 사람들이 말하는 '헬조선'이 아닌 우리 모두가 살고 싶은 나라, 대한민국으로 도약하기 위해서 해결해야 할 과제 중 하나입니다.

OECD 주요국의 공공 사회복지 지출 비율(GDP 대비)									
국가	한국	OECD 평균	호주	미국	체코	영국	독일	스웨덴	핀란드	프랑스
비율 (%)	10.4	21	19.1	19.3	19.4	21.5	25.3	27.1	30.8	31.5

출처 : 보건복지부(2016)

Cooking Tip
'우리의 소원'을 들려줘 보세요. 의외로 모르는 아이들이 많다는 것을 알 수 있을 것입니다.

우리의 소원 🔍 "우리의 소원은 통일. 꿈에도 소원은 통일……." 로 시작되는 이 노래를 알고 있나요? 통일과 관련된 이야기가 나올 때마다 항상 등장하는 노래 '우리의 소원'입니다. 원곡은 '통일'이라는 단어 대신에 '독립'이라는 단어가 들어간 노래였습니다. "우리의 소원은 독립. 꿈에도 소원은 독립……." 이것이 원래 노래의 가사였습니다. 하지만 1940년대 후반 남북 분단의 상황이 현실이 되고, 노래 가사도 시대의 분위기에 맞게 바뀐 것입니다. 하지만 요즘 아이들은 이 노래를 잘 모릅니다. 10년 이상 경색된 남북 분위기 때문일까요?

여러분의 소원은 통일입니까? 🔍 한 여론 조사 기관이 대학생들을 대상으로 통일이 필요하다고 생각하는지 설문 조사를 했습니다. 설문 조사 결과 통일이 불필요하다고 응답한 학생들이 더 많았다고 합니다. 북한의 끊임없는 도발과 핵 실험으로 한반도는 국제 사회의 화약고가 되고 있습니다. 전 세계가 불안한 시선으로 대한민국을 바라보고 있는 것이 현실입니다. 저도 사랑하는 가족이 있습니다. 그들이 조성하는 한반도의 긴장 관계가 정말 싫습니다. 그런 불안 속에서도 궁극적으로 통일은 필요하다는 것이 제 개인적인 생각입니다.

왜 통일이 필요할까요? 🔍 평화적이고 점진적인 통일이야말로 그 불안 속에서 영원히 벗어날 수 있는 대안이니까요. 그럼 구체적으로 통일이 우리에게 무엇을 가져다줄 수 있기 때문에 필요한 것인지 살펴보고자 합니다.

북한의 지하자원이 많다고 하는데 실제 어느 정도일까요? 🔍 첫 번째로 가장 실질적인 이유를 들고자 합니다. 경제적인 이유입니다. 많은 사람들이 북한에 지하자원이 많다는 것은 인식하고 있습니다. 하지만 실제로 그들의 지하자원이 어느 정도의 경제적 가치를 지니는지는 감이 잘 오지 않을 수도 있습니다.

금 매장량 2천 톤 🔍 현대경제연구원의 통계 자료에 따르면 북

Cooking Tip
아이들 마음속에도 통일은 더 이상 당위적인 것이 아닙니다. 때문에 통일에 대한 이야기를 나눌 땐 바로 통일과 관련된 이야기를 나누기보다는 통일이 무엇 때문에 필요한지, 그 필요성에 대해 먼저 이야기하는 것이 좋을 것 같습니다.

한의 금 매장량은 2천 톤에 육박한다고 합니다. 이는 40조 원 정도의 가치를 가집니다. '생각보다 별거 아닌데?'라고 생각할 수 있겠지만 남한은 어떨까요? 남한이 보유한 금의 양은 10여 톤에 불과하고, 매장량은 30톤 정도로 추정됩니다. 미국이 세계에서 금을 가장 많이 보유하고 있는 국가인데, 미국은 약 8천 톤 정도를 보유하고, 금을 기준으로 화폐의 가치를 매기는 금본위제를 채택해 자신들의 달러를 기축통화로 정했습니다. 우리 주변에 있는 중국의 사정은 어떨까요? 중국의 금 보유량은 1천 톤 정도라고 합니다. 북한에 매장되어 있는 금 2천 톤은 결코 적은 양이 아닌 것입니다.

석회석 매장량 1천억 톤 🔍 다음으로 석회석 매장량을 살펴보겠습니다. 석회석 매장량은 약 1천억 톤 정도로 우리 돈 1천조 원 정도의 가치를 지닙니다. 1천조 원은 대한민국 일 년 GDP 수준의 금액입니다. 솔직히 북한의 GDP는 수십조 원으로 남한의 대기업 하나만도 못하지만, 그들이 가진 석회석만 팔아도 현재 GDP를 20년 정도는 유지할 수 있다고 볼 수 있습니다.

마그네사이트, 무연탄 🔍 북한은 마그네사이트의 매장량도 세계 최고 수준입니다. 마그네사이트와 무연탄(석탄의 원료)의 매장량을 합치면 그 경제적 가치는 2천조 원에 이릅니다. 여기서 마그네사이트란 내화 벽돌이나 시멘트의 재료로 사용되는 광물입니다.

50억 톤의 철 🔍 자동차 산업이나 조선 산업에 꼭 필요한 철! 철은 얼마나 매장되어 있을까요? 자그마치 50억 톤! 약 200조 원 정도의 경제적 가치를 가진다고 합니다. 이 철을 이용해 울산에서 자동차도 생산하고, 커다란 배도 생산한다면 어떨까요? 해외에서 원자재를 수입하느라 드는 막대한 운송료를 대폭 감소시킬 수 있어 훨씬 경쟁력 있는 제품을 생산할 수 있지 않을까요?

경제적 협력을 한다면 대한민국과 함께해야 한다는 생각에 동의하십니까? 2017년 기준으로 미국 온라인 경제전문 매체 『퀴츠(Quartz)』는 '북한은 이미 돈방석에 앉아 있는 나라'이며 '손도 대지 않은 광물이 7조 달러(약 8,050조 원)에 달한다.'고 분석했습니다. 이는 현재 대한민국의 총자산과 일 년 GDP를 합한 정도의 돈에 해당합니다.

세계에서 가장 '핫'한 자원 🔍

북한의 지하자원! 이것이 끝이 아닙니다. 북한 지하자원의 하이라이트는 최근 전 세계적으로 가장 뜨거운 자원인 희토류입니다. 잠깐 한 가지 일화를 소개하겠습니다.

중국과 일본이 댜오위다오(센카쿠 열도)를 놓고 신경전을 벌이고 있는 것을 알고 있나요? 수년 전 이 근방에서 조업 중인 중국인 선장이 일본에 잡혀 구속된 적이 있습니다. 일본은 버티기 작전을 벌이려고 하는데, 중국이 앞으로 희토류를 일본에 수출하지 않겠다고 하니 일본이 깜짝 놀라 그 중국인 선장을 사흘 만에 풀어 준 사례가 있습니다. 희토류가 얼마나 중요한 자원이기에 일본이 이런 태도를 보인 것일까요?

희토류는 LED, LCD, 스마트폰 카메라, 하이브리드 자동차 등 첨단산업의 원료입니다. 북한의 매장량은 4,800만 톤에 이르며, 이는 세계 2위 정도의 매장량이라고 합니다. 그 작은 땅에 매장되어 있는 자하자원이 상상을 초월할 정도인 것입니다. 하지만 매장량이 많은 것에 비해 개발 능력이 현저히 떨어지고 있습니다. 남한의 기술과 북한의 자원! 이 둘이 힘을 합친다면 대한민국은 어찌 될까요? 당장 북한과의 관계가 좋지 않고, 그들이 자세를 바꾸지 않는다고 할지라도 우리가 몰랐던 북쪽의 모습을 알 필요는 있지 않을까요?

고령화 사회의 Key 🔍 현재 대한민국은 합계 출산율 1명 정도로 낮은 출산율을 보이며, 고령화 사회로의 진입이 목전에 와 있습니다. 점점 생산 가능 인구, 일할 사람의 비율이 줄어들고 있습니다. 30년 후면 젊은이 한 명이 노령 인구 2명을 부양해야 하는 상황이 온다고 합니다. 현재도 일할 사람이 부족해 외국인 노동자를 무수히 받고 있지 않습니까? 지금은 문을 닫았지만, 한때 북한과 경제 협력이 이루어지고 있을 때 개성공단 노동자의 임금이 50~70달러 수준이었다고 합니다. 그들은 외국인 노동자와는 달리 의사소통이 용이합니다. 또 교육 수준이 꽤 높은 편입니다. 점진적 통일을 위해서는 문화적 교류로 이질감을 줄이는 것도 필요하지만, 경제력의 차이를 줄이기 위해 경제적 협력도 필요합니다. 이러한 경제적 협력은 남한의 시장에도 활력이 되지 않을까요? 물론 국가 안보를 위협하는 비핵화가 이루어져야 하겠지만요.

내수 주도형 경제의 발판을 만들자! 🔍 우리는 박정희 정부 때부터 왜 수출 주도형 경제에 매달렸을까요? 그건 내수 시장의 규모가 너무 작기 때문입니다. 내수만으로는 국가 경제가 유지될 수가 없기 때문입니다. 내수 주도형 경제가 되려면, 우리끼리의 노력으로 경제가 유지될 수 있으려면 인구가 약 1억 명 정도는 되어야 한다고 합니다. 만약 가까운 미래에 통일이 된다면, 통일 대한민국의 인구는 약 8천만 명 정도로 추산할 수 있습니다. 기준을 완전히 충족시킬 수는 없겠지만 1억 명에 가까운 수의 인구가 만들어지는 것입니다. 인구와 영토가 늘어 대한민국이 영국, 프랑스, 미국과 같은 체급이 되는 것이지요. 그리고 안보에 대한 불안이 대폭 줄어 코리아 리스크가 사라지게 되면 외국 자본의 투자도 높아질 것입니다.

동북아 물류 중심 국가 🔍 현재 대한민국은 섬나라입니다. 삼면이 바다로 둘러싸여 있는 반도 국가라고 생각하기 쉽지만, 그렇게 보기 힘듭니다. 북쪽이 완전히 차단되어 북쪽 육로로는 어떤 교류도 할 수 없으니까요. 육로뿐만 아닙니다. 선박도 항공기도 모두 북쪽을 피해 돌아가야 하는 것이 현실입니다. 여지없는 섬나라죠. 하지만 통일이 된다면 러시아 송유관이 연결된 북한을 통해 원유를 수입할 수 있습니다. 멀리 배를 통해 수입할 때에 비해 원유 운송비가 절감되는 것은 말할 것도 없고, 기름 값이 떨어지면 물가가 안정될 것입니다. 또 해저 터널과 시베리아 횡단 철도 등의 육로를 이용하면 영국을 비롯한 유럽에서부터 일본까지 교통로가 열리는 것도 가능해집니다. 위치상 자연스럽게 동북아시아의 물류 중심 국가가 될 가능성도 있는 것이지요.

통일 비용 vs 분단 비용 🔍 그렇지만 아무리 이런 장점들이 있다고 해도 우리에게 통일이란 부담스러울 수밖에 없습니다. 통일이 된다면 북한 지역의 경우 수십 년간 남한의 경제적 지원이 필요합니다. 그래서 우리는 이를 막연히 부담스러워합니다. 그렇기 때문에 점진적인 통일이 필요한 것입니다. 이번에는 통일에 대한 막연한 경제적 부담을 수치를 통해 구체적으로 확인해 보도록 하겠습니다.

2014년 국회 예산 정책처에서 만든 데이터를 기준으로 이야기하겠습니다. 통일 비용은 통일이 된 해부터 향후 45년간 4,657조 원 정도 들 것으로 추정됩니다. 물론 통일을 이루는 과정에 따라 달라질 수 있습니다. 분단 비용은 현재 수준으로 보면 매년 150조 원 정도라고 합니다. 여기에 45를 곱해 보면 6,750조 원 정도입니다. 하지만 분단 상태가 유지된다면 45년 후에도, 90년 후에도 매년 꾸준히 들어가는 비용이 분단 비용이니 무한하다고 보는 것이 맞을 듯합니다. 여기서 분단 비용이란 국방비, 국제 사회에서 외교적 우위를 점하기 위해 필요한 외교비, 이념 또는 통일 교육에 투입되는 비용, 대북 관련 기관 유지 비용, 통일 정책 관련 정부 행정 비용 등을 포괄하는 개념으로 통일이 되지 않는 한 영원히, 지속적으로 필요한 돈을 말합니다. 이에 비해 통일 비용이란 통일 후 일정 기간 동안에만 한시적으로 드는 비용을 말합니다.

통일 비용 vs 통일 편익 🔍

이번에는 통일 비용과 통일이 되었을 때 우리가 얻을 수 있는 경제적 이익을 비교해 보겠습니다.

똑같이 통일 이후 45년으로 계산하면 통일 편익은 1경 4,451조 원이라고 합니다. 1경 원이 남는 장사네요. '경'이라는 단위는 미국 GDP 계산할 때나 사용하는 단위인 줄 알았는데, 우리나라와 관련된 이야기를 하는 데 등장하니 무척 낯섭니다. 45년이라는 기간을 기준으로 하면 통일 비용의 경우 매년 103조 원 정도, 통일 편익은 매년 321조 원 정도로 계산할 수 있습니다. 물론, 통일 편익은 통일 이후 바로 발생하는 돈이 아닙니다. 북한은 경제 성장을 하기 위한 인프라가 없으니까요. 이를 어느 정도 성장시킨 후에야 통일 편익을 기대할 수 있다는 것도 현실이죠. 우리 자녀들이 살아갈 세상에 통일이라는 선물을 선사해 주고 싶지 않나요?

인도주의적 관점 🔍

통일은 물론 미래를 살아갈 우리 자녀들에게만 이익이 되는 것이 아닙니다. 정작 급한 이유는 따로 있습니다. 바로 6·25 전쟁 후 생겨난 이산가족 문제를 해결해야 하지 않겠습니까? 북한이 끊임없이 핵실험을 하는 지금도 그들은 세상을 떠나고 있습니다. 바로 지척에 사랑하는 가족을 두고도 만나지 못해 흘리는 그들의 눈물을 닦아 줄 수 있는 시간이 얼마 남지 않았습니다. 통일로 가기 위한 첫 단추가 바로 이산가족 문제의 해결임은 두말할 필요가 없을 것입니다.

통일을 위한 정부의 노력 🔍

1953년 7월 27일 휴전 상태가 된 이후 남한과 북한은 서로 다른 체제하에서 불안정한 평화를 유지해 왔습니다. 북한은 한반도 적화 통일을, 남한은 멸공 북진 통일을 지향했습니다.

7·4 남북 공동 성명 🔍 그러던 중 1970년 박정희 정부는 평양에 이후락 중앙정보부장을 비밀리에 보내 '7·4 남북 공동 성명'을 발표하기에 이릅니다. 7·4 남북 공동 성명으로 남북이 최초로 자주, 평화, 민족 대단결의 통일 원칙에 합의한 것입니다. 하지만 7·4 남북 공동 성명은 남한과 북한이 각각 서로의 체제를 강화하기 위해 악용되었다는 평가를 받기도 합니다. 결과적으로 공동 성명 발표 이후 남한은 유신 헌법이 발표되었고, 북한에서는 김일성 독재 체제가 강화되었기 때문입니다. 하지만 최초로 평화 통일을 합의했다는 점에서 의의가 큰 합의입니다.

남북 기본 합의서 🔍 이후 냉각된 남북 관계는 1980년대 말부터 새로운 국면을 맞이합니다. 소련과 동유럽 공산 진영의 붕괴로 자본주의 세계와 공산주의 세계의 냉전이 막을 내린 것입니다. 거기다 나라가 분단되어 자본주의와 공산주의로 나뉘었던 독일까지 통일을 이룹니다. 독일은 나라 전체가 자본주의와 공산주의로 나뉘었음은 물론이고, 수도 베를린까지도 장벽이 설치되어 있었던 국가입니다. 이런 주변 분위기에 따라 남과 북의 대화도 다시 재개되고, 남북 관계도 새로운 국면을 맞이합니다.

노태우 정부의 북방 외교로 이전에 공산권 국가였던 나라들과 외교 관계를 맺기 시작합니다. 그리고 남과 북이 유엔에 나란히 가입합니다. 이전까지 '한반도의 정부는 우리 하나다!' '너희는 정부도 뭣도 아니다!' 이런 의식이었는데, 남북한 유엔 동시 가입은 서로의 존재를 인정한 것이라는 평가를 받기도 하였습니다. 그리고 같은 해 1991년 말 남북한 고위급 회담을 통해 '남북 기본 합의서'라는 결과물이 나옵니다. 정식 명칭은 '남북 사이의 화해와 불가침, 교류·협력에 관한 합의서'입니다. 화해를 위해 서로 침범하지 않고, 교류와 협력의 폭을 넓히자는 의미입니다.

하지만 북한의 '화전양면 전술'로 남북 관계는 이후 긴장과 대화를 반복합니다. 화전양면 전술이란 화해의 행동을 취하는 척하며 무장 도발을 일삼는 것을 말합니다. 북한 핵 문제는 꾸준히 이슈가 되고 있습니다. 1980년대까지만 해도 남한에 전술핵이 배치되어 있었습니다. 하지만 남북한이 한반도 비핵화 공동 선언을 채택해 1990년대 초반 주한 미군의 핵무기들은 남한을 빠져나갑니다. 그런데 얼마 후 북한에서 핵무기 개발과 관련된 징후가 포착되었고, 주요 시설을 국제 사회(IAEA, 국제원자력기구)에서 사찰하겠다고 하였으나 북한은 거부합니다. 그래서 1994년 남한과 북한이 다시 전쟁 직전까지 가는 위기 상황이 있었습니다. 이에 1994년 김영삼 정부 때는 남북 정상의 지도자들 사이의 만남이 계획됩니다. 김영삼 대통령과 북한의 김일성이 만나 북한 핵문제에 대해 논하기로 한 것입니다. 하지만 이는 성사되지 못합니다. 북한의 김일성이 사망한 것입니다. 이후 북한은 내부 문제 때문인지 미국과 제네바 합의를 통해 NPT 탈퇴를 철회하고 핵무기 개발을 일시적으로 중단했습니다.

이후 김대중 정부에서는 통일 정책으로 '햇볕 정책'을 표방하고 김일성 사후 북한과의 교류 협력을 이어 갑니다. 2000년 6월 평양에서 남북 정상이 만나 '6·15 남북 공동 선언'을 채택합니다. 그해 9월 호주 시드니 올림픽 개막식 땐 남한과 북한의 선수단이 한반도기를 들고 나란히 입장하기도 했습니다. 김대중 정부 시기 금강산 관광 실시,

김대중 대통령과 김정일 위원장

개성공단 조성 등 남북 관계가 호전되는 모습을 보입니다. 이에 김대중 대통령은 한국인 최초로 노벨 평화상을 수상하기도 합니다.

이후 노무현 정부의 경우에도 2007년 남북 정상 회담을 갖고 한반도 평화 경제 공동체 건설을 위한 10·4 선언을 발표했습니다. 이에 따라 남북한의 교역은 꾸준히 늘어났습니다. 이 시기에는 개성 관광도 가능했습니다. 하지만 평화로운 분위기 속에서도 북한의 핵 개발과 대남 도발은 꾸준히 지속되었습니다. 2002년 연평해전, 2008년 금강산 관광 중인 박왕자 씨 피격 사건, 2010년 연평도 포격 사건, 끊임없는 대륙간 탄도 미사일(ICBM) 개발 등이 남북 관계를 급속 냉각시켰습니다. 이에 이명박 정부와 박근혜 정부는 북한이 핵을 완전히 포기하겠다는 전제하에서만 경제적 지원을 하겠다고 밝혀 대북 정책의 국면은 전환됩니다. 문재인 정부로 정권이 바뀐 후 2018년 4월 27일 다시 정상 회담이 이루어지고 판문점 선언을 이끌어 내지만 한 치 앞도 예측하기 힘든 것이 남북 관계입니다. 앞으로의 남북 관계는 어떻게 될까요?

일본의 역사 왜곡

1945년 패망한 일본은 연합국이 주도한 평화 헌법을 기초로 민주화된 국가로 다시 태어납니다. 이후 6·25 전쟁 특수를 누리며 세계 제2의 경제 대국으로 성장합니다. 물론 지금은 중국이 경제적으로 성장하여 G2 국가가 되었지만요. 어찌 되었든 일본은 발전한 경제력을 바탕으로 패전국이라는 기억으로부터 벗어나 자랑스러운 일본을 만들고자 하는 세력이 등장합니다. 그런 세력들이 1997년 '새로운 역사 교과서를 만드는 모임'을 만듭니다. 이 단체는 침략이나 가해의 역사를 교과서 서술에서 삭제해야 한다고 주장하고, 난징 대학살, 일본군 '위안부' 강제 연행의 과거사를 부정하는 입장을 취합니다. 일본의 이런 역사 왜곡은 현재진행형으로 현재까지 계속되고 있습니다.

Cooking Tip
일본 사람 전체에 대한 편견이 생길 수 있어 〈역사채널e〉 독립운동가들을 변호해 준 일본인 변호사 후세 다츠지 관련 영상을 시청하였습니다. 또 일본 교사들에 의해 만들어진 책 「たみちゃんの長い夜(다미의 긴 밤)」 PPT 자료를 활용해 일본의 역사 왜곡이 모든 일본 사람들의 의견이 아님을 생각해 볼 수 있게 지도하였습니다. 중요한 것은 '생각의 균형'입니다.

우리 아이들은 독도가 왜 우리 땅인지 설명할 수 있을까요? 🔍

대한민국 국민이라면 독도가 우리의 영토라는 것을 모르는 사람은 없습니다. 하지만 어떤 근거로 그렇게 생각하는지 묻는다면 대답할 수 있는 사람의 수가 과연 얼마나 될까요? 이런 상황에서 일본은 2015년부터 초등학교 5~6학년 6종 교과서에 '독도는 역사적으로 일본 영토인데, 이를 한국이 무력으로 강제 점령하고 있다.'는 내용을 실었습니다. 독도 문제 역시 현대사회에서 한·일 양국이 해결해야 할 중요한 과제 가운데 하나인 것입니다.

양국의 기본적인 시각차 🔍

우선 독도에 대한 한·일 양국의 기본적인 시각차에 대해 살펴보고, 독도가 우리 땅임을 밝힐 수 있는 근거에 대해 알아보겠습니다.

대한민국은 기본적으로 독도를 울릉도의 부속 도서로 생각합니다. 지증왕 13년인 512년 이사부 장군이 나무로 된 짐승 모양의 조각상을 활용하는 기지를 발휘해 우산국을 정벌한 그때부터 독도가 우리 고유 영토였다는 내용입니다. 하지만 일본인들은 울릉도와 독도를 별개의 것으로 보는 시각으로 독도 문제에 접근한다는 것이 차이점입니다.

고지도 및 고지리서 🔍

『세종실록지리지』에는 우산과 무릉, 두 섬은 서로 멀리 떨어져 있지 않아 날씨가 맑으면 서로 바라볼 수 있는 곳이라는 기록이 남아 있습니다. 여기서 우산과 무릉은 울릉도와 독도를 가리키는데, 울릉도라는 지명 역시 우산과 무릉을 합쳐 이른 것이라는 견해가 있습니다. 어찌 보면 울릉도라는 지명에서도 우리나라가 독도를 울릉도의 부속 도서로 본다는 인식이 담겨 있다고 볼 수도 있습니다.

울릉도에 사는 사람들이 눈에도 보이는 섬 독도의 황금어장을 모르고 살았을 리는 없습니다. 교통이 불편한 조선 시대에도 멀리 부산과 일본의 호키 주에서도 먼 거리 마다 않고 조업 활동을 하러 독도에 드나들었으니까요. 독도는 울릉도 사람들의 생활 터전이었습니다.

『세종실록지리지』 외에도 독도에 관한 기록들이 있습니다. 조선 초에 발간된 『동국여지승람』에도 독도에 관한 언급이 있으며, 조선 후기의 기록인 『만기요람』과 같은 책에서도 독도에 대한 내용을 찾아볼 수 있습니다. 특히 『만기요람』에는 '독도가 울릉도와 함께 우산국의 영토였다.'는 내용이 있어 우리의 인식을 뒷받침해 주고 있습니다. 그 외에도 우리의 고지도인 '팔도총도'라는 지도를 살펴봐도 독도가 우리 영토로 인식되었음이 분명합니다.

Cooking Tip
아이들과 함께 태블릿을 활용해 독도박물관 누리집에 들어가 '삼국접양지도'를 검색해 직접 살펴보는 것은 어떨까요?

삼국접양지도 🔍

하지만 우리만 그렇게 생각하는 것 아니냐고 반박하는 분도 있을 것입니다. 과거 일본인들의 독도에 대한 인식은 어땠을까요? 18세기 일본의 지도 '삼국접양지도'를 살펴보면 당시 그들의 인식을 알 수 있

삼국접양지도
(국립고궁박물관)

습니다. 여기서 삼국이 어느 나라인지는 중요하지 않습니다. 울릉도와 독도가 모두 일본의 색깔과 다른 노란색으로 표기되어 있습니다. 노란색은 해당 지도에서 조선을 표기한 색깔입니다.

일본은 어떤 근거로? 🔍

그럼 일본은 도대체 어떤 근거로 독도가 자신들의 영토라고 주장하는 것일까요? 그들의 초기 주장은 '무주지 선점론'이었습니다. 이는 독도는 주인이 없는 무주지, 이름이 없는 무명도, 사람이 살지 않는 무인도였고, 국제법에 의거해 합법적인 절차로 1905년 시마네 현(독도와 가까운 오키 주가 소속된) 고시를 발표해 자기들의 영토로 편입시킨 것이니 일본의 영토라는 주장입니다. 독도는 당시 과연 무주지, 무

명도, 무인도였을까요?

무인도였던 것은 사실입니다. 교통이 발달한 현재도 독도에 들어가려면 3대가 덕을 쌓아야 들어갈 수 있다는 말이 돌 정도입니다. 조선 시대만 해도 섬을 비우는 공도 정책을 펼 수밖에 없었습니다. 독도로 죄인이 도망가도 잡으러 가기 힘들고, 바람이 조금만 불어도 세금을 거두기도 힘든 곳이 독도였으니까요. 왜구의 침입으로부터 백성을 지키기도 힘들었을 것입니다. 어족 자원이 풍부한 철에만 가서 움막을 짓고 조업 활동을 했습니다.

하지만 이름이 없는 무명도, 누구도 주권을 행사하지 않는 무주지였을까요? 독도와 관련된 수많은 옛 지리서 및 지도를 통해 과거부터 독도가 이름을 가지고 있었다는 것은 이미 증명했습니다. 독도가 무주지가 아니었음을 증명하는 것이 관건입니다.

그들이 시마네 현 고시를 발표한 1905년 직전, 19세기 말 상황을 먼저 살펴보겠습니다. 조선 후기 역시 독도에 대한 정부의 주권 행사는 존재했습니다. 1882년 울릉도 검찰사 이규원을 임명한 기록, 1883년 김옥균을 동남제도 개척사로 임명한 기록이 남아 있습니다. 대한제국 시기 역시 마찬가지입니다. 1899년 대한제국의 지도에도 독도가 우리의 영토임이 표기되어 있습니다.

고종 최고의 업적 🔍　광무 황제는 1900년 대한제국 칙령 41호를 발표하여 독도가 대한제국의 주권에 의해 다스려지는 우리의 영토임을 증명했습니다. 일본이 무주지 선점론을 주장하며 발표한 시마네 현 고시보다 5년 앞선 시기에 이루어진 일입니다.

1조를 살펴보면 울릉도를 울도로 개칭하고 강원도에 부속하고 도감을 군수로 개정한다는 내용이 담겨 있습니다. 울릉도 지역의 행정구역을 한 단계 높여 주었다는 내용입니다. 또 2조를 살펴보면 군청의 위치는 태하

동으로 하고, 관할 구역은 울릉 전 도서와 죽도와 석도를 포함해 관할한 다는 문장입니다. 여기서 말하는 석도가 바로 독도입니다. 석은 '돌 석 (石)' 자를 사용하는데, 돌을 '독'이라고 표현하기도 해 독도라는 지명이 나왔다는 견해도 있습니다. 독도는 엄연히 조선과 대한제국이 주권을 행 사하던 곳이었습니다.

메이지 유신 이후 일본의 생각 🔍

근대사회를 맞이한 일본 정부의 생각은 어땠을까요? 메이지 유신 후 시마네 현은 내무성에 울릉도와 독 도를 시마네 현에 포함시킬지에 대한 내용으로 질의를 합니다. 이에 대해 과거 역사적 사실들을 5개월에 걸쳐 면밀히 조사한 내무성은 '두 섬은 일 본과 관계가 없다.'는 결론을 내립니다. 하지만 영토와 관련된 내용이라 내무성 단독으로 결정할 수 없어 일본 천황 바로 밑에 있는, 일본에서 가 장 권위 있는 최고 관부인 태정관에 최종 결정을 요청합니다. 이에 1877 년 3월 태정관은 "다케시마(울릉도) 외일도(一嶋, 독도)의 건에 대해 본방 (本邦, 일본)은 관계가 없다는 것을 명심할 것"이라는 지령을 내립니다.

그들이 검토한 역사적 사실의 핵심, 안용복 🔍

당시 일본 최고 관청 태정관은 어떤 역사적 사실에 근거해 그런 판단을 내린 것일까요? 여기에는 조선 후기 어부 안용복의 활약 이야기가 숨겨져 있습니다.

1693년 안용복과 박어둔이란 조선인이 울릉도에서 어업 활동을 하다 가 울릉도에 온 일본인 오야 및 무라카와 가문의 선원들에게 납치된 사 건이 있었습니다. 여러분이 이 상황이었다면 어떤 마음이 들었을까요? 저라면 정말 두려웠을 것 같습니다. 하지만 안용복은 당당하게 어업 활 동을 하고 있던 영역이 우리의 영토임을 밝히고 돌아왔다고 합니다. 조 정은 일본과 울릉도와 관련해 안용복 사건으로 분쟁이 생겼음을 인지하 고 2년에 한 번씩 울릉도에 관리를 파견하여 현지 상황을 살펴보기로 결정합니다. 하지만 안용복은 원해서 간 것이 아님에도 불법으로 외국에 다녀왔다는 죄목으로 곤장을 피하지 못했습니다.

일본의 막부도 조선과의 분쟁을 인지하고 돗토리 번(당시 오키 섬을 관할하고 있던 번)에 울릉도와 독도를 돗토리 번에서 관할하고 있는지 질문합니다. 메이지 유신 이전의 일본은 지방분권 통치 체제였기 때문입니다. 이에 대한 돗토리 번의 답변 역시 울릉도와 독도는 돗토리 번의 관할이 아니라는 내용이었습니다. 그리하여 일본 막부 역시 울릉도와 독도가 일본령이 아님을 공식적으로 확인합니다. 그리고 이듬해 1696년 1월 막부는 다케시마 도해 금지령을 내립니다. 도해 금지령이란 울릉도와 독도 쪽에 가서 조업 활동하는 것을 금지했다는 의미입니다.

하지만 그해 5월 안용복은 울릉도와 독도 일원에서 일본 어선을 발견합니다. 안용복을 비롯한 조선 사람들은 일본 어선을 쫓아 버리고, 일본까지 다녀옵니다. 당시 안용복은 자신의 신분을 의식하여 관리의 옷을 입고 오키 주 태수에게 해당 어민들이 다시 울릉도와 독도 일원에서 조업 활동을 할 경우 그들에 대한 처벌 약속을 받아 내기에 이릅니다. 그리고 일 년 후 일본 막부가 동래부에 보낸 서계(외교 문서)를 살펴보면 일본인들의 월경 금지를 단속하겠다는 내용을 담고 있습니다. 조선 후기 숙종 때, 안용복의 활약으로 일본과의 공식적인 관계에서 울릉도와 독도가 조선 관할임이 분명해진 것입니다. 그런데 2차 도해에서 안용복이 관리를 사칭했다는 죄목으로 사형당할 위기에 처했습니다. 하지만 나라가 못한 일을 그가 해냈으니 죄와 공이 비슷하다고 평가한 이들이 있어 유배형으로 마무리됐다고 합니다.

막부가 발급한 도해 면허란 무엇일까요? 🔍

무주지 선점론이란 논리가 궁색해지자 일본은 17세기 이후 독도는 일본의 고유 영토였으며, 시마네 현 고시는 이를 확인한 것에 지나지 않는다는 논리를 펴기에 이

Cooking Tip
김차명 선생님의 영상에 안태일 선생님의 목소리가 들어간 '우리 땅 독도를 지킨 조선의 어부, 안용복' 애니메이션을 추천합니다. 참쌤스쿨 블로그나 유튜브에서 찾아볼 수 있습니다.

릅니다. 하지만 조선 숙종 때 있었던 일련의 사건들은 그들의 이런 논리조차도 설득력이 없음을 알려 주는 사례가 됩니다. 그들은 17세기 초 에도 막부가 성립되고 얼마 지나지 않아 발급한 도해 면허라는 것을 근거로 이러한 주장을 하는 것입니다. 당시 에도 막부 직할령이었던 오키 섬의 오야 및 무라카와 가문에게 울릉도와 독도에서 조업 활동을 할 수 있도록 막부에서 도해 면허를 발급한 것이지요. 17세기 초에도 조업 활동을 한 근거가 있다는 논리인데, 개인적인 생각으로는 이 주장이 가장 넌센스라고 봅니다. 도해 면허란 바다를 건너 외국에서 어업 활동을 할 때 발급하는 면허입니다. 현재로 따지면 울릉도와 독도에 갈 때 따로 비자를 발급받아 어업 활동을 한 격입니다.

독도의 현재 🔍 일본 정부는 독도에 관심이 없었습니다. 워낙 황금어장이다 보니 독도에서 거리가 멀지 않은 섬에 거주하는 일본 어민들만의 관심거리였을 뿐입니다. 그들이 처음으로 독도에 관심을 가진 것은 1904년이었습니다. 러일 전쟁을 치르기 위해 한일 의정서를 체결하고, 그해 11월 독도에 망루를 설치합니다. 지극히 군사적인 목적에 의한 행위였는데, 러시아 함대의 이동을 감시하기 위한 것이었습니다. 망루 설치 후, 다음 해 2월 그들은 시마네 현 고시에 의해 독도를 일본의 영토로 불법 편입시킵니다. 우리가 일본에게 가장 먼저 빼앗긴 땅이 바로 독도였던 것입니다. 그들은 이어서 을사늑약을 맺고 우리의 군대를 해산시키고, 우리 땅 전체를 빼앗아 갔으니까요. 이후 우리가 광복을 맞이함과 동시에 독도를 포함한 우리의 모든 국토는 우리 손으로 돌아오게 됩니다.

1946년 연합군 행정 관할지도(연합국 최고사령부지령/SCAPIN 677호에 첨부)를 살펴보아도 독도는 대한민국의 영토로 그 경계가 명확히 표기되어 있습니다. 하지만 이후 일본은 1951년 샌프란시스코 강화 조약에서 독도가 언급되지 않았음을 트집 잡아 자신들의 영토임을 인정받은 것이

Cooking Tip
국어과와 연계해 '주장하는 글쓰기'를 해 보는 것은 어떨까요? 참가상으로 버튼 프레스(뱃지 제작기)를 활용해 안용복 캐릭터가 그려진 핀버튼을 만들어 아이들에게 제공하는 것은 어떨까요? 아이들의 동기 유발에 효과가 좋아 추천합니다.

라고 억지 주장을 펼칩니다. 여기서 샌프란시스코 강화 조약은 법적으로 일본이 한반도와 그 부속 도서에서의 주권 행사 권리가 사라졌음을 천명한 조약을 말합니다. 조약 문구를 일부 가져와 보면 '일본은 한국의 독립을 인정하고, 제주도, 거문도 및 울릉도를 포함한 한국에 대한 모든 권리, 권원 및 청구를 포기한다.'는 내용입니다. 이 문장에 독도가 빠져 있으니 독도가 한국의 영토로 인정된 것이 아니라는 논리입니다. 그럼 조약 문구에 완도의 섬들인 노화도, 생일도, 고금도, 조약도, 청산도, 금일도가 적혀 있지 않으니 이 섬들도 다 현재 일본 것이라고 보아야 하는 건가요? 일본 정부는 초등학교 학급 회의에서도 통하지 않을 논리로 독도가 자신들의 땅이라고 주장하고 있는 것입니다. 어찌 되었든 샌프란시스코 강화 조약의 문구를 근거로 일본은 다시 독도를 자신들의 영토라고 현재까지 주장하고 있습니다.

1954년 11월 6·25 전쟁의 상흔이 치유되기도 전에 독도에서 치열한 총격전이 벌어지기도 합니다. 일본 순시선이 독도에 접근한 것이지요. 당시 일본의 독도 접근은 어제 오늘의 일이 아니었고, 다행히 독도의용수비대라는 민간 조직이 독도를 지키고 있었습니다. 독도의용수비대가 일본 순시선을 총격전 끝에 물리친 사건입니다.

시간이 흘러도 일본의 야욕은 사라지지 않았습니다. 일본은 단지 독도 근해의 풍부한 수산 자원과 미래의 연료 자원 때문에 '다케시마의 날'까지 지정하며 자신들의 영유권을 주장하는 것일까요? 그들이 양국 간의 분쟁을 야기하면서도 그런 주장을 펼치는 것은 자원 이전의 문제, 역사의 문제임을 인지해야 합니다. 러일 전쟁 과정에서 얻게 된 독도는 한일 강제 병합 때 얻은 영토와 분리하여 생각해, 여전히 자신들의 영토라는 의식하에서 영유권을 주장하는 제국주의식 사고방식의 발로입니다.

중국의 동북공정 🔍 중국은 2002년부터 5년 동안 중국 동북 지역과 관련된 내용을 연구하기 위해 국책 사업으로 동북공정 프로젝트를 진행합니다. 프로젝트의 목적은 한족을 비롯한 56개 민족의 단결입니다. 현재 중국 영토에 함께 살고 있는 모든 민족을 하나의 중국이라는 기치 아래 묶기 위함이고, 그들은 현재 중국 영토에 벌어졌던 모든 역사는 중국의 역사라는 의식의 발로입니다. 그런 논리로 현재 중국 영토에 있었던 우리 민족의 국가 고조선, 고구려, 발해의 역사가 중국 지방 정권의 역사라고 주장하는 것입니다.

2007년 동북공정 프로젝트는 종료됐으나 고조선, 고구려, 발해의 역사를 중국사의 일부로 보는 시각은 여전합니다. 중국은 위만이 고조선을 통치한 사실, 한나라가 고조선을 멸망시킨 사실 등을 내세워 고조선이 중국사라고 주장합니다. 그러나 고조선의 청동기 문화는 북방 계통으로 중국에서 전한 것이 아닙니다. 위만 역시 기존 '조선'이라는 국호를 그대로 유지하였기에 중국 측의 주장은 설득력이 약합니다. 또 고구려 역시 독자적 천하관을 가지고 수나라, 당나라에게 끊임없이 대항했던 역사를 가지고 있는 국가입니다. 발해와 관련된 역사 역시 마찬가지입니다. 발해는 중국 당나라에 맞서 싸우며 건국된 국가이며 독자적 연호를 사용하였습니다. 또 그들 스스로도 고구려를 계승하였다는 의식을 가졌기 때문에 중국의 지방 정권으로 보는 견해는 옳지 않습니다.

또 중국에서는 이를 뛰어넘어 요하강 일대의 요하 문명 역시 중국 문명의 시원으로 보는 시각을 가진 이들도 등장합니다. 만리장성 이북의 역사는 중국의 역사가 아닌, 오랑캐의 역사라고 보았던 과거의 시각과는 차이가 있습니다. 이러한 주변국의 역사 왜곡 작업 역시 현대사회의 우리가 극복해야 할 과제일 것입니다.

핵심역량을 기르는 특제 비법 소스 4종 세트

① 우리가 만드는 보드게임! 작전명 독수리
② 강뉴부대 돕기 모금 활동
③ 그림책으로 보는 제주 4·3
④ 민주주의 파우치 만들기

 우리가 만드는 보드게임! 작전명 독수리

☑ 난이도 : ★★★☆☆

☑ 관련 핵심역량 : 지식정보처리 역량, 심미적 감성 역량, 공동체 역량

☑ 준비물 : 사회 교과서, 사회과부도, 태블릿(또는 스마트폰), 사인펜, 4절지, 투명 종이, 테이프, 색지, 바둑알 등

☑ 진행 방법

　① 동아시아 지도(미주, 유럽 일부 지역 포함), 우리나라 지도, 서울 지도를 4절지에 그린다.

　② 사회 교과서 및 사회과부도에서 항일 운동과 관련된 장소를 찾아 지도에 표시한다.

　③ 사건 카드를 제작한다(발생 지역 명칭 표기).

　④ 사건에 따라 토의를 거쳐 별의 수를 정하고, 사건 카드에 그린다.

　⑤ 투명 종이를 4절지에 겹쳐 끝부분만 고정시킨 후 게임을 시작한다.

　⑥ 투명 종이 네 귀퉁이에 선을 그어 부채꼴 모양을 표현한다(크기는 각기 다르게).

　⑦ 가위, 바위, 보로 4개의 부채꼴 가운데 자신의 광복군 기지 하나를 결정한다.

　⑧ 자신의 광복군 기지에 바둑알을 두고 손가락으로 3번 튕긴다(3번 안에 자신의 기지로 돌아온 만큼 자신의 영역이 커진다).

　⑨ 지도에 표시된 항일 유적지가 자신의 영역이 되면 해당 지역에서 발생한 사건 카드

를 가져갈 수 있다(한 장소에서 여러 사건이 발생했을 때는 상대 친구와 가위, 바위, 보를 하여 이기면 자신이 원하는 카드를, 지면 상대방이 원하는 카드를 가져간다).

⑩ 한반도의 일부를 자신의 영역으로 만든 경우 보드판을 바꾸어 국내 진공 작전 보드판으로 게임을 진행한다.

⑪ 같은 방식으로 서울을 자신의 영역으로 만든 경우 보드판을 바꾸어 서울 진공 작전 보드판으로 게임을 진행한다.

☑ 활동 Tip
- 〈역사채널e〉'작전명 독수리' 편을 시청한 후 활동하는 것이 효과적입니다.
- 전래놀이 '땅따먹기'를 응용한 보드게임이지만, 단지 땅만 넓히는 것은 크게 의미가 없는 특이한 땅따먹기 게임입니다. 자신이 획득한 항일 유적지 카드의 별의 수로 승부가 가려집니다. 제한 시간을 정해 놓고 게임을 진행하는 것이 좋습니다.
- 게임에 참여하는 모두가 대한민국 임시 정부 광복군이기 때문에 서로 영역이 겹쳐져도 무방합니다.

☑ 활동 모습

작전명 독수리 D-DAY 판

작전명 독수리 국내 진공 작전판

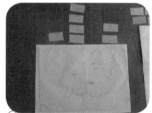
작전명 독수리 서울 진공 작전판

02 강뉴부대 돕기 모금 활동

- ☑ 난이도 : ★★☆☆☆
- ☑ 관련 핵심역량 : 의사소통 역량, 공동체 역량
- ☑ 준비물 : 홍보 자료(학생 제작 PPT) 등
- ☑ 진행 방법

　① 학급회의를 통해 강뉴부대 돕기 활동 시행 여부 및 1인 모금 금액 상한선을 정한다.

　② 홍보 자료를 제작해 다른 반 학생들에게 그들의 현실을 알린다.

　③ 모금 활동이 끝난 후 금융 기관에 가서 학생들이 직접 입금한다.

- ☑ 모금 활동을 하게 된 계기

　• 6·25 전쟁에 대한 수업을 마친 후 한 학생이 기사 하나를 공유하였습니다.

　• 6·25 전쟁 때 대한민국을 도와 참전했던 에티오피아 강뉴부대 대원들과 관련된 기사였습니다. 그들은 목숨을 걸고 우리나라를 도왔지만, 고향 땅에 돌아갔을 때 고국의 체제가 바뀌어 평생 탄압을 받았다고 합니다. 이 기사를 읽은 학생들이 그들을 도울 방법이 있는지 찾아보았고, 어떤 단체에서 정기적으로 생존해 있는 강뉴부대 대원들을 위해 모금 활동을 하고 있다는 사실을 알게 됐습니다.

- ☑ 활동 모습

그림책으로 보는 제주 4·3

- ☑ 난이도 : ★☆☆☆☆
- ☑ 관련 핵심역량 : 공동체 역량
- ☑ 준비물 : '사월의 춤' 음원, 관련 그림책(나무도장), 포스트잇 등
- ☑ 진행 방법

  ① 루시드 폴의 '사월의 춤'을 들려주고 어떤 의미를 담은 노래일지 추측해 보고 자신의 느낌을 발표한다.

  ② 그림책을 활용해 학생들에게 이야기를 들려준다.

  ③ 이야기를 듣고 포스트잇에 자신의 생각을 간단하게 적는다.

- ☑ 활동 모습

 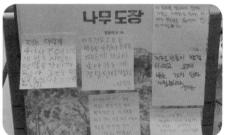

○4 민주주의 파우치 만들기

- ☑ 난이도 : ★★☆☆☆
- ☑ 관련 핵심역량 : 심미적 감성 역량, 공동체 역량
- ☑ 준비물 : 사진 자료, 무지 파우치(20cm×13cm), 염색용 색연필, 염색용 마카, 다리미 등
- ☑ 진행 방법

    ① 자신이 그리고 싶은 사진을 좌우 반전시켜 출력한다.

    ② 출력물에 염색용 색연필을 사용해 선을 따고 색을 칠한다.

    ③ 무지 파우치에 출력물을 뒤집어 덮는다.

    ④ 다리미로 열을 가해 파우치에 그림을 염색한다.

    ⑤ 흐릿한 선이나 색을 염색용 마카로 덧칠한다.

- ☑ 활동 Tip

    • 어떤 사진을 제시하는가가 중요합니다(예시 : 박종철 열사의 안경, 이한열 열사의 의복,
    위르겐 힌츠페터의 카메라, 촛불, 선거 마크 등).

- ☑ 작품 사진 및 제작 의도

3·15 부정 선거 때 우린
우리의 권리를 침해당했습니다.
그때를 생각하며 아이들도
우리의 권리를 소중하게
생각했으면 좋겠습니다.

영원히 폭동으로 기억될 뻔한
5·18 민주화 운동을 외국인 기자
위르겐 힌츠페터의 카메라 렌즈가
진실이 밝혀지는 데 기여했음을
표현했습니다.

박종철 열사의 안경과
이한열 열사의 티셔츠입니다.
많은 시민들의 힘으로 대통령 직선제를
이끌어낸 6월 민주 항쟁을
표현하였습니다.

국민의 준엄한 목소리로
대한민국의 주권이 국민에게 있음을
알릴 수 있는 현재의
모습을 표현했습니다.

아직 디저트가
남았어요~

아이들이 궁금해 하는 심화 코스 요리

오늘의 식단 한 눈에 보기

- 🍴 왕의 이름은 너무 어려워!
- 🍴 사화와 붕당 정치!

재료 준비	장 보기
· 왕의 이름 관련 영상 · 연산군 사냥 관련 영상	· 〈역사채널e〉(EBS) · 영화 〈왕의 남자〉

조, 종, 군? 🔍 조선 시대 역사를 가르치다 보면 아이들이 간혹 이런 질문을 합니다. "조는 언제 붙이고, 종은 언제 붙이나요?" "왜 어떤 왕은 조나 종이 아닌 군으로 끝나는 건가요?" 그도 그럴 것이 고려 시대에는 명쾌하게 똑 떨어지던 것이 조선 시대에는 구분하기가 힘들기 때문입니다. 고려 시대의 경우 창업 군주 태조 왕건을 제외하곤 모두 '종'을 사용합니다. 나라를 건국한 태조만 '조' 자를 사용한 것이죠. 몽골의 침략으로 원 간섭기를 겪었던 고려 말만 예외입니다. 고려가 원의 부마국(사위의 나라)이 된 후 관직이 격하되는데, 이때 왕을 가리키는 용어에도 변화가 생깁니다. 이 시기에는 묘호에 '조'나 '종'을 사용하지 못하고 무슨무슨 '왕'으로 끝납니다. 충렬왕, 충선왕, 충숙왕, 충혜왕, 충목왕, 충정왕, 공민왕, 우왕, 창왕, 공양왕이 그 예입니다. 공민왕 때 반원 자주 정책으로 원나라에 충성을 다하겠다는 '충' 자를 지우긴 하지만 모두 '왕'으로 끝나긴 마찬가지입니다.

휘 🔍 반면 조선의 경우에는 명확한 기준이 눈에 띄지 않아 고려에 비해 구분하기가 쉽지 않습니다. 먼저 '휘'에 대해 이야기하겠습니다.

휘는 세자 책봉 시 받게 되는 이름으로 '꺼릴 휘(諱)' 자를 사용합니다. 왕의 본명이라고 생각하면 이해가 쉬울 것 같습니다. 드라마의 영향으로 세종 대왕의 이름이 이도, 정조의 이름이 이산이라는 것은 많은 분들이 알고 있을 것 같습니다. 2명 빼고는 모두 이름이 외자인데, 이는 백성들의 언어 사용을 배려해 잘 쓰이지 않는 외자로 이름을 지었다고 합니다. 태종(이방원)과 단종(이홍위)의 경우를 제외하고는 모두 외자였습니다. 당시 왕의 이름을 함부로 말하거나 쓰는 것은 자살 행위와 같았을 테니까

Cooking Tip
사실 조와 종은 황제 국가에서 사용하는 묘호입니다. 원 간섭기 때, 고려가 자주성을 잃었을 때 '왕'으로 강등된 사례를 보면 알 수 있습니다. 역으로 생각하면 고려와 조선이 중국의 영향을 받지 않을 수는 없었겠지만, 그만큼 자주독립 국가였다고 생각해 볼 수 있습니다.

Cooking Tip
〈역사채널e〉 '왕의 이름' 편을 시청하면 내용 이해가 쉽습니다.

요. 태조도 이성계란 이름만 있었다고 알기 쉬운데 '이단'이라는 휘가 있었습니다.

[묘호 🔍] 하지만 조선 왕의 이름을 이렇게 외우고 있는 분은 거의 없을 것입니다. 우리가 흔히 사용하는 태조, 태종, 세종 등의 이름을 가리켜 '묘호'라고 합니다. 묘호는 왕의 신주를 모시는 종묘에서 그 신주에 새겨진 이름을 부르는 호칭입니다. 묘호에 붙는 글자는 '조' 또는 '종'입니다. 하지만 '조'와 '종'의 사용은 조선 왕조 518년간 같은 기준에 의해 구분 지은 것은 아니고, 시기에 따라 구분하는 방법이 다릅니다.

[創業之君稱祖, 繼體之君稱宗 🔍] '창업지군칭조'의 원칙에 따라 나라를 연 임금의 이름은 '조'라고 합니다. 또 '계체지군칭종'의 원칙에 따라 부자 간 왕통을 계승한 임금은 '종'이라고 합니다. 태조, 정종, 태종, 세종, 문종, 단종 6대 군주까지는 이와 같은 원칙을 따랐습니다.

Cooking Tip
하지만 성종의 아들 연산군 이융의 경우에는 폐위된 왕이라서 종묘에 들지 못했기 때문에 조나 종을 사용하지 못하고 왕자급의 이름인 '군'을 사용합니다. 그리고 실록의 경우에도 '실록'이라는 용어를 사용하지 못하고 '일기'라는 용어를 사용합니다. 『연산군 일기』, 『광해 일기』가 그 예입니다.

[入承曰祖, 繼承曰宗 🔍] 조카 단종을 몰아내고 임금이 된 7대 군주 세조는 '입승왈조'의 원칙에 따라 '조'를 사용합니다. 세자가 아닌 자가 왕이 되면 '조'라고 한다는 의미입니다. 그를 계승한 왕은 '종'이라고 하죠. 이후의 군주들은 예종, 성종, 중종, 인종, 명종이라는 묘호를 사용했습니다.

[有功曰祖, 有德曰宗 🔍] 선조의 경우에는 원래 선종이라는 묘호를 사용했는데, 광해군이 자신의 아버지가 임진왜란을 막아 낸 공이 있다고 하여 선조로 묘호를 바꿉니다. 이때부터 적용된 원칙은 '유공왈조'와 '유덕왈종'입니다. 공이 있는 임금은 '조'를 사용하고, 덕이 있는 임금은 '종'을 사용한다는 원칙입니다. 하지만 무엇인가 '조'를 '종'에 비해

더 높은 것으로 보는 시각이 보입니다. 하지만 정작 자신은 반정으로 폐위되어 묘호에 들지 못해 '군'이라는 이름을 쓰게 됩니다.

인조의 경우에는 광해군을 몰아내고 왕위를 찬탈하였고, 병자호란을 다스렸다고 하여 '조'를 사용합니다. 이후 조선 후기로 갈수록 '조'라는 묘호가 흔해집니다. 신하들이 반대할지라도 자신의 정통성 문제와 관련된 내용이라 왕들이 무척 예민했습니다. 그래서 자신의 아버지 묘호를 '조'로 올리려고 노력한 흔적들이 다수 보입니다. 선왕의 이름을 높여 왕의 권한을 강화하려는 움직임이었던 것이지요. 21대 영종, 22대 정종, 23대 순종도 영조, 정조, 순조로 묘호가 바뀝니다.

사화 🔍 두 번째로 교과서에는 나오지 않지만 거의 모든 역사책에 등장하는 사화에 대해 이야기해 볼까 합니다. 사화란 무엇일까요? '선비 사(士)' 자를 사용해 선비들이 화를 입었다는 의미입니다.

사림 🔍 여기서 선비란 구체적으로 말하면 고려 말, 조선 개창에 반대했던 온건파 신진 사대부를 뿌리로 하여 한동안 지방에서 열심히 유학 공부만 했던 세력을 말합니다. 이들을 '선비들이 숲을 이루었다'고 해 '사림파'라고 부릅니다. '선비 사(士)', '수풀 림(林)' 자를 사용합니다. 지방에서 공부만 하던 이들이 어떻게 정계에 입문하게 되었을까요? 그들은 바로 성종 때부터 등용되기 시작했습니다.

훈구 🔍 성종이 훌륭한 모범생 왕으로 칭송받기는 하나 그도 당연히 고민이 있었습니다. 바로 훈구파 대신들이었습니다. 훈구파 역시 그 뿌리를 찾아보면 고려 말로 거슬러 올라갑니다. 조선 개창에 참여한 급진파 신진 사대부를 뿌리로 하여 국가 정규 교육과정을 통해 정계에 입문한 이들을 '관학파'라고 부릅니다. 이들은 실무 능력이 무척 뛰어나 세

Cooking Tip
왕의 자녀들에겐 어떤 이름을 붙였을까요? 왕후의 아들에겐 '대군', 딸에겐 '공주'라고 하였습니다. 후궁의 아들에겐 '군', 딸에겐 '옹주'라고 하였습니다. 참고로 기억해 두면 좋을 것 같습니다.

종 대에 이르러 조선의 문물을 절정의 경지로 끌어올립니다. 하지만 관학파는 수양대군의 등장으로 둘로 분화됩니다. 수양대군이 계유정난을 일으켜 조카 단종을 몰아내고 왕위를 찬탈합니다. 이때 수양대군, 즉 세조에게 협력하거나 사후 협력한 관학파와 그렇지 않고 정계에서 사라지는 관학파로 나뉩니다.

세조에게 도움을 준 이들은 그 공을 인정받아 오랫동안 권력을 잡을 수 있었습니다. '공 훈(勳)', '오랠 구(久)' 자를 사용해 '훈구파'라고 합니다. 성종 입장에서는 할아버지 세조 대부터 권력의 핵심에서 힘을 키워 온 훈구파가 정치적으로 부담스러울 수밖에 없었습니다. 그래서 그에 대한 견제 세력으로 지방 선비들을 인재로 발탁한 것이지요.

훈구 vs 사림 🔍 지방에서 열심히 공부하던 선비들이 왕의 부름을 받고 조정에 들어왔습니다. 그런데 조정 돌아가는 꼴이 말이 아닙니다. 사림의 눈에는 훈구파가 조정에서 사라져야 할 세력으로 보였을 것입니다. 그래서 사림은 그들의 비행과 탈선을 비판하기 시작합니다. 훈구파 대신들은 사림이 적으로 보이기 시작했겠죠. 사화의 시작은 대략 이렇습니다. 조선 시대에 가장 비중 있게 다루어지는 사화는 총 4건입니다. 4번의 사화에 대해 본격적으로 알아보기 전에 사화를 시작한 인물 연산군에 대해 간단히 살펴보겠습니다.

준비된 왕이었던 연산군 🔍 연산군 하면 조선 최악의 폭군에 주색을 좋아했던 망나니 이미지가 떠오릅니다. 그런데 즉위 초의 연산군은 그런 사람이 아니었습니다. 그는 조선의 문물을 완성한 성종의 아들이었습니다. 그것도 정식 왕비의 첫째 아들로 조선 시대 임금 가운데 찾아보기 힘든 적장자 출신입니다. 정통성도 갑인데, 왕세자 교육도 12년이나 받은 준비된 왕이 바로 연산군입니다. 즉위 초 그는 빈민 구제 활동 등 백성들을 위한 정치에 힘쓰는 모습을 보이며 선대 왕들부터 진행되던 여러 편찬 사업을 마무리 지었습니다. 크게 부족함이 느껴지지 않는 왕의 자질이었습니다.

막장 드라마의 시작, 출생의 비밀 🔍

하지만 그를 돌변하게 한 사건이 있었으니, 바로 어머니였던 폐비 윤씨 사건입니다. 세자 시절은 물론이고, 즉위 초반에는 연산군은 어머니 사건을 잘 몰랐던 것 같습니다. 아버지 성종이 향후 100년간 입 밖에 내지 말라고 했던 사건이었으니 비교적 비밀이 잘 지켜지고 있었던 듯합니다. 하지만 영원한 비밀은 없는 법! 연산군은 폐비 윤씨 사건을 이내 인지하게 됩니다.

기록에 따르면 연산군의 어머니인 폐비 윤씨는 질투심이 많았다고 합니다. 그도 그럴 것이 성종의 부인이 자그마치 12명이었으니까요. 조선 임금 가운데 1등입니다. 슬하에 자식은 16남 12녀였고요. 조선 시대에는 왕이 후궁을 많이 거느리는 것이 결코 흠이 아니었습니다. 자녀를 많이 낳아 후사를 이어 가는 것이 무척 중요했으니까요. 하지만 아무리 그렇다 한들 성종은 허구한 날 후궁들의 침소에 들었습니다. 중전이 연산군을 뱃속에 품고 있을 때도요. 이에 윤씨는 왕조 국가에서 절대 해서는 안 되는 일을 하고 맙니다. 야사에 따르면 질투심을 못 이겨 용안(왕의 얼굴)에 상처를 냈다고 합니다. 이에 윤씨는 중전 자리에서 쫓겨나고 사약을 받고 세상을 떠납니다.

이유야 어쨌든 연산군이 이 사실을 알게 됩니다. 하지만 연산군이 바로 복수의 칼을 꺼내 피바람을 일으킨 것은 아닙니다. 냉정하게 히든카드로 꼭꼭 숨겨 놓았죠.

무어? 내 증조할아버지를 욕했다고? 🔍

연산군은 바른말 한답시고 떠들어 대는 사림들이 귀찮았습니다. 왕의 권한을 넘보는 것처럼 들리기도 하고, 건방지게 보이기도 해서 마음에 들지 않았습니다. 점차 그들을 제거하고 싶다는 마음이 싹틉니다. 그런 상황에서 의외의 곳에서 빌미를 잡았고 첫 번째 사화가 터집니다. 사림을 혼내 주려고 벼르고 있었는데 훈구파 유자광이 아주 좋은 건수 하나를 물어 오죠.

사림 김종직이 쓴 「조의제문(弔義帝文)」이 '사초'에 들어가 있었습니다. 여기서 사초란 실록을 만들기 위한 역사 기록을 말합니다. 조의제문은 초나라 황제인 의제가 신하인 항우에게 죽임을 당한 것을 슬퍼하며 지은 글입니다. 항우는 어린 왕 의제를 죽이고 훗날 자신이 초나라의 왕이 됩니다. 여기서 의제는 단종을, 항우는 세조를 빗대어 표현한 것으로 세조가 조카를 몰아내고 왕위에 오른 것을 비유적으로 비판한 것이죠. 『성종실록』을 편찬하던 중 사관인 김일손(김종직의 제자)이 사초에 넣은 것인데, 이 글을 훈구파가 발견하여 사림을 제거할 목적으로 연산군에게 알린 것입니다. 이에 연산군은 격노하여 관련 사림들을 쓸어버립니다. 자신의 증조부를 비판한 것은 자신의 정통성 역시 부정될 수 있는 것이니까요. 역사는 이를 '무오사화'라고 합니다.

폭군의 길을 걷다 🔍

자신의 무지막지한 힘을 자각한 것일까요? 연산군은 이내 과감하게 폭군의 길을 걷습니다. 또 허구한 날 사냥입니다. 왕이 하는 사냥은 조금 신중하게 생각해야 합니다. 만약 가을걷이가 끝나기 전에 사냥을 한다면 사냥감들이 숨어 버릴 수 있으니 익지도 않은 벼를 모두 베어 버려야 했고, 경호와 보안 문제 때문에 근처 민가에 사는 백성들은 모두 쫓겨나 노숙을 해야 했습니다. 그리고 짐승몰이를 하는 백성들도 수천 명이 필요했습니다. 사냥을 위해 사냥개를 기르느라 궁궐 안이 개판이 됩니다.

이제 때가 됐다! 어머니의 원수를 갚자! 🔍

이런 상황에서 연산

군은 자신의 왕권을 더욱 공고히 하기 위해 숨겨 두었던 히든카드를 꺼냅니다. 어머니 폐비 윤씨의 죽음을 방관하거나, 어머니를 죽음에 이르게 한 세력들을 쓸어버립니다. 수많은 사람들이 죽어 나갔습니다. 역사는 이를 '갑자사화'라고 합니다.

흥청망청 🔍 이제 신하들은 왕이 두려워 어떤 말도 할 수 없습니다. 아무도 견제하지 못하는 폭주하는 권력을 쥔 연산군! 그는 주색에 빠져서 나올 줄을 몰랐는데, 실제로 연산군은 1,300명의 여성들을 관기(국가 소속 기생)로 선발하였습니다. 심지어 유부녀 징발도 서슴지 않았다고 합니다. 그렇게 선발한 1,300명의 관기 중 재주가 가장 뛰어난 300명을 '흥청'이라고 명명합니다. 흥청 중 연산군의 마음을 사로잡아 유일하게 연산군을 들었다 놨다 할 수 있는 이가 바로 장녹수라는 여인이었습니다. 연산군이 장녹수를 얼마나 아꼈는지 장녹수의 치마를 밟은 어떤 기녀는 참형을 당하기에 이릅니다. 흥청과 함께하는 연산군의 유흥 때문에 국고가 텅텅 빕니다. 여기서 '흥청망청'이라는 말이 생긴 것입니다.

상선 김처선 🔍 이런 연산군에게 목숨을 걸고 쓴소리를 한 이가 있었으니 그가 바로 상선 김처선입니다. 상선은 내시들 가운데 수장을 가리킵니다. 김처선은 세종 때부터 일곱 왕을 모셨던 내시로 알려져 있습니다. 김처선은 "고금에 상감과 같은 짓을 하는 이는 없었다."고 돌직구를 날립니다. 진정 목숨을 건 직언이었습니다. 이에 연산군은 김처선의 다리를 직접 자르며 걸어 보라고 합니다. 이에 김처선이 "전하 같으시면 다리가 잘렸는데 걸을 수 있겠습니까?"라고 대응합니다. 이때 연산군은 김처선의 혀와 팔을 베고 활을 쏘아 죽입니다. 이 권력 더 이상 유지될 수 있었을까요?

중종 반정 🔍 그는 얼마 가지 않아 용상에서 쫓겨납니다. 더는 참을 수 없었던 신하들이 반정을 일으킨 것이죠. 반정을 일으킨 훈구파 신하들은 진성대군을 왕위에 올립니다. 진성대군은 정현왕후 윤씨의 아들이자 연산군의 이복동생이었습니다. 정현왕후 윤씨는 폐비 윤씨가 쫓겨난 후 중전이 된 사람이고요.

애증의 대상 조광조 🔍 훈구파의 옹립으로 왕이 되었지만 중종은 아무것도 할 수 없었습니다. 하지만 반정의 주역들이 수명을 다해 줄줄이 세상을 떠납니다. 세자 수업도 받아 본 적 없는 중종! 이제 무언가 해 보고자 자신을 도와 국정을 운영할 인재를 찾아내기에 이릅니다. 그가 바로 사림 조광조입니다.

중종은 조광조의 개혁적 성향이 무척 마음에 들었습니다. 중종의 든든한 지원으로 조광조는 개혁을 추진해 나갑니다. 성리학 이념 실현을 제1의 목표로 삼습니다. 이에 훈구파들은 불안에 떨기 시작합니다. 조광조는 성리학에 의한 정치가 가능하려면 무엇보다도 왕의 자질을 끌어올리는 것이 중요하다고 생각했습니다. 중종 역시 훌륭한 왕이 되기 위해 학문에 몰두합니다. 하지만 이내 중종은 피로감을 느끼게 됩니다. 그런 상황에도 조광조의 개혁 정치는 멈출 줄을 몰랐습니다. 중종 반정의 공신으로 인정받고 있는 자들 가운데 공이 없는데도 공신으로 취급받는 사람들이 있다. 그들의 명단을 삭제해야 한다는 주장을 했습니다. 이에 훈구파는 진짜 위기감을 느낍니다. 그래서 사건을 하나 조작합니다.

주초위왕 🔍 훈구파는 중종에게 조광조가 왕의 자리를 넘보고 있다며 나뭇잎 하나를 내밉니다. 그 나뭇잎에는 '주초위왕(走肖爲王)'이라고 쓰여 있었습니다. 여기서 '주(走)' 자에 '초(肖)' 자를 합하면 '趙(조)' 자가 되는데, '조씨가 왕이 된다'는 뜻입니다. 벌레가 나뭇잎을 갉아먹은 모양이 딱 주초위왕이라는 한자였습니다. 중종의 변심에 훈구파가 들고 온 나뭇잎 하나가 더해져 조광조는 목숨을 잃습니다. 조광조와 함께했던 사림들도 물거품처럼 사라집니다. 역사는 이를 '기묘사화'라고 합니다.

치마바위 전설 🔍 중종에게는 왕후가 3명 있었습니다. 먼저 대군 시절을 함께했던 단경왕후가 있습니다. 단경왕후는 진성대군이 왕이 되자 궐 밖으로 쫓겨난 여인입니다. 그녀의 아버지는 연산군의 처남이었기 때문에 중종 반정에 참여할 수 없었습니다. 즉, 아버지가 반정에 동참하지 않았기 때문에 그녀가 쫓겨난 것이지요. 쫓겨난 단경왕후는 중종을 그리워해 경회루에서 바로 보이는 인왕산 바위에 자신의 치마를 펼쳐 놓았다고 합니다. 이게 바로 인왕산 치마바위 이야기입니다. 하지만 중종의 마음은 달랐던 것 같습니다. 단경왕후가 쫓겨나자 새로운 왕비를 들였으니까요.

중종의 여인들 🔍 그녀가 바로 장경왕후 윤씨입니다. 하지만 장경왕후의 경우 아들을 낳고 불과 일주일 만에 세상을 떠납니다. 중전 자리는 비워 둘 수 없습니다. 이어서 중종이 새 중전을 맞아들이니 그녀가 바로 문정왕후입니다. 새 중전 문정왕후는 왕비가 되고 17년 후 기다리고 기다리던 아들을 낳습니다.

대윤과 소윤의 대립 🔍 이에 장경왕후의 오빠 윤임을 비롯한 외척(대윤)들과 문정왕후의 남동생 윤원형을 비롯한 외척(소윤)들은 왕위 계승을 놓고 신경전을 벌이게 됩니다. 그들은 각자 자신의 조카가 왕이 되는 것이 꿈이었습니다. 하지만 장경왕후의 아들은 이미 20세로 성인이 되었기 때문에 문정왕후의 아들이 왕이 되는 것은 어려운 일이었습니다. 중종이 세상을 떠나자 자연스럽게 대윤이 밀던 세자가 왕위에 오릅니다.

그가 바로 인종입니다. 하지만 인종은 즉위 9개월 만에 세상을 떠난 조선 최단기 왕이었습니다. 인종이 세상을 떠나자 자연스레 소윤이 밀던 경원대군이 조선의 13대 왕으로 즉위하니, 그가 바로 명종입니다. 드디어 문정왕후가 꿈꾸던 소윤파 세상이 된 것입니다. 이때 명종의 나이 12세, 문정왕후의 수렴청정이 시작됩니다. 곧 중종 대부터 이어졌던 싸움이 마무리됩니다. 권력을 잡은 소윤파는 대윤파를 제거하는데, 이때 외척 간의 갈등에 휘말린 수많은 사람들이 대거 목숨을 잃습니다. 고래 싸움에 새우 등 터진 격입니다. 이를 역사는 '을사사화'라고 합니다.

붕당 정치가 당파 싸움인가요? 🔍

끝으로 붕당 정치에 대해 살펴보겠습니다. 본문에서 여러 붕당이 등장하는데, 이에 대해 정리해 보도록 하겠습니다.

붕당 정치를 흔히 당파 싸움이라고 표현하는데, 이 용어는 일본의 식민사관에서 사용하는 용어이므로 사용하지 않는 편이 좋습니다. 일본의 당파성론에서는 조선의 붕당 정치는 무의미한 정쟁에 불과했으며, 그런 행위 때문에 조선이 파멸에 이른 것이라고 주장합니다. 조선은 어차피 망할 나라였고, 이는 마치 땅에 떨어진 주인 없는 물건과 같아 누가 주워 가도 주워 갔을 것이라는 논리입니다. 그게 청나라였을 수도, 러시아였을 수도 있지만 일본이 재빠르게 움직여 취한 것인데, 일본이 대한제국을 병합한 것이 무슨 잘못이냐고 하는 거죠.

일본 식민사관의 주장처럼 붕당 정치는 무의미한 정쟁이었을까요? 물론 상호 공존의 미학이 깨졌을 때의 붕당 정치의 역기능은 이루 말할 수 없습니다. 하지만 원칙이 망가져 제대로 돌아가지 못했던 때의 일당 전제 현상을 제대로 된 붕당 정치라고 볼 수는 없으니까요. 후대로 가면서 자기 당의 이익만을 위해 진흙탕 싸움을 벌인 것도 분명 사실입니다만, 분명 원칙이 지켜져 상호 공존의 미학을 보여 주었던 때가 있었습니다.

붕당 정치 체제가 조선을 유지시켜 주고 역동하게 했던 때가 있었습니다. 원칙이 지켜졌던 붕당 정치 본연의 모습도 살펴보고, 붕당 정치를 평가해 보는 것도 의미 있는 일 아닐까요?

세계 유일무이 🔍 붕당은 '벗 붕(朋)', '무리 당(黨)' 자를 사용합니다. 여기서 벗이란 같은 스승 아래서 공부한 친구들이라는 뜻입니다. 흔히 붕당을 가리켜 현대사회의 여당과 야당처럼 정파적인 성격을 가짐과 동시에 학파적 성격도 가졌다고 표현하는데, '벗 붕(朋)' 자가 붕당의 학파적 성격을 반영하는 글자인 것입니다.

사람은 모두 다릅니다. 성리학자들도 마찬가지입니다. 스승에 따라 세상을 보는 눈이 다르고, 문제 인식도 다를 것이며, 그에 대한 해결책도 다를 것입니다. 이렇게 생각이 다른 사람들이 같은 붕당을 이루는 것이 옳은 일일까요? 다른 붕당을 이루는 것이 당연한 것 아닐까요? 그리고 이들의 갈등 역시 당연한 것 아닙니까? 서로 지향하는 바가 다르니 갈등이 노출되고, 갈등이 노출되어 눈에 보여야 해결도 가능한 것이겠지요. 모든 역사는 지금의 잣대로 평가하면 안 됩니다. 붕당 정치 역시 현대사회의 민주 정치와 비교하는 것은 어불성설입니다. 당시의 눈높이에서 봐야 합니다. 16세기 세계 어느 나라가 이처럼 학문적 기반을 바탕으로 당을 나누어 정치를 해 보았나요? 단언컨대 그런 국가는 없었습니다. 당시 최고 선진국이었던 중국이 해 보았나요? 정답은 'NO!'입니다. 당시로서는 무척 수준 높은 정치 체제였습니다.

입헌군주국의 역사가 가장 오래된 영국 의회의 '레드 라인'을 들어 본 적 있나요? 그 붉은 선 밖으로 나가 상대당 의원석 앞에 가면 칼에 맞기 십상이라 정해진 선이 바로 레드 라인입니다. 동네 싸움도 아니고 한 국가의 가장 권위 있는 공간인 의회에서 칼부림이 횡행했다는 의미입니다. 하물며 당시 사무라이의 나라였던 일본이 조선의 붕당 정치를 비난하는 것은 더욱이 이해할 수 없는 노릇입니다. 그들은 당시 절대 권력에 절대 복종하는 체제였으니까요.

공론을 모아라 🔍

붕당 정치는 공론에 따라 서로 견제하고 비판하며 협력하는 정치 체제였습니다. 공론을 여론이라고 볼 수도 있겠는데, 공론이 중앙 정치에 반영되도록 목숨을 걸었던 이들도 있습니다. 바로 언론 역할을 했던 3사의 관원들이 그랬습니다. 그들은 국왕의 과오나 비행을 비판하는 '간쟁', 왕명이 합당하지 않은 경우 되돌려 보내 반박 의사를 밝히는 '봉박', 왕이 관리를 임명하고자 할 때 적합 여부를 판단하고 동의하는 '서경'의 권한을 가지고 모든 정치적 사안에 목소리를 낼 수 있었습니다. 그들은 보통 젊은이들로 구성되어 있었기에 윗사람들을 무서워하지 않고, 잘못된 일이면 한결같이 모여 상소를 올리고 격론을 벌였습니다. 그들이 윗사람을 두려워하지 않을 수 있었던 이유는 고위직인 이조판서가 자신들을 뽑는 것이 아니고 중하위직인 이조전랑직을 지내는 사람이 임명하기 때문이었다고 합니다. 뿐만 아니라 관직에 나가 있지 않은 지방의 권위 있는 사림(학문적 스승들)과 지방 서원 유생들의 여론 역시 중앙 정치에 공론으로 반영될 수 있었습니다. 붕당 정치! 생각했던 것보다 훨씬 역동적이지 않습니까?

사림파의 분당 🔍

사림은 사화로 큰 피해를 보지만 끊임없이 중앙 정계로 진출합니다. 이에 비해 훈구파는 세월이 갈수록 줄어들어 급기야 사라지게 됩니다. 공신 세력이 영원히 유지될 수는 없는 것이니까요. 이에 사림파가 집권하게 되는데, 바로 선조 때입니다. 지금부터는 사림파의 분당 모습을 핵심이 되는 사건 위주로 간략하게 살펴보겠습니다. 지면 관계상 그들이 구체적으로 어떤 고민을 해서 입장을 정하는지, 어떤 철학에 의해 움직이는지 살피기는 힘들 것 같으니 양해 바랍니다.

동인		서인	
북인	남인	노론	소론
		시파	벽파	시파	

동인과 서인 🔍   분당의 원인은 척신 처리 문제와 이조전랑직 때문이었습니다. 김효원이라는 사람이 이조전랑직에 추천을 받습니다. 김효원은 과거 척신 윤원형의 집에서 처가살이하는 친구가 있었는데, 그 때문에 윤원형의 집에 자주 드나들었습니다. 이에 대해 심의겸이 김효원을 비판하며 이조전랑직에 입직하는 것을 반대합니다. 심의겸의 반대에도 불구하고 김효원은 이조전랑에 임명됩니다. 훗날 김효원의 후임으로 심의겸의 동생 심충겸이 천거되자 심충겸 자체가 외척이라는 이유로 공격당하게 됩니다. 이 사건으로 사림은 한양성 동쪽에 사는 김효원과 한양성 서쪽에 사는 심의겸을 중심으로 동인과 서인으로 분당됩니다.

북인과 남인 🔍   붕당 형성 초기에는 척신 처리에 강경한 입장이었던 동인이 정국을 운영해 나갑니다. 하지만 정여립 모반 사건으로 정국이 크게 뒤바꼈습니다. 동인이었던 정여립이 은퇴 후 왜구 격퇴를 명분으로 비밀 결사 대동계를 조직하는데, 이게 모반으로 몰리는 사건이 일어납니다. 관련 있다고 판단된 동인들은 박살이 납니다. 이때 이를 조사했던 사람이 바로 서인의 송강 정철이었습니다.

이제 서인의 시대가 되는 듯했습니다. 2년의 세월이 흘렀습니다. 당시 선조 나이가 40대에 접어들었는데, 아직도 세자 책봉을 하지 않았습니다. 이에 세자 책봉을 건의해야 한다는 공론이 생겨 정철을 포함한 삼정승은 세자 책봉 문제에 대해 논의하기 위해 선조를 찾아가기로 합니다. 하지만 영의정이 그 문제에서 쏙 빠져 버리고 우의정 유성룡과 함께 선조를 만나게 됩니다. 온건한 성격의 유성룡이 말하기를 어려워하자 정철이 광해군 세자 책봉을 건의합니다. 세자 책봉의 중요성을 알지만 방계 콤플렉스가 심했던 선조는 자신과 똑같은 후궁의 자식인 광해군을 세자로 책봉하는 것이 꺼려졌는지 즉답을 피합니다. 이때 동인들은 신하로서 세자 책봉을 건의하는 것은 주제 넘는 일이며 불충한 일이라며 서인 정철에게 공세를 퍼붓습니다. 이때 동인은 정철 처리 문제에 관해 강경한 입장을 보인 사람들과 온건한 입장을 보인 사람들로 나뉘게 되는데, 전자가 북인, 후자가 남인이 됩니다. 이후 임진왜란으로 선조는 어쩔 수 없이 광해군을 세자로 책봉하게 되고, 광해군의 지지 세력으로 북인이 떠오르게 됩니다. 하지만 광해군은 이내 인조 반정으로 용상에서 물러나고, 북인 역시 몰락하게 됩니다. 바야흐로 서인의 세상이 된 것입니다.

남인 vs 서인 🔍

이런 상황에서 시간은 흘러 현종이 즉위하게 되고, 현종 땐 남인과 서인이 예송 논쟁으로 격론을 벌이게 됩니다. 1차 예송에서는 왕과 사대부를 같은 선상에 놓고 신권 정치를 주장하는 서인이 승리하여 정국을 계속 이끌게 됩니다. 하지만 현종은 자신의 권력이 안정된 후 2차 예송에서는 왕과 사대부는 다르며 정치의 중심을 왕이라고 생각하는 남인의 손을 들어주게 됩니다. 이때까지를 비교적 상호 비판적 공존 체제가 유지된 붕당 정치 시기라고 합니다.

붕당 정치의 변질과 노론과 소론의 분당 🔍

하지만 숙종 시기 환국 정치에 의해 붕당 정치는 변질되기 시작합니다. 한번은 유악 사건을 계기로 남인에게서 권력을 거두어 서인에게 부여합니다. 이를 '경신환국'이라고 합니다. 이때 남인에 대한 강경한 처리를 주장했던 강경파는 노론, 온건파는 소론으로 분화됩니다. 당시 노론은 송시열이 이끌었고, 소론은 윤증이 이끌었습니다. 이후 남인이 보낸 장희빈의 활약으로 다시 남인이 정국을 운영하게 됩니다. 이를 '기사환국'이라고 합니다. 남인이 기사회생합니다. 이후 숙종은 다시 '갑술환국'을 단행하여 서인을 집권 세력으로 만듭니다. 왕이 환국을 주도함에 따라 언론 기관이나 재야 사족의 정치 참여는 축소됩니다. 그리고 붕당 간의 대립이 극단적인 모습으로 변화해 갑니다. 죽기 아니면 살기로 상대방에게 보복하기 시작합니다. 물론 이는 숙종만의 잘못은 아닙니다. 임진왜란 이후 비변사에서 모든 일을 처리하니 언론 활동이 약화될 수밖에 없는 분위기였습니다.

왕위 계승 문제로 대립하다 🔍

숙종 말년이 되면 노론은 잘못을 저질러 쫓겨난 희빈 장씨의 아들(경종)을 왕위에 올릴 수 없다며 세자를 바꿀 것을 주장하고, 소론은 희빈 장씨의 잘못을 세자에게 덮어씌우는 것은 옳지 않다며 경종을 지지하는 모습을 보입니다. 노론의 세력이 강하긴 하지만 세자를 바꿀 수는 없어 경종은 왕이 됩니다. 잠시 경종을 지지했던 소론이 정국을 운영하지만 이것도 잠시, 몸이 약한 경종이 세상을 떠나고 노론이 지지하던 연잉군이 왕이 됩니다. 그가 바로 영조입니다.

시파와 벽파 🔍

영조는 자신을 왕으로 만들어 준 노론을 버릴 수는 없었지만, 탕평책으로 남인 사람들도 기용하는 모습을 보입니다. 영조 시기 있었던 사도세자의 죽음 기억나나요? 이때 사도세자의 죽음을 당연시했던 사람들을 노론 가운데 '벽파'라 부르고, 사도세자의 죽음을 측은하게 생각했던 남인, 노론, 소론의 일부를 '시파'라고 합니다. 훗날 사도세자의 아들 정조 때는 시파가 정국의 운영의 중심이 됩니다.

핵심역량을
기르는
특제 비법 소스
8종 세트

역사를
말랑 말랑하고
맛있게!

① 역사 공부는 독서와 함께
② 원어민 선생님이 독도에 대해 물어본다면?
③ 역사와 관련된 명언 스텐실 작품
④ 데이 마케팅 거부 프로젝트
⑤ 우리의 작은 움직임이 학교를 바꿔요
⑥ 우리의 작은 움직임이 고장을 바꿔요
⑦ 스톱모션을 활용한 졸업 작품 제작
⑧ AR, VR, 3D 프린팅을 활용한 제안

 ## 01 역사 공부는 독서와 함께

☑ 활동 소개 : '역사의 신' 독서대, 사신 프로젝트 두드림 멤버십 카드 제작
☑ 준비물 : MDF, 접톱, 드릴, 나사, 망치, 도라이버, 사인펜, 꺾쇠, 독서대 고정쇠/접착 아
　　　　　스테이지, 자, 칼 등
☑ 활동 모습

02 원어민 선생님이 독도에 대해 물어본다면?

- ☑ 활동 소개 : 영어로 독도가 우리 땅임을 말하기
- ☑ 준비물 : 독도 티셔츠 등
- ☑ 관련 사진

역사와 관련된 명언 스텐실 작품

☑ 활동 소개 : 스텐실 기법을 이용해 역사와 관련된 명언 표현하기
☑ 준비물 : 4절지, 자, 칼, 물감, 파레트, 물통, 빗, 칫솔 등
☑ 활동 모습

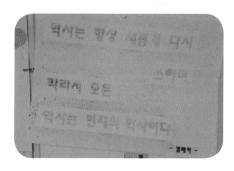

데이 마케팅 거부 프로젝트

- ☑ **활동 소개** : 데이 마케팅으로 만들어진 기념일을 거부하는 홍보 자료를 제작하여 그 이유를 밝히고, 해당 기념일과 관련 음식을 먹는 행위를 하는 퍼포먼스
- ☑ **준비물** : 8절지, 풀, 테이프, 가위, 색연필 등
- ☑ **활동 모습**

우리의 작은 움직임이 학교를 바꿔요

☑ **활동 소개** : 다모임을 통해 학생들 스스로 학교에서 개선할 점을 찾고 해결하는 활동(온수
　　　　　 기 설치, 효과 없는 손세정제 대신 비누 비치 건의–과학 교과 실험과 연계)

☑ **활동 모습**

　　　과학 세균 배양 실험(비누 vs 액체 손세정제 vs 젤형 손세정제)
　　　결과 & 보고서에 들어간 건의사항

우리의 작은 움직임이 고장을 바꿔요

- ☑ **활동 소개** : 지역사회에서 개선할 점을 찾고 해결하는 활동(마을 입구 전광판 보수)
- ☑ **활동 모습**

면장님께 보여 드릴
포스터 제작

편지와 포스터를 들고
면사무소로!

면장님과의 대화

Before

After

스톱모션을 활용한 졸업 작품 제작

☑ **활동 소개** : 스톱모션 제작 애플리케이션을 활용한 역사 UCC 제작 및 역사적 사건을 홍보하는 활동

☑ **활동 모습**

QR코드를 통해 학생들이 제작한 UCC를 감상하실 수 있습니다!

08 **AR, VR, 3D 프린팅 활용을 위한 제안**

- ☑ **AR 활용 사례 소개** : 스타 강사 설민석의 '한국사는 살아 있다' 애플리케이션을 다운받아 무료 도안(선사시대, 임진왜란 등은 무료로 개방)을 출력해 배부, 아이들이 직접 입힌 색의 캐릭터가 움직여 역사를 처음 접하는 학생들의 흥미를 올려 줄 수 있습니다.

- ☑ **VR 활용 사례 소개** : '백제 VR'로 검색해 공산성을 소재로 한 게임이나 백제 문화재 살펴보기 활동을 할 수 있습니다. 또 'VR 월드'라는 애플리케이션을 다운받으면 설민석의 '궁궐은 살아 있다'라는 프로그램으로 가상 궁궐 탐방을 할 수 있습니다. 이때 저렴한 가격으로 판매되는 'VR BOX'와 같은 VR 고글을 구입해 스마트폰을 끼워 체험하면 더욱 좋습니다.

- ☑ **3D 프린팅 활용 제안** : 학교에 3D 프린터가 있다면 큐라와 같은 무료 프로그램을 사용해 도안을 단순화하여 청동검 거푸집을 만들어 활용해 보는 것은 어떨까요? 거푸집만 만든다면 앞에서 소개한 금속공예 대체 활동처럼 석고를 이용해 아이들이 직접 청동검을 주조해 보는 것도 가능합니다.

네 번째
食史

자료 출처

자신만의 싱싱한
식재료를 얻을 수
있는 곳

원산지 표시	로컬 푸드
• 대동법 시행 기념비 : 문화재청 누리집	• 국립중앙박물관(서울특별시)
• 안경 : 국립민속박물관 누리집	• 강화 초지진, 덕진진, 광성보(인천광역시 강화군)
• 곤여만국전도 : 공공누리 누리집	• 창경궁(서울특별시)
• 전동성당 : 문화재청 누리집	• 창덕궁 후원(서울특별시)
• 어전준천제명첩 : 문화재청 누리집	• 국립고궁박물관(서울특별시)
• 수원화성 팔달문 : 문화재청 누리집	• 강진 다산 기념관(전라남도 강진군)
• 씨름 : 국립중앙박물관 누리집	• 배다리(경기도 양평군)
• 논갈이 : 국립중앙박물관 누리집	• 성신여자대학교 박물관(서울특별시)
• 서당 : 국립중앙박물관 누리집	• 간송미술관(서울특별시)
• 단오풍정 : 간송미술관	• DDP(서울특별시)
• 주유청강 : 간송미술관	• 한국민화박물관(전라남도 강진군)
• 작호도 : 국립중앙박물관 누리집	• 전라남도 농업박물관(전라남도 영암군)
• 백수백복도 : 문화재청 누리집	• 국립민속박물관(서울특별시)
• 화조도 : 국립중앙박물관 누리집	• 김만덕 묘(제주특별자치도)
• 탈놀이 : 문화재청 누리집	
• 옹기 : 문화재청 누리집	
• 나전칠기 상자 : 국립중앙박물관 누리집	
• 오만원권 지폐 : 한겨레 신문 누리집	
• 초충도병 : 문화재청 누리집	
• 가지와 방아깨비 : 국립중앙박물관 누리집	
• 수박과 들쥐 : 국립중앙박물관 누리집	
• 난설헌 시집 : 문화재청 누리집	

다섯 번째
食史

자료 출처

자신만의 싱싱한
식재료를 얻을 수
있는 곳

원산지 표시	로컬 푸드
• 흥선대원군 : 국립중앙박물관 누리집 • 삼랑성 : 문화재청 누리집 • 최익현 : 문화재청 누리집 • 광무황제 어진 : 문화재청 누리집 • 조선총독부 : 문화재청 누리집 • 경성 동양척식주식회사 : 국립민속박물관 누리집 • 독립선언서 : 국립중앙박물관 누리집 • 유관순 열사 : 문화재청 누리집 • 윤봉길 의사 : 문화재청 누리집	• 운현궁(서울특별시) • 외규장각(인천광역시 강화군) • 강화 초지진, 덕진진, 광성보(인천광역시 강화군) • 강화역사박물관(인천광역시 강화군) • 인천개항박물관(인천광역시) • 올림포스 호텔(인천광역시) • 우정총국(서울특별시) • 정읍 동학농민혁명기념관(전라북도 정읍시) • 장흥 동학농민혁명기념관(전라남도 장흥군) • 장성 황룡전적지(전라남도 장성군) • 우금치 전적지(충청남도 공주시) • 경복궁(서울특별시) • 독립공원(서울특별시) • 독립문(서울특별시) • 덕수궁(서울특별시) • 황궁우(서울특별시) • 인천역(인천광역시) • 서울역사박물관(서울특별시) • 세브란스병원, 광혜원(서울특별시) • 통감관저 터, 기억의 터(서울특별시) • 이재명 의거 터, 명동성당(서울특별시) • 도산 안창호 기념관(서울특별시) • 우당 이회영 집 터(서울특별시) • 탑골공원(서울특별시) • 상하이 대한민국 임시 정부(중국) • 나주역(전라남도 나주시) • 김상옥 의거 터(서울특별시) • 이봉창 의사 동상(서울특별시) • 국립일제강제동원역사관(부산광역시) • 강제징용노동자상(서울특별시) • 국립중앙박물관(서울특별시)

자료 출처

자신만의 싱싱한
식재료를 얻을 수
있는 곳

원산지 표시	로컬 푸드

• 12세 이상 국민의 연도별 문맹률 : 문교부(1959)
• 국내총생산과 1인당 국민소득 : 한국은행
• 문화·예술 관람률 변화 추이 : 통계청
• 해외여행 경험 비율의 변화 추이 : 통계청
• 국민 1인당 쌀 소비량 변화 추이 : 한국은행 경제통계
  시스템
• 학교 건강검사 표본검사에서의 신장 및 체중의 변화
  추이 : 한국은행 경제통계시스템
• 주택 종류별 거주 가구 수 변화 추이 : 통계청
• 자동차 대수·도로 길이·도로 포장률 비교표 : 국토
  교통부
• 합계 출산율 : 통계청
• 연도별 체류 외국인 현황 : 출입국 외국인정책 통계
  연보
• OECD 주요국의 공공 사회복지 지출 비율(GDP 대비)
  : 보건복지부(2016)
• 삼국접양지도 : 국립고궁박물관
	• 몽양 여운형 기념관(경기도 양평군)
	• 대한민국 역사 박물관(서울특별시)
	• 국회의사당(서울특별시)
	• 경교장(서울특별시)
	• 백범 김구 기념관(서울특별시)
	• 효창공원(서울특별시)
	• 맥아더 동상(인천광역시)
	• 거제도 포로수용소(경상남도 거제시)
	• 명동성당(서울특별시)
	• 연세대 이한열 조형물(서울특별시)
	• 전라남도 의회(전라남도 무안군)
	• 올림픽공원(서울특별시)
	• 전태일 동상(서울특별시)

도움 받은 레시피

5학년 2학기 초등학교 사회(2016)

6학년 1학기 초등학교 사회(2017)

5학년 1학기 초등학교 사회(2014)

5학년 2학기 초등학교 사회(2014)

5학년 1학기 초등학교 사회과 탐구(2014)

5학년 2학기 초등학교 사회과 탐구(2014)

6학년 1학기 초등학교 사회(2009)

6학년 1학기 초등학교 사회과 탐구(2009)

김한종, 민주사회와 시민을 위한 역사교육, 서울대학교출판문화원

민윤 · 최용규 · 이향아 · 이광원, 다문화 시대의 어린이 역사교육, 대교출판

한영우, 다시 찾는 우리 역사, 경세원

배성호·박찬희 · 김종엽, 두근두근 한국사 1 · 2, 양철북

이관구, 초등 한국사 진짜 역사 수업을 말한다, 즐거운학교

최준채 · 윤영호 · 남궁원 · 박찬영, 한자로 깨치는 한국사, 리베르스쿨

최승후, 한자 풀이로 끝내는 한국사, 들녘

박기복, 십대를 위한 한국사 어휘력 만점공부법, 행복한나무

한국생활사박물관 편찬위원회, 한국생활사박물관, 사계절

역사신문 편찬위원회, 역사신문, 사계절

전국역사교사모임, 제대로 한국사, 휴먼어린이

박시백, 박시백의 조선왕조실록 1~20, 휴머니스트

아울북 편집부, 생방송 한국사 1~8, 아울북

설민석, 설민석의 조선왕조실록, 세계사

최진기, 최진기의 끝내주는 전쟁사 특강, 휴먼큐브

금현진 외, 용선생 시끌벅적 한국사 1~10, 사회평론

무적핑크, 조선왕조실톡, 이마

응가역사, 제이그룹

조정래, 대하소설 한강, 해냄

서의식 외, 뿌리 깊은 한국사 샘이 깊은 이야기, 가람기획

유시민, 나의 한국현대사, 돌베개

우리누리, 관혼상제, 재미있는 옛날 풍습, 어린이중앙

이동렬, 사라져 가는 세시풍속, 두산동아

역사채널e(EBS)

역사저널 그날(KBS)

역사 스페셜(KBS)

· ·

고종훈, 수능 국사(메가스터디 강의)

고종훈, 수능 근현대사(메가스터디 강의)

고종훈, 수능 세계사(메가스터디 강의)

고종훈, 공무원 한국사(은현에듀 강의)

강민성, 공무원 한국사(공무원단기학교 강의)

최태성, 고급 한국사능력검정시험(EBS 강의)

설민석, 고급 한국사능력검정시험(태건에듀 강의)

설민석, 한국통사(태건에듀 강의)

설민석, 역사 톡!톡! 역사 속 인물과 사건으로 보는 삶의 지혜(티처빌 강의)

이다지, 근현대사의 맨얼굴(EBS 강의)

권용기, 수능 한국사(대성 마이맥 강의)

초판 1쇄 발행   2019년 3월 6일
초판 2쇄 발행   2020년 2월 24일

지 은 이 신봉석
그 린 이 김차명, 남궁주혜
펴 낸 이 이형세
책임편집 윤정기
편   집 정지현
디 자 인 강태영
제   작 제이오엘앤피
펴 낸 곳 테크빌교육㈜
주   소 서울시 강남구 언주로 551, 프라자빌딩 5층, 8층
전   화 02 - 3442 - 7783(333)
팩   스 02 - 3442 - 7793

ISBN 979 - 11 - 6346 - 014 - 5 14370
        979 - 11 - 6346 - 012 - 1 (세트)